Erlös- und Kostenrechnung

Bei Pearson Studium werden nur Bücher veröffentlicht, die wissenschaftliche Lehrinhalte durch eine Vielzahl von Fallstudien, Beispielen und Übungen veranschaulichen. Wir bringen moderne Gestaltung, wohlüberlegte Didaktik und besonders qualifizierte Autoren zusammen, um Studenten zeitgemäße Lehrbücher zu bieten. Sie finden in unseren Büchern den Prüfungsstoff in direktem Bezug zur Praxis und späterem Berufsleben.

Bisher sind im wirtschaftswissenschaftlichen Lehrbuchprogramm folgende Titel erschienen:

VWL

Blanchard/Illing (2003): *Makroökonomie, 3. Auflage*

Bofinger (2003): *Grundzüge der Volkswirtschaftslehre*

Forster/Klüh/Sauer (2004): *Übungen zur Makroökonomie*

Krugman/Obstfeld (2003): *Internationale Wirtschaft, 6. Auflage*

Pindyck/Rubinfeld (2003): *Mikroökonomie, 5. Auflage*

BWL

Albaum et al. (2001): *Internationales Marketing und Exportmanagement*

Chaffey et al. (2001): *Internet-Marketing*

Fill (2001): *Marketingkommunikation*

Freter (2004): *Marketing*

Kotler et al. (2002): *Grundlagen des Marketing, 3. Auflage*

Möller/Hüfner (2004): *Betriebswirtschaftliches Rechnungswesen*

Solomon et al. (2001): *Konsumentenverhalten*

Spoun/Domnik (2004): *Erfolgreich studieren*

Zantow (2004): *Finanzierung*

Quantitative Verfahren

Hackl (2004): *Einführung in die Ökonometrie*

Moosmüller (2004): *Methoden der empirischen Wirtschaftsforschung*

Schira (2003): *Statistische Methoden der VWL und BWL*

Sydsæter/Hammond (2003): *Mathematik für Wirtschaftswissenschaftler*

Zöfel (2003): *Statistik für Wirtschaftswissenschaftler*

Weitere Informationen zu diesen Titeln und unseren Neuerscheinungen finden Sie unter *www.pearson-studium.de*

Hans Peter Möller
Jochen Zimmermann
Bernd Hüfner

Erlös- und Kostenrechnung

unter Mitarbeit von Holger Ketteniß

ein Imprint von Pearson Education
München • Boston • San Francisco • Harlow, England
Don Mills, Ontario • Sydney • Mexico City
Madrid • Amsterdam

Bibliografische Information der Deutschen Bibliothek

Die Deutsche Bibliothek verzeichnet diese Publikation in der Deutschen Nationalbibliografie;
detaillierte bibliografische Daten sind im Internet über *http://dnb.ddb.de* abrufbar.

Die Informationen in diesem Buch werden ohne Rücksicht auf einen
eventuellen Patentschutz veröffentlicht.
Warennamen werden ohne Gewährleistung der freien Verwendbarkeit benutzt.
Bei der Zusammenstellung von Texten und Abbildungen wurde mit größter
Sorgfalt vorgegangen. Trotzdem können Fehler nicht ausgeschlossen werden.
Verlag, Herausgeber und Autoren können für fehlerhafte Angaben
und deren Folgen weder eine juristische Verantwortung noch irgendeine Haftung übernehmen.
Für Verbesserungsvorschläge und Hinweise auf Fehler sind Verlag und Herausgeber dankbar.

Alle Rechte vorbehalten, auch die der fotomechanischen Wiedergabe und der
Speicherung in elektronischen Medien.
Die gewerbliche Nutzung der in diesem Produkt gezeigten Modelle und Arbeiten
ist nicht zulässig.

Fast alle Produktbezeichnungen und weitere Stichworte und sonstige Angaben,
die in diesem Buch verwendet werden, sind als eingetragene Marken geschützt.
Da es nicht möglich ist, in allen Fällen zeitnah zu ermitteln, ob ein Markenschutz besteht,
wird das ® Symbol in diesem Buch nicht verwendet.

Umwelthinweis:
Dieses Produkt wurde auf chlorfrei gebleichtem Papier gedruckt.
Die Einschrumpffolie – zum Schutz vor Verschmutzung – ist aus
umweltverträglichem und recyclingfähigem PE-Material.

10 9 8 7 6 5 4 3 2

07 06 05

ISBN 3-8273-7167-8

© 2005 Pearson Studium
ein Imprint der Pearson Education Deutschland GmbH,
Martin-Kollar-Straße 10-12, D-81829 München/Germany
Alle Rechte vorbehalten
www.pearson-studium.de
Lektorat: Dennis Brunotte, dbrunotte@pearson.de, Christian Schneider, cschneider@pearson.de
Korrektorat: Barbara Decker, München
Einbandgestaltung: Thomas Arlt, tarlt@adesso21.net
Herstellung: Elisabeth Prümm, epruemm@pearson.de
Satz: mediaService, Siegen (www.media-service.tv)
Druck und Verarbeitung: Kösel, Krugzell (www.KoeselBuch.de)

Printed in Germany

Inhaltsübersicht

	Vorwort	9
Kapitel 1	Betriebswirtschaftliches Rechnungswesen	11
Kapitel 2	Erlös und Kosten	67
Kapitel 3	Trägerbezogene Kalkulation	135
Kapitel 4	Stellenbezogene Kalkulation	209
Kapitel 5	Artenbezogene Kalkulation	251
Kapitel 6	Gemeinsame und entscheidungsorientierte Betrachtung der dargestellten Kalkulationstypen	287
Kapitel 7	Planungsrechnungen und Abweichungsermittlung	349
	Sachregister	389

Inhaltsverzeichnis

Vorwort ... 9

Kapitel 1 Betriebswirtschaftliches Rechnungswesen ... 11

1.1 Betriebswirtschaftliches Rechnungswesen und Betriebswirtschaftslehre ... 13
1.2 Arten des betriebswirtschaftlichen Rechnungswesens ... 15
1.3 Unternehmerorientierte Einkommensermittlung ... 18
1.4 Rechengrößenpaare des Rechnungswesens ... 29
1.5 Eigenschaften von Rechenwerken ... 51
1.6 Zusammenfassung ... 57
1.7 Übungsmaterial ... 59

Kapitel 2 Erlös und Kosten ... 67

2.1 Begriffliche Grundlagen ... 69
2.2 Probleme und Lösungsansätze beim Rechnen mit Erlös und Kosten ... 75
2.3 Zurechnung von Erlös und Kosten zu Kalkulationsobjekten ... 84
2.4 Häufig verwendete Kalkulationsobjekte ... 106
2.5 Zusammenfassung ... 113
2.6 Übungsmaterial ... 114

Kapitel 3 Trägerbezogene Kalkulation ... 135

3.1 Inhaltliche und begriffliche Grundlagen ... 137
3.2 Traditionelle Trägerrechnungen ... 141
3.3 Trägerrechnungen in anderen Situationen ... 172
3.4 Erfassungsprobleme ... 185
3.5 Zusammenfassung ... 186
3.6 Übungsmaterial ... 188

Kapitel 4 Stellenbezogene Kalkulation ... 209

4.1 Inhaltliche und begriffliche Grundlagen ... 211
4.2 Stellenrechnung zur divisionsorientierten Unternehmenssteuerung ... 212
4.3 Stellenrechnung zur Unterstützung von Trägerrechnungen ... 221
4.4 Erfassungsprobleme ... 235
4.5 Zusammenfassung ... 236
4.6 Übungsmaterial ... 237

Kapitel 5		Artenbezogene Kalkulation	251
	5.1	Inhaltliche und begriffliche Grundlagen	253
	5.2	Traditionelle Artenrechnung	255
	5.3	Probleme bei der Bestimmung von Kostenarten	258
	5.4	Erfassungsprobleme	278
	5.5	Zusammenfassung	279
	5.6	Übungsmaterial	280
Kapitel 6		Gemeinsame und entscheidungsorientierte Betrachtung der dargestellten Kalkulationstypen	287
	6.1	Inhaltliche und begriffliche Grundlagen	289
	6.2	Rechnungen für einzelne Trägereinheiten	290
	6.3	Einkommensrechnungen für den Abrechnungszeitraum	300
	6.4	Entscheidungsorientierte Beurteilung der Rechnungen	305
	6.5	Zusammenfassung	326
	6.6	Übungsmaterial	328
Kapitel 7		Planungsrechnungen und Abweichungsermittlung	349
	7.1	Inhaltliche und begriffliche Grundlagen	351
	7.2	Planung von Erlösen und Kosten	354
	7.3	Systematische Abweichungsermittlung	368
	7.4	Aussagegehalt der Verfahren zur Abweichungsermittlung	376
	7.5	Zusammenfassung	379
	7.6	Übungsmaterial	380
		Sachregister	389

Vorwort

Das betriebswirtschaftliche Rechnungswesen zielt darauf ab, die Einkommens- und Eigenkapitalkonsequenzen unternehmerischen Handelns abzubilden. Seine Grundlage bilden Daten, die man aus der Buchführung ermittelt hat. Diese werden in Abhängigkeit von den Aufgaben zu erstellender Finanzberichte und den Wissenswünschen ihrer Adressaten unterschiedlich aufbereitet. Das Management eines Unternehmens möchte oftmals detaillierter über die finanziellen Konsequenzen seiner Entscheidungen informiert sein als Außenstehende. Auch mag es den Regeln, die in Gesetzen oder Standards niedergelegt sind, nicht zutrauen, die bestmöglichen Informationen über Einkommen und Eigenkapital zu liefern. Aus diesen Gründen wird es wenigstens für interne Zwecke Rechnungen aufstellen, deren Inhalt und Struktur denen des externen Rechnungswesens überlegen sind. Zu den wichtigen Rechnungen gehört die so genannte »Erlös- und Kostenrechnung«. Mit diesem Buch stellen wir einen Text vor, der sich mit solchen Rechnungen befasst und die Möglichkeiten aufzeigt, solche Erlös- und Kostenrechnungen zu gestalten.

Das vorliegende Buch richtet sich an Studierende im Grundstudium oder in Bachelor-Programmen. Damit werden Personen angesprochen, die sich erstmals mit der Materie befassen, aber schon Grundkenntnisse des Rechnungswesens, etwa in Form der Technik der Buchführung, besitzen. Jedes Kapitel beginnt mit der Darstellung der Lernziele, bevor die Vermittlung des Inhalts beginnt. Randbemerkungen sollen das Verständnis erleichtern und zur schnellen Orientierung dienen. Demonstrationsbeispiele verdeutlichen den Anwendungsbezug der dargestellten Zusammenhänge. Darüber hinaus finden sich zum Ende eines jeden Kapitels eine Zusammenfassung von Fragen und Antworten, zusätzliche Fragen zur Verständniskontrolle sowie eine Reihe von Übungsaufgaben mit deren Ergebnis. Dadurch ist das Werk nicht nur als Begleittext zur Vorlesung geeignet, sondern auch zum Selbststudium.

Der Aufbau unseres Buches unterscheidet sich von traditionellen Lehrbüchern zur Kostenrechnung. Der Titel offenbart bereits einen ersten wichtigen Unterschied. Da das Rechnungswesen überwiegend in einer wettbewerbsorientierten Welt zum Einsatz kommt, reicht es nicht aus, lediglich die Kostenkonsequenzen von Entscheidungen zu betrachten. Auch die Erlösseite muss in eine Analyse einbezogen werden, damit sich Einkommens- und Eigenkapitalkonsequenzen bestimmen lassen.

Der zweite wichtige Unterschied zu ähnlichen Büchern liegt in der Reihenfolge, in der wir das Material behandeln. Wir beginnen, wie üblich, mit einer Einführung in das Rechnungswesen und mit der Klärung notwendiger Fachbegriffe. Dann behandeln wir die Erlös- und Kostenträgerrechnung, die Erlös- und Kostenstellenrechnung und schließlich die Erlös- und Kostenartenrechnung. Diese Reihenfolge bietet sich an, weil die Art der Trägerrechnung die Ausgestaltung der beiden anderen Rechnungen wesentlich bestimmt. Wie man genau bei der Artenrechnung und eventuell bei der Stellenrechnung vorzugehen hat, ergibt sich letztlich daraus, für welche Art von Trägerrechnung man sich entschieden hat. Dadurch werden nicht nur die Stellen- und Artenrechnung verständlicher; Studierende erhalten auch früher als üblich eine Vorstellung über die Vorgehensweise und den Informationsgehalt eines einkommensorientierten Rechnungswesens. In einem weiteren Kapitel führen wir dann die drei Teilrechnungen zusammen und zeigen, wie die Kalkulationstypen ausgestaltet sein müssen, wenn man sie gemeinsam zur Ermittlung der Erlöse und Kosten einzelner Erzeugniseinheiten und zu zeitraumbezogenen Einkommensrechnungen verwenden möchte. Dieses Vorgehen hat sich bei unseren Lehrveranstaltungen an der RWTH Aachen und an der Universität Bremen bewährt. Den Abschluss bildet ein Kapitel über Planungsrechnungen und Abweichungsanalyse, unter Einbeziehung von Lerneffekten.

Der dritte wesentliche Unterschied zu ähnlichen Büchern liegt in der systematischen Zusammenführung oft getrennt dargestellter, aber inhaltlich zusammenhängender Teilkonzepte. Durch das gesamte Buch zieht sich die Betrachtung unter zwei Arten von Zurechnungsprinzipien, untern dem Marginalprinzip sowie unter einer Form des Finalprinzips. Daraus ergeben sich je nach Prinzip unterschiedliche Konsequenzen für die Ermittlung der Erlöse und Kosten. Als Beispiel seien die Kosten genannt, die bei der Herstellung von Gütern anfallen, die bei der Ausgestaltung der Einkommensrechnung relevant sind und die bei der Erlös- und Kostenplanung zu beachten sind. Die in der traditionellen Literatur oftmals angesprochenen Systeme der Voll- und Teilkostenrechnung lassen sich so bereits frühzeitig als unterschiedliche Ausgestaltungen eines einzigen Systems darstellen.

Ein wichtiger Beitrag des Buches liegt in der didaktisch besonderen Aufbereitung des Stoffes und darin, Überlegungen der Kostenrechnungsliteratur auf die Erlösziele zu erweitern. Wenig bedeutsam erscheint es dabei, ausführliche Hinweise auf die grundlegende Literatur zu geben; denn man findet die Aussagen, die wir mit Zitaten versehen würden, in fast allen Lehr- und Fachbüchern. Es wäre willkürlich, nur das eine oder das andere oder viele Bücher zum Beleg heranzuziehen. Wo wir die eine oder andere Aussage im Text mit Quellen belegen möchten, zitieren wir die angesprochene Literatur direkt an den betreffenden Stellen.

Studierende haben mit den Übungsaufgaben, den Fragen zur Verständniskontrolle und einem Satz von »multiple choice«-Fragen auf der »Companion Website« über die Demonstrationsbeispiele hinaus weitere Trainingsmöglichkeiten. Dozenten unterstützen wir mit Folien zum Stoff, mit einer Sammlung ausführlicher Musterlösungen zu allen Aufgaben sowie mit weiteren »multiple choice«-Aufgaben.

Wir danken Herrn Dipl.-Kfm. Holger Kettenißzu für die Unterstützung bei der Redaktion des gegenwärtigen Textes, bei der Erstellung vieler Übungsaufgaben sowie bei der Anfertigung der Musterlösungen.

Über kritische Anregungen und Diskussionsbeiträge freuen wir uns. Alle Leserinnen und Leser sind herzlich dazu aufgefordert.

Aachen und Bremen, im Juli 2005

Kapitel 1
Betriebswirtschaftliches Rechnungswesen

Lernziele

Sie sollten in diesem Kapitel lernen, dass

- mit dem betriebswirtschaftlichen Rechnungswesen die Abbildung des Einkommensaspektes von Geschäftsvorfällen und von anderen relevanten Ereignissen angestrebt wird,
- Rechenwerke unterschiedlich ausgestaltet werden können,
- die Ausgestaltung von Rechenwerken davon abhängt, zu welchem Zweck man den Einkommensaspekt abbildet, und
- Rechenwerke je nach ihrer Ausgestaltung unterschiedliche Eigenschaften und Probleme mit sich bringen.

Überblick

Nach einer Skizze der Zwecke und Möglichkeiten zur Systematisierung des Rechnungswesens im Rahmen der Betriebswirtschaftslehre werden die in der Praxis üblichen betriebswirtschaftlichen Rechenwerke überblicksartig dargestellt. Die weitere Abhandlung vernachlässigt die Investitionsrechnung.

Der Zweck des Kapitels besteht darin, Sie mit Fachbegriffen und inhaltlichen Grundlagen des betriebswirtschaftlichen Rechnungswesens vertraut zu machen. Dadurch möchten wir Verständnis für die besonderen Einsatzmöglichkeiten, aber auch für die Probleme wecken, die in den folgenden Kapiteln näher beschrieben werden.

Fachbegriffe und grundlegende Zusammenhänge zu kennen ist wichtig. Mit Fachbegriffen lässt sich kompakt ausdrücken, was sonst vieler Worte bedürfte. Sie zu verstehen ist notwendig, weil Probleme in der Praxis mit Hilfe von Fachbegriffen behandelt werden. Ohne die Kenntnis von Zusammenhängen besteht die Gefahr, dass man Irrwege beschreitet, z.B. wenn man Erlöse und Kosten für liquiditätsorientierte

Entscheidungen oder für die Planung und Kontrolle von Handlungen im Unternehmen verwendet. Mangelndes Wissen um Zusammenhänge mit anderen Rechenwerken kann dazu führen, dass man fehlerhafte Pläne erstellt und nachteilige Entscheidungen trifft.

Im vorliegenden Kapitel werden wichtige Fachbegriffe erläutert, die mit dem betriebswirtschaftlichen Rechnungswesen zusammenhängen oder für dessen Verständnis nötig sind. Ausgehend von der zentralen Fragestellung der Betriebswirtschaftslehre nach den Einkommenskonsequenzen von Vorgängen und Zuständen werden Typen von Rechenwerken und Rechengrößen skizziert, die gemeinhin von Unternehmern in Unternehmen zur Einkommensmessung verwendet werden. Dabei wird auf die Zusammenhänge zwischen verschiedenen Rechenwerken und ihren jeweiligen Rechengrößen hingewiesen. Im Ergebnis zeigt sich, dass die verschiedenen Rechenwerke jeweils unterschiedliche Informationen über das Einkommen bieten und jeder Zweck des betriebswirtschaftlichen Rechnungswesens ein eigenes Rechenwerk mit eigenen Rechengrößen und eigener Ausgestaltung verlangt.

1.1 Betriebswirtschaftliches Rechnungswesen und Betriebswirtschaftslehre

1.1.1 Einkommensaspekt als Merkmal der Betriebswirtschaftslehre

Eine Möglichkeit, Wissenschaften voneinander abzugrenzen, gründet auf der aspektbezogenen Abbildung der Wirklichkeit, einem Konzept, das ausführlich bei Schneider *(Schneider, Dieter, Betriebswirtschaftslehre, Band 1: Grundlagen, 2., verbesserte und ergänzte Auflage, München und Wien 1995, S. 117-122)* diskutiert wird. Wählt man diese Form der Abgrenzung einer Wissenschaft von anderen Wissenschaften, so zeichnen sich Wirtschaftswissenschaften durch die Fokussierung auf den Einkommensaspekt aus. Die Betriebswirtschaftslehre als Teildisziplin der Wirtschaftswissenschaften beschäftigt sich vorrangig mit denjenigen Konsequenzen von Vorgängen und denjenigen Eigenschaften von Zuständen, die sich auf das Einkommen auswirken. Die Einkommenskonsequenzen werden auch als finanzielle Konsequenzen bezeichnet.

Einkommensaspekt zur Begründung wirtschaftswissenschaftlicher Fragestellungen

Bei einkommensbezogener Abgrenzung der Wirtschaftswissenschaften, hier der Betriebswirtschaftslehre, wird die Anwendung von Erkenntnissen nicht auf Unternehmen und deren Leitungsorgane beschränkt. Einkommensbezogene Fragen können auch von anderen am Unternehmen interessierten Gruppen gestellt werden, beispielsweise von Gläubigern, Beschäftigten oder vom Staat. Die einkommensbezogene Wissenschaftsabgrenzung erlaubt es sogar, einkommensbezogene Fragestellungen auch außerhalb von Unternehmen zu untersuchen. So kann beispielsweise die Entscheidung über die Anschaffung eines Hauses oder eines Kraftfahrzeuges im Privathaushalt auch »betriebswirtschaftlich« analysiert werden; denn jedes menschliche Handeln kann unter dem Einkommensaspekt gesehen werden.

Anwendungsbereiche der Betriebswirtschaftslehre

1.1.2 Konkretisierung durch Unternehmerbezogenheit und Zeitbezug

Dem betriebswirtschaftlichen Rechnungswesen kommt die Aufgabe zu, den Einkommensaspekt von tatsächlich durchgeführten Handlungen und eingetretenen Ereignissen ebenso wie den von potenziellen Handlungen in Entscheidungssituationen abzubilden. In beiden Fällen geht es entweder um die Erfassung der finanziellen Konsequenzen von Ereignissen

Betriebswirtschaftliches Rechnungswesen zur Abbildung des Einkommensaspektes

während eines Zeitraums oder um die Darstellung eines finanziellen Zustandes zu einem Zeitpunkt. Dies erfolgt im Rahmen mehr oder weniger formalisierter Rechenwerke.

Schwerpunkt: Einkommensermittlung in Unternehmen während eines Zeitraums aus Unternehmersicht

Die Literatur zum betriebswirtschaftlichen Rechnungswesen bezieht sich überwiegend auf die Einkommensermittlung in Unternehmen während eines Zeitraums. Dabei steht die Sicht des Unternehmers im Vordergrund. Zu den möglichen Zwecken der Einkommensermittlung in Unternehmen aus Unternehmersicht zählen beispielsweise die routinemäßige Informationsbereitstellung für Unternehmensmitarbeiter über abgeschlossene oder beabsichtigte Unternehmensaktivitäten, die routinemäßige Unterrichtung der Unternehmensleitung über die Vorteilhaftigkeit der Erstellung und des Vertriebes von Leistungen oder die Berichterstattung über vergangene oder zukünftige Aktivitäten der Unternehmensleitung gegenüber Personen oder Institutionen, die von der Unternehmensleitung ausgeschlossen sind. In der Regel geht es darum, einen zeitlichen oder sachlichen Ausschnitt aus dem Unternehmensgeschehen abzubilden. Die Ermittlung des Einkommens eines Unternehmens oder eines Unternehmensteils aus Sicht des Unternehmers setzt die Abgrenzung von Unternehmen bzw. Unternehmensteilen und Unternehmer voraus.

Unternehmer als Residualanspruchsberechtigter

Ein Unternehmer besitzt gegenüber seinem Unternehmen keinen Rechtsanspruch auf feste Zahlungen. Ihm steht zu, was nach Befriedigung aller anderen Anspruchsberechtigten übrig bliebe. Den Anspruch auf diesen Rest bezeichnet man auch als *Residualanspruch*.

Unternehmen als Institution, in welcher der Unternehmer tätig ist

Unter einem Unternehmen lässt sich in Anlehnung an Schneider *(Schneider, Dieter, Betriebswirtschaftslehre, Band 1: Grundlagen, 2., verbesserte und ergänzte Auflage, München und Wien 1995, S. 20-30)* eine Institution verstehen, in der ein Unternehmer tätig ist. Nach dieser Definition ist es nicht erforderlich, dass ein Unternehmen rechtlich selbstständig ist; die Definition erfordert es ebenso wenig, jede juristisch selbstständige Rechtsperson, die am Geschäftsleben teilnimmt, als ein Unternehmen zu betrachten. Mehrere juristische Personen, z.B. Kapitalgesellschaften, können durchaus ein einziges Unternehmen im oben beschriebenen Sinne darstellen. Das ist beispielsweise der Fall, wenn diese juristischen Personen von einem einzigen Unternehmer oder von einer einzigen den Unternehmer repräsentierenden Institution geleitet werden.

Betriebswirtschaftlicher und juristischer Unternehmensbegriff unterscheiden sich.

Es sei angemerkt, dass der hier verwendete betriebswirtschaftliche Unternehmensbegriff nicht mit dem des deutschen Handelsrechts übereinstimmt, nach dem jede natürliche oder juristische Person mit Kaufmannseigenschaft ein Unternehmen bildet. Ein Unternehmen im oben beschriebenen betriebswirtschaftlichen Sinne, das aus mehreren juristischen Personen besteht, wird im deutschen Handelsrecht als Konzern bezeichnet.

Der Begriff des Unternehmers ist über die Charakterisierung als Residualanspruchsberechtigter hinaus weiter zu klären. Vom Wort her stellt man sich darunter eine einzelne Person vor, welche die Geschäfte führt und i.d.R. eine gewisse Menge Kapital ohne formalen Rückzahlungsanspruch in das Unternehmen eingebracht (Eigenkapital) hat. Die Person des Unternehmers hat damit zwei Rollen zu erfüllen, die des Unternehmensleiters mit Verfügungsmacht über das Vermögen und die Schulden sowie die des Eigenkapitalgebers. Bei Kapitalgesellschaften passt diese Beschreibung nicht mehr, weil i.d.R. Verfügungsmacht und Kapitalbereitstellung getrennt sind. Hier wird die Leitung des Unternehmens oft von mehreren Personen wahrgenommen, die zwar zu den Eigenkapitalgebern gehören können, aber nicht müssen. Beispielsweise stammt in einer Aktiengesellschaft nach deutschem Gesellschaftsrecht das Eigenkapital von den Aktionären. Ein von diesen indirekt (über den Aufsichtrat) gewählter Vorstand, der aus Aktionären bestehen kann aber nicht muss, erhält fest vereinbarte, einklagbare fixe und variable Bezüge und führt die Geschäfte. Meist werden in Kapitalgesellschaften die beiden Unternehmerrollen von unterschiedlichen Personengruppen wahrgenommen: von denjenigen, die Kapital als Eigenkapital beisteuern (Eigenkapitalgeber: Aktionäre, Gesellschafter) und von denjenigen, die das Unternehmen leiten (Manager: Vorstand, Geschäftsführung). Residualanspruchsberechtigt sind nur die Eigenkapitalgeber.

Unternehmer mit unterschiedlichen Rollen bei Trennung von Verfügungsmacht und Kapitalbereitstellung

Soweit die Unterscheidung zwischen dem Unternehmensleiter und dem Eigenkapitalgeber bedeutungslos ist, wird im Folgenden immer vom Unternehmer gesprochen; andernfalls wird zwischen den beiden Gruppen unterschieden.

1.2 Arten des betriebswirtschaftlichen Rechnungswesens

Das betriebswirtschaftliche Rechnungswesen lässt sich auf viele Arten untergliedern und beschreiben. Nach einer häufig gewählten Sichtweise stellt es ein Instrument der Information über Unternehmen oder Unternehmensteile dar, das sich nach dem beabsichtigten Empfängerkreis und der zeitlichen Blickrichtung unterteilen lässt. Ist das betriebswirtschaftliche Rechnungswesen nur für die Geschäftsleitung gedacht, so wird es als internes Rechnungswesen bezeichnet. Soweit es auch der Information von solchen Personen oder Institutionen dient, die von der Geschäftsleitung ausgeschlossen sind, bezeichnet man es als externes Rechnungswesen. In der Praxis hat sich herausgestellt, dass den von der Unternehmensleitung

Betriebswirtschaftliches Rechnungswesen als Informationsinstrument für interne und externe Zwecke

Ausgeschlossenen kaum mehr Informationen zur Verfügung gestellt wird als gesetzlich gefordert oder vertraglich vereinbart. Man kann daher ziemlich eindeutig Rechenwerke identifizieren, die dem externen Rechnungswesen zugerechnet werden. Alle übrigen betriebswirtschaftlichen Rechenwerke sind demnach als Teile des internen Rechnungswesens anzusehen.

Betriebswirtschaftliches Rechnungswesen als Informationsinstrument über Vergangenheit und Zukunft

Nach der zeitlichen Blickrichtung unterscheidet man vergangenheitsbezogene von zukunftsorientierten Rechnungen. Üblicherweise werden von der Unternehmensleitung Ausgeschlossenen nur die Rechenwerke der Rechnungslegung (vergangenheitsorientierte Sicht) und der Prospektrechnung (zukunftsorientierte Sicht) angeboten. Kontrollrechnungen (Vergangenheitsorientierung) und Planungsrechnungen (Zukunftsorientierung) behält die Unternehmensleitung meist für sich.

Versuch einer Systematik

Den Versuch einer Systematik des betriebswirtschaftlichen Rechnungswesens unternimmt Schneider *(Schneider, Dieter, Betriebswirtschaftslehre, Band 2: Rechnungswesen, 2., vollständig überarbeitete und erweiterte Auflage, München und Wien, 1997, S. 31)*. Eine Übersicht über die nach den genannten Kriterien sich ergebenden Arten des Rechnungswesens, die sich eng an die Ausführungen Schneiders anlehnt, findet man in Abbildung 1.1, Seite 17. Bei vielen der in der Abbildung aufgeführten Arten lassen sich Totalbetrachtungen von Partialbetrachtungen unterscheiden. Wenn man eine Betrachtung in zeitlicher und sachlicher Hinsicht für das gesamte Unternehmen während dessen gesamter Lebenszeit durchführt, spricht man von einer Totalbetrachtung. Beschränkt man die Betrachtung nur auf einen sachlichen oder zeitlichen Ausschnitt des Unternehmens, so hat man es mit einer Partialbetrachtung zu tun. Wegen der meist auf Dauer angelegten Unternehmenstätigkeit und der gemessen daran kürzeren Betrachtungszeiträume (Kontroll- bzw. Rechnungslegungszeiträume oder Planungs- bzw. Prospekthorizonte) sind meistens Partialbetrachtungen relevant.

Beschränkung auf das interne für nur einen einzigen Abrechnungszeitraum gültige einkommensorientierte Rechnungswesen

Im vorliegenden Buch werden Partialbetrachtungen behandelt, die sich jeweils auf einen Zeitraum beziehen. Bei Vergangenheitsorientierung sprechen wir vom Abrechnungszeitraum, bei Zukunftsorientierung vom Planungszeitraum. Im Vordergrund der folgenden Ausführungen stehen Bewegungsrechnungen für interne Zwecke. Weil sich die Rechenwerke für externe Zwecke inhaltlich oft von denen für interne Zwecke unterscheiden, haben sich für die Bewegungsgrößen interner Bewegungsrechnungen teilweise andere Bezeichnungen gebildet als für die Bewegungsgrößen externer Bewegungsrechnungen.

1.2 Arten des betriebswirtschaftlichen Rechnungswesens

beabsichtigter Empfängerkreis	zeitliche Blickrichtung		Bereich
	Vergangenheit	Zukunft	
außerhalb des Unternehmens Stehende	Rechnungslegung	Prospektrechnung	externes Rechnungswesen
	über Ansprüche (z.B. Rechnungsstellung, Unterlagen für Subventionen, Steuererleichterungen)	Vorschaurechnung (z.B. Kostenvoranschläge, Effektivverzinsungsangaben bei Teilzahlungsdarlehen, Gewinnbeteiligungsprognosen)	
	über Verpflichtungen (z.B. Steuererklärung, Jahresabschluss)	Muster-Entscheidungsrechnungen (z.B. Vorteilsvergleiche bei Leasingangeboten oder Steuerersparnisinvestitionen)	
Unternehmensleitung	Kontrollrechnung	Planungsrechnung	internes Rechnungswesen
	Nachschaurechnung (z.B. Ist-Kostenrechnung, Betriebsstatistik)	Vorschaurechnung (z.B. Finanzplan, Vorkalkulation für Aufträge)	
	Entscheidungs-Nachrechnung (z.B. interne Einkommensrechnung, Soll-Ist-Vergleiche)	Entscheidungsrechnung (z.B. Investitionsrechnung, Ermittlung von Soll-Vorgaben)	

Abbildung 1.1: Überblick über die Arten des betriebswirtschaftlichen Rechnungswesens (nach Schneider, 1997, S. 31)

Die meisten auf einen Abrechnungszeitraum zugeschnittenen internen Rechenwerke verwenden die Begriffe *Erlös* und *Kosten* als Rechengrößen. *Erlös* und *Kosten* werden zu unterschiedlichen Zwecken und für unterschiedliche Objekte in vielfältigen Rechenwerken gegenüber gestellt. Allen Rechenwerken gemeinsam ist, dass es um das *Einkommen* eines sachlichen oder zeitlichen Ausschnitts geht, das üblicherweise bei Unternehmen als *Gewinn* oder – falls negativ – als *Verlust* bezeichnet wird. Oft geht es nur um Teile des *Einkommens* eines Zeitraums, beispielsweise wenn nur *Kosten* eines einzelnen Erzeugnisses oder eines anderen Unternehmensteils betrachtet werden. Der Zweck solcher Rechenwerke kann sowohl in der Planung zukünftigen *Einkommens* und damit in der Entscheidungsunterstützung der Geschäftsleitung bzw. der Verhaltenssteuerung der Beschäftigten als auch in der Kontrolle des *Einkommens* vergangener Zeiträume und damit in der Entscheidungs-Nachschau bestehen.

Relative Unbestimmtheit der Begriffe Erlös und Kosten

Interne auf einen Abrechnungszeitraum zugeschnittene Einkommensrechnungen weisen Gemeinsamkeiten mit anderen Arten des betriebswirtschaftlichen Rechnungswesens auf. Sucht man in der Fachliteratur nach dem Besonderen des internen Rechnungswesens, so trifft man auf Aussagen über Zwecke, auf Definitionen von Rechengrößen und auf Diskussionen

Notwendigkeit zur Erläuterung von Fachbegriffen

über sinnvolle Ausgestaltungen. Dabei wird regelmäßig eine große Menge von Fachbegriffen verwendet. Zum Verständnis des internen Rechnungswesens erscheint es wichtig, zunächst die Zwecke und Inhalte sowie die Fachbegriffe und die Zusammenhänge zwischen den Rechengrößen einiger wichtiger Rechenwerke des internen Rechnungswesens zu erläutern. Auf dieser Basis können Vorschläge aus der Fachliteratur zur adäquaten Gestaltung des internen Rechnungswesens nachvollzogen werden.

1.3 Unternehmerorientierte Einkommensermittlung

1.3.1 Grundlagen

Einteilung des betriebswirtschaftlichen Rechnungswesens in unterschiedliche Rechenwerke

Um die Einkommenskonsequenzen von Ereignissen und Handlungen in Unternehmen für unterschiedliche Zwecke und Informationsbedürfnisse abzubilden, haben sich in der Praxis verschiedene Rechenwerke mit jeweils unterschiedlichen Rechengrößen herausgebildet. Nach den verwendeten Methoden kann man zwischen Rechnungen für einzelne Investitionen und Rechnungen für verschiedene Arten von zeitraumbezogenem Einkommen unterscheiden. Bei den zeitraumbezogenen Einkommensrechnungen lässt sich wiederum zwischen dem so genannten externen und dem so genannten internen Rechnungswesen unterscheiden. Für das externe Rechnungswesen gibt es weltweit ähnliche, im Detail jedoch unterschiedliche Vorschriften oder anzuwendende Standards. Für das interne Rechnungswesen existieren keine Vorschriften. Der Unternehmer ist frei, diejenige Ausgestaltung zu verwirklichen, die seinen Informationswünschen am Besten entspricht.

Notwendigkeit zur Investitionsrechnung bei Zahlungen, die sich auf unterschiedliche Zeitpunkte beziehen

Bei der Investitionsrechnung geht es um den Vergleich von Zahlungen, die zu so unterschiedlichen Zeitpunkten anfallen, dass eine bloße Addition oder Subtraktion dieser Größen zu Entscheidungen führen würde, die wir Menschen normalerweise nicht als sinnvoll betrachten. Beispielsweise macht es ohne weitere Annahmen wenig Sinn, die Anschaffungsauszahlung für eine Maschine mit den Einzahlungen zu vergleichen, die in den zehn Jahren der weiteren Nutzung der Maschine anfallen; man vernachlässigt dabei nämlich zumindest, dass wir Menschen gleich hohe Zahlungen normalerweise als unterschiedlich wertvoll betrachten, wenn sie zu unterschiedlichen Zeitpunkten anfallen. Die Investitionsrechnung versucht, genau diesen Effekt durch Aufzinsen oder Abzinsen der Rechengrößen zu berücksichtigen.

Investitionsrechnung wird im vorliegenden Buch vernachlässigt.

Die bei Investitionsrechnungen zu behandelnden Fragen und Probleme sind so umfangreich, dass sie allein ganze Lehrbücher füllen. Wir vernachlässigen in diesem Buch die Investitionsrechnung und konzentrieren uns auf die zeitraumbezogenen Einkommensrechnungen.

1.3 Unternehmerorientierte Einkommensermittlung

Bereitet ein Unternehmer Zahlen aus seiner internen Einkommensrechnung für außerhalb des Unternehmens Stehende auf, so handelt es sich um eine Form des externen Rechnungswesens. In vielen Fällen hat er mit dem Informationsempfänger Regeln vereinbart oder Vorschriften zu beachten. So hat man in Deutschland mindestens die Regelungen des Handelsgesetzbuches zur Rechnungslegung bei der Information der Eigenkapitalgeber und der Öffentlichkeit einzuhalten. Die Notwendigkeit zur Vereinbarung von Regeln gilt auch für eine andere Form des externen Rechnungswesens: bei der Erstellung von Rechnungen an Auftraggeber, mit denen die Erstattung der für den Auftrag angefallenen *Kosten* vereinbart wurde. So bestehen beispielsweise für die Abrechnung von öffentlichen Aufträgen auf Kostenerstattungsbasis umfangreiche öffentliche Vorschriften. Ein Rechnungswesen, das diesen Vorschriften genügt, müssen nur solche Unternehmen anwenden, die so genannte Kostenerstattungsaufträge übernommen haben.

Lieferung von Zahlen des Rechnungswesens an von der Geschäftsführung Ausgeschlossene: externes Rechnungswesen

Für das intern orientierte Rechnungswesen sind trotz der Vorschriftenfreiheit mindestens all jene Bereiche zu regeln, die im Rahmen des externen Rechnungswesens geregelt sind. Dies sind hauptsächlich die Bereiche, welche die Einkommensermittlung betreffen. Oft erscheint es sogar sinnvoll, die Regeln des externen Rechnungswesens zu übernehmen; dann nämlich, wenn diese eine zweckmäßige Einkommensmessung versprechen.

Gestaltung des Rechnungswesens für die Geschäftsführung: internes Rechnungswesen

Im Folgenden werden die Bereiche, die im Rechnungswesen einer Regelung bedürfen, kurz erläutert. Dabei werden auch diejenigen Bereiche beschrieben, die für das externe Rechnungswesen in Deutschland geregelt sind. Der Leser mag dann entscheiden, ob er diese Regeln bei seiner internen Einkommensermittlung übernehmen möchte oder ob ihm an der Entwicklung und Verwendung anderer Regeln gelegen ist.

Notwendigkeit von Regelungen im internen wie im externen Rechnungswesen

In den meisten Ländern, so auch in Deutschland, bestehen rechtliche Verpflichtungen für Unternehmen, in regelmäßigen zeitlichen Abständen gewisse Rechenwerke, die man auch finanzielle Berichte nennt, zu erstellen und – im Falle von Kapitalgesellschaften und Großunternehmen – zu veröffentlichen. Daneben werden oft für viele unternehmensinterne Zwecke weitere Rechenwerke erstellt, beispielsweise zur Vorbereitung und Begründung von Entscheidungen. Zu den finanziellen Berichten, die regelmäßig erstellt werden, zählen seit langer Zeit Bilanzen und Einkommensrechnungen. Letztgenannte werden auch als Erfolgsrechnungen, Ergebnisrechnungen oder als Gewinn- und Verlustrechnungen bezeichnet. Den finanziellen Berichten sind auch Kapitalfluss- und Eigenkapitalveränderungsrechnungen für das gesamte Unternehmen hinzuzurechnen. Die deutschen handelsrechtlichen Vorschriften zum externen Rechnungswesen regeln die Mindestgliederungen sowie die zur Ermittlung eines Eigenkapitals und eines Einkommens erforderlichen Vorgehensweisen. Auch ein von Vorschriften freies internes Rechnungswesen zur Einkommensermittlung wird erst dann aussagefähig, wenn die zur Eigenkapital- und Einkommensermittlung erforderlichen Vorgehensweisen festgelegt und

Typen von Rechenwerken, die einer Regelung bedürfen

für den Nutzer ersichtlich sind. Es liegt nahe, die Festlegungen aus den Vorschriften zum externen Rechnungswesen für das interne Rechnungswesen zu übernehmen, soweit diese Regeln den Zielen der internen Eigenkapital- und Einkommensermittlung nicht entgegenstehen.

Bestands- und Bewegungsrechnungen

Unabhängig davon, was man mit den Rechengrößen eines Rechenwerkes misst, kann man Bestandsrechnungen von Bewegungsrechnungen sowie von kombinierten Bestands- und Bewegungsrechnungen abgrenzen. Mit Bestandsrechnungen misst man den Wert des Bestandes an Vermögensgütern, Fremdkapital oder Eigenkapital (Vermögensgüter abzüglich Fremdkapital) zu einem Zeitpunkt. Durch Vergleich geeigneter Bestände zu zwei Zeitpunkten lässt sich die Bestandsveränderung ermitteln. Bewegungsrechnungen dienen dazu, die Veränderung der Bestandswerte während eines Zeitraums abzubilden. Kombinierte Bestands- und Bewegungsrechnungen vereinen Eigenschaften von Bestandsrechnungen mit denen von Bewegungsrechnungen. Sie zeichnen sich dadurch aus, dass der Leser in einem einzigen Rechenwerk erkennen kann, durch welche Bestandsbewegungen während eines Zeitraums es von einem Anfangsbestand zum Endbestand gekommen ist.

Bewegungsrechnungen sind für beliebige Zeiträume denkbar.

Die Länge des Zeitraums, die ein Unternehmer für Bewegungsrechnungen wählt, hängt von seinen Informationswünschen ab. Ein Tag kann sich beispielsweise für einen bestimmten Zweck eignen, während eine Woche, ein Monat, ein Quartal, ein Jahr oder eine andere Zeitspanne für andere Zwecke geeignet erscheinen.

Unternehmerorientierung im internen Rechnungswesen

Für den Unternehmer, der sich mit Eigenkapital und Arbeitskraft ohne Zusage einer festen Vergütung in seinem Unternehmen engagiert, ist es besonders interessant, in regelmäßigen Abständen den Bestand und die Entwicklung des von ihm eingesetzten Eigenkapitals zu ermitteln. Er möchte wissen, ob er (mit seinem Unternehmen) durch seinen Arbeits- und Kapitaleinsatz reicher oder ärmer geworden ist. Er wird daher die folgenden Rechenwerke aufstellen:

- eine Bestandsrechnung, welche den ihm zustehenden Teil des im Unternehmen in Vermögensgütern gebundenen Kapitals (gesamte Vermögensgüter − Fremdkapital = Eigenkapital) zu Beginn und zu Ende des ihn interessierenden Abrechnungszeitraums zeigt, und

- eine Bewegungsrechnung, welche die Veränderung des ihm zustehenden Teils des im Unternehmen in Vermögensgüter gebundenen Kapitals (Eigenkapitalveränderung) für einen Abrechnungszeitraum zwischen den Zeitpunkten zweier Bestandsrechnungen angibt. Dabei kommt es ihm auf diejenigen Eigenkapitalveränderungen an, die er nicht selbst durch Einlagen oder Entnahmen ausgelöst hat. Er interessiert sich daher besonders für das Einkommen.

Überlegungen für diese Rechnungen gelten in ähnlicher Weise für die einkommensorientierte Betrachtung von Unternehmensteilen. Wegen ihres grundlegenden Charakters werden diese Rechnungen im Folgenden skizziert. Insbesondere Bilanzen und Einkommensrechnungen werden üblicherweise mit dem externen Rechnungswesen in Verbindung gebracht, doch bilden sie gleichermaßen die Grundlage des internen Rechnungswesens. Lediglich die Bilanzierungs- und Einkommensermittlungsregeln können intern anders ausgestaltet sein als für das externe Rechnungswesen, sie können aber auch genauso aussehen. In Deutschland hat man lange Zeit ein externes Rechnungswesen nach Regeln betrieben, die dem Ersteller von Finanzberichten großes Ermessen bis hin an die Irreführung Außenstehender einräumten, beispielsweise im Rahmen der Rechnungslegung von Kapitalgesellschaften bis zum Jahr 1966. Zu der Zeit, als diese Regeln galten, war es für Unternehmer selbstverständlich, einen eindeutigeren Regelsatz für das interne Rechnungswesen zu verwenden. Heutzutage sind die Regelsätze für das externe Rechnungswesen in Deutschland so gut, dass viele Unternehmen ihr externes Rechnungswesen als Grundlage für weitere Berechnungen im Rahmen ihres internen Rechnungswesens verwenden.

Unternehmerorientierung auch im externen Rechnungswesen

Die Einkommensermittlung lässt sich durch drei Prinzipien kennzeichnen, die im folgenden Abschnitt ausführlicher angesprochen werden *(Vgl. Schneider, Dieter, Betriebswirtschaftslehre, Band 2: Rechnungswesen, 2., vollständig überarbeitete und erweiterte Auflage, München und Wien 1997, S. 107-159).* Gewinnerzielung durch Abgabe einer Leistung an Marktpartner ist der Leitgedanke des Rechnungswesens. Einkommen wird bei Abgabe einer Leistung an einen Marktpartner erzielt und nicht schon oder erst bei Zu- oder Abfluss von Zahlungsmitteln. Auch Beziehungen zwischen Unternehmen und Unternehmer (Eigenkapitalgeber) führen nicht zu Einkommen. Diese Leitgedanken werden üblicherweise um zwei Regeln ergänzt. Anschaffungsausgaben von abnutzbaren Gütern, die nicht zur Abgabe an den Markt gedacht sind, werden über die Jahre der Nutzung als negativer Betrag auf die Einkommensrechnungen der entsprechenden Jahre verteilt (Periodisierungsregel). Einkommensminderungen, die noch nicht eingetreten, aber bereits deutlich absehbar sind, werden oft bereits berücksichtigt, wenn man sie erkennt. Im Zusammenhang mit einer sinnvollen bilanziellen Abbildung von Geschäftsbeziehungen, beispielsweise Sicherungsgeschäften, kann es auch erforderlich sein, Einkommensmehrungen schon zu berücksichtigen, bevor sie realisiert werden. Soll die Einkommenswirkung zukünftiger Ereignisse bereits vor Eintritt der Ereignisse berücksichtigt werden, so bedarf es zur Vermeidung von Willkür einer eindeutigen Einkommensvorwegnahmeregel.

Marktleistungsabgabe als Grundlage sowie Periodisierung und Einkommensvorwegnahme als zusätzliche Prinzipien der Einkommensermittlung

Wegen des hohen Aggregationsgrades genügen die externen Rechenwerke i.d.R. nicht den Anforderungen zur Steuerung eines Unternehmens. Daher werden in der Praxis darüber hinaus andere Rechenwerke aufgestellt. Deren Aufgabe ist es meistens, die Zahlen der oben genannten

Internes Rechnungswesen hauptsächlich zur Disaggregation der Zahlen des externen Rechnungswesens

Rechenwerke modifiziert oder unmodifiziert auf andere Objekte des Interesses »herunterzubrechen«. So kann es zum Beispiel interessieren, Bilanzen oder Einkommensrechnungen für einzelne Teile des Unternehmens zu ermitteln, etwa für bestimmte Abteilungen, Geschäftsarten, Aufträge, Erzeugnisse oder Entscheidungen, zusätzlich eventuell unter Verwendung anderer Wertansätze als im externen Rechnungswesen. Es ist auch denkbar, im internen Rechnungswesen andere Festlegungen bezüglich der Einkommensermittlung zu treffen als im externen Rechnungswesen.

Relevanz für externes und internes Rechnungswesen

Diese Grundlagen gelten – wenn auch mit eventuell unterschiedlichen Inhalten – sowohl für das externe als auch für das interne Rechnungswesen. Ein internes Rechnungswesen, das diese Probleme nicht beachtet, bleibt unvollständig.

1.3.2 Einkommensermittlungskonzept

Einkommen = Summe der Eigenkapitalmehrungen, die keine Eigenkapitaltransfers darstellen, abzüglich Summe der Eigenkapitalminderungen, die keine Eigenkapitaltransfers sind

Die Einkommensrechnung eines Unternehmens gibt die Veränderung des Eigenkapitals des Unternehmers für den Abrechnungszeitraum an, soweit diese Veränderung nicht auf Eigenkapitaltransfers zwischen dem Unternehmen und dem Unternehmer zurückzuführen ist. Eigenkapitalzunahmen, die in der Einkommensrechnung erscheinen, bezeichnen wir als *Ertrag*, entsprechende Eigenkapitalabnahmen als *Aufwand*. Übersteigt der *Ertrag* den *Aufwand*, so nennen wir das Einkommen *Gewinn*; übersteigt der *Aufwand* den *Ertrag*, so bezeichnen wir es als *Verlust*. Für die Bestimmung einer aussagefähigen Eigenkapital- und Einkommensgröße benötigt man Regeln zur Messung der entsprechenden Rechengrößen. Im Folgenden werden die weltweit üblichen, auch in Deutschland gültigen Regeln skizziert.

Messregeln bestimmen die Begriffsbildung.

Geschieht die Ermittlung von *Ertrag* und *Aufwand* auf Basis rechtlich vorgeschriebener Regeln, beispielsweise des deutschen Handelsrechts oder der Regeln der International Financial Reporting Standards (IFRS), so sprechen wir vom *handelsrechtlichen Ertrag*, vom *handelsrechtlichen Aufwand* und vom *handelsrechtlichen Gewinn* bzw. *Verlust*. Verwendet man für die Ermittlung von *Ertrag* und *Aufwand* allgemein gültigere betriebswirtschaftliche Regeln – wenn man etwa aus bestimmten Informationsinteressen andere als die gesetzlich vorgeschriebenen Regeln verwendet – , so haben wir es mit dem *betriebswirtschaftlichen Ertrag*, dem *betriebswirtschaftlichen Aufwand* und dem *betriebswirtschaftlichen Gewinn* bzw. *Verlust* zu tun. Oft wird diese Unterscheidung nicht vorgenommen, wenn die handelsrechtlichen Größen lediglich als Ertrag, Aufwand, Gewinn oder Verlust bezeichnet werden und dann für interne Zwecke andere Begriffe verwendet werden.

1.3 Unternehmerorientierte Einkommensermittlung

Für einige Einkommensrechnungen mit betriebswirtschaftlichen Regelsätzen hat sich anstatt des Begriffs *Ertrag* die Bezeichnung *Erlös* und anstatt des Begriffs *Aufwand* die Bezeichnung *Kosten* gebildet. Wir merken uns hier nur, dass der für interne Zwecke verwendete *Erlös* eine Rechengröße darstellt, die dem *handelsrechtlichen Ertrag* ähnelt und dass sich hinter den *Kosten* so etwas Ähnliches verbirgt wie hinter dem *handelsrechtlichen Aufwand*. Auf die Besonderheiten der betriebswirtschaftlichen Begriffsbildung und dahinter stehenden unterschiedlichen Messregeln gehen wir erst im folgenden Kapitel ein.

Vielfalt möglicher betriebswirtschaftlicher Regelsätze

Die Erstellung einer Einkommensrechnung erfordert es, das Einkommen (den *Gewinn* bzw. *Verlust*) oder die dieses bestimmenden Größen *Ertrag* und *Aufwand* zu definieren. Dies gilt gleichermaßen für das externe wie für das interne Rechnungswesen. Zur Einkommensermittlung muss man festlegen, (1) welche Handlungen und Ereignisse in der Einkommensrechnung zu berücksichtigen sind, (2) wie die finanziellen Konsequenzen dieser Handlungen und Ereignisse zu bewerten sind, und (3) wann genau eine Eigenkapitalveränderung in einer Einkommensrechnung zu erfassen ist. Da das Eigenkapital dem Saldo aus Vermögensgütern und Fremdkapital entspricht, haben wir es auch beim Einkommen mit einer Saldogröße zu tun: Die Definition des *Gewinns* bzw. *Verlusts* orientiert sich an einer bestimmten Veränderung des Bestandes an Vermögensgütern und Fremdkapital.

Notwendigkeit eines Einkommensentstehungskonzeptes zur Definition von Ertrag und Aufwand

Das weltweit meist im Rahmen des externen Rechnungswesens beschriebene Einkommensmesskonzept besagt, dass *Einkommen* bei der Abgabe einer Leistung an einen Marktpartner entsteht. Dieses Konzept wird als Marktleistungsabgabe-Einkommenskonzept bezeichnet. Es verlangt die Berücksichtigung der mit der Erstellung und Abgabe der Leistung verbundenen Vermögens- und Fremdkapitalveränderungen in einer Einkommensrechnung zum Zeitpunkt der Abgabe der Leistung an den Marktpartner. Der *Ertrag* besteht in der Vermögensmehrung oder Fremdkapitalminderung, die der Abgabe der Leistung (Gut oder Dienstleistung) gegenübersteht. Der *Aufwand* ergibt sich aus der Vermögensminderung oder Fremdkapitalmehrung durch die Abgabe der Leistung. Hinter dem Vorgehen, denjenigen Zeitpunkt, zu dem man die Leistung an den Marktpartner abgibt, als den Realisationszeitpunkt des Geschäftes zu betrachten (und folglich die daraus resultierende Vermögensmehrung zu diesem Realisationszeitpunkt als *Ertrag* zu erfassen), verbirgt sich das so genannte Realisationsprinzip als Abgrenzungsprinzip. Das Konzept des Marktleistungsabgabe-Einkommens verlangt darüber hinaus, erst zum Zeitpunkt der Abgabe an den Markt den Aufwand anzusetzen, der für die hingegebenen Güter entstanden ist. Dieses Vorgehen, in einer Einkommensrechnung den *Ertrag* gleichzeitig mit den sachlich zugehörigen *Ausgaben* anzusetzen, wird als das Prinzip der sachlichen Abgrenzung von *Aufwand* bezeichnet. Das *Einkommen*, das sich bei Anwendung des Realisationsprinzips und des Prinzips der sachlichen Abgrenzung ergibt, bezeichnet man als *realisiertes Einkommen*.

Übliches Einkommensentstehungskonzept: Marktleistungsabgabeeinkommen

Probleme: Erwartete Eigenkapitalveränderungen und Gebrauchsgüter, die nicht an den Markt abgegeben werden

Das Konzept des Marktleistungsabgabe-Einkommens weist zwei Arten von Unschärfen auf. Es liefert weder für zwar absehbare, am Markt jedoch noch nicht eingetretene Eigenkapitalveränderungen noch für Vermögensteile eine sinnvolle Lösung, die nicht zur Abgabe an den Markt gedacht sind. Das Konzept wird daher üblicherweise ergänzt um ein Einkommensvorwegnahmekonzept sowie um ein Periodisierungskonzept.

Einkommensvorwegnahmekonzept: Behandlung erwarteter Vermögens- und Fremdkapitalveränderungen

Das Einkommensvorwegnahmekonzept besteht darin, diejenigen zukünftigen Vermögens- und Fremdkapitalveränderungen zu bestimmen, die man bereits als *Ertrag* oder als *Aufwand* berücksichtigen möchte, obwohl sie noch nicht eingetreten sind. Nach deutschem Handelsrecht sind nur solche Veränderungen zu berücksichtigen, die sich negativ auf die Höhe des Eigenkapitals auswirken. Veränderungen mit positiven Auswirkungen werden erst dann als *Ertrag* berücksichtigt, wenn sie stattgefunden haben. Diese ungleiche Behandlung erwarteter Eigenkapitalmehrungen und erwarteter Eigenkapitalminderungen wird als Imparitätsprinzip bezeichnet. In den in Deutschland ebenso gültigen IFRS werden seit kurzem durch die Möglichkeit der Bewertung zum so genannten *fair value* auch in bestimmten Fällen erwartete Eigenkapitalmehrungen als *Ertrag* berücksichtigt.

Periodisierungskonzept: Behandlung von Einnahmen und Ausgaben, die nicht aus Marktleistungsabgaben resultieren

Ein Periodisierungskonzept wird notwendig, um diejenigen Vermögens- und Fremdkapitalveränderungen als *Ertrag* oder als *Aufwand* zu erfassen, die offensichtlich stattfinden, jedoch weder vom Marktleistungsabgabe- noch vom Einkommensvorwegnahmekonzept erfasst werden. Zu denken ist an abnutzbare Güter des Anlagevermögens oder an Beträge, die nicht im Rahmen von Leistungsabgaben an Marktpartner einkommenswirksam verrechnet werden. Hier wäre beispielsweise an eine Spende zu denken, die das Unternehmen tätigt, oder an Ausgaben zur Förderung der Wissenschaft. Beziehen sich solche *Einnahmen* oder *Ausgaben* – wie eine Spende – auf einen Zeitpunkt innerhalb des Abrechnungszeitraums oder – wie die Förderung der Wissenschaft für eine gewisse Zeit – auf einen Zeitraum, der den Abrechnungszeitraum umfasst, so werden sie üblicherweise in demjenigen Abrechnungszeitraum als *Ertrag* oder als *Aufwand* behandelt, auf den sie sich beziehen. Man spricht davon, sie nach dem Prinzip der zeitlichen Abgrenzung zu verrechnen. Beziehen sich die *Einnahmen* oder die *Ausgaben* auf mehrere Abrechnungszeiträume, so werden sie zeitproportional in den Abrechnungszeiträumen als *Ertrag* oder als *Aufwand* erfasst, auf die sie sich erstrecken. Man spricht vom Prinzip der streng zeitraumbezogenen Abgrenzung. Dieses Prinzip wird auch auf Güter des Anlagevermögens angewendet, deren Abnutzung sich über mehrere Abrechnungszeiträume erstreckt: Man verteilt die Anschaffungsausgaben über die Jahre ihrer Nutzung. Die so in der Einkommensrechnung eines Abrechnungszeitraums erscheinenden anteiligen Anschaffungsausgaben des Anlagegutes werden als (planmäßige) Abschreibungen bezeichnet.

Einkommensrechnungen für einen Abrechnungszeitraum und ihre Rechengrößen lassen sich somit durch drei Kategorien von Definitionen kennzeichnen. Die erste betrifft die grundlegende Frage, was man im Kern als Einkommen ansieht und wann man dieses als verwirklicht betrachtet (Einkommensentstehungskonzept). Eng damit zusammen hängt die zweite Kategorie von Definitionen, die den Umgang mit erwarteten, aber noch nicht eingetretenen Wertveränderungen des Eigenkapitals betrifft, welche nichts mit Leistungsabgaben an den Markt zu tun haben (Einkommensvorwegnahmekonzept). Die dritte Kategorie von Definitionen betrifft die Frage, wie man Ausgaben behandelt (etwa für abnutzbares Anlagevermögen), die nicht auf die Abgabe von Leistungen an Marktpartner zielen und die zwar in einem Abrechnungszeitraum anfallen, aber Wirkungen auf mehrere Abrechnungszeiträume entfalten (Periodisierungskonzept).

Einkommensmessungskonzept: um Einkommensvorwegnahme- und Periodisierungskonzept ergänztes Einkommensentstehungskonzept

Alle drei Kategorien von Definitionen können berührt werden, wenn man das Einkommen unternehmensintern anders als unternehmensextern messen möchte. In der Literatur werden Unterschiede zwischen internem und externem Rechnungswesen beschrieben, die sich auf die Definition der Eigenkapitalminderungen erstrecken. Aus der Tatsache, dass ein Endbestand sich aus einem Anfangsbestand zuzüglich aller Zugänge abzüglich aller Abgänge ergibt, kann man erkennen, dass unterschiedliche Arten der Messung von Zugängen oder Abgängen bei einem gegebenen Anfangsbestand zu unterschiedlichen Endbeständen führen. Unterschiedliche Einkommensbegriffe implizieren unterschiedliche Zugänge und Abgänge von einem gegebenen Anfangsbestand an Eigenkapital und ergeben unterschiedliche Endbestände.

Zusammenhang zwischen Einkommensmessungskonzept und Eigenkapital

Abbildung 1.2, Seite 26, enthält die im externen Rechnungswesen üblichen Grundsätze mit den darin enthaltenen Regeln zur zeitlichen Erfassung von solchen Eigenkapitalveränderungen, die als *Ertrag* bzw. als *Aufwand* eines Abrechnungszeitraums anzusehen sind. Dabei werden Vorgänge nach Möglichkeit in eine eigenkapitalsteigernde und in eine eigenkapitalmindernde Komponente zerlegt. Ausgangspunkt sind die Einnahmen und Ausgaben, die ein Unternehmen tätigt und die sich aus Zahlungsmittelveränderungen und Forderungs- sowie Verbindlichkeitsveränderungen ergeben. Der Kauf eines Gutes beispielsweise kann aufgefasst werden als eine Eigenkapitalmehrung in Höhe des Anschaffungspreises des erworbenen Gutes und zugleich als eine gleich hohe Eigenkapitalminderung in Höhe der entstandenen Verbindlichkeit bzw. in Höhe der hingegebenen Zahlungsmittel. Bei einem Verkauf besteht die Eigenkapitalsteigerung in den erhaltenen Zahlungsmitteln bzw. der entstandenen Forderung, die Eigenkapitalminderung im Wert des hingegebenen Gutes. Soweit derartig definierte Eigenkapitalveränderungen entsprechend dem verwendeten Einkommensentstehungskonzept als einkommenswirksam anzusetzen sind, werden sie als *Ertrag* oder als *Aufwand* bezeichnet. Fallen die Eigenkapitalveränderungen nicht unter eines der drei Prinzipien, so handelt es sich um einkommensneutrale Vorgänge. Bei solchen Vorgängen gleichen sich die positiven und negativen Einkommenswirkungen aus und man verzichtet darauf, die Einkommens-

Ertrag und Aufwand

wirkungen aufzuzeichnen. Bei einem Einkauf von Ware beispielsweise, der ja beim Erwerber nicht unter das Marktleistungsabgabeeinkommenskonzept fällt, ergibt sich folglich keine Einkommenswirkung.

			Einkommenswirkung von Einnahmen und Ausgaben		
			aus Abgabe einer Leistung an Marktteilnehmer resultierend	nicht aus Abgabe einer Leistung an Marktteilnehmer resultierend	
				zeitpunktbezogen	zeitraumbezogen
Einnahme	mit Gegenleistung verbunden (zweiseitiger Vorgang)		Ertrag zum Zeitpunkt der Abgabe der Leistung an Markt, evtl. vorher Verbindlichkeit (Risikoübergang): *Realisationsprinzip*		
	nicht mit Gegenleistung verbunden (einseitiger Vorgang)			Ertrag zu dem Zeitpunkt, zu dem die Einnahme anfällt, evtl. vorher Verbindlichkeit: *Grundsatz der zeitlichen Abgrenzung*	Ertrag anteilig in dem Zeitraum, für den die Einnahme erfolgt, evtl. vorher bzw. soweit noch nicht Ertrag als Verbindlichkeit behandeln: *Grundsatz der zeitraumbezogenen Abgrenzung*
Ausgabe	nicht mit Gegenleistung verbunden (einseitiger Vorgang)			Aufwand zu dem Zeitpunkt, zu dem die Ausgabe anfällt, evtl. vorher Forderung: *Grundsatz der zeitlichen Abgrenzung*	Aufwand anteilig in dem Zeitraum, für den die Ausgabe anfällt, evtl. vorher bzw. soweit noch nicht Aufwand als Forderung behandeln: *Grundsatz der zeitraumbezogenen Abgrenzung*
	mit Gegenleistung verbunden (zweiseitiger Vorgang)	kein Verlust absehbar	Aufwand zu dem Zeitpunkt, zu dem der sachlich zugehörige Ertrag verrechnet wird, evtl. vorher Forderung: *Grundsatz der sachlichen Abgrenzung*		
		Verlust absehbar	Aufwand in Höhe des absehbaren Verlustes zum Zeitpunkt des Bekanntwerdens des Verlustes: *Imparitätsprinzip*		

Abbildung 1.2: Grundsätze zur Erfassung von Einnahmen und Ausgaben als Ertrag und Aufwand nach deutschem Handelsrecht

Im Bereich des internen Rechnungswesens hat man die gleichen Probleme und darüber hinaus noch weitergehende zu lösen. Üblicherweise unterstellt man eine Lösung der aufgeführten Probleme ähnlich der Lösung in Abbildung 1.2, Seite 26. Natürlich kann man auch über eine Modifikation nachdenken. Oft begnügt man sich mit Definitionen der im internen Rechnungswesen verwendeten Begriffe *Erlös* und *Kosten*, welche die hier dargestellten Zusammenhänge nicht vollständig und meist auch nicht widerspruchsfrei erfassen.

Gleiche Problemstellung im internen Rechnungswesen

Die Begriffe *Ertrag* und *Aufwand* werden in der deutschsprachigen Literatur nicht einheitlich verwendet. Insbesondere im deutschen Handels- und Steuerrecht stehen die Begriffe – wenn sie dort vorkommen – nicht immer nur für Eigenkapitalveränderungen, sondern manchmal auch für Vermögensumwandlungen, die mit Bestandsveränderungen zu saldieren sind, bevor sich *Aufwand* im hier verstandenen Sinne ergibt. Als Beispiel sei auf das Gliederungsschema des deutschen Handelsrechts (§ 275 HGB) für Einkommensrechnungen nach dem so genannten *Gesamtkostenverfahren* verwiesen, in dem von *Personal- und Materialaufwand* die Rede ist, ohne zu unterscheiden zwischen den Personalausgaben, die zur Erstellung von Leistungen auf Lager anfallen und den Personalausgaben für die Erstellung von Leistungen, welche noch im gleichen Abrechnungszeitraum am Markt abgegeben werden. Ein weiteres Beispiel liefert das deutsche Einkommensteuerrecht, wenn Beträge *aufgewendet* worden sein müssen, um ein *Wirtschaftsgut* zu aktivieren. Auf derartige wenig sinnvolle Begriffsinhalte und -verwendungen wird nicht weiter eingegangen.

Abweichende Definitionen von Ertrag und Aufwand in anderen Zusammenhängen

Weil Unternehmer an Gewinnen interessiert sind, die sie entnehmen können, erscheint es ihnen interessant, *Ertrag* und *Aufwand* unter dem Aspekt ihrer Zahlungswirksamkeit anzugeben. Daraus folgt für den Aufbau der Einkommensrechnung eines Unternehmens das aus Abbildung 1.3, Seite 28, ersichtliche Schema. Darin werden die zahlungswirksamen Teile des *Ertrags* und des *Aufwands* gesondert aufgeführt. Tatsächlich werden meist, so auch im vorliegenden Buch, andere Bezeichnungen ohne den direkten Bezug zu einem Einkommensmessungskonzept und zur Zahlungswirksamkeit verwendet. Abbildung 1.4, Seite 28, enthält ein übliches Schema nach dem so genannten Umsatzkostenverfahren in Kontoform. Alternativ dazu ist es auch denkbar, den Herstellungsaufwand der verkauften Erzeugnisse nicht in einem einzigen Betrag anzugeben, sondern aufgeschlüsselt nach einzelnen Aufwandsarten.

Aufbau von Einkommensrechnungen: Umsatzkostenverfahren

Tatsächlich wird der Herstellungsaufwand nach dem so genannten Gesamtkostenverfahren oft nur indirekt angegeben: als (nach Arten aufgeschlüsselte) Ausgaben für die hergestellten Erzeugnisse abzüglich der (nicht weiter aufgeschlüsselten) Ausgaben für diejenigen Erzeugnisse, die auf Lager produziert wurden, bzw. zuzüglich der Ausgaben für Erzeugnisse, die dem Lager zum Verkauf entnommen wurden. Abbildung 1.5, Seite 28, enthält ein entsprechendes Schema in Kontoform, aus dem der Herstellungsaufwand nur nach einigen Rechnungen und dann nicht weiter

Gesamtkostenverfahren

untergliedert ersichtlich ist. Zwar werden die *Ausgaben* getrennt nach Materialausgaben, Personalausgaben und sonstigen Ausgaben unterschieden; der Herstellungsaufwand ergibt sich aber erst durch Saldierung dieser Ausgaben mit den so genannten Bestandsveränderungen.

Aufwand	Einkommensrechnung für das Geschäftsjahr 20X1	Ertrag

Aufwand im Zusammenhang mit Leistungsabgaben an Marktpartner
   zahlungswirksam
   nicht zahlungswirksam
Aufwand aus Verlustvorwegnahmen
   zahlungswirksam
   nicht zahlungswirksam
Aufwand aus Periodisierungen
   zahlungswirksam
   nicht zahlungswirksam
Einkommen (Gewinn)
		Ertrag im Zusammenhang mit Leistungsabgaben an Marktpartner
		   zahlungswirksam
		   nicht zahlungswirksam
		Ertrag aus Einkommensvorwegnahmen
		   zahlungswirksam
		   nicht zahlungswirksam
		Ertrag aus Periodisierungen
		   zahlungswirksam
		   nicht zahlungswirksam
		Einkommen (Verlust)

Summe		Summe

Abbildung 1.3: Konzeptionelles Schema einer Einkommensrechnung in Kontoform mit Bezug zur Zahlungswirkung

Abbildung 1.4: Übliches Schema einer Einkommensrechnung in Kontoform (Umsatzkostenverfahren)

Aufwand	Einkommensrechnung für das Geschäftsjahr 20X1	Ertrag
Herstellungsaufwand der verkauften Erzeugnisse Aufwand aus Beteiligungen Zinsaufwand Sonstiger Aufwand Einkommen (Gewinn)		Umsatzertrag Ertrag aus Beteiligungen Zinsertrag Sonstiger Ertrag Einkommen (Verlust)
Summe		Summe

Abbildung 1.5: Übliches Schema einer Einkommensrechnung in Kontoform (Gesamtkostenverfahren)

Aufwand	Einkommensrechnung für das Geschäftsjahr 20X1	Ertrag
Materialausgaben für die Herstellung von Erzeugnissen Personalausgaben für die Herstellung von Erzeugnissen Sonstige Ausgaben für die Herstellung von Erzeugnissen Ausgaben für die Herstellung von Erzeugnissen, die dem Lager entnommen wurden Aufwand aus Beteiligungen Zinsaufwand Sonstiger Aufwand Einkommen (Gewinn)		Umsatzertrag Ausgaben für die Herstellung von Erzeugnissen, die dem Lager zugeführt wurden Ertrag aus Beteiligungen Zinsertrag Sonstiger Ertrag Einkommen (Verlust)
Summe		Summe

1.4 Rechengrößenpaare des Rechnungswesens

1.4.1 Überblick

Im betriebswirtschaftlichen Rechnungswesen eines Unternehmens werden die finanziellen Konsequenzen von Ereignissen und Vorgängen abgebildet, die dieses Unternehmen betreffen. Wir wissen inzwischen, dass man Bestandsrechnungen von Bewegungsrechnungen unterscheiden kann. Bestandsrechnungen weisen den Bestand an Vermögensgütern, Fremdkapital oder Eigenkapital zu einem Zeitpunkt aus, Bewegungsrechnungen die Veränderung von Beständen während eines Zeitraums. Für zusammengehörige Bestands- und Bewegungsgrößen gilt, dass man den Bestand am Ende eines Zeitraums aus dem Bestand am Anfang des Zeitraums zuzüglich der Bewegungsgröße *Bestandsmehrungen* und abzüglich der Bewegungsgröße *Bestandsminderungen* dieses Zeitraums ermitteln kann. Bewegungsgrößen werden auch als Stromgrößen bezeichnet.

Zusammenhang zwischen Bestands- und Bewegungsrechnungen

Die Ausführungen des vorliegenden Abschnitts stellen auf Bewegungsrechnungen und zugehörige Bestandsrechnungen für drei Arten von Bewegungsgrößen ab: (1) *Einzahlungen* und *Auszahlungen*, (2) *Einnahmen* und *Ausgaben* sowie (3) *Ertrag* und *Aufwand*. Bei den Rechnungen auf Basis von *Ertrag* und *Aufwand* unterscheiden wir im vorliegenden Abschnitt zwei Arten, diejenigen, die auf den handelsrechtlichen Definitionen beruht und diejenigen, die auf allgemeinen betriebswirtschaftlichen Festlegungen beruhen. Im Folgenden werden also vier Rechenwerke hinsichtlich ihres Aussagegehaltes miteinander verglichen. Der Zweck des Abschnitts besteht darin, dem Leser die Inhalte einiger betriebswirtschaftlicher Rechengrößenpaare zu vermitteln und gleichzeitig die Relevanz von *Ertrag* und *Aufwand* für einkommensorientierte Rechnungen aufzuzeigen.

Drei verschiedene Bewegungsrechnungen als Schwerpunkt

Betriebswirtschaftliche Rechenwerke sollen den oder die Unternehmensleiter unterstützen und zugleich deren Arbeit kontrollieren helfen, indem die Veränderung der für die Unternehmensleitung relevanten Rechengröße gemessen wird. Aus der Sicht eines Managers, der sich als Verwalter des ihm von den Kapitalgebern anvertrauten Kapitals, also des Eigen- und Fremdkapitals, versteht, hat die Rechengröße diese Kapitalveränderung zu messen. Ein Residualanspruchberechtigter bzw. ein Manager, der das Unternehmen aus der Sicht von Residualanspruchsberechtigten leitet, wird dagegen seine Leistung in einer Zielgröße messen, in der die Veränderung des Residualanspruchs zum Ausdruck kommt. Von den oben genannten Begriffspaaren bilden nur der Saldo aus *Ertrag* und *Aufwand* die

Anforderungen an die Rechengröße

Veränderung des Residualanspruchs ab. Die Höhe der Veränderung hängt davon ab, wie die jeweils verwendeten Rechengrößen bestimmt sind. Bei Verwendung handelsrechtlich definierter Regeln kann sich eine andere Veränderung ergeben als bei Verwendung betriebswirtschaftlich anders bestimmter Regeln.

Definition von Ertrag und Aufwand erfordert Abgrenzung von Einlage und Entnahme

Möchte man Veränderungen des Residualanspruchs als Leistung der Residualanspruchberechtigten interpretieren, so sind nur solche Veränderungen einzubeziehen, die nicht aus Eigenkapitaltransfers zwischen dem Unternehmen und den Residualanspruchberechtigten selbst herrühren. Solche Eigenkapitaltransfers werden als *Einlagen* und *Entnahmen* bezeichnet. Eine klare Definition von *Ertrag* und *Aufwand* legt damit auch die Definition von *Einlage* und *Entnahme* fest.

Betrachtung verschiedener Paare von Rechengrößen: Einzahlung/Auszahlung; Einnahme/Ausgabe; Ertrag/Aufwand

Von einer *Einzahlung* oder einer *Auszahlung* spricht man in dem Augenblick, in dem die Zahlungsmittel eines Unternehmens durch Geschäftsvorfälle oder Ereignisse verändert werden. *Einnahme* und *Ausgabe* berücksichtigen zusätzlich zu den (tatsächlichen) Zahlungen Zahlungsversprechen, also erwartete Zahlungen. Diese zeigen sich in Veränderungen der Forderungen und des Fremdkapitals. *Ertrag* und *Aufwand* umfassen zusätzlich zur *Einnahme* und *Ausgabe* die Wertveränderungen aller anderen als werthaltig betrachteten Vermögensgüter und Fremdkapitalposten, jedoch nur, soweit diese Veränderungen nicht aus einem Eigenkapitaltransfer herrühren.

Rechenwerke, Rechengrößen und Rechengrößensalden

Die Auswahl der Rechengrößen und damit des Rechenwerks wird von dem Zweck bestimmt, dem das Rechnungswesen dienen soll. Abbildung 1.6, Seite 31, stellt die Begriffe einiger häufig eingesetzter Arten von Bewegungsgrößen gegenüber.

Zeitraumbezug: Total- vs. Partialbetrachtung

Bei der Abbildung des Unternehmensgeschehens durch ausgewählte Bestands- bzw. Bewegungsrechnungen ist vom Ersteller des jeweiligen Rechenwerkes festzulegen, für welchen Zeitraum er Informationen bereitstellen möchte. Will er den finanziellen Nutzen bzw. Schaden aus der Unternehmenstätigkeit für den gesamten Zeitraum von der Gründung bis zur Auflösung des Unternehmens betrachten, wird er eine Totalrechnung durchführen. Will der Ersteller des Rechenwerkes den finanziellen Nutzen bzw. Schaden aus der Unternehmenstätigkeit hingegen nur für bestimmte Teilabschnitte des Totalzeitraums oder für bestimmte sachliche Unternehmensteile betrachten, so wird er eine Partialrechnung für genau die gewünschten Unternehmensteile durchführen.

1.4 Rechengrößenpaare des Rechnungswesens

Name der Bewegungsrechnung	Bewegungsgrößen			Bestandsgröße
	Mehrungen	Minderungen	Saldo	
Einzahlungs-Auszahlungs-Rechnung (Zahlungsrechnung)	Einzahlung	Auszahlung	Zahlungsmittelveränderung	Zahlungsmittel
Einnahmen-Ausgaben-Rechnung (Geldvermögensrechnung)	Einnahme	Ausgabe	Geldvermögensveränderung	Geldvermögen
Handelsrechtliche Ertrags-Aufwands-Rechnung (Handelsrechtliche Einkommensrechnung)	Handelsrechtlicher Ertrag	Handelsrechtlicher Aufwand	Handelsrechtliches Einkommen	Teil des handelsrechtlichen Eigenkapitals
Handelsrechtliche Einlage-Entnahme-Rechnung (Handelsrechtliche Eigenkapitaltransferrechnung)	Handelsrechtliche Einlage	Handelsrechtliche Entnahme	Handelsrechtliche Eigenkapitaltransfers	Anderer Teil des handelsrechtlichen Eigenkapitals
Betriebswirtschaftliche Ertrags-Aufwands-Rechnung (Betriebswirtschaftliche Einkommensrechnung)	Betriebswirtschaftlicher Ertrag (Erlös)	Betriebswirtschaftlicher Aufwand (Kosten)	Betriebswirtschaftliches Einkommen	Teil des betriebswirtschaftlichen Eigenkapitals
Betriebswirtschaftliche Einlage-Entnahme-Rechnung (Betriebswirtschaftliche Eigenkapitaltransferrechnung)	Betriebswirtschaftliche Einlage	Betriebswirtschaftliche Entnahme	Betriebswirtschaftliche Eigenkapitaltransfers	Anderer Teil des betriebswirtschaftlichen Eigenkapitals

Abbildung 1.6: Bewegungsrechnungen: Bestandteile und Rechengrößenpaare

Man könnte versucht sein, den Saldo aus den einzelnen Paaren von Rechengrößen jeweils als Maß für den finanziellen Nutzen bzw. Schaden heranzuziehen, der aus dem Unternehmensgeschehen resultiert. Es zeigt sich jedoch, dass die einzelnen Bewegungsrechnungen zu unterschiedlichen Aussagen führen. Nur in Spezialfällen erlauben alle Rechenwerke die gleichen Aussagen über den finanziellen Nutzen bzw. Schaden. Es hängt damit letztlich vom Zweck der Rechnung ab, welches Maß den finanziellen Nutzen bzw. Schaden in einer Situation abbildet. Das wird deutlich, wenn im Folgenden die hinter den genannten Rechengrößen der Bewegungsrechnungen stehenden Bestandsgrößen in die Betrachtung einbezogen werden.

Aussagegehalt der drei Rechenwerke unterscheidet sich normalerweise.

Bei den unterschiedlichen Eigenkapitaltransferrechnungen dürften sich keine nennenswerten Unterschiede zwischen den handelsrechtlichen und den betriebswirtschaftlichen Regeln ergeben. Deswegen wird darauf im Folgenden nicht näher eingegangen.

Unterschiede bei Eigenkapitaltransferrechnungen

1.4.2 Eigenschaften verschiedener Rechengrößenpaare

Einzahlungen minus Auszahlungen

Veränderungen des Zahlungsmittelbestandes: Überschuss der Einzahlungen über die Auszahlungen

Einzahlungen und *Auszahlungen* bezeichnen die Veränderungen des Bestandes an *Zahlungsmitteln*. Üblicherweise zählen die Barmittel sowie diejenigen Einlagen bei Banken dazu, über die jederzeit verfügt werden kann (Sichteinlagen). Zuflüsse von Bargeld oder Erhöhungen der Sichteinlagen bei Banken werden als *Einzahlungen* bezeichnet. *Auszahlungen* ergeben sich, wenn Bargeld abfließt oder die Sichteinlagen abnehmen. Übersteigen die *Einzahlungen* die *Auszahlungen*, so spricht man von einem Einzahlungsüberschuss. Reichen die *Einzahlungen* dagegen betragsmäßig nicht an die *Auszahlungen* heran, so spricht man von einem Einzahlungsdefizit. Ein Einzahlungsdefizit ist nur dann ohne Konsequenzen für den Fortbestand eines Unternehmens, wenn es aus dem vorhandenen Bestand an Zahlungsmitteln gedeckt werden kann. Üblicherweise unterstellt man für solche Rechnungen, der Endbestand an Zahlungsmitteln im vorhergehenden Abrechnungszeitraum entspreche dem Anfangsbestand an Zahlungsmitteln im laufenden Abrechnungszeitraum. Abbildung 1.7 fasst die Aussagen zusammen.

Zahlungsmittel-(anfangs)bestandsrechnung$_t$	Zahlungsmittelbewegungsrechnung$_t$				Zahlungsmittel(end)-bestandsrechnung$_t$
Anfangsbestand an Zahlungsmitteln$_t$	+	Zunahme der Zahlungsmittel$_t$ (Einzahlungen$_t$)	−	Abnahme der Zahlungsmittel$_t$ (Auszahlungen$_t$)	=	Endbestand an Zahlungsmitteln$_t$
Anfangsbestand Sichteinlagen$_t$	+	Zunahme der Sichteinlagen$_t$	−	Abnahme der Sichteinlagen$_t$	=	Endbestand Sichteinlagen$_t$
Anfangsbestand Barmittel$_t$	+	Zunahme der Barmittel$_t$	−	Abnahme der Barmittel$_t$	=	Endbestand Barmittel$_t$

Abbildung 1.7: Rechengrößen und Zusammensetzung von Zahlungsmittelrechnungen zum Zeitpunkt t und im Zeitraum t

Zahlungsmittelrechnung und Unternehmens- bzw. Eigenkapitalgebersicht

Bei der Verwendung von *Einzahlungen* und *Auszahlungen* wird i.d.R. nicht auf die speziellen Informationsbedürfnisse der Eigenkapitalgeber (Einkommensmessung) eingegangen. Möchte man diese berücksichtigen, so sind die Rechengrößen jeweils in zwei Gruppen zu untergliedern: in solche, die den für den Residualanspruchsberechtigten relevanten Teil abbilden, und in solche, die den für eventuelle fremde Kapitalgeber relevanten Teil darstellen.

Eine Zahlungsmittelrechnung, die nicht aus der Sicht von Eigenkapitalgebern erstellt wird, berücksichtigt i.d.R. nur unvollständig, woraus eine *Einzahlung* resultiert oder wofür eine *Auszahlung* getätigt wird. Es wird beispielsweise kein systematischer Unterschied gemacht zwischen einer *Einzahlung* aus einem Lottogewinn, einer *Einzahlung* aus einer Kreditaufnahme und einer *Einzahlung* von Eigenkapitalgebern. Genauso verhält es sich mit einer *Auszahlung*. Man kann i.A. nicht systematisch aus Zwischensummen erkennen, in welcher Höhe eine *Auszahlung* an den Eigenkapitalgeber getätigt wurde, in welcher Höhe sie für die Anschaffung von Vermögen angefallen ist oder in welcher Höhe sie mit der Rückzahlung eines Darlehens verbunden war. Aus der Sicht von Geschäftsleitung und Eigenkapitalgebern erscheint es aber wichtig, solche Unterschiede zu machen. Geschäftsleiter möchten neben der Veränderung der Zahlungsmittel i.d.R. wissen, welche Zahlungsmittel ihnen dauerhaft zustehen, welche sie erwarten können und welche wann zurückzuzahlen sind. Aus einer einfachen Zahlungsrechnung ergibt sich auch nicht ohne weiteres eine Antwort auf die aus der Sicht der Residualanspruchsberechtigten interessierende Frage, welches Kapital im Unternehmen aus dem von ihnen eingelegten Eigenkapital erwachsen ist.

Beurteilung der Zahlungsmittelrechnung aus Unternehmer- bzw. Eigenkapitalgebersicht

Hinsichtlich der Einkommensermittlung ist festzustellen, dass im Rahmen einer Zahlungsrechnung (1) Einkommen erst bei der Zahlung entsteht und Forderungen somit keine Bedeutung haben, dass (2) keine Regeln zur Vorwegnahme künftiger Wertveränderungen existieren und dass (3) keine Aussage zur Periodisierung gemacht wird. Wir haben es also mit einem ziemlich einfachen Konzept zu tun, dessen Aussagegehalt als dürftig zu bezeichnen ist.

Beurteilung hinsichtlich der Einkommensermittlung

Die Aussagen sowie die Bestimmung einer Zahlungsmittelveränderung seien an einem Beispiel erläutert.

Sachverhalt eines Beispiels

Ein Reiseunternehmer kaufe einen Reisebus und setze diesen während dreier Geschäftsjahre – das Geschäftsjahr entspreche dem Kalenderjahr – in seinem Unternehmen ein. Im Laufe der drei Geschäftsjahre ereignen sich die folgenden Geschäftsvorfälle:

1. Geschäftsvorfälle im Geschäftsjahr 20X1:
   - Kauf des Fahrzeugs für $600\,000\,GE$ gegen Barzahlung.
   - Erwirtschaftung eines Überschusses der laufenden Einzahlungen aus dem Betrieb des Fahrzeugs über die laufenden Auszahlungen (Einzahlungsüberschuss) in Höhe von $250\,000\,GE$.
   - Erhöhung der Zahlungsmittel des Unternehmens um $50\,000\,GE$ aus privaten Mitteln des Unternehmers.

2. Geschäftsvorfälle im Geschäftsjahr 20X2:
   - Erwirtschaftung eines Einzahlungsüberschusses in Höhe von 190 000 GE.
   - Aufnahme eines Darlehens über 100 000 GE zu Beginn des Geschäftsjahres 20X2. Der Auszahlungsbetrag des Darlehens beläuft sich auf 90 000 GE. Als Rückzahlungstermin wurde das Ende des Geschäftsjahres 20X3 vereinbart.
   - Entnahme von 40 000 GE Bargeld aus dem Unternehmen für private Zwecke des Unternehmers.
3. Geschäftsvorfälle im Geschäftsjahr 20X3:
   - Erwirtschaftung eines Einzahlungsüberschusses in Höhe von 235 000 GE.
   - Am Ende des Geschäftsjahres 20X3 sei der Reisebus wertlos.

Problemstellungen

Wir benutzen das Beispiel, um uns

- die Ermittlung eines Einzahlungsüberschusses zu verdeutlichen und
- die Problematik der Verwendung eines Einzahlungsüberschusses als Nutzenmaß zu veranschaulichen.

Vertiefung der Ausführungen anhand des Beispiels

Ermittlung des Zahlungsüberschusses

Der Einzahlungsüberschuss bzw. das Einzahlungsdefizit jedes einzelnen Abrechnungszeitraums lässt sich aus der Zahlungsreihe für die drei Zeiträume 20X1 bis 20X3 ermitteln. Abbildung 1.8, Seite 35, enthält neben den Daten für jeden einzelnen Abrechnungszeitraum (Partialbetrachtung) diejenigen für den Dreijahreszeitraum (Totalbetrachtung). Es sei darauf hingewiesen, dass der Einzahlungsüberschuss nicht nur auf den Einsatz des Reisebusses zurückzuführen ist, sondern auch auf die Aufnahme und die Rückzahlung des Darlehens sowie auf die Eigenkapitaltransfers. Dies kommt in den *davon*-Angaben zum Ausdruck, die normalerweise nicht Bestandteil einer Zahlungsrechnung sind. Nur durch diese zusätzlichen Angaben lässt sich die Sichtweise der Residualanspruchsberechtigten einführen.

Aussagegehalt des Zahlungsüberschusses

Misst man den jährlichen finanziellen Nutzen bzw. Schaden aus der Anschaffung des Reisebusses durch das Einkommensmaß *Einzahlungs-Auszahlungs-Überschuss* bzw. *Einzahlungs-Auszahlungs-Defizit*, so ist auf die *Einzahlungen* und *Auszahlungen* abzustellen. Fraglich ist allerdings, ob der Saldo aus *Einzahlungen* und *Auszahlungen* den Nutzen bzw. Schaden aus der Anschaffung des Reisebusses sinnvoll abbildet. Ist man wirklich im Jahr 20X1 wegen der Anschaffung des Reisebusses ärmer geworden oder steht dieser Auszahlung nun der Reisebus gegenüber? Diesbezügliche Überlegungen werden wir anstellen, nachdem wir uns die Ermittlung der finanziellen Vor- und Nachteile im Rahmen der anderen Rechenwerke verdeutlicht haben.

Zeitraum	Partialbetrachtungen			Totalbetrachtung 20X1 bis 20X3
	20X1	20X2	20X3	
Einzahlung				
laufender Einzahlungsüberschuss	250000	190000	235000	675000
+ Einzahlungen aus Darlehensaufnahme		90000		90000
+ Einzahlungen aus Eigenkapitaltransfers	50000			50000
− Auszahlung				
− Auszahlung für Anschaffung des Reisebusses	−600000			−600000
− Auszahlung wegen Darlehensrückzahlung			−100000	−100000
− Auszahlungen wegen Eigenkapitaltransfers		−40000		−40000
= Überschuss der Einzahlungen über die Auszahlungen	−300000	240000	135000	75000
davon durch Reisebus	−350000	190000	235000	75000
davon durch Darlehen		90000	−100000	−10000
davon durch Eigenkapitaltransfers	50000	−40000		10000

Abbildung 1.8: Einzahlungs-Auszahlungs-Rechnung bei Partial- und Totalbetrachtung

Einnahmen minus Ausgaben

Einnahmen und *Ausgaben* werden durch die Veränderung des Bestandes an *Geldvermögen* definiert. Für die folgenden Ausführungen sei unterstellt, das *Geldvermögen* setze sich nur aus Barmitteln, Sichteinlagen, Forderungen und Fremdkapital in der Form von Verbindlichkeiten zusammen, die *Einnahmen* und die *Ausgaben* folglich nur aus der Veränderung dieser Posten während eines Abrechnungszeitraums.

Veränderungen des Geldvermögens: Einnahmeüberschuss bzw. Einnahmedefizit

Von einer *Einnahme* spricht man, wenn der Bestand an *Geldvermögen* durch einen Geschäftsvorfall zunimmt, von einer *Ausgabe*, wenn er abnimmt. Übersteigen die *Einnahmen* eines Abrechnungszeitraums die *Ausgaben*, so hat man es mit einem Einnahmeüberschuss zu tun, andernfalls mit einem Einnahmedefizit. *Einnahmen* und *Ausgaben* kann man als *Einzahlungen* und *Auszahlungen* auffassen, die um zwei Effekte korrigiert wurden: Der erste besteht in der Berücksichtigung erwarteter Zahlungen, welche den Effekt einer tatsächlichen Zahlung auf den Zahlungsüberschuss bzw. das -defizit rückgängig machen (zahlungskompensierende Veränderungen des monetären Vermögens und des Fremdkapitals in der Form von Verbindlichkeiten), der zweite in der Berücksichtigung von erwarteten Zahlungen, die wie bereits getätigte Zahlungen anzusehen sind (zahlungsersetzende Veränderungen des monetären Vermögens und des Fremdkapitals in der Form von Verbindlichkeiten). Eine zahlungskom-

Einnahmen und Ausgaben

pensierende Veränderung kann man beispielsweise in der Rückzahlungsverpflichtung sehen, die bei Aufnahme eines Darlehens entsteht; mit einer zahlungsersetzenden Veränderung haben wir es zu tun, wenn wir einem Verkauf von Waren auf Ziel akzeptieren. Üblicherweise unterstellt man für solche Rechnungen, der Endbestand an *Geldvermögen* im vorhergehenden Abrechnungszeitraum entspreche dem Anfangsbestand an *Geldvermögen* im laufenden Abrechnungszeitraum. Abbildung 1.9 fasst die Aussagen zusammen.

Geldvermögens-(anfangs)bestandsrechnung$_t$	Geldvermögensbewegungsrechnung$_t$			Geldvermögens(end)-bestandsrechnung$_t$
Anfangsbestand an Geldvermögen$_t$	+ Zunahme des Geldvermögen$_t$ (Einnahmen$_t$)	−	Abnahme des Geldvermögen$_t$ (Ausgaben$_t$)	= Endbestand an Geldvermögen$_t$
Anfangsbestand Forderungen$_t$	+ Zunahme der Forderungen$_t$	−	Abnahme der Forderungen$_t$	= + Endbestand Forderungen$_t$
+ Anfangsbestand Sichteinlagen$_t$	+ Zunahme der Sichteinlagen$_t$	−	Abnahme der Sichteinlagen$_t$	= + Endbestand Sichteinlagen$_t$
+ Anfangsbestand Barmittel$_t$	+ Zunahme der Barmittel$_t$	−	Abnahme der Barmittel$_t$	= + Endbestand Barmittel$_t$
− Anfangsbestand Fremdkapital$_t$	− Abnahme des Fremdkapitals$_t$	+	Zunahme des Fremdkapitals$_t$	= − Endbestand Fremdkapital$_t$

Abbildung 1.9: Rechengrößen und Zusammensetzung von Geldvermögensrechnungen zum Zeitpunkt t und im Zeitraum t

Beurteilung aus Unternehmer- bzw. Eigenkapitalgebersicht

Bei der Verwendung von *Einnahmen* und *Ausgaben* wird i.d.R. auf die Wissenswünsche der Eigenkapitalgeber nicht eingegangen. Möchte man diese Wünsche berücksichtigen, so sind die Rechengrößen jeweils in zwei Gruppen zu untergliedern: in solche, die den für den Unternehmer relevanten Teil abbilden, und in solche, die den für eventuelle fremde Kapitalgeber relevanten Teil darstellen. Die Beurteilung der Geldvermögensrechnung aus Unternehmer- bzw. Eigenkapitalgebersicht kann analog zur Beurteilung der Zahlungsmittelrechnung durchgeführt werden.

Beurteilung hinsichtlich der Einkommensermittlung

Hinsichtlich der Einkommensermittlung ist im Rahmen einer Einnahme-Ausgabe-Rechnung festzustellen, (1) dass Einkommen entsteht, wenn sich das monetäre Vermögen ändert (Forderungen und Verbindlichkeiten werden somit berücksichtigt), (2) dass Einkommensvorwegnahmen nicht vorgesehen sind und (3) dass auch für Periodisierungsüberlegungen kein Platz ist. Die Art der Einkommensermittlung ist auch bei Einnahmen und Ausgaben einfach, der Aussagegehalt nicht sehr hoch.

Die Aussagen sowie die Ermittlung eines Einnahmeüberschusses bzw. -defizits sei wiederum am Beispiel erläutert.

Sachverhalt eines Beispiels

Das Beispiel beruht auf den gleichen Daten wie das Beispiel zur Zahlungsrechnung (Reiseunternehmen).

Problemstellungen

Wir benutzen das Beispiel, um uns

- die Ermittlung eines Überschusses der Einnahmen über die Ausgaben zu verdeutlichen und
- die Problematik der Verwendung von Einnahmeüberschüssen als Nutzenmaß zu veranschaulichen.

Vertiefung der Ausführungen anhand des Beispiels

Das Rechnen mit *Einnahmen* und *Ausgaben* erfordert es, die *Einzahlungen* und die *Auszahlungen* um die nicht zahlungswirksamen Vorgänge zu ergänzen, die durch die Veränderung des *Geldvermögens* entstehen. Deswegen sind die mit dem Reisebus zusammenhängenden *Einzahlungen* und *Auszahlungen* eines Abrechnungszeitraums hier jeweils um die zahlungskompensierenden und zahlungsersetzenden Veränderungen von Forderungen und Fremdkapital in der Form von Verbindlichkeiten zu korrigieren. Abbildung 1.10, Seite 38, zeigt die Berechnung des Einnahme-Ausgabe-Überschusses bzw. das Einnahme-Ausgabe-Defizit jedes einzelnen Abrechnungszeitraums sowie des Dreijahreszeitraums. Durch den gesonderten Ausweis der Wirkung von Eigenkapitaltransfers, die jedoch in einer Rechnung auf Basis von Einnahmen und Ausgaben nicht vorgesehen ist, lassen sich in gewissen Grenzen Aussagen für die Residualanspruchsberechtigten herleiten.

Ergänzung der Zahlungen um Veränderungen von Forderungen und Fremdkapital in Form von Verbindlichkeiten

In diesem Sinne stellt die Zunahme des Fremdkapitals bei Darlehensaufnahme wegen der Rückzahlungspflicht eine den Zahlungsmittelzufluss kompensierende Fremdkapitalzunahme dar, die als Surrogat für künftig zu leistende *Auszahlungen* anzusehen ist. Bei Rückzahlung des Darlehens ist die Abnahme des Fremdkapitals wie eine *Einzahlung* anzusehen, um den mit der Darlehensrückzahlung verbundenen Zahlungsmittelabfluss zu kompensieren.

Problematik von Überschüssen der Einnahmen über die Ausgaben

Zeitraum	Partialbetrachtungen			Totalbetrachtung 20X1 bis 20X3
	20X1	20X2	20X3	
Einnahme				
laufender Einzahlungsüberschuss	250 000	190 000	235 000	675 000
+ Einzahlung aus Darlehensaufnahme		90 000		90 000
+ Einzahlung aus Eigenkapitaltransfers	50 000			50 000
+ Abnahme des Fremdkapitals			100 000	100 000
− Ausgabe				
− Auszahlung für Anschaffung des Reisebusses	−600 000			−600 000
− Auszahlung wegen Darlehensrückzahlung			−100 000	−100 000
− Auszahlung wegen Eigenkapitaltransfers		−40 000		−40 000
− Zunahme des Fremdkapitals		−100 000		−100 000
= Überschuss der Einnahmen über die Ausgaben	−300 000	140 000	235 000	75 000
davon durch Reisebus	−350 000	190 000	235 000	75 000
davon durch Darlehen			−10 000	−10 000
davon durch Eigenkapitaltransfers	50 000	−40 000		10 000

Abbildung 1.10: Einnahmen-Ausgaben-Rechnung bei Partial- und Totalbetrachtung

Handelsrechtlicher Ertrag minus handelsrechtlicher Aufwand

Veränderungen des handelsrechtlichen Eigenkapitals: handelsrechtliches Einkommen plus handelsrechtliche Eigenkapitaltransfers

Handelsrechtlicher Ertrag und *handelsrechtlicher Aufwand* sind Rechengrößen, die sich auf die Veränderung des *handelsrechtlichen Eigenkapitals* beziehen, soweit diese Veränderung nicht auf handelsrechtliche Transfers zwischen dem Unternehmen und dem Eigenkapitalgeber zurückzuführen ist. *Handelsrechtlicher Ertrag* stellt derartige Mehrungen des Eigenkapitals dar, *handelsrechtlicher Aufwand* entsprechende Minderungen.

Abgrenzung zu handelsrechtlichen Einlagen und handelsrechtlichen Entnahmen

Die Begriffe sind nicht mit *handelsrechtlichen Einlagen* und *handelsrechtlichen Entnahmen* zu verwechseln. Hinter einer *handelsrechtlichen Einlage* verbergen sich nämlich Eigenkapitaltransfers vom Eigenkapitalgeber in das Unternehmen, hinter einer *handelsrechtlichen Entnahme* Eigenkapitaltransfers vom Unternehmen an den Eigenkapitalgeber. In Kapitalgesellschaften wird eine *handelsrechtliche Einlage* als Kapitalerhöhung, eine *handelsrechtliche Entnahme* als Dividende, in Sonderfällen als Kapitalherabsetzung bezeichnet. Zusammen mit *handelsrechtlicher Einlage* und *handelsrechtlicher Entnahme* erklären *handelsrechtlicher Ertrag* und *handelsrechtlicher Aufwand* die gesamte *handelsrechtliche Eigenkapitalveränderung* eines Abrechnungszeitraums. Üblicherweise unterstellt man

1.4 Rechengrößenpaare des Rechnungswesens

für solche Rechnungen, der Endbestand des gesamten *handelsrechtlichen Eigenkapitals* im vorhergehenden Abrechnungszeitraum entspreche dem Anfangsbestand des gesamten *handelsrechtlichen Eigenkapitals* im laufenden Abrechnungszeitraum. Tabellarisch lässt sich dies wie in Abbildung 1.11 darstellen. Aus Gründen der Übersichtlichkeit wurden die Kategorien von Bilanzposten nur grob untergliedert. Der Saldo aus *handelsrechtlichem Ertrag* und *handelsrechtlichem Aufwand* wird als *handelsrechtliches Einkommen* bezeichnet. Ist dieses positiv, spricht man von einem *handelsrechtlichen Ertragsüberschuss* oder von einem *handelsrechtlichen Gewinn*; ist es negativ, haben wir es mit einem *handelsrechtlichen Ertragsdefizit* oder mit einem *handelsrechtlichen Verlust* zu tun.

Handelsrechtliche Eigenkapital-(anfangs)-bestandsrechnung$_t$	Handelsrechtliche Eigenkapitalbewegungsrechnungen$_t$					Handelsrechtliche Eigenkapital-(end)-bestandsrechnung$_t$
	Handelsrechtliche Eigenkapitalbewegung Einkommen$_t$		Handelsrechtliche Eigenkapitalbewegung Eigenkapitaltransfer			
Handelsrechtlicher Eigenkapital-anfangsbestand$_t$	+ Handelsrechtlicher Ertrag$_t$	− Handelsrechtlicher Aufwand$_t$	+ Handelsrechtliche Einlage$_t$	− Handelsrechtliche Entnahme$_t$	=	Handelsrechtlicher Eigenkapital-endbestand$_t$
+ Handelsrechtlicher Anlagevermögens-anfangsbestand$_t$ +	Zunahme des handelsrechtlichen Anlagevermögens, soweit nicht aus Eigenkapitaltransfer$_t$ −	Abnahme des handelsrechtlichen Anlagevermögens, soweit nicht aus Eigenkapitaltransfer$_t$ +	Zunahme des handelsrechtlichen Anlagevermögens, soweit aus Eigenkapitaltransfer$_t$ −	Abnahme des handelsrechtlichen Anlagevermögens, soweit aus Eigenkapitaltransfer$_t$ =		+ Handelsrechtlicher Anlagevermögens-endbestand$_t$
+ Handelsrechtlicher Umlaufvermögens-anfangsbestand$_t$ +	Zunahme des handelsrechtlichen Umlaufvermögens, soweit nicht aus Eigenkapitaltransfer$_t$ −	Abnahme des handelsrechtlichen Umlaufvermögens, soweit nicht aus Eigenkapitaltransfer$_t$ +	Zunahme des handelsrechtlichen Umlaufvermögens, soweit aus Eigenkapitaltransfer$_t$ −	Abnahme des handelsrechtlichen Umlaufvermögens, soweit aus Eigenkapitaltransfer$_t$ =		+ Handelsrechtliches Umlaufvermögens-endbestand$_t$
− Handelsrechtlicher Fremdkapital-anfangsbestand$_t$ +	Abnahme des handelsrechtlichen Fremdkapitals, soweit nicht aus Eigenkapitaltransfer$_t$ −	Zunahme des handelsrechtlichen Fremdkapitals, soweit nicht aus Eigenkapitaltransfer$_t$ +	Abnahme des handelsrechtlichen Fremdkapitals, soweit aus Eigenkapitaltransfer$_t$ −	Zunahme des handelsrechtlichen Fremdkapitals, soweit aus Eigenkapitaltransfer$_t$ =		− Handelsrechtlicher Fremdkapital-endbestand$_t$

Abbildung 1.11: Rechengrößen und Zusammensetzung von handelsrechtlichen Eigenkapitalrechnungen zum Zeitpunkt t und im Zeitraum t

Bedeutung handelsrechtlicher Einkommensrechnung aus Sicht der Residualanspruchsberechtigten

Handelsrechtlicher Ertrag und *handelsrechtlicher Aufwand* lassen sich als Größen auffassen, aus denen die handelsrechtlich definierte Sicht des Unternehmers zum Ausdruck kommt. *Handelsrechtlicher Ertrag* stellt diejenige *Einnahme* dar, die in eine handelsrechtliche Einkommensrechnung aus Unternehmersicht eingeht, *handelsrechtlicher Aufwand* die entsprechende *Ausgabe*. Darüber hinaus kann es in einem Abrechnungszeitraum auch Ertrag und Aufwand geben, der aus einer Einnahme oder Ausgabe eines anderen Abrechnungszeitraums folgt. Im Rahmen einer Rechnung mit *handelsrechtlichem Ertrag* und *handelsrechtlichem Aufwand* sowie einer weiteren Rechnung mit *handelsrechtlicher Einlage* und *handelsrechtlicher Entnahme* wird den speziellen Informationsbedürfnissen der Eigenkapitalgeber im Rahmen der handelsrechtlichen Möglichkeiten Rechnung getragen. Sie erhalten durch die Orientierung am *handelsrechtlichen Eigenkapital*, am *handelsrechtlichen Einkommen* und an den *handelsrechtlichen Eigenkapitaltransfers* Informationen darüber, wie sich der auf sie entfallende Teil des Kapitals im betrachteten Abrechnungszeitraum aus handelsrechtlicher Sicht geändert hat.

Beurteilung hinsichtlich der Einkommensermittlung

Hinsichtlich der Einkommensermittlung ist festzustellen, (1) dass Einkommen entsteht, wenn Leistungen an Marktpartner abgegeben werden, wenn der Leistende also seine Verpflichtung erfüllt hat und ihm ein einklagbares Forderungsrecht zufällt, (2) dass Einkommensvorwegnahmen in der Form von Wertminderungsvorwegnahmen vorgesehen sind und (3) dass eine Periodisierung der Auszahlungen für Güter vorgesehen ist, die über mehrere Abrechnungszeiträume genutzt werden. Die Möglichkeit zur Verlustvorwegnahme wirkt zwar bedenklich, die beiden anderen Prinzipien sind jedoch zweckentsprechender erfüllt als bei den oben beschriebenen Verfahren. Der Aussagegehalt erscheint daher höher als bei den vorher genannten Rechengrößenpaaren.

Sachverhalt eines Beispiels

Das Beispiel beruht auf den gleichen Daten wie die Beispiele zur Zahlungsrechnung und zur Einnahmenüberschussrechnung (Reiseunternehmen).

Problemstellungen

Wir benutzen das Beispiel, um uns

- die Ermittlung des handelsrechtlichen Einkommens und der handelsrechtlichen Eigenkapitaltransfers eines Unternehmers zu verdeutlichen und
- die Problematik der Verwendung von handelsrechtlichem Ertrag und handelsrechtlichem Aufwand als Nutzenmaß zu veranschaulichen.

Vertiefung der Ausführungen anhand des Beispiels

Eine übliche Art, den finanziellen Nutzen bzw. Schaden aus der Anschaffung des Reisebusses zu messen, besteht in der Bestimmung des Überschusses des *handelsrechtlichen Ertrags* über den *handelsrechtlichen Aufwand* für jeweils ein Geschäftsjahr. Gemäß der Ausgangslage des Beispiels sind die *Einzahlungen* und die *Auszahlungen* um einige nicht zahlungswirksame Vorgänge zu ergänzen: Die mit dem Reisebus zusammenhängenden *Einzahlungen* und die *Auszahlungen* eines Abrechnungszeitraums sind jetzt nicht mehr nur jeweils um die zahlungskompensierenden und zahlungsersetzenden Veränderungen von Forderungen und Fremdkapital in der Form von Verbindlichkeiten zu korrigieren. Im Vergleich zur Einnahme-Ausgabe-Rechnung ist die Darstellung des *Geldvermögens* um die Interessenswünsche des Unternehmers zu ergänzen. Diese Wünsche kommen beispielsweise in einer veränderten Berücksichtigung des Reisebusses zum Ausdruck. Ferner dürfen *handelsrechtliche Eigenkapitaltransfers* bei der *handelsrechtlichen Einkommensrechnung* nicht berücksichtigt werden, weil diese nicht als *handelsrechtliches Einkommen* angesehen und deswegen nur in der *handelsrechtlichen Eigenkapitaltransferrechnung* erfasst werden. Man ersieht die durch das *handelsrechtliche Einkommen* bedingte *handelsrechtliche Eigenkapitaländerung* aus Abbildung 1.12.

Ermittlung des Überschusses des handelsrechtlichen Ertrags über den handelsrechtlichen Aufwand

Zeitraum	Partialbetrachtungen			Totalbetrachtung 20X1 bis 20X3
	20X1	20X2	20X3	
Ertrag				
laufender Einzahlungsüberschuss	250000	190000	235000	675000
+ Einzahlung aus Darlehen		90000		90000
+ Abnahme des Fremdkapitals			100000	100000
+ Vermögensmehrung (Autobus)	600000			600000
- Aufwand				
– Darlehensrückzahlung			–100000	–100000
– Vermögensminderung (Bezahlung Autobus)	–600000			–600000
– Vermögensminderung (Abschreibung)	–200000	–200000	–200000	–600000
– Zunahme des Fremdkapitals		–100000		–100000
= Überschuss des Ertrags über den Aufwand	50000	–20000	35000	65000
davon durch Reisebus	50000	–10000	35000	75000
davon durch Darlehen		–10000		–10000

Abbildung 1.12: Handelsrechtliche Ertrags-Aufwands-Rechnung bei Partial- und Totalbetrachtung

Problematik der Einkommensmessung mit handelsrechtlichem Ertrag und handelsrechtlichem Aufwand

In diesem Sinne wird die zur Anschaffung des Reisebusses notwendige *Auszahlung* in Höhe von 600 000 GE durch die gleichzeitige Wertsteigerung des Fuhrparks im Anschaffungszeitpunkt um 600 000 GE kompensiert. Da der Reisebus als Gebrauchsgut der Abnutzung unterliegt, werden diese 600 000 GE nach den Einkommensermittlungsregeln (Periodisierungsprinzip i. V. mit Marktleistungsabgabeeinkommenskonzept) den Einkommensrechnungen derjenigen Geschäftsjahre als »ausgabenersetzende« Abschreibungen angelastet, in denen der Reisebus zur Erstellung von Absatzleistungen (Reisen) eingesetzt wird. Die Zurechnung der Anschaffungsausgaben zu den einzelnen Geschäftsjahren sollte dabei proportional zur Menge der jeweils erstellten Leistungen erfolgen, näherungsweise erfasst durch den jeweils auf ein Geschäftsjahr entfallenden Wertverzehr des Fahrzeugs. Zusätzlich sind die Fremdkapitalzunahme bei der Darlehensaufnahme und die Fremdkapitalabnahme bei der Darlehensrückzahlung zu berücksichtigen. Die Eigenkapitaltransfers sind unerheblich für die Einkommensrechnung. Für die Bestimmung des *handelsrechtlichen Einkommens* der einzelnen Abrechnungszeiträume 20X1 bis 20X3 sind im Beispiel somit nur noch die laufenden Einzahlungsüberschüsse bzw. -defizite, die mit der Nutzung des Fahrzeugs einhergehen, die Fremdkapitalveränderungen aus der Darlehensaufnahme und Darlehensrückzahlung sowie der Wertverzehr des Fahrzeugs auf Grund der Nutzung in Höhe von jeweils 200 000 GE relevant.

Betriebswirtschaftlicher Ertrag minus betriebswirtschaftlicher Aufwand

Vorläufige formale Definition von Erlös und Kosten

Betriebswirtschaftlicher Ertrag und *betriebswirtschaftlicher Aufwand* sind Bezeichnungen, die in der Realität nicht vorkommen. Üblicherweise spricht man stattdessen von *Erlös* und *Kosten*. Diese Rechengrößen ähneln den handelsrechtlichen Größen. Sie können mit diesen identisch sein, müssen es aber nicht. Wir unterstellen in diesem Kapitel, dass sie sich von den handelsrechtlichen Größen unterscheiden. Die Unterschiede kennzeichnen wir hier durch die Verwendung eigener Begriffe, ohne diese bereits inhaltlich abschließend zu erklären. Man kann sich dazu die handelsrechtlichen Begriffe zuzüglich einiger Hinzurechnungen und abzüglich einiger Kürzungen vorstellen. Über die Frage, wie die Hinzurechnungen und Kürzungen im Vergleich zum Handelsrecht zu definieren und zu behandeln sind, werden hier ebenfalls keine Angaben gemacht. Dieses Vorgehen erlaubt es uns, die inhaltliche Definition von *Erlösen* und *Kosten* erst im nächsten Kapitel vorzunehmen. Im vorliegenden Kapitel verstehen wir unter *Erlös* lediglich eine Größe, deren Eigenschaften eng an den *handelsrechtlichen Ertrag* angelehnt sind; unter *Kosten* verstehen wir eine Rechengröße, deren Eigenschaften denen des *handelsrechtlichen Aufwands* weitgehend entsprechen. Wir nehmen lediglich an, die Zielgröße der betriebswirtschaftlichen Einkommensrechnung ergebe sich aus der Differenz zwischen *Erlösen* und *Kosten*. Unter den genannten Annahmen ergibt sich das Schema der Rechengrößen der Abbildung 1.13.

1.4 Rechengrößenpaare des Rechnungswesens

Betriebswirtschaftliche Eigenkapital-(anfangs)-bestandsrechnung$_t$	Betriebswirtschaftliche Eigenkapitalbewegungsrechnungen$_t$					Betriebswirtschaftliche Eigenkapital-(end)-bestandsrechnung$_t$
	Betriebswirtschaftliche Eigenkapitalbewegung Einkommen$_t$		Betriebswirtschaftliche Eigenkapitalbewegung Eigenkapitaltransfer$_t$			
Betriebswirtschaftlicher Eigenkapitalanfangsbestand$_t$	+ Betriebswirtschaftlicher Ertrag$_t$ (Erlös$_t$)	− Betriebswirtschaftlicher Aufwand$_t$ (Kosten$_t$)	+ Betriebswirtschaftliche Einlage$_t$	− Betriebswirtschaftliche Entnahme$_t$	=	Betriebswirtschaftlicher Eigenkapitalendbestand$_t$
+ Betriebswirtschaftlicher Anlagevermögensanfangsbestand$_t$	+ Zunahme des betriebswirtschaftlichen Anlagevermögens, soweit nicht aus Eigenkapitaltransfer$_t$	− Abnahme des betriebswirtschaftlichen Anlagevermögens, soweit nicht aus Eigenkapitaltransfer$_t$	+ Zunahme des betriebswirtschaftlichen Anlagevermögens, soweit aus Eigenkapitaltransfer$_t$	− Abnahme des betriebswirtschaftlichen Anlagevermögens, soweit aus Eigenkapitaltransfer$_t$	=	+ Betriebswirtschaftlicher Anlagevermögenendbestand$_t$
+ Betriebswirtschaftlicher Umlaufvermögensanfangsbestand$_t$	+ Zunahme des betriebswirtschaftlichen Umlaufvermögens, soweit nicht aus Eigenkapitaltransfer$_t$	− Abnahme des betriebswirtschaftlichen Umlaufvermögens, soweit nicht aus Eigenkapitaltransfer$_t$	+ Zunahme des betriebswirtschaftlichen Umlaufvermögens, soweit aus Eigenkapitaltransfer$_t$	− Abnahme des betriebswirtschaftlichen Umlaufvermögens, soweit aus Eigenkapitaltransfer$_t$	=	+ Betriebswirtschaftlicher Umlaufvermögensendbestand$_t$
− Betriebswirtschaftlicher Fremdkapitalanfangsbestand$_t$	− Abnahme des betriebswirtschaftlichen Fremdkapitals, soweit nicht aus Eigenkapitaltransfer$_t$	+ Zunahme des betriebswirtschaftlichen Fremdkapitals, soweit nicht aus Eigenkapitaltransfer$_t$	− Abnahme des betriebswirtschaftlichen Fremdkapitals, soweit aus Eigenkapitaltransfer$_t$	+ Zunahme des betriebswirtschaftlichen Fremdkapitals, soweit aus Eigenkapitaltransfer$_t$	=	− Betriebswirtschaftlicher Fremdkapitalendbestand$_t$

Abbildung 1.13: Rechengrößen und Zusammensetzung von betriebswirtschaftlichen Eigenkapitalrechnungen zum Zeitpunkt t und im Zeitraum t

In Bezug auf die Einkommensermittlung ist festzustellen, dass (1) Einkommen bei Abgabe an den Marktpartner entsteht (Forderungen und Fremdkapital werden berücksichtigt), dass (2) Einkommensvorwegnahmen möglich sind und dass (3) eine Periodisierung der Anschaffungsausgabe von Gütern erfolgt, die im Unternehmen über mehrere Abrechnungszeiträume genutzt werden. Da die Definition der Einkommensvorwegnahmeregel und der Periodisierungsregel betriebswirtschaftlich erfolgt, ist von einem hohen Aussagegehalt auszugehen.

Beurteilung hinsichtlich der Einkommensermittlung

Sachverhalt eines Beispiels

Das Beispiel beruht auf den Daten der Beispiele zur Zahlungsrechnung und zur Einnahmenüberschussrechnung (Reiseunternehmen). Einige der Zahlen werden jedoch modifiziert, um Unterschiede zwischen den handelsrechtlichen und den betriebswirtschaftlichen Größen anzudeuten.

Ohne weitere Erklärung oder Begründung unterstellen wir, dass in der betriebswirtschaftlichen Rechnung anstatt der Zahlungsüberschüsse der Aufgabe im Jahre 20X1 ein Betrag von 200 000 GE, im Jahre 20X2 einer in Höhe von 230 000 GE und im Jahre 20X3 einer in Höhe von 245 000 GE als Erlöse angefallen wären. Zusätzlich möge die Anschaffungsauszahlung für den Reisebus aus betriebswirtschaftlicher Sicht nicht gleichmäßig über die Einkommensrechnungen der Nutzungsjahre verteilt werden. Der Unternehmer meint, ein Betrag von 300 000 GE im Jahre 20X1, einer von 200 000 GE und einer von 100 000 GE im Jahre 20X3 bilde den Wertverlauf des Busses besser ab.

Problemstellungen

Wir benutzen das Beispiel, um uns die Problematik der Verwendung von betriebswirtschaftlichem Ertrag und betriebswirtschaftlichem Aufwand als Nutzenmaß zu veranschaulichen.

Vertiefung der Ausführungen anhand des Beispiels

Ermittlung des Überschusses des betriebswirtschaftlichen Ertrags über den betriebswirtschaftlichen Aufwand

Eine vor allem in der Vergangenheit übliche Art, den finanziellen Nutzen bzw. Schaden aus der Anschaffung des Reisebusses zu messen, besteht in der Bestimmung des Überschusses des *betriebswirtschaftlichen Ertrags* über den *betriebswirtschaftlichen Aufwand* für jeweils ein Geschäftsjahr. Gemäß der Ausgangslage des Beispiels sind die Zahlungen um einige Vorgänge zu verändern. Die mit dem Reisebus zusammenhängenden *Einzahlungen* und die *Auszahlungen* eines Abrechnungszeitraums sind jetzt nicht mehr nur jeweils um die zahlungskompensierenden und zahlungsersetzenden Veränderungen von Forderungen und Fremdkapital in Form von Verbindlichkeiten zu korrigieren, sondern um die betriebswirtschaftlichen Unterschiede. Im Vergleich zur Einnahme-Ausgabe-Rechnung ist die Darstellung des *Geldvermögens* um die betriebswirtschaftlichen Interessenswünsche des Unternehmers zu ergänzen. Diese Wünsche kommen im Beispiel mit den Begriffen *Erlös* und *Kosten* zum Ausdruck. Ferner dürfen *betriebswirtschaftliche Eigenkapitaltransfers* bei der *betriebswirtschaftlichen Einkommensrechnung* nicht berücksichtigt werden, weil diese nicht als *betriebswirtschaftliches Einkommen* angesehen und deswegen in der *betriebswirtschaftlichen Eigenkapitaltransferrechnung* erfasst werden. Wir unterstellen für das Beispiel, dass die *betriebswirtschaftlichen Eigenkapitaltransfers* den handelsrechtlichen entsprechen. Man ersieht die durch das *betriebswirtschaftliche Einkommen* bedingte *betriebswirtschaftliche Eigenkapitaländerung* aus Abbildung 1.14.

1.4 Rechengrößenpaare des Rechnungswesens

Zeitraum	Partialbetrachtungen			Totalbetrachtung 20X1 bis 20X3
	20X1	20X2	20X3	
Ertrag				
laufender Einzahlungsüberschuss	200 000	230 000	245 000	675 000
+ Einzahlung aus Darlehen		90 000		90 000
+ Abnahme des Fremdkapitals			100 000	100 000
+ Vermögensmehrung (Autobus)	600 000			600 000
− Aufwand				
− Darlehensrückzahlung			−100 000	−100 000
− Vermögensminderung (Bezahlung Autobus)	−600 000			−600 000
− Vermögensminderung (Abschreibung)	−300 000	−200 000	−100 000	−600 000
− Zunahme des Fremdkapitals		−100 000		−100 000
= Überschuss des Ertrags über den Aufwand	−100 000	20 000	145 000	65 000
davon durch Reisebus	−100 000	30 000	145 000	75 000
davon durch Darlehen		−10 000		−10 000

Abbildung 1.14: Betriebswirtschaftliche Ertrags-Aufwands-Rechnung (Erlös-Kosten-Rechnung) bei Partial- und Totalbetrachtung

In diesem Sinne wird die zur Anschaffung des Reisebusses notwendige *Auszahlung* in Höhe von $600\,000\,GE$ durch die gleichzeitige Wertsteigerung des Fuhrparks im Anschaffungszeitpunkt um $600\,000\,GE$ kompensiert. Da der Reisebus als Gebrauchsgut der Abnutzung unterliegt, werden diese $600\,000\,GE$ nach den Einkommensermittlungsregeln (Periodisierungsprinzip in Verbindung mit Marktleistungsabgabeeinkommenskonzept) den Einkommensrechnungen derjenigen Geschäftsjahre als »ausgabenersetzende« Abschreibungen angelastet, in denen der Reisebus zur Erstellung von Absatzleistungen (Reisen) eingesetzt wird. Die Zurechnung der Anschaffungsausgaben zu den einzelnen Geschäftsjahren erfolgt dabei entsprechend den betriebswirtschaftlichen Überlegungen des Beispiels. Zusätzlich sind die Fremdkapitalzunahme bei der Darlehensaufnahme und die Fremdkapitalabnahme bei der Darlehensrückzahlung zu berücksichtigen. Die Eigenkapitaltransfers sind unerheblich für die betriebswirtschaftliche Einkommensrechnung. Für die Bestimmung des betriebswirtschaftlichen Einkommens der einzelnen Abrechnungszeiträume 20X1 bis 20X3 sind somit im Beispiel nur noch die laufenden Einzahlungsüberschüsse bzw. -defizite, die mit der Nutzung des Fahrzeugs einhergehen, die Fremdkapitalveränderungen aus der Darlehensaufnahme und Darlehensrückzahlung sowie der Wertverzehr des Fahrzeugs auf Grund der Nutzung in Höhe von $300\,000\,GE$, $200\,000\,GE$ und $100\,000\,GE$ relevant.

Problematik der Einkommensmessung mit betriebswirtschaftlichem Ertrag und betriebswirtschaftlichem Aufwand

1.4.3 Zusammenhang zwischen den Rechengrößenpaaren

Konzeptioneller Zusammenhang

Formaler Zusammenhang zwischen Geldvermögens- und Zahlungsrechnung

Einnahmen und *Ausgaben* lassen sich durch *Einzahlungen* und *Auszahlungen* kennzeichnen, die um die Veränderungen von Forderungen und Fremdkapital in der Form von Verbindlichkeiten ergänzt sind. Forderungen und Verbindlichkeiten können folglich teilweise als Surrogate von Zahlungen aufgefasst werden. So kann man beispielsweise die Fremdkapitalzunahme bei Aufnahme eines Darlehens als ein prognosegeeignetes Surrogat für die zukünftige Darlehensrückzahlung ansehen; die künftig zahlungswirksame Rückzahlungsverpflichtung stellt eine Größe dar, welche die durch die Darlehensaufnahme verursachte Zahlungsmittelzunahme kompensiert. Eine andere Form des prognosegeeigneten Surrogates ist gefragt, wenn Forderungen oder Fremdkapital ohne eine kompensierende Zahlungsmittelveränderung entstehen. Als Beispiel mag die Forderung aus einer Warenlieferung gelten: sie ersetzt auf prognosegeeignete Weise in einer Einnahme-Ausgabe-Rechnung die Zahlung, solange diese noch nicht erfolgt ist.

Formaler Zusammenhang zwischen Geldvermögensrechnung und Eigenkapitalrechnung

Ertrag und *Aufwand* lassen sich durch *Einnahmen* und *Ausgaben* erklären, die um die Veränderungen von weiteren Vermögensgütern und von Fremdkapital ergänzt sind, soweit diese nicht auf Eigenkapitaltransfers beruhen. Der Saldo von *Ertrag* und *Aufwand* beschreibt die Veränderungen von Vermögensgütern und Fremdkapital, soweit diese nicht aus Eigenkapitaltransfers herrühren. Je nachdem, ob wir den *Ertrag* und den *Aufwand* handelsrechtlich oder betriebswirtschaftlich messen, erhalten wir ein unterschiedliches Eigenkapital und ein unterschiedliches Einkommen.

Unterschiede in Partialbetrachtungen, Gleichheit bei Totalbetrachtung

Bei Betrachtung einzelner Abrechnungszeiträume (Partialbetrachtung) unterscheiden sich die Einkommenszahlen unterschiedlicher Einkommensmessungen normalerweise voneinander. Nur dann, wenn weder Eigenkapitaltransfers noch Veränderungen von nicht zahlungswirksamen Vermögensgütern oder Fremdkapitalposten stattfinden, ergeben sich gleich hohe Salden in Zahlungs-, Geldvermögens- und in handelsrechtlichen oder betriebswirtschaftlichen Einkommensrechnungen. Bei einer Totalbetrachtung des Unternehmensgeschehens führen alle drei Rechenwerke nur dann zum selben Einkommen, wenn aller Ertrag und Aufwand erfasst wird und wenn keine Eigenkapitaltransfers vorliegen. Liegen solche vor, unterscheiden sich die Summe der Einzahlungsüberschüsse oder Einzahlungsdefizite und die Summe der Einnahmeüberschüsse oder Einnahmedefizite einerseits und die Summe der Ertragsüberschüsse oder Ertragsdefizite andererseits genau um den Saldo der Eigenkapitaltransfers des Totalzeitraums. Abbildung 1.15, Seite 47, veranschaulicht die Zusammenhänge zwischen den Rechenwerken.

Einzahlungs-Auszahlungs-Rechnung	Einnahmen-Ausgaben-Rechnung	Ertrags-Aufwands-Rechnung
Einzahlung	Einnahme	Ertrag
	Einzahlungen	Einzahlungen, soweit nicht aus Eigenkapitaltransfers
	+ Zunahme von Forderungen	+ Zunahme von Forderungen, soweit nicht aus Eigenkapitaltransfers
		+ Zunahme von Vermögen exklusive Forderungen, soweit nicht aus Eigenkapitaltransfers
	+ Abnahme von Fremdkapital	+ Abnahme von Fremdkapital, soweit nicht aus Eigenkapitaltransfers
− Auszahlung	− Ausgabe	− Aufwand
	Auszahlungen	Auszahlungen, soweit nicht wegen Eigenkapitaltransfers
	+ Abnahme von Forderungen	+ Abnahme von Forderungen, soweit nicht wegen Eigenkapitaltransfers
		+ Abnahme von Vermögen exklusive Forderungen, soweit nicht wegen Eigenkapitaltransfers
	+ Zunahme von Fremdkapital	+ Zunahme von Fremdkapital, soweit nicht wegen Eigenkapitaltransfers
= Überschuss der Einzahlungen über die Auszahlungen	= Überschuss der Einnahmen über die Ausgaben	= Überschuss des Ertrags über den Aufwand (Gewinn/Verlust)

Abbildung 1.15: Struktur und Zusammensetzung verschiedener Einkommensmaße

Ereignisbezogener Zusammenhang

In der Literatur findet man daneben eine andere Art der Zusammenhangsdarstellung. Die Darstellung ist geeignet zu zeigen, welche Komponenten der einzelnen Rechengrößen man getrennt voneinander im Rechnungswesen erfassen muss, wenn man in der Lage sein möchte, alle vier Arten von Rechnungen mit dem gleichen Rechnungswesen zu erzeugen. Bei der Darstellung wird auf die Unterteilung handelsrechtlicher von betriebswirtschaftlichen Größen verzichtet, weil eine solche Unterteilung erst etwas bringt, wenn der Inhalt der betriebswirtschaftlichen Rechengrößen geklärt ist. Die Darstellung in Abbildung 1.16, Seite 48, enthält eine Übersicht über den angesprochenen Zusammenhang.

Klassifikation von Ereignissen

Abbildung 1.16:
Ereignisbezogener Zusammenhang zwischen Rechengrößen

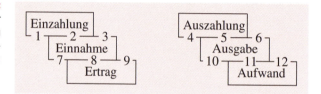

Einzahlung und Einnahme, Auszahlung und Ausgabe

Zusammenhang zwischen Einzahlungen und Einnahmen

Bei den Fällen 1 bis 3 der Abbildung 1.16 geht es um den Zusammenhang zwischen *Einzahlungen* und *Einnahmen*. Fall 1 entspricht einem buchführungsrelevanten Ereignis, das zwar zu einer *Einzahlung*, nicht aber im gleichen Abrechnungszeitraum zu einer *Einnahme* führt. Es erhöhen sich somit die *Zahlungsmittel*, ohne dass sich das *Geldvermögen* per Saldo ändert. Hier könnte es sich z.B. um die Aufnahme eines Darlehens bei einer Bank handeln. Der Bestand an *Zahlungsmitteln* erhöht sich. Da jedoch eine genauso große Verbindlichkeit entsteht, ändert sich das *Geldvermögen* per Saldo nicht. Im Fall 2 führt eine *Einzahlung* zu einer *Einnahme*. Sowohl der Bestand an *Zahlungsmitteln*, als auch der des *Geldvermögens* erhöht sich im gleichen Umfang. Als Beispiel könnte ein Verkauf von Waren gegen *Zahlungsmittel* dienen. Im Fall 3 steht der *Einnahme* keine *Einzahlung* gegenüber. Das *Geldvermögen* erhöht sich. Der Bestand an *Zahlungsmitteln* bleibt unverändert. Ein Beispiel für einen solchen Vorfall ist der Verkauf von Waren auf Ziel. Wenn man in einem Rechnungswesen die drei Arten von Ereignissen getrennt erfasst, dann kann man sie später auch so zusammenmischen, dass man entweder die Einzahlungen oder die Einnahmen erhält.

Zusammenhang zwischen Auszahlungen und Ausgaben

Bei den Fällen 4 bis 6 geht es um den Zusammenhang zwischen *Auszahlungen* und *Ausgaben*. Fall 4 entspricht einem Geschäftsvorfall, der zwar zu einer *Auszahlung* führt, aber nicht gleichzeitig – d.h. im gleichen Abrechnungszeitraum – zu einer *Ausgabe*. Ein solcher Geschäftsvorfall könnte in der Begleichung einer Verbindlichkeit aus einer früher empfangenen Lieferung gesehen werden. Bei der Tilgung einer bestehenden Verbindlichkeit mit *Zahlungsmitteln* handelt sich um eine *Auszahlung*; denn die Tilgung führt ja zu einem Abgang von *Zahlungsmitteln*. Eine *Ausgabe* liegt nicht vor, weil sich die Bestandsgröße *Geldvermögen* durch diesen Vorgang per Saldo nicht verändert hat. Der Zahlungsmittelverringerung steht eine genauso große Abnahme des Fremdkapitals gegenüber. Das *Geldvermögen* bleibt insgesamt unverändert. Fall 5 entspricht einer *Auszahlung*, die zu einer *Ausgabe* im gleichen Abrechnungszeitraum führt. Der Bestand an *Zahlungsmitteln* verringert sich im gleichen Maße wie der an *Geldvermögen*. Diese Situation ist bei einem Einkauf von Rohstoffen gegen *Zahlungsmittel* gegeben. Ein Teil des bisherigen *Geldvermögens* wird in andere Güter umgewandelt. Fall 6 stellt eine *Ausgabe* dar, die im gleichen Abrechnungszeitraum nicht zu einer *Auszahlung* führt. Ein Beispiel für ein solches Ereignis ist der Einkauf von Rohstoffen auf Ziel. Durch den Kauf der Rohstoffe entsteht eine Verbindlichkeit aus Lieferungen und Leistungen. Diese verringert per Saldo das *Geldvermögen*. Der Bestand an *Zahlungsmitteln* bleibt aber noch unverändert, denn die Zahlung erfolgt ja erst später. Wenn man in seinem Rechnungswesen die Fälle 4 bis 6 getrennt voneinander erfasst, kann man sie anschließend beliebig zusammensetzen und zur Ermittlung von entweder Auszahlungen oder Ausgaben verwenden.

Man erkennt, dass *Einnahmen* und *Einzahlungen* sowie *Ausgaben* und *Auszahlungen* immer dann auseinanderfallen, wenn Vorgänge stattfinden, bei denen die Forderungen und das Fremdkapital in der Form von Verbindlichkeiten berührt werden. Wenn sich die Bestände an Forderungen und Verbindlichkeiten nicht verändern, dann bedeutet jede Veränderung der Bestandsgröße *Zahlungsmittel* eine gleich hohe Veränderung der Bestandsgröße *Geldvermögen*. Wie oft *Einzahlung* und *Einnahme* bzw. *Auszahlung* und *Ausgabe* zeitlich auseinanderfallen, hängt von der Länge des Abrechnungszeitraums ab. Je kürzer der Abrechnungszeitraum ist, desto häufiger fallen die Vorgänge auseinander.

Berücksichtigung von Forderungen und Verbindlichkeiten als wesentlicher Unterschied der Rechengrößen

Als Beispiel sei ein Abrechnungszeitraum von einem Kalenderjahr betrachtet. Im Januar werde eine Ware verkauft, mit einer Zahlungsfrist von 90 Tagen. Der Kunde bezahlt pünktlich. Um welchen Fall handelt es sich, wenn im darauf folgenden Dezember abgerechnet wird? Das *Geldvermögen* hat sich erhöht, es liegt eine *Einnahme* vor. Der *Zahlungsmittelbestand* hat sich (inzwischen) auch erhöht, es liegt also auch eine *Einzahlung* vor. Wir haben es also mit Fall 2 zu tun. Bei genügend langem Abrechnungszeitraum führt jede *Ausgabe* auch zu einer *Auszahlung* und jede *Einnahme* auch zu einer *Einzahlung*. Wenn man dagegen im Februar abrechnet, sieht es wie folgt aus: Es liegt eine Forderung vor. Das *Geldvermögen* hat sich erhöht und eine *Einnahme* ist erfolgt. Der *Zahlungsmittelbestand* hat sich noch nicht erhöht, da noch keine *Einzahlung* vorliegt. Es handelt sich also um Fall 3. Bei kürzerem Abrechnungszeitraum fallen diese Stromgrößen häufiger auseinander als bei längerem Abrechnungszeitraum.

Beispiel

Einnahme und Ertrag, Ausgabe und Aufwand

Die Fälle 7 bis 9 betreffen den Zusammenhang zwischen *Einnahme* und *Ertrag*. Im Fall 7 führt ein Geschäftsvorfall zwar zu einer *Einnahme*, aber nicht zu einem *Ertrag*. Es liegt eine Erhöhung des *Geldvermögens* vor, jedoch keine Veränderung des Eigenkapitals. Die Erhöhung des *Geldvermögens* wird also durch eine Verringerung anderer Vermögens- oder Kapitalteile kompensiert. Als Beispiel sei der Verkauf von Sachvermögen (z.B. Maschinen) zum Buchwert zu nennen. In diesem Fall findet eine Erhöhung des *Geldvermögens* durch Zufluss von Geld oder durch Erhöhung des Forderungsbestandes statt. Gleichzeitig verringert sich das Sachver-

Zusammenhang zwischen Einnahme und Ertrag

mögen. Hinsichtlich des gesamten Vermögens oder Eigenkapitals findet nur ein Aktivtausch statt. Im Fall 8 stehen den *Einnahmen* die *Erträge* gegenüber. Die Erhöhung des *Geldvermögens* führt zu einer Erhöhung des Eigenkapitals. Ein Beispiel dafür ist der Verkauf von Fertigerzeugnissen gegen Zahlungsmittel. Fall 9 entspricht einem *Ertrag*, der nicht zugleich eine *Einnahme* ist. Der Fall liegt dann vor, wenn man eine Zuschreibung zu einem Vermögensgut vornimmt. Wenn man die Ereignisse, die zu den Fällen 7 bis 9 führen, getrennt voneinander erfasst, kann man sie später so mischen, dass man sowohl die *Einnahmen* als auch den *Ertrag* zeigen kann. Die Aussage gilt unabhängig davon, ob wir für den *Ertrag* die handelsrechtliche oder die betriebswirtschaftliche Definition verwenden.

Zusammenhang zwischen Ausgabe und Aufwand

Die Fälle 10 bis 12 betreffen den Zusammenhang zwischen einer *Ausgabe* und einem *Aufwand*. Der Fall 10 betrifft eine *Ausgabe*, die nicht gleichzeitig einen *Aufwand* bedeutet. Ein Beispiel hierfür ist der Kauf (und die anschließende Lagerung) von Rohstoffen. Es handelt sich um einen Zugang von Vermögensgütern. Es wird also ein Teil des *Geldvermögens* in andere Vermögensgüter umgewandelt. Das gesamte Vermögen des Unternehmens bleibt dadurch unverändert. Mit diesem Fall wird nichts darüber gesagt, ob gleichzeitig noch eine *Auszahlung* stattfindet oder nicht. Dazu wäre anzugeben, ob der Kauf von Rohstoffen gegen *Zahlungsmittel* oder auf Ziel erfolgt. Es liegt dann entweder eine Kombination der Fälle 10 und 5 oder der Fälle 10 und 6 vor. Bei Fall 11 liegen eine *Ausgabe* und gleichzeitig ein *Aufwand* vor. Das *Geldvermögen* und das gesamte Vermögen des Unternehmens verringern sich. Ein Beispiel ist der Kauf von Rohstoffen, die noch im gleichen Abrechnungszeitraum verbraucht werden. Bei Fall 12 handelt es sich um einen *Aufwand*, dem keine *Ausgabe* gegenübersteht. Dem entspricht das Beispiel einer Lagerentnahme von Rohstoffen für die Fertigung im Betrachtungszeitraum verkaufter Leistungen. Der Fall 12 liegt zeitlich nach dem Fall 10. In einem früheren Abrechnungszeitraum sind Rohstoffe gekauft, aber noch nicht verbraucht worden (Fall 10). In der aktuellen Periode werden diese Rohstoffe verbraucht. Die getrennte Erfassung der Fälle 10 bis 12 erlaubt es, nachträglich beliebige Mischungen vorzunehmen und sowohl die Ausgaben als auch den Aufwand zu zeigen.

Es sollte deutlich geworden sein, dass wir hier immer von kombinierten Bestands- und Bewegungsrechnungen sprechen.

1.5 Eigenschaften von Rechenwerken

Die skizzierten Rechenwerke unterscheiden sich in einigen ihrer Eigenschaften voneinander. Diese Unterschiede sind bedeutsam für die Anwendungsmöglichkeiten sowie für den Aussagegehalt aus der Sicht von Adressaten.

1.5.1 Zusammenhang zwischen Bestands- und Bewegungsrechnungen

Die Bestandsrechnung stellt ein Rechenwerk dar, das sich auf einen Zeitpunkt bezieht. Sämtliche anderen oben aufgeführten Rechenwerke betreffen Zeiträume. Stellt man eine Bestandsrechnung jeweils für den Anfang und das Ende des Zeitraums einer Bewegungsrechnung auf und bildet die Bewegungsrechnung die Veränderung desjenigen Bestandes ab, der in den Bestandsrechnungen ausgewiesen wird, so sind die beiden Bestandsrechnungen über die Bewegungsrechnung miteinander verknüpft. Dies sei am Beispiel von Rechnungen für das Eigenkapital erläutert. Stellen alle Veränderungen des Eigenkapitals entweder Eigenkapitaltransfers oder Einkommen dar, dann lässt sich das Eigenkapital zum Ende eines Abrechnungszeitraums aus dem Eigenkapital zu Beginn zuzüglich des Einkommens und der Eigenkapitaltransfers während des Abrechnungszeitraums ermitteln. Dies ist selbstverständlich nur dann der Fall, wenn tatsächlich alle Eigenkapitalveränderungen in der Eigenkapitaltransfer- oder in der Einkommensrechnung erscheinen. Werden einige Eigenkapitalveränderungen weder in der Einkommensrechnung noch in der Eigenkapitaltransferrechnung angegeben, sondern direkt gegen das Eigenkapital verrechnet, so stimmt die Aussage nicht mehr.

Grundlage korrespondierender Rechenwerke: Anfangsbestand + Zugang – Abgang = Endbestand

In vielen Ländern, so auch in Deutschland, lassen die Regeln oder Standards für das externe handelsrechtliche Rechnungswesen Ausnahmen von der »clean-surplus«-Regel zu, alle Eigenkapitalveränderungen, die keine Eigenkapitaltransfers darstellen, in der Einkommensrechnung abzubilden. Oftmals dürfen bestimmte Eigenkapitalveränderungen, die eigentlich als *Ertrag* oder als *Aufwand* zu behandeln wären, direkt mit dem *Eigenkapital* verrechnet werden. Die Regelungen des HGB zum *Geschäfts- oder Firmenwert aus der Kapitalkonsolidierung* stellen ein Beispiel dafür dar. Danach darf dieser Wert entweder aktiviert und abgeschrieben oder direkt gegen das Eigenkapital verrechnet werden. Verstöße gegen die Forderung danach, nur zwei Arten von Eigenkapitalveränderungen zu unterscheiden, bewirken eine Verzerrung des *handelsrechtlichen Einkommens* des Abrechnungszeitraum sowie der Gewinnrücklagen. Je mehr Abbildungen bzw. Abbildungsmöglichkeiten es

Verstöße gegen die Forderung nach einem »clean surplus«

im Rechnungswesen gibt, die das Eigenkapital direkt berühren, ohne *Einkommen* oder *Eigenkapitaltransfers* darzustellen, desto geringer ist der Aussagegehalt des *Einkommens*. Bei den U.S.-GAAP, bei denen sich solche Abbildungen herausgebildet haben, sind Angaben verpflichtend, wie die Einkommensrechnung und die Bilanz zu ergänzen sind, wenn jeweils Beträge enthalten wären, die direkt gegen das Eigenkapital verrechnet wurden. In der Bilanz wäre demnach ein gesonderter Eigenkapitalposten auszuweisen und in der Einkommensrechnung ebenfalls ein gesonderter Ertrags- oder Aufwandsposten. Dieser Posten wird in der Einkommensrechnung als *Other Comprehensive Income* bezeichnet. Das Einkommensmaß, das alle Eigenkapitalveränderungen wiedergeben soll, die keine Eigenkapitaltransfers enthalten, wird als *Comprehensive Income* bezeichnet.

Korrespondierende Bestands- und Bewegungsrechnungen ergänzen sich!

Formal lässt sich der Zusammenhang zwischen korrespondierenden Bestands- und Bewegungsrechnungen folgendermaßen darstellen: Bezeichnet man mit dem Index t bei Bestandsgrößen einen Zeitpunkt und bei Bewegungsgrößen den Zeitraum zwischen den Zeitpunkten $t-1$ und t, und unterstellt man der Endbestand in $t-1$ entspreche dem Anfangsbestand in t, so gilt für die Beziehung zwischen diesen Rechnungen:

$$\text{Endbestand}_{t-1} + \text{Zunahmen}_t - \text{Abnahmen}_t = \text{Endbestand}_t$$

Wenn für jedes t gilt, dass Endbestand$_{t-1}$ = Anfangsbestand$_t$, dann gilt auch, dass die Differenz der Bestände zwischen $t=m$ und $t=n$ der Summe der Zunahmen abzüglich der Summe der Abnahmen zwischen $t=m$ und $t=n$ entspricht. Bewegungsrechnungen können dann dazu dienen, die Veränderung des Bestandes zwischen zwei Bestandsrechnungen aufzuzeigen. Das ist umso aussagefähiger, je besser man nach vermuteten Bestandsveränderungsursachen untergliedert. Derart korrespondierende Bestands- und Bewegungsrechnungen ergänzen sich somit.

Zusammenhang zwischen den jeweiligen Rechengrößen

Der Zusammenhang zwischen korrespondierenden Bestands- und Bewegungsrechnungen wird häufig zur formalen Definition von Rechengrößen herangezogen. Die Rechengrößen von Bewegungsrechnungen lassen sich durch die Rechengrößen der mit der Bewegungsrechnung korrespondierenden Bestandsrechnung definieren und umgekehrt. Dies wird aus Abbildung 1.17, Seite 53, ersichtlich. Dort werden die bekanntesten Rechengrößen von Bestands- und Bewegungsrechnungen, deren individuelle Beurteilung im nächsten Kapitel erfolgt, zusammengestellt. Hier sei nur bemerkt, dass *Einzahlung* und *Auszahlung* sich als Veränderungen von *Zahlungsmitteln* auffassen lassen, *Einnahme* und *Ausgabe* als Veränderungen des *Geldvermögens*, *Einlage* und *Ertrag* sowie *Entnahme* und *Aufwand* als Veränderungen des *Eigenkapitals*. Umgekehrt lässt sich der Bestand an *Zahlungsmitteln* auf die *Einzahlungen* und *Auszahlungen* aller Abrechnungszeiträume zurückführen. Analoges gilt für den Bestand an *Geldvermögen* und *Eigenkapital*.

Bestandsrechnung	Bewegungsrechnung		Bestandsrechnung
Endbestand$_{t-1}$ +	Zunahme des Bestandes$_t$ −	Abnahme des Bestandes$_t$ =	Endbestand$_t$
Zahlungsmittel$_{t-1}$ +	Einzahlung$_t$ −	Auszahlung$_t$ =	Zahlungsmittel$_t$
Geldvermögen$_{t-1}$ +	Einnahme$_t$ −	Ausgabe$_t$ =	Geldvermögen$_t$
Handelsrechtliches Eigenkapital$_{t-1}$ +	Handelsrechtliche Einlage$_t$ + Handelsrechtlicher Ertrag$_t$ −	Handelsrechtliche Entnahme$_t$ + Handelsrechtlicher Aufwand$_t$ =	Handelsrechtliches Eigenkapital$_t$
Betriebswirtschaftliches Eigenkapital$_{t-1}$ +	Betriebswirtschaftliche Einlage$_t$ + Betriebswirtschaftlicher Ertrag$_t$ −	Betriebswirtschaftliche Entnahme$_t$ + Betriebswirtschaftlicher Aufwand$_t$ =	Betriebswirtschaftliches Eigenkapital$_t$

Abbildung 1.17: Zusammenhang zwischen Rechengrößen korrespondierender Bestands- und Bewegungsrechnungen zum Zeitpunkt t und im Zeitraum t

Im deutschen externen Rechnungswesen wird traditionell große Sorgfalt auf die Definition von Bestandsgrößen als (statische) Werte von Vermögensgütern gelegt; die zugehörigen Bewegungsgrößen ergeben sich zwangsläufig. In den USA wird dagegen im externen Rechnungswesen großer Wert auf die Definition von Bewegungsgrößen gelegt; die Bestandsgrößen ergeben sich quasi von selbst. Im internen Rechnungswesen sieht es umgekehrt aus. Zu erwähnen ist allerdings, dass Schmalenbach bereits 1919 diese dynamische Betrachtungsweise in einem Aufsatz beschrieben hat, der im Laufe der Zeit zu einem Buch weiterentwickelt wurde, das zuletzt 1962 unter dem Titel »Die dynamische Bilanz« in der 13. Auflage in der Bearbeitung von R. Bauer erschienen ist. Dort verknüpft er die beiden Vorgehensweisen miteinander, indem er die Bestandsgrößen der Bilanz als zukünftige Bewegungsgrößen einer Einkommensrechnung definierte. Seine Bilanzauffassung hat er – wie oben bereits ausgeführt – als *dynamisch* bezeichnet. Im internen Rechnungswesen wird diese Abgrenzung dagegen nahezu gar nicht diskutiert.

Statische und dynamische Bilanzauffassung

1.5.2 Inhalt der Rechengrößen

Die in den Rechenwerken verwendeten Rechengrößen bestimmen wesentlich die Aussagekraft der jeweiligen Rechenwerke. Zur Vermeidung von Aussagebeeinträchtigungen ist es wichtig, für einen bestimmten Zweck dasjenige Rechenwerk zu verwenden, dessen Rechengrößen dem Zweck am ehesten entsprechen.

Für jeden Zweck ein eigenes Rechenwerk!

Eine *Zahlungsrechnung* gibt im Allgemeinen nur über die *Zahlungsmittel* und deren Veränderung genaue Auskunft: über die *Einzahlungen* und die *Auszahlungen*.

Zahlungsrechnungen für Liquiditätsbetrachtungen!

Geldvermögensrechnungen für Güterbetrachtungen!

Eine *Geldvermögensrechnung* berücksichtigt neben der Veränderung der *Zahlungsmittel* die Veränderung von Forderungen und Fremdkapital in Form von Verbindlichkeiten. Zunahmen des *Geldvermögensbestandes* werden als *Einnahmen*, Abnahmen als *Ausgaben* bezeichnet.

Eigenkapitalrechnungen für Einkommens- und Eigenkapitaltransferrechnungen!

Handelsrechtliche oder betriebswirtschaftliche Eigenkapitalrechnungen zeigen mit ihren *Einkommensrechnungen* als Saldo von *Ertrag* und *Aufwand* jeweils eine Größe, in welcher die Veränderungen des *Eigenkapitals* zum Ausdruck kommt, die nicht auf *Eigenkapitaltransfers* beruht. Die Veränderung der *Zahlungsmittel* oder des *Geldvermögens* geben diese Veränderungen nur in Sonderfällen an. Daneben zeigt die *Eigenkapitaltransferrechnung*, in welchem Umfang sich das *Eigenkapital* durch Transaktionen mit den Eignern geändert hat. Für das interne Rechnungswesen erscheinen betriebswirtschaftliche Eigenkapitalrechnungen und die damit zusammen hängenden Einkommensrechnungen die geeigneten Instrumente zu sein.

1.5.3 Zeitbezug

Rechengrößen der Vergangenheit führen zu »Ist«-Rechnungen

Rechenwerke unterscheiden sich in ihren Eigenschaften und Problemen durch den gewählten Zeitbezug der Rechengrößen. Wenn man in Rechenwerken die Einkommenskonsequenzen von Ereignissen und Handlungen dokumentieren möchte, stellt man die Rechengrößen so dar, wie sie zum Erfassungszeitpunkt »tatsächlich« vorliegen. Als Konsequenz erhält man ein Rechenwerk, das die »tatsächlichen« Verhältnisse während eines vergangenen Zeitpunktes oder Zeitraums zeigt. In der Fachliteratur werden Rechenwerke mit derartig ermittelten Rechengrößen oft als »Ist«-Rechnungen bezeichnet. So finden sich u.a. die Begriffe »Ist-Einkommensrechnung«, »Ist-Kostenrechnung« oder »Ist-Bilanz«. Zu der Begriffswahl ist allerdings zu bemerken, dass die Begriffe »tatsächlich« oder »Ist« in diesem Zusammenhang eigentlich verfehlt sind, weil es sich bei der überwiegenden Zahl von Rechengrößen immer nur um theoretische, nicht beobachtbare Konstrukte, um Abbilder der Realität, niemals aber um die beobachtbare Realität selbst handeln kann. Der Begriff wird dennoch gewählt, weil er den Gegensatz zu Rechenwerken verdeutlichen soll, die zu Planungszwecken aufgestellt werden.

Rechengrößen der Zukunft führen zu »Plan«-Rechnungen.

Rechenwerke, die zu Planungszwecken aufgestellt werden, sollen die Einkommenskonsequenzen von zukünftigen Ereignissen oder Handlungen abbilden. Sie werden i.d.R. als »Plan«-Rechnungen bezeichnet. Man findet in der Literatur Begriffe wie »Plan-Einkommensrechnung«, »Plan-Kostenrechnung« oder »Plan-Bilanz«.

»Standard«-Rechnungen werden von »Prognose«-Rechnungen unterschieden.

Planungen sind mit Unsicherheiten behaftet. Ist dies auch bei einer »Plan«-Rechnung der Fall, so steht der Planer vor der Frage, ob er die aus seinem Plan resultierenden idealen Zahlen für das Rechenwerk verwendet oder ob er diese modifiziert, um die Unsicherheiten zu berücksichtigen. In der Fachliteratur wird deswegen bei »Plan«-Rechnungen zwischen »Standard«-Rechnungen und »Prognose«-Rechnungen unterschieden. In »Standard«-Rechnungen setzt man die Rechengrößen mit den Werten an, die man bei ungestörter Umsetzung des Planes erreichen möchte. Mit »Prognose«-Rechnungen strebt man dagegen Rechenwerke an, welche die zukünftig vermutlich »tatsächlich« vorliegenden Werte der Rechengrößen enthalten und damit zu erwartende Störungen der Planung zulassen.

Mit einer dritten Art von »Plan«-Rechnungen hat man es zu tun, wenn man die Planung zur Vorgabe von Werten betreibt, welche die davon betroffenen Personen zu Leistungssteigerungen motivieren sollen. Es geht dann nicht mehr um irgendeine Art, die Zukunft in den Rechenwerken vorwegzunehmen, sondern nur noch um Verhaltensbeeinflussung.

»Plan«-Rechnungen zur Motivationssteigerung!

Stellt man »Plan«-Rechenwerke auf, so ist es besonders interessant, die Planzahlen mit den Zahlen zu vergleichen, die sich nach Realisierung des Planes »tatsächlich« zeigen. Ein solcher Vergleich ist sinnvoll, wenn die »Plan«-Rechnung genauso aufgebaut ist wie die »Ist«-Rechnung und wenn die Abweichungen zwischen beiden Rechenwerken so aufbereitet werden, dass man daraus Konsequenzen für die zukünftige Planung oder für die zukünftige Realisation von Plänen ziehen kann. »Plan«-Rechnungen nimmt man insbesondere im internen Rechnungswesen vor.

Determinanten der Aussagefähigkeit von »Plan«-»Ist«-Vergleichen

1.5.4 Ermessen bei Ansatz und Bewertung

Die Aussagekraft eines Rechenwerkes ist für einen Benutzer begrenzt, wenn die Rechengrößen nicht eindeutig und objektiv messbar sind und wenn der Ersteller über die Art der Ausnutzung seines subjektiven Ermessens bei der Bestimmung der Rechengrößen nicht berichtet. Der Benutzer kann dann nicht mehr eindeutig nachvollziehen, welche Sachverhalte dem Rechenwerk zu Grunde liegen. Es ist nicht auszuschließen, dass dadurch Fehlentscheidungen und Fehlplanungen entstehen. Hinsichtlich des Ermessens, das der Ersteller einer Rechnung bei deren Aufstellung auf das Einkommen hat, sind Zahlungsmittelrechnungen von Geldvermögens- und von Eigenkapitalrechnungen zu unterscheiden. Zahlungsmittelrechnungen weisen eine geringe, Eigenkapitalrechnungen eine hohe Ermessensabhängigkeit auf.

Das Ermessen variiert mit der Art des Rechenwerks.

Hat man die Möglichkeit, für einen bestimmten Informationszweck zwischen verschiedenen Arten von Rechenwerken zu wählen, so sollte immer dasjenige Rechenwerk gewählt werden, das den Informationswunsch erfüllt und das mit dem geringeren Ermessen seitens des Erstellers verbunden ist.

Vermeidung von Ermessensspielräumen!

1.5.5 Aktualität

Aktualität und Prognosefähigkeit beeinflussen Aussagegehalt.

Zur Beurteilung eines Rechenwerkes spielen die Aktualität und Prognosefähigkeit der dargestellten Zahlen eine große Rolle. Setzt man etwa Vermögensgüter und Schulden mit ihrem Marktwert an, lässt sich auch der Marktwert des Eigenkapitals aus dem Rechenwerk erkennen. Diese »aktuellen« Werte sind oft auch besser zur Schätzung zukünftiger Werte geeignet als historische Zahlen. Andererseits erlaubt ihre Schätzung i.d.R. ein Ermessen, das bei Verwendung historischer Zahlen in nur geringer Größenordnung gegeben ist.

Aktualität erhöht potenziellen Nutzen, erfordert zeitnahe Bewertung und zeitnahe Erfassung von Wertveränderungen.

Aktualität von Rechengrößen ist besonders bedeutsam für Eigenkapitalrechnungen. Je nachdem, ob man Vermögensgüter mit ihrem Anschaffungswert oder mit ihrem Wiederbeschaffungswert und Schulden mit ihrem Verfügungsbetrag oder mit ihrem Rückzahlungsbetrag bewertet, wird das Eigenkapital unterschiedlich aktuell angegeben. Bei einem Ansatz zu Wiederbeschaffungswerten errechnet man sogar einen Eigenkapitalbetrag, der sich auf einen zukünftigen Zeitpunkt bezieht. Weil unterschiedliche Bewertungen unterschiedliche Vermögensänderungen nach sich ziehen, können von der Bewertung auch die Einkommens- und Eigenkapitaltransferrechnung betroffen sein. Je aktueller ein Rechenwerk ausgestaltet ist, desto mehr kann es i.d.R. dem Leser nutzen. Man darf allerdings nicht verkennen, dass die Ermittlung von Tages- oder Wiederbeschaffungswerten bei den meisten Vermögensgütern große Probleme aufwirft und nicht ohne Ermessen möglich sein dürfte.

1.5.6 Prognosefähigkeit

Prognosefähigkeit erhöht den potenziellen Nutzen, erfordert aber geeignete Untergliederung von Bilanz und Einkommensrechnung.

Bei der Prognosefähigkeit geht es meist um die Prognose zukünftiger Zahlungen. Eigenkapitalrechnungen, insbesondere Einkommensrechnungen, sind dazu besser geeignet als Zahlungsmittelrechnungen oder Geldvermögensrechnungen. So kann man beispielsweise den Posten Forderungen als Prognose eines Teiles der zukünftigen *Einzahlungen* und den Posten Verbindlichkeiten als Prognose eines Teiles der zukünftigen *Auszahlungen* auffassen. Vorräte an absatzfähigen Erzeugnissen wiederum stellen einen Teil der zukünftigen Forderungen dar, Vorräte an Rohstoffen, Hilfsstoffen und Betriebsstoffen hängen mit den zukünftigen Vorräten an Erzeugnissen und indirekt mit zukünftigen Umsatzerträgen zusammen. Den Kriterien der Aktualität und Prognosefähigkeit kann man gut im Rahmen eines internen Rechnungswesens mit einer betriebswirtschaftlichen Eigenkapital- und Einkommensrechnung genügen.

1.5.7 Disaggregationsgrad

Rechenwerke mit disaggregierten Informationen sind sowohl für von der Geschäftsleitung ausgeschlossene Berichtsempfänger als auch für die Geschäftsleitung selbst von Bedeutung. Außenstehende Eigenkapitalgeber wünschen sich beispielsweise eine hinreichend disaggregierte Darstellung und Analyse des Unternehmensgeschehens, um ihre Kapitalanlageentscheidungen ausreichend fundieren zu können. Je differenzierter sie vom Unternehmen über dessen zukünftige Geschäftstätigkeit informiert werden, umso eher erschließen sich ihnen Ursache-Wirkungszusammenhänge des Unternehmensgeschehens. Berichtsempfänger können dann von Ausprägungen disaggregierter Zahlen auf vergangene Umweltzustände und vergangene Entscheidungen der Geschäftsleitung zurückschließen. Ähnlich differenziert können sie gegebenenfalls auch von erwarteten künftigen Umweltzuständen und erwarteten Entscheidungen der Geschäftsleitung auf künftige Ausprägungen interessierender Rechengrößen schließen. Auch bezüglich der oben angeführten Prognosefähigkeit sollten Rechenwerke daher über einen hinreichenden Disaggregationsgrad verfügen.

Disaggregation von extern orientierten Rechenwerken erhöht potenziellen Nutzen für Unternehmensaußenstehende.

Zur Steuerung von Unternehmen genügen i.d.R. die wenig disaggregierten Rechenwerke und Rechengrößen des externen Rechnungswesens nicht. Im internen Rechnungswesen ist es daher notwendig, Rechengrößen – modifiziert oder unmodifiziert – auf bestimmte Objekte des Interesses »herunterzubrechen«, z.B. für besondere Unternehmensteile, für bestimmte Aufträge bzw. Leistungen oder für spezifische Entscheidungen. Die zunehmende Disaggregation von Rechenwerken des internen Rechnungswesens findet jedoch eine ökonomisch motivierte Grenze: wenn den hierfür zusätzlich anfallenden Erhebungs- und Ermittlungskosten kein entsprechender Nutzen zu Gunsten von überlegenen Steuerungsentscheidungen der Geschäftsleitung gegenübersteht.

Disaggregation von intern orientierten Rechenwerken erhöht potenziellen Nutzen für die Geschäftsleitung.

1.6 Zusammenfassung

Wir haben beschrieben, dass die Betriebswirtschaftslehre sich als eine Wissenschaft kennzeichnen lässt, der es um die Messung des Einkommens geht. Unter Einkommen haben wir eine Mehrung des vom Unternehmer eingesetzten Eigenkapitals während eines Zeitraums verstanden, die nicht aus Eigenkapitaltransfers resultiert. So wie wir interne von externen Rechnungen und vergangenheitsbezogene von zukunftsbezogenen unterschieden haben, ließen sich viele Situationen unterscheiden, in denen es ökonomisch sinnvoll erschien, Einkommensrechnungen oder Teile davon anzufertigen.

Ein Unternehmer wird für einen Zeitraum oft eine Rechnung anstellen, die einem Einkommenskonzept folgt. Dabei ist es weltweit üblich, das Marktleistungsabgabekonzept, ergänzt um ein Periodisierungs- und ein Einkommensvorwegnahmekonzept, zu verwenden. Daraus wiederum ergeben sich gewisse Anforderungen an die zu verwendenden Rechengrößen. Eine vergleichende Betrachtung einiger oft vorkommender Rechengrößen, Einzahlungen und Auszahlungen, Einnahmen und Ausgaben sowie Ertrag und Aufwand zeigte, dass abgesehen von Spezialfällen Einkommen mit Ertrag und Aufwand gut gemessen werden kann. Allerdings haben wir gesehen, dass Ertrag und Aufwand – und damit auch das Einkommen – keine unmittelbar beobachtbaren Sachverhalte darstellen. Es handelt sich um Konstrukte, die nach konzeptionell vorzugebenden Messprinzipien und -regeln möglichst zweckmäßig zu ermitteln sind. Die Bestimmung von Ertrag und Aufwand ist daher mit gewissem Ermessen seitens des Rechnenden verbunden. Dieses Ermessen wird durch die Verwendung bekannter Regeln, beispielsweise der deutschen handelsrechtlichen Regeln, zwar eingeschränkt, aber nicht ausgeschlossen. Im Rahmen des intern orientierten Rechnungswesens sind die gleichen Bereiche zu regeln, die auch im externen Rechnungswesen für die Einkommens- und Eigenkapitalmessung geregelt sind. Möglicherweise sehen die entsprechenden Regeln anders aus; um dem Zweck eines auch intern orientierten Rechnungswesens gerecht zu werden, benötigt man zusätzlich noch Regeln für die Abbildung disaggregierter Sachverhalte.

Für diejenigen, die mit ihrem Rechnungswesen in der Lage sein wollen, neben Ertrag und Aufwand auch andere Rechengrößen abzubilden, wurde zusätzlich auf den konzeptionellen Zusammenhang zwischen Rechengrößen und Rechenwerken, insbesondere im Rahmen einer Analyse von Ereignissen, eingegangen.

Schließlich wurden einige Eigenschaften von Rechenwerken diskutiert, die für den Ersteller und Nutzer von Bedeutung sein können. Man wünscht sich als Adressat i.d.R., dass die Rechengrößen einfach zu ermitteln sind, dass sie inhaltlich das ausdrücken, was man ermitteln möchte, dass sie zeitlich aktuell und hinreichend disaggregiert sind, dass sie möglichst wenig Ermessen umfassen und dass sie den Blick von der Gegenwart in die Zukunft zulassen.

1.7 Übungsmaterial

1.7.1 Zusammenfassung des Kapitels mit Fragen und Antworten

Fragen	Antworten
Wodurch zeichnen sich die Wirtschaftswissenschaften bei aspektbezogener Abgrenzung gegenüber anderen Wissenschaften aus?	Die Wirtschaftswissenschaften beschränken sich auf den Einkommensaspekt, d.h. auf die finanziellen Konsequenzen bzw. Eigenschaften von Vorgängen bzw. Zuständen.
Welche Aufgabe kommt dem betriebswirtschaftlichen Rechnungswesen in einem Unternehmen zu?	Abbildung des Einkommensaspektes von (1) durchgeführten bzw. eingetretenen und (2) potenziellen bzw. zukünftigen Handlungen und Ereignissen
Was versteht man unter einem Unternehmen?	Institution, in der ein Unternehmer tätig ist
Worin besteht der grundlegende formale Unterschied zwischen dem internen und dem externen Rechnungswesen?	Das externe Rechnungswesen richtet sich an Interessenten, die von der Geschäftsleitung ausgeschlossen sind. Zu deren Information existieren Vorschriften (z.B. HGB) oder Standards. Das interne Rechnungswesen dient der Information der Geschäftsleitung, es existieren keine Vorschriften.
Was versteht man unter einer Bestandsrechnung?	Messung und Abbildung des Bestandswertes, z.B. an Vermögensgütern, Fremdkapital oder Eigenkapital, zu einem Zeitpunkt
Was versteht man unter einer Bewegungsrechnung?	Messung und Abbildung der Veränderung von Bestandswerten während eines Zeitraums
Was besagt das Marktleistungsabgabeeinkommenskonzept?	Einkommen entsteht erst bei Abgabe einer Leistung an einen Marktpartner.
Was besagt das Einkommensvorwegnahmekonzept?	Bestimmte Vermögens- und Fremdkapitalveränderungen können bereits bei Erkennen als Einkommen berücksichtigt werden, obwohl sie noch nicht eingetreten sind.
Was besagt das Periodisierungskonzept?	Verteilung der Anschaffungsausgaben von Gütern, die sich über mehrere Abrechnungszeiträume hinweg abnutzen, als Aufwand auf diejenigen Abrechnungszeiträume, in denen die Güter vermutlich genutzt werden (Für solche Ausgaben versagt das Marktleistungsabgabeeinkommenskonzept.)
Wie lässt sich formal der Zusammenhang zwischen korrespondierenden Bestands- und Bewegungsrechnungen während eines Zeitraums t darstellen?	$Endbestand_{t-1} + Zunahmen_t - Abnahmen_t = Endbestand_t$
Welche drei Arten von Bewegungsgrößenpaaren werden im betriebswirtschaftlichen Rechnungswesen oft voneinander unterschieden?	Einzahlung und Auszahlung, Einnahme und Ausgabe, Ertrag und Aufwand

Fragen	Antworten
Welche der drei Arten von Bewegungsgrößen vermag es, die Sicht der Residualanspruchsberechtigten abzubilden?	Ertrag und Aufwand, weil diese die Veränderung des Residualvermögens abbilden.
Was versteht man unter einer Totalbetrachtung der Unternehmenstätigkeit?	Betrachtung (des finanziellen Nutzens bzw. Schadens) eines Unternehmens für den gesamten Zeitraum von der Gründung bis zur Auflösung des Unternehmens
Was versteht man unter einer Partialbetrachtung der Unternehmenstätigkeit?	Betrachtung (des finanziellen Nutzens bzw. Schadens) eines Unternehmens für bestimmte sachliche oder zeitliche Ausschnitte des Unternehmens
Was versteht man unter einer Einzahlung und was unter einer Auszahlung?	Veränderungen des Bestandes an Zahlungsmitteln (Barmittel + Sichteinlagen bei Banken): Eine Einzahlung stellt eine Mehrung, eine Auszahlung eine Minderung dieses Bestandes dar.
Was versteht man unter einer Einnahme und was unter einer Ausgabe?	Veränderungen des Bestandes an Geldvermögen, i.e. monetären Vermögensgütern (Zahlungsmittel + Forderungen) abzüglich Fremdkapital in Form von Verbindlichkeiten. Eine Einnahme stellt eine Mehrung, eine Ausgabe eine Minderungen dieses Bestandes dar.
Was versteht man unter Ertrag und was unter Aufwand?	Veränderungen des Bestandes an Eigenkapital, die nicht aus Eigenkapitaltransfers stammen. Ertrag stellt eine Mehrung, Aufwand eine Minderung dieses Bestandes dar.
Was versteht man unter einer Einlage und was unter einer Entnahme?	Veränderungen des Bestandes an Eigenkapital, die aus Eigenkapitaltransfers stammen. Eine Einlage stellt eine Mehrung, eine Entnahme eine Minderung dieses Bestandes dar.
Wie lässt sich die gesamte Veränderung des Eigenkapitals während eines Zeitraums erklären?	Durch die Summe der Salden aus Ertrag und Aufwand sowie aus Einlagen und Entnahmen

1.7.2 Verständniskontrolle

1. Welchen unterschiedlichen Zwecken kann das betriebswirtschaftliche Rechnungswesen dienen?

2. Wie sollten Bestands- und Bewegungsrechnungen aus der Sicht des Unternehmers in der Rolle des Residualanspruchsberechtigten aufgebaut sein?

3. Welcher Zusammenhang besteht zwischen den folgenden drei Rechenwerken: Einkommensrechnung, Eigenkapitaltransferrechnung und Eigenkapitalveränderungsrechnung?

4. Welche Arten von Bewegungsrechnungen kennen Sie? Wie bezeichnet man die jeweils zugehörigen Bestandsrechnungen? Grenzen Sie bei Ihrer Antwort jeweils die zusammengehörigen Rechengrößen voneinander ab!

5. Geben Sie ein Beispiel für eine korrespondierende Bestands- und Bewegungsrechnung an! Erläutern Sie kurz die dabei verwendeten Rechengrößen!

6. Warum sind Unternehmen oftmals »gezwungen«, sowohl externe als auch interne Rechnungen zur Abbildung der Unternehmenstätigkeit anzustellen?

7. Welche Unterschiede können zwischen *handelsrechtlichem Ertrag* bzw. *handelsrechtlichem Aufwand* und *betriebswirtschaftlichem Ertrag* bzw. *betriebswirtschaftlichem Aufwand* bestehen?

8. Was versteht man unter einem Marktleistungsabgabeeinkommenskonzept, was unter einem Einkommensvorwegnahmekonzept und was unter einem Periodisierungskonzept? Wie hängen diese Konzepte zusammen?

9. Welche Arten von Bewegungsrechnungen kann man als Maß der finanziellen Vorteilhaftigkeit von Zuständen und Vorgängen während eines Abrechnungszeitraums unterscheiden? Erläutern Sie die jeweiligen Rechengrößen!

10. Welche Vor- und Nachteile besitzt die Einkommensrechnung gegenüber einer Geldvermögensrechnung bei der Abbildung des Einkommensaspektes?

11. Durch welche Rechengrößen unterscheiden sich Geldvermögens- und Zahlungsmittelrechnungen? Welche Auswirkungen haben diese Rechengrößen auf die Qualität der Geldvermögensrechnung?

12. Wie sind Zahlungsmittel-, Geldvermögens- und Einkommensrechnung aus der Sicht des Unternehmers bzw. der Eigenkapitalgeber zu beurteilen?

13. Warum unterscheiden sich bei Vorliegen von Eigenkapitaltransfers die Ergebnisse von Zahlungsmittel-, Geldvermögens- und Einkommensrechnungen sogar über einen Totalzeitraum?
14. Wie sind Zahlungs-, Geldvermögens- und Einkommensrechnung hinsichtlich ihres Inhaltes und Ermessens sowie hinsichtlich der Aktualität der verwendeten Rechengrößen zu beurteilen?
15. Wodurch unterscheiden sich Total- von Partialbetrachtungen?
16. Welche Probleme ergeben sich speziell bei Partialbetrachtungen?

1.7.3 Aufgaben zum Selbststudium

Lernziel der Aufgaben

Die nachfolgenden Aufgaben dienen dem Verständnis unterschiedlicher Rechengrößen. Zugleich sollte deutlich werden, mit welchen Vor- und Nachteilen Rechnungen auf Basis der bekannten Rechengrößen verbunden sind.

Aufgabe 1.1 Nutzen- bzw. Schadenmessung mit Hilfe verschiedener Rechengrößen bei Partial- und Totalbetrachtung

Sachverhalt

Ein Logistikunternehmen kauft am 1.1. des Geschäftsjahres 20X1 zur Erweiterung seines Geschäftsbetriebes zwei neue Lastwagen für jeweils $400000\,GE$. Der erste Lastwagen kann am Tag des Kaufes bar bezahlt werden, für den zweiten Lastwagen wird ein Zahlungsziel im Geschäftsjahr 20X2 vereinbart, das auch eingehalten werden kann.

Die Nutzungsdauer der beiden Lastwagen wird von dem Unternehmen auf Basis seiner bisherigen Erfahrungen auf jeweils 4 Jahre geschätzt; die entsprechende Wertminderung der Lastwagen soll gleichmäßig über die Nutzungsdauer verteilt werden. Die während ihrer Nutzungsdauer mit den Lastwagen verbundenen Zahlungsströme ergeben sich aus Abbildung 1.18.

Abbildung 1.18: Zahlungsüberschüsse während der Nutzungsdauer der beiden Lastwagen

Geschäftsjahr	20X1	20X2	20X3	20X4
Lastwagen 1	−100000	+120000	+240000	+250000
Lastwagen 2	−50000	+130000	+180000	+280000

Die Gehaltszahlungen in Höhe von insgesamt $150000\,GE$, die jeweils in den Geschäftsjahren 20X1 bis 20X4 für die vom Unternehmen beschäftigten Fernfahrer zu zahlen sind, werden in jedem Geschäftsjahr auf die privaten Bankkonten der Fernfahrer überwiesen. Für seine eigene Tätigkeit entnimmt der Unternehmer jährlich 40 000 GE.

Zu Beginn des Geschäftsjahres 20X2 nimmt das Logistikunternehmen einen Kredit auf. Es erhält in 20X2 eine Einzahlung in Höhe von 190 000 GE. Zugleich ist das Unternehmen gegenüber der Bank zu einer Rückzahlung am Ende des Jahres 20X4 in Höhe von 200 000 GE und einer jährlichen Zinszahlung in Höhe von 5% des Rückzahlungsbetrages verpflichtet.

Teilaufgaben

1. Erstellen Sie eine Einzahlungs-Auszahlungs-Rechnung für jedes einzelne Geschäftsjahr sowie für den Vierjahreszeitraum! Nehmen Sie kurz Stellung zum Aussagegehalt der Einzahlungs-Auszahlungs-Rechnung!

2. Erstellen Sie eine Einnahmen-Ausgaben-Rechnung für jedes einzelne Geschäftsjahr sowie für den Vierjahreszeitraum! Nehmen Sie kurz Stellung zum Aussagegehalt der Einnahmen-Ausgaben-Rechnung!

3. Erstellen Sie eine handelsrechtliche Ertrags-Aufwands-Rechnung für jedes einzelne Geschäftsjahr sowie für den Vierjahreszeitraum! Wie lässt sich das Ergebnis der Ertrags-Aufwands-Rechnung im Vergleich zu den Ergebnissen der Einzahlungs-Auszahlungs-Rechnung und der Einnahmen-Ausgaben-Rechnung erklären? Nehmen Sie kurz Stellung zum Aussagegehalt der Ertrags-Aufwands-Rechnung im Vergleich zur Einzahlungs-Auszahlungs-Rechnung und zur Einnahmen-Ausgaben-Rechnung!

Lösung der Teilaufgaben

1. Das Ergebnis der Einzahlungs-Auszahlungs-Rechnung lautet:

Zeitraum	20X1	20X2	20X3	20X4	Total: 20X1 −20X4
Ergebnis	−740 000	−160 000	+220 000	+130 000	−550 000

2. Das Ergebnis der Einnahmen-Ausgaben-Rechnung lautet:

Zeitraum	20X1	20X2	20X3	20X4	Total: 20X1 −20X4
Ergebnis	−1 140 000	+40 000	+220 000	+330 000	−550 000

3. Das Ergebnis der handelsrechtlichen Ertrags-Aufwands-Rechnung lautet:

Zeitraum	20X1	20X2	20X3	20X4	Total: 20X1 –20X4
Ergebnis	−500000	−120000	+60000	+170000	−390000

Das Einkommen der handelsrechtlichen Ertrags-Aufwands-Rechnung im Totalzeitraum auf der einen Seite unterscheidet sich von den Ergebnissen der Einzahlungs-Auszahlungs-Rechnung und der Einnahmen-Ausgaben-Rechnung auf der anderen Seite durch den Saldo der Eigenkapitaltransferrechnung. Die Eigenkapitaltransfers sind nämlich per definitionem nicht Bestandteil einer Ertrags-Aufwands-Rechnung. Beurteilungen des Aussagegehaltes der einzelnen Rechnungen sind den entsprechenden Stellen des Lehrtextes zu entnehmen bzw. ergeben sich durch das Studium weiterer Literatur.

Aufgabe 1.2 Nutzen- bzw. Schadenmessung mit Hilfe verschiedener Rechengrößen bei Partial- und Totalbetrachtung

Sachverhalt

In einem Unternehmen ereigneten sich während des Abrechnungszeitraums 20X1 im Zusammenhang mit der Herstellung der Produkte Y folgende Geschäftsvorfälle:

a. Es wurden Rohstoffe im Wert von $10000\,GE$ eingekauft und verbraucht. Die Rechnung wurde bar bezahlt.

b. Für die Herstellung wurde ferner Fertigungsmaterial im Wert von $40000\,GE$ eingekauft und verwendet. Die Entrichtung erfolgte zur Hälfte in bar, für die andere Hälfte des Kaufpreises wurde mit dem Lieferanten ein Zahlungsziel in 20X2 vereinbart.

c. Hilfs- und Betriebsstoffe wurden im Wert von $15000\,GE$ eingekauft und verbraucht. Es wurde ein Zahlungsziel in 20X2 vereinbart.

d. Der Lohn für den Abrechnungszeitraum 20X1 in Höhe von $30000\,GE$ wurde den Mitarbeitern der Herstellungsabteilung auf ihre Gehaltskonten überwiesen.

e. Die gesamte Abschreibung der Maschinen in der Herstellungsabteilung belief sich im Abrechnungszeitraum 20X1 auf $11000\,GE$.

f. Alle im Abrechnungszeitraum 20X1 hergestellten Produkte Y konnten zu einem Betrag von $150000\,GE$ noch in 20X1 verkauft werden. Bis zum Ende des Abrechnungszeitraums 20X1 waren $100000\,GE$ auf das Konto des Unternehmens überwiesen worden. Für die restlichen $50000\,GE$ wurden Zahlungsziele in 20X2 vereinbart.

g. Der Unternehmer hat für eigene Zwecke 18 000 GE aus der Kasse des Unternehmens entnommen.

h. Zur Überbrückung eines finanziellen Engpasses musste das Unternehmen einen Kredit bei einer Bank aufnehmen. Es wurde ein Rückzahlungsbetrag in Höhe von 100 000 GE in 20X4 und ein Disagio von 10 000 GE mit der Bank vereinbart. Die Auszahlung erfolgte unter Abzug des Disagios zu Beginn von 20X1. Das Unternehmen verpflichtete sich zu Zinszahlungen in Höhe von 5 % auf den Rückzahlungsbetrag je Abrechnungszeitraum.

i. Der Unternehmer hat aus seinem privaten Vermögen 6 000 GE in die Kasse des Unternehmens eingelegt.

Teilaufgaben

1. Erstellen Sie die Einzahlungs-Auszahlungs-Rechnung des Unternehmens für den Abrechnungszeitraum 20X1.

2. Wie hoch sind (a) der Saldo der Einnahme-Ausgabe-Rechnung und (b) der Saldo der handelsrechtlichen Ertrags-Aufwands-Rechnung von dem der Zahlungsrechnung?
(Hinweis: Entwickeln Sie jeweils aus dem Saldo der Zahlungsrechnung durch geeignete Modifikationen den Saldo der anderen beiden Rechenwerke!)

3. Nehmen Sie an, Sie würden eine Totalbetrachtung der durch die dargestellten Geschäftsvorfälle angesprochenen Vorgänge durchführen. Würden sich der Saldo der Einnahme-Ausgabe-Rechnung und der Saldo der Ertrags-Aufwands-Rechnung über den Totalzeitraum voneinander unterscheiden? Begründen Sie kurz Ihre Antwort und geben Sie gegebenenfalls den Unterschiedsbetrag an!

Lösung der Teilaufgaben

1. Mit den gegebenen Daten errechnet sich ein Einzahlungsüberschuss in Höhe von 113 000 GE.

2. (a) Der Saldo der Einnahmen-Ausgaben-Rechnung unterscheidet sich von dem der Einzahlungs-Auszahlungs-Rechnung um den Saldo der Forderungs- und Verbindlichkeitsveränderungen. Es ergibt sich ein Einnahmenüberschuss in Höhe von 28 000 GE.
(b) Der Saldo der Ertrags-Aufwands-Rechnung unterscheidet sich von dem der Einzahlungs-Auszahlungs-Rechnung um den Saldo aller Vermögens- und Fremdkapitalveränderungen, die nicht aus Eigenkapitaltransfers herrühren. Es ergibt sich ein Gewinn in Höhe von 29 000 GE.

3. Der Saldo der Einnahmen-Ausgaben-Rechnung wird um 12 000 GE niedriger ausfallen als der Saldo der Ertrags-Aufwands-Rechnung. Die Begründung für dieses Ergebnis ist den entsprechenden Stellen des Lehrtextes zu entnehmen.

Kapitel 2

Erlös und Kosten

Lernziele

Nach dem Studium dieses Kapitels sollten Sie in der Lage sein,

- Erlös- und Kostenrechnungen von anderen Rechenwerken zu unterscheiden,
- die Probleme der Zurechnung von Erlös und Kosten zu Kalkulationsobjekten zu verstehen und Lösungsmöglichkeiten zu diskutieren sowie
- Erlös- und Kostenrechnungen ansatzweise zu gestalten.

Überblick

Ausgangspunkt des Kapitels ist die traditionelle Definition von *Erlös* und *Kosten* und deren Abgrenzung von den entsprechenden handelsrechtlichen Größen. Je nach dem konkreten Zweck, weswegen man ein Rechenwerk im Rahmen des betriebswirtschaftlichen Rechnungswesens aufbaut, hat man die Rechengrößen inhaltlich unterschiedlich zu definieren. Für viele Zwecke haben sich in der Vergangenheit die Definitionen des internen Rechnungswesens als unübertroffen erwiesen.

Das Rechnen mit *Erlös* und *Kosten* verlangt in vielen Fällen, den *Erlös* und die *Kosten* so genannten Kalkulationsobjekten zuzurechnen. Als Kalkulationsobjekte verstehen wir diejenigen Objekte, deren Erlös oder Kosten man ermitteln möchte. Das ist manchmal eindeutig machbar und manchmal nur unter Inkaufnahme großen Ermessens möglich. Wir beschreiben das Problem und seine Lösungsmöglichkeiten im vorliegenden Kapitel.

Weil in der Fachsprache und Fachliteratur immer wieder Fachbegriffe ohne nähere Erklärung verwendet werden, seien im Folgenden die wichtigsten Fachbegriffe vorgestellt. Dies geschieht im Zusammenhang mit den Rechenwerken, in denen sie vorkommen, und mit den Zwecken, denen diese Rechenwerke dienen. Das hilft nicht nur, die weit verbreiteten Rechnungen auf der Basis von *Erlös* und *Kosten* von anderen Rechenwerken abzugrenzen, sondern auch, die weiteren Kapitel dieses Buches zu verstehen.

2.1 Begriffliche Grundlagen

Definitionsvielfalt

Die inhaltliche Definition der im internen Rechnungswesen verwendeten Begriffe findet in der Literatur nicht einheitlich statt. So gibt es Bücher, deren Inhalt sich überwiegend um *Kosten* dreht. Es gibt aber auch Bücher, denen es um *Kosten* und eine Vergleichsgröße geht. Einige Autoren bezeichnen die Vergleichsgröße als *Leistungen*, andere als *Erlös*. Teilweise verbergen sich hinter den unterschiedlichen Begriffen die gleichen Inhalte, teilweise andere Vergleichskonzepte und damit unterschiedliche Inhalte.

Kostenorientierte Begriffsbildung

Die Literatur, die sich hauptsächlich auf die *Kosten* bezieht, ist überwiegend in der Zeit entstanden, als viele vom Staat finanzierte oder kontrollierte Aufträge auf Kostenerstattungsbasis abgewickelt wurden. In so einer Welt geht es bei der Erzielung von *Erlös* um die Definition und die Dokumentation aller für einen solchen Auftrag angefallenen *Kosten*. Dies geschieht unabhängig davon, ob diese *Kosten* zugleich *handelsrechtlichen Aufwand* darstellen oder nicht. Der *Erlös* ergibt sich dann aus diesen *Kosten* zuzüglich eines so genannten Gewinnaufschlags. In einer solchen Situation ist auch klar, dass aller *handelsrechtliche Ertrag* eines Unternehmens, der nicht aus dem staatlichen Auftrag erwachsen ist, keinen *Erlös* dieses Auftrags darstellt; genauso wenig, wie der *handelsrechtliche Aufwand*, der nicht für den öffentlichen Auftrag angefallen ist, als *Kosten* dieses Auftrags anzusehen ist. Ähnliche Gedanken finden sich heute noch in den Definitionen von *Leistungen* bzw. *Erlös* und *Kosten* in der deutschsprachigen Fachliteratur, z.B. wenn der *Erlös* (die *Kosten*) eines Unternehmens nicht alle Komponenten des *handelsrechtlichen Ertrags* (*handelsrechtlichen Aufwands*) umfassen, zugleich aber auch umfangreicher definiert werden können als die handelsrechtlichen Rechengrößen.

Vergleich auf Basis der produzierten oder der verkauften Mengen

Wer *Leistungen* als Vergleichsgröße anführt und darunter nicht nur eine Mengenangabe versteht, dem kommt es auf die Bewertung der einzelnen in einem Abrechnungszeitraum erstellten Güter und Dienstleistungen mit den für diese Leistungserstellung angefallenen *Kosten* an. Bei diesem Vorgehen blendet man die Frage des Absatzes der erstellten Leistungen aus. Gelegentlich wird darauf verwiesen, *Leistungen* stellten nur eine Mengengröße und keine Wertgröße dar, deswegen werde der Begriff des *Erlöses* verwendet. Wer dagegen *Erlös* im Sinne des *Ertrags* einer Einkommensrechnung zum Vergleich heranzieht, beschränkt seine Analyse auf die verkauften *Leistungen* und die dafür angefallenen *Kosten*.

Beurteilung der Vergleiche

Welche der Vergleichsgrößen man verwenden sollte, hängt letztlich von der Marktsituation ab, in der man sich befindet. Steht der Absatz aller erzeugten Güter und Dienstleistungen außer Frage, so kann man sich auf die Ermittlung der Kosten der einzelnen *Leistungen* beschränken. Ist dagegen unklar, inwieweit man die erstellten *Leistungen* im gleichen Abrechnungszeitraum verkaufen kann, dann liefert der Vergleich der verkauften *Leistungen*, des *Erlöses*, mit den für die verkauften *Leistungen* angefallenen *Kosten* die bessere Basis. Die Unterschiede verschwimmen, wenn man die Betrachtung auf eine einzige Erzeugniseinheit einengt.

Annahmen in diesem Buch

Wir beschränken die Betrachtung im vorliegenden Buch meist auf den Vergleich von *Erlös* im Sinne von betriebswirtschaftlich verstandenem *Ertrag* und zugehörigen *Kosten*. Bei der genauen inhaltlichen Definition von *Erlös* und *Kosten* beschreiben wir zunächst die traditionelle deutschsprachige Begriffsbildung, bevor wir diejenigen Eigenschaften hervorheben, die auch jenseits von Kostenerstattungsverträgen eine Rolle spielen.

2.1.1 Erlösbegriff

Erlösdefinition

In der deutschsprachigen betriebswirtschaftlichen Fachliteratur wird unter dem *Erlös* das bewertete sachzielbezogene Ergebnis der Gütererstellung eines Abrechnungszeitraums verstanden. Wir beziehen den Erlös meistens auf die im Abrechnungszeitraum verkauften Waren.

Bewertung

Bei der Bewertung kann man ein pagatorisches Vorgehen von einem nicht-pagatorischen unterscheiden. Beim pagatorischen Vorgehen verwendet man die gezahlten Beträge als Wertansatz, also die Einkaufs- und Verkaufspreise. Beim nicht-pagatorischen, dem so genannten kalkulatorischen Vorgehen verwendet man dagegen so genannte Verrechnungspreise, die aus Festpreisen, aus Durchschnittspreisen, aus Lenkpreisen oder aus Schätzpreisen bestehen können. Nur in Spezialfällen entsprechen sie den gezahlten Beträgen.

Formalziel und Sachziele

In der Definition des *Erlöses* kommt ferner die Bezeichnung *Sachzielbezogenheit* vor. Es wird damit zwischen Formalzielen und Sachzielen unterschieden. Einkommenserzielung gilt als das Formalziel; konkrete Maßnahmen, mit denen man dieses Formalziel erreichen kann, werden als Sachziele bezeichnet. Die Beschränkung des Erlösbegriffs auf eine sachzielbezogene Gütererstellung erlaubt es, all diejenigen *handelsrechtlichen Erträge* vom *Erlös* auszuschließen, die nichts mit der Verfolgung des Sachziels zu tun haben. Je nachdem, wie man das Sachziel definiert, zählen mehr oder weniger *handelsrechtliche Erträge* zum *Erlös* eines Sachziels.

Inhalt des Erlösbegriffs abhängig von Sachzieldefinition

Betrachten wir den Verkauf einer einzigen von mehreren verkauften Erzeugnisarten als das Sachziel, so besteht der *Erlös* dieses Sachziels nur aus denjenigen Bestandteilen, die mit dem Verkauf dieser einen Erzeugnisart erzielt wurden. Der Erlös der übrigen Erzeugnisarten ist in diesem Fall irrelevant und wird daher nicht weiter betrachtet. Sehen wir das Sachziel dagegen im Verkauf aller produzierten Erzeugnisse, so besteht der *Erlös* dieses Sachziels aus sämtlichen Verkaufserlösen. Sehen wir das Sachziel dagegen in der Herstellung (und nicht im Verkauf) von Gütern, so besteht der *Erlös* dieses Sachziels aus dem Wert dieser hergestellten

2.1 Begriffliche Grundlagen

Die inhaltliche Definition der im internen Rechnungswesen verwendeten Begriffe findet in der Literatur nicht einheitlich statt. So gibt es Bücher, deren Inhalt sich überwiegend um *Kosten* dreht. Es gibt aber auch Bücher, denen es um *Kosten* und eine Vergleichsgröße geht. Einige Autoren bezeichnen die Vergleichsgröße als *Leistungen*, andere als *Erlös*. Teilweise verbergen sich hinter den unterschiedlichen Begriffen die gleichen Inhalte, teilweise andere Vergleichskonzepte und damit unterschiedliche Inhalte.

Definitionsvielfalt

Die Literatur, die sich hauptsächlich auf die *Kosten* bezieht, ist überwiegend in der Zeit entstanden, als viele vom Staat finanzierte oder kontrollierte Aufträge auf Kostenerstattungsbasis abgewickelt wurden. In so einer Welt geht es bei der Erzielung von *Erlös* um die Definition und die Dokumentation aller für einen solchen Auftrag angefallenen *Kosten*. Dies geschieht unabhängig davon, ob diese *Kosten* zugleich *handelsrechtlichen Aufwand* darstellen oder nicht. Der *Erlös* ergibt sich dann aus diesen *Kosten* zuzüglich eines so genannten Gewinnaufschlags. In einer solchen Situation ist auch klar, dass aller *handelsrechtliche Ertrag* eines Unternehmens, der nicht aus dem staatlichen Auftrag erwachsen ist, keinen *Erlös* dieses Auftrags darstellt; genauso wenig, wie der *handelsrechtliche Aufwand*, der nicht für den öffentlichen Auftrag angefallen ist, als *Kosten* dieses Auftrags anzusehen ist. Ähnliche Gedanken finden sich heute noch in den Definitionen von *Leistungen* bzw. *Erlös* und *Kosten* in der deutschsprachigen Fachliteratur, z.B. wenn der *Erlös* (die *Kosten*) eines Unternehmens nicht alle Komponenten des *handelsrechtlichen Ertrags* (*handelsrechtlichen Aufwands*) umfassen, zugleich aber auch umfangreicher definiert werden können als die handelsrechtlichen Rechengrößen.

Kostenorientierte Begriffsbildung

Wer *Leistungen* als Vergleichsgröße anführt und darunter nicht nur eine Mengenangabe versteht, dem kommt es auf die Bewertung der einzelnen in einem Abrechnungszeitraum erstellten Güter und Dienstleistungen mit den für diese Leistungserstellung angefallenen *Kosten* an. Bei diesem Vorgehen blendet man die Frage des Absatzes der erstellten Leistungen aus. Gelegentlich wird darauf verwiesen, *Leistungen* stellten nur eine Mengengröße und keine Wertgröße dar, deswegen werde der Begriff des *Erlöses* verwendet. Wer dagegen *Erlös* im Sinne des *Ertrags* einer Einkommensrechnung zum Vergleich heranzieht, beschränkt seine Analyse auf die verkauften *Leistungen* und die dafür angefallenen *Kosten*.

Vergleich auf Basis der produzierten oder der verkauften Mengen

Welche der Vergleichsgrößen man verwenden sollte, hängt letztlich von der Marktsituation ab, in der man sich befindet. Steht der Absatz aller erzeugten Güter und Dienstleistungen außer Frage, so kann man sich auf die Ermittlung der Kosten der einzelnen *Leistungen* beschränken. Ist dagegen unklar, inwieweit man die erstellten *Leistungen* im gleichen Abrechnungszeitraum verkaufen kann, dann liefert der Vergleich der ver-

Beurteilung der Vergleiche

kauften *Leistungen*, des *Erlöses*, mit den für die verkauften *Leistungen* angefallenen *Kosten* die bessere Basis. Die Unterschiede verschwimmen, wenn man die Betrachtung auf eine einzige Erzeugniseinheit einengt.

Annahmen in diesem Buch

Wir beschränken die Betrachtung im vorliegenden Buch meist auf den Vergleich von *Erlös* im Sinne von betriebswirtschaftlich verstandenem *Ertrag* und zugehörigen *Kosten*. Bei der genauen inhaltlichen Definition von *Erlös* und *Kosten* beschreiben wir zunächst die traditionelle deutschsprachige Begriffsbildung, bevor wir diejenigen Eigenschaften hervorheben, die auch jenseits von Kostenerstattungsverträgen eine Rolle spielen.

2.1.1 Erlösbegriff

Erlösdefinition

In der deutschsprachigen betriebswirtschaftlichen Fachliteratur wird unter dem *Erlös* das bewertete sachzielbezogene Ergebnis der Gütererstellung eines Abrechnungszeitraums verstanden. Wir beziehen den Erlös meistens auf die im Abrechnungszeitraum verkauften Waren.

Bewertung

Bei der Bewertung kann man ein pagatorisches Vorgehen von einem nicht-pagatorischen unterscheiden. Beim pagatorischen Vorgehen verwendet man die gezahlten Beträge als Wertansatz, also die Einkaufs- und Verkaufspreise. Beim nicht-pagatorischen, dem so genannten kalkulatorischen Vorgehen verwendet man dagegen so genannte Verrechnungspreise, die aus Festpreisen, aus Durchschnittspreisen, aus Lenkpreisen oder aus Schätzpreisen bestehen können. Nur in Spezialfällen entsprechen sie den gezahlten Beträgen.

Formalziel und Sachziele

In der Definition des *Erlöses* kommt ferner die Bezeichnung *Sachzielbezogenheit* vor. Es wird damit zwischen Formalzielen und Sachzielen unterschieden. Einkommenserzielung gilt als das Formalziel; konkrete Maßnahmen, mit denen man dieses Formalziel erreichen kann, werden als Sachziele bezeichnet. Die Beschränkung des Erlösbegriffs auf eine sachzielbezogene Gütererstellung erlaubt es, all diejenigen *handelsrechtlichen Erträge* vom *Erlös* auszuschließen, die nichts mit der Verfolgung des Sachziels zu tun haben. Je nachdem, wie man das Sachziel definiert, zählen mehr oder weniger *handelsrechtliche Erträge* zum *Erlös* eines Sachziels.

Inhalt des Erlösbegriffs abhängig von Sachzieldefinition

Betrachten wir den Verkauf einer einzigen von mehreren verkauften Erzeugnisarten als das Sachziel, so besteht der *Erlös* dieses Sachziels nur aus denjenigen Bestandteilen, die mit dem Verkauf dieser einen Erzeugnisart erzielt wurden. Der Erlös der übrigen Erzeugnisarten ist in diesem Fall irrelevant und wird daher nicht weiter betrachtet. Sehen wir das Sachziel dagegen im Verkauf aller produzierten Erzeugnisse, so besteht der *Erlös* dieses Sachziels aus sämtlichen Verkaufserlösen. Sehen wir das Sachziel dagegen in der Herstellung (und nicht im Verkauf) von Gütern, so besteht der *Erlös* dieses Sachziels aus dem Wert dieser hergestellten

Erzeugnisse. Für den Fall der Übereinstimmung des Sachziels mit dem Formalziel besteht der *Erlös* aus allen *handelsrechtlichen Erträgen* zuzüglich bzw. abzüglich derjenigen Beträge, welche zusätzlich als Erlösbestandteile zu berücksichtigen sind. Bei Übereinstimmung der handelsrechtlichen Definition mit der betriebswirtschaftlichen gibt es in so einem Fall keinen nicht-sachzielbezogenen *Ertrag* und keinen kalkulatorischen *Erlös*.

In Anlehnung an Schmalenbach *(Schmalenbach, Eugen, Kostenrechnung und Preispolitik, 8. Auflage, bearbeitet von R. Bauer, Köln und Opladen 1963, S. 12)* lassen sich die Unterschiede zwischen *handelsrechtlichem Ertrag* und sachzielbezogenem *Erlös* so wie in Abbildung 2.1 zusammenfassen.

Tabellarische Darstellung der Unterschiede

Handelsrechtlicher Ertrag			
Nicht-sachzielbezogener handelsrechtlicher Ertrag	Sachzielbezogener handelsrechtlicher Ertrag		
Handelsrechtlicher Ertrag, der keinen Erlös darstellt	Handelsrechtlicher Ertrag, der zugleich Erlös darstellt		
	Grunderlös	Kalkulatorischer Erlös	
		Anderserlös	Zusatzerlös
	Erlös, der dem sachzielbezogenen handelsrechtlichen Ertrag entspricht	Erlös, der aus anderen Bewertungen folgt als der sachzielbezogene handelsrechtliche Ertrag	Erlös, der zusätzlich zum sachzielbezogenen handelsrechtlichen Ertrag anfällt
	Sachzielbezogener Erlös		

Abbildung 2.1: Abgrenzung zwischen handelsrechtlichem Ertrag und sachzielbezogenem Erlös

Man erkennt deutlich die Abhängigkeit des *sachzielbezogenen Erlöses* von der Definition des Sachziels sowie von der Höhe der kalkulatorischen Erlöselemente. Je kleiner die nicht-sachzielbezogenen Beträge sind und je größer die kalkulatorischen Erlöselemente, desto größer wird bei sonst gleichen Bedingungen der sachzielbezogene *Erlös*. Von *Anderserlös* spricht man, wenn der gleiche Sachverhalt in der handelsrechtlichen Ertragsrechnung und in der Erlösrechnung anders bewertet oder zu einem anderen Zeitpunkt erfasst wird. Zu denken ist an eine andere Form der Periodisierung, beispielsweise eine Zuschreibung zu den über den Anschaffungsausgaben eines Gutes liegenden Wiederbeschaffungsausgaben, wenn diese Zuschreibung im Handelsrecht nur bis zu den Anschaffungsausgaben vorgenommen wurde und wenn sie im internen Rechnungswesen dagegen in voller Höhe angesetzt wurde. Darüber hinaus könnte man im betriebswirtschaftlichen Rechnungswesen bereits im Abrechnungs-

Anderserlös und Zusatzerlös als mögliche Komponenten der sachzielbezogenen Erlöse

zeitraum einen Erlös berücksichtigen, der wegen des Marktleistungsabgabeprinzips erst in künftigen Abrechnungszeiträumen als Ertrag erfasst werden dürfte. Als *Zusatzerlös* werden Beträge betrachtet, die handelsrechtlich nicht als Ertrag ansetzbar sind, in der Erlös- und Kostenrechnung aber dennoch positiv zum betriebswirtschaftlichen Einkommen beitragen.

Probleme der Definition Die Begriffsbildung verführt leider dazu, die bisher angesprochenen Probleme von Erlös- und Kostenrechnungen herunterzuspielen. Wenn es nur noch darum geht, von einem handelsrechtlichen Ertrag den nicht-sachzielbezogenen Teil abzuziehen und die kalkulatorischen Elemente hinzuzurechnen, neigt man dazu, viele Probleme gar nicht explizit anzusprechen und so wegzudefinieren. Man begnügt sich dann meist damit, nur einige einsichtige Beispiele zu geben. Genauso erspart man sich die Festlegung, zu welchem Zweck man die Erlös- und Kostenrechnung anstellt. Wir halten dieses Vorgehen, nicht zuletzt aus didaktischen Gründen, für ungeeignet. Daher versuchen wir im Folgenden, jeweils den Zweck unserer Rechnungen und Überlegungen anzugeben.

2.1.2 Kostenbegriff

Kostendefinition Unter dem Begriff *Kosten* versteht die deutschsprachige betriebswirtschaftliche Fachliteratur den bewerteten sachzielbezogenen Güterverzehr für die Erstellung von Gütern und Dienstleistungen eines Abrechnungszeitraums.

Bewertung Wie beim *Erlös* kann man auch bei den *Kosten* eine Bewertung zu pagatorischem Ansatz von einer nicht-pagatorischen Bewertung unterscheiden. Beim pagatorischen Vorgehen verwendet man die historischen Anschaffungspreise der Produktionsfaktoren. Beim nicht-pagatorischen, kalkulatorischen Vorgehen verwendet man dagegen so genannte Verrechnungspreise, die wiederum aus Festpreisen, aus Durchschnittspreisen, aus Lenkpreisen oder aus Schätzpreisen bestehen können. Nur in Spezialfällen entsprechen die nicht-pagatorischen den pagatorischen *Kosten*. Die Verwendung nicht-pagatorischer Preise (anstatt pagatorischer Größen des Handelsrechts) kann zu einer Abweichung zwischen dem *handelsrechtlichen Aufwand* und den *Kosten* des internen Rechnungswesens führen, die unter den *Anderskosten* der Abbildung 2.2, Seite 73, zu erfassen wären.

Formalziel und Sachziele In der Definition der *Kosten* kommt die Bezeichnung *Sachzielbezogenheit* vor. Es wird damit auch bei den *Kosten* zwischen Formalzielen und Sachzielen unterschieden. Einkommenserzielung gilt dabei als das Formalziel und konkrete Maßnahmen, mit denen man dieses Formalziel erreichen kann, werden als Sachziele bezeichnet. Die Beschränkung des Kostenbegriffs auf einen sachzielbezogenen Güterverzehr erlaubt es, all denjenigen *handelsrechtlichen Aufwand* von den *Kosten* auszuschließen, der nicht die

2.1 Begriffliche Grundlagen

Verfolgung des Sachziels betrifft. Je nachdem, wie man das Sachziel definiert, zählt mehr oder weniger *handelsrechtlicher Aufwand* zu den *Kosten* dieses Sachziels.

Betrachten wir eine einzige von mehreren verkauften Erzeugnisarten als das Sachziel, so bestehen die *Kosten* dieses Sachziels nur aus denjenigen *Kosten*, die mit dem Verkauf dieser einen Erzeugnisart eingesetzt wurden. Sehen wir das Sachziel dagegen im Verkauf aller produzierten Erzeugnisse, so bestehen die *Kosten* dieses Sachziels aus den *Herstellungskosten* sämtlicher verkaufter Einheiten. Sehen wir das Sachziel indes in der Herstellung (und nicht im Verkauf) von Gütern, so bestehen die *Kosten* dieses Sachziels aus dem Herstellungswert aller hergestellten Erzeugnisse. Für den Fall der Übereinstimmung des Sachziels mit dem Formalziel bestehen die *Kosten* aus dem gesamten *handelsrechtlichen Aufwand* zuzüglich bzw. abzüglich der kalkulatorischen *Kosten*.

Inhalt des Kostenbegriffs abhängig von Sachzieldefinition

In Anlehnung an Schmalenbach *(Schmalenbach, Eugen, Kostenrechnung und Preispolitik, 8. Auflage, bearbeitet von R. Bauer, Köln und Opladen 1963, S. 10)* lassen sich die Unterschiede zwischen *handelsrechtlichem Aufwand* und *Kosten* so wie in Abbildung 2.2 zusammenfassen.

Tabellarische Darstellung der Unterschiede

Handelsrechtlicher Aufwand			
Nicht-sachzielbezogener handelsrechtlicher Aufwand	Sachzielbezogener handelsrechtlicher Aufwand		
Handelsrechtlicher Aufwand, der keine Kosten darstellt	Handelsrechtlicher Aufwand, der zugleich Kosten darstellt		
		Kalkulatorische Kosten	
	Grundkosten	Anderskosten	Zusatzkosten
	Kosten, die dem sachzielbezogenen handelsrechtlichen Aufwand entsprechen	Kosten, die aus anderen Bewertungen folgen als der sachzielbezogene handelsrechtliche Aufwand	Kosten, die zusätzlich zum sachzielbezogenen handelsrechtlichen Aufwand anfallen
	Sachzielbezogene Kosten		

Abbildung 2.2: Abgrenzung zwischen handelsrechtlichem Aufwand und sachzielbezogenen Kosten

Man erkennt deutlich die Abhängigkeit der *sachzielbezogenen Kosten* von der Definition des Sachziels sowie von der Höhe der kalkulatorischen Kostenelemente. Je kleiner die nicht-sachzielbezogenen Beträge sind und je größer die kalkulatorischen Kostenelemente, desto größer werden die *sachzielbezogenen Kosten*. Von *Anderskosten* spricht man, wenn der gleiche Sachverhalt in der handelsrechtlichen Rechnung anders bewertet wird

Anderskosten und Zusatzkosten als mögliche Komponenten der sachzielbezogenen Kosten

als in der Erlös-Kosten-Rechnung. Zu denken ist beispielsweise im Rahmen der Periodisierung an eine Abschreibung, die zu einem Buchwert führen würde, der unter dem handelsrechtlichen Buchwert läge und die im Handelsrecht nicht vorgenommen werden dürfte. Darüber hinaus könnte man im betriebswirtschaftlichen Rechnungswesen auf eine Verlustvorwegnahme verzichten. Als *Zusatzkosten* werden Beträge betrachtet, die handelsrechtlich nicht ansetzbar sind, in der Erlös- und Kosten-Rechnung aber dennoch negativ zum Einkommen beitragen.

Probleme der Definition

Auch dieser Kostenbegriff könnte – ähnlich wie bereits oben der Erlösbegriff – dazu führen, die bisher angesprochenen Probleme von Erlös- und Kostenrechnungen unbedeutend wirken zu lassen. Wenn es nur noch darum geht, von einem handelsrechtlichen Aufwand den nicht-sachzielbezogenen Teil abzuziehen und die kalkulatorischen Elemente hinzuzurechnen, werden viele Probleme gar nicht explizit angesprochen und so fortdefiniert. Man begnügt sich dann meist damit, nur einige einsichtige Beispiele anzuführen. Genauso erspart man sich die Festlegung, zu welchem Zweck man die Erlös- und Kostenrechnung anstellt. Wir versuchen im Folgenden dagegen, jeweils den Zweck unserer Rechnungen und Überlegungen anzugeben.

Feine Begriffsunterschiede

In vielen Büchern werden darüber hinaus sehr feinsinnige Begriffsunterschiede gepflegt. So wird beispielsweise bei den Kosten für die Herstellung von Erzeugnissen oft zwischen »Herstellkosten« und »Herstellungskosten« unterschieden, um anzudeuten, dass der erstgenannte Begriff aus der Kostenrechnung stammt und der zuletzt genannte aus dem externen Rechnungswesen. Wir reden dagegen nur von »Herstellungskosten«, wenn wir die Kosten kennzeichnen möchten, die mit der Herstellung verbunden sind.

2.1.3 Nebenbedingung beim Rechnen mit Erlös und Kosten

Sinnvolle Rechnungen verlangen einheitliche Definition.

Stellt man Rechenwerke mit *Erlös* und *Kosten* auf, dann versteht es sich von selbst, den *Erlös* und die *Kosten* auf die gleiche Art und Weise zu definieren, also auf das gleiche Sachziel zu beziehen. Dabei spielt es keine Rolle, ob das Rechenwerk nur eine einzige Erzeugniseinheit oder ob es viele Erzeugniseinheiten oder alle während eines Abrechnungszeitraums verkauften oder produzierten Erzeugniseinheiten umfasst. Die Forderung bleibt auch erhalten, wenn man den *Erlös* und die *Kosten* von anderen Unternehmensteilen als Erzeugnissen ermittelt. Der Vergleich von *Erlös* und *Kosten* ist nur dann sinnvoll, wenn die beiden Rechengrößen sich jeweils auf das gleiche Sachziel und damit auch auf die gleiche Mengenstruktur beziehen.

2.2 Probleme und Lösungsansätze beim Rechnen mit Erlös und Kosten

2.2.1 Abweichung von handelsrechtlichen Regeln

In vielen deutschen Unternehmen haben sich in der Vergangenheit für das interne Rechnungswesen Bewegungsrechnungen mit anderen Inhalten gebildet als für das externe Rechnungswesen. Die Unterschiede erstrecken sich überwiegend auf die Definition des *handelsrechtlichen Aufwands* und der *sachzielbezogenen Kosten* und, damit verbunden, auf den Ansatz und die Bewertung von Vermögensgütern in Bestandsrechnungen. Interne Rechnungen zeichnen sich dadurch aus, dass sie auch Betrachtungen für kleinere Ausschnitte aus der Unternehmenstätigkeit anstreben als externe Rechnungen. Bei internen Rechnungen interessiert beispielsweise nicht nur das Einkommen während eines gesetzlich vorgeschriebenen Abrechnungszeitraums, z.B. eines Geschäftsjahres, oder das Einkommen aller abgewickelten Aufträge während des Abrechnungszeitraums, sondern das Einkommen kürzerer Zeiträume oder gar das eines einzelnen Auftrages. Mit der Zunahme des Detaillierungsgrades erhöht sich allerdings der Arbeitsaufwand, der mit der Ermittlung der jeweiligen Rechengrößen verbunden ist.

Detaillierungsgrad bestimmt das Ausmaß der Erstellungsarbeit.

Im Gegensatz zu Zahlungsmittel- und Geldvermögensrechnungen lässt sich bei handelsrechtlichen oder betriebswirtschaftlichen Einkommensrechnungen trefflich über die Ausgestaltung und Definition der Rechengrößen streiten. So wurden in Deutschland im externen Rechnungswesen, insbesondere auf Grund der Vorschriften für Kapitalgesellschaften, meist andere Definitionen verwendet als im internen Rechnungswesen. Ein Grund dafür dürfte darin gelegen haben, dass in Deutschland, überwiegend für die Veröffentlichungen von Kapitalgesellschaften, lange Zeit Bilanzierungsvorschriften zur handelsrechtlichen Eigenkapital- und Einkommensermittlung galten, deren Informationsgehalt weit entfernt von demjenigen war, den sich ein Unternehmer zur Führung seines Unternehmens wünscht. So forderte beispielsweise die noch bis 1966 gültige Vorschrift des Aktiengesetzes von 1937 zur Vermögensbewertung nur, dass höchstens zu »Anschaffungskosten« zu bewerten sei: Jeder Wertansatz zwischen null und diesen »Anschaffungskosten« war zulässig. Selbstverständlich waren mit den handelsrechlichen »Anschaffungskosten« nur die Anschaffungsausgaben im hier verwendeten Sinn gemeint. Seit 1967 heißt es hingegen im Gesetz, die Vermögensbewertung habe zum Beschaffungszeitpunkt mit den

Veränderungen der Ausgestaltung des Einkommensermittlungskonzeptes im Zeitablauf

»Anschaffungskosten« zu erfolgen und erst danach seien bei Vermögensminderungen Abschreibungen möglich. Damit einher ging und geht noch immer ein enger Vermögensgüterbegriff (Vermögensgegenstand), verbunden mit dem Verbot des Ansatzes selbsterstellter immaterieller Vermögensgüter des Anlagevermögens (Vgl. §248 Abs. 2 HGB). Weil ein an solchen Vorgaben ausgerichtetes Rechnungswesen zur Unternehmenssteuerung wenig geeignet erschien, bildeten sich in der Praxis in Deutschland zwei Arten von Einkommensrechnungen heraus: eine handelsrechtliche Rechnung, in der die für die Publikation von Unternehmensdaten bestehenden Vorschriften beachtet wurden, und eine andere Rechnung, die überwiegend intern verwendet wurde und sich an betriebswirtschaftlich begründeten Einkommens- und Bilanzierungsüberlegungen orientierte. Da Bewegungsrechnungen mit Bestandsrechnungen zusammenhängen, müssten sich auch zwei Arten von Bestandsrechnungen entwickelt haben. Allerdings werden Bestandsrechnungen für das interne Rechnungswesen in der Fachliteratur nicht problematisiert.

Verringerung der Unterschiede zwischen externem und internem Rechnungswesen im Zeitablauf

In den letzten Jahren sind durch Annäherung handelsrechtlicher an betriebswirtschaftliche Regelsätze die Unterschiede zwischen den Rechenwerken geringer geworden. Aus dem Bestreben von Geschäftsleitungen, die Erreichung von Unternehmenszielen nicht nur nach innen, sondern auch nach außen zu verdeutlichen, erwächst die Motivation, die Unterschiede zwischen dem internen und dem externen Rechnungswesen zu minimieren. In vielen Unternehmen zeichnet sich daher heute das interne Rechnungswesen gegenüber dem externen Rechnungswesen nur noch durch einen größeren Detaillierungsgrad aus.

Ursachen für Unterschiede zwischen externem und internem Rechnungswesen

Unterschiede zwischen dem externen und dem internen Rechnungswesen entstehen hauptsächlich dann, wenn die handelsrechtliche Definition von *Aufwand, Ertrag, Vermögens-* und *Fremdkapitalwert* anders aussieht als die betriebswirtschaftliche Definition. Unterschiede zu der Definition von *Aufwand* werden in der Kostenrechnungsliteratur ausführlich diskutiert, Unterschiede zu den Definitionen von *Ertrag* sowie *Vermögens-* und *Fremdkapitalwert* dagegen kaum. Als Beispiel für Aufwands- und Ertragsunterschiede mag die Behandlung erwarteter Wertveränderungen nach deutschem HGB dienen: Im externen Rechnungswesen müssen erwartete Verluste in die Einkommensrechnung einfließen, erwartete Gewinne dürfen dagegen nicht berücksichtigt werden. Im internen Rechnungswesen, das von den handelsrechtlichen Regeln frei ist, gibt es eine solche Vorschrift nicht. Der Unternehmer entscheidet, ob er erwartete Wertveränderungen – seien sie positiv oder negativ – berücksichtigen möchte oder nicht. Die Unterschiede beruhen ferner darauf, dass interne Rechnungen meist nicht nur für das gesamte Unternehmen während eines Abrechnungszeitraums, sondern insbesondere für andere Ausschnitte aus der Unternehmenstätigkeit aufgestellt werden. Besonders gerne wurde in der Vergangenheit in deutschen Unternehmen nur der Ausschnitt der

Unternehmenstätigkeit betrachtet, der die Herstellung von Erzeugnissen unter *normalen* Bedingungen betraf. In einigen Lehrbüchern, deren Schwerpunkt auf der Kostenerstattung bei staatlichen Aufträgen liegt, werden sogar nur diejenigen Wertminderungen als Kosten bezeichnet, die diesem Unternehmensausschnitt entsprechen. Mit der unterschiedlichen Aufwands- und Bewertungsdefinition kann auch die Definition der *Entnahmen* in der internen Rechnung von derjenigen der externen Rechnung abweichen. Tendenziell ist aber zu vermuten, dass zumindest für das größtmögliche Sachziel, die einkommensoptimale Führung des gesamten Unternhmens, in der Eigenkapitaltransferrechnung kaum ein Unterschied besteht.

Wenn man im internen Rechnungswesen andere Regeln berücksichtigen möchte als im externen Rechnungswesen, gibt es zwei Möglichkeiten. Eine einfache, aber mühselige Möglichkeit besteht darin, die zwei Arten des Rechnungswesens mit jeweils unterschiedlichen Regelsätzen zu führen. Eine kompliziertere, aber mit weniger Aufwand verbundene Möglichkeit wird darin gesehen, nur die Unterschiede zwischen handelsrechtlichem und betriebswirtschaftlichem Rechnungswesen getrennt zu erfassen, um alternativ sowohl handelsrechtliche als auch betriebswirtschaftliche Rechengrößen ermitteln zu können.

Konsequenzen für die Praxis

2.2.2 Definition der Rechengrößen

Wegen inhaltlicher Unterschiede zwischen den Rechengrößen des externen und des internen Rechnungswesens erscheint es sinnvoll, *Ertrag*, *Aufwand* und *Vermögens-* sowie *Fremdkapitalbewertungen* des externen und des internen Rechnungswesens mit jeweils anderen Begriffen zu belegen. In der Praxis hat es sich eingebürgert, im Zusammenhang mit dem externen Rechnungswesen vom *handelsrechtlichen Ertrag* und vom *handelsrechtlichen Aufwand* zu sprechen. Häufig werden nur die Begriffe *Ertrag* und *Aufwand* verwendet, um die handelsrechtlichen Größen zu kennzeichnen. Der mehr betriebswirtschaftlich motivierte *Ertrag* und *Aufwand* des internen Rechnungswesens wird dagegen oft als *Erlös* und *Kosten* bezeichnet. *Erlöse* (*Kosten*) unterscheiden sich vom *handelrechtlichen Ertrag* (*handelsrechtlichen Aufwand*) durch die nicht-sachzielbezogenen Ertragselemente (Aufwandselemente) sowie durch die *Anderserlöse* (*Anderskosten*) und *Zusatzerlöse* (*Zusatzkosten*) des internen Rechnungswesens.

Erlöse = betriebswirtschaftlicher Ertrag, Kosten = betriebswirtschaftlicher Aufwand

Die für interne Zwecke aufgestellten Wertansätze von Vermögensbeständen werden in der Umgangssprache und Fachliteratur oftmals ebenfalls als *Kosten* bezeichnet. Dadurch sind mit dem Begriff *Kosten* je nach Zusammenhang unterschiedliche Inhalte zu verbinden. Der Wertansatz eines Vermögensgutes in einer Bestandsrechnung steht in einem anderen Zusammenhang und bedeutet etwas anderes als der Wertansatz eines (ver-

Kosten als Bestands- und als Bewegungsgrößenwert: inkonsistente Begriffsverwendung

kauften) Gutes in einer Bewegungsrechnung. Bei Interpretation eines Bilanzpostens als erwarteter *Ertrag* bzw. erwarteter *Aufwand* künftiger Abrechnungszeiträume im Sinne der Dynamischen Bilanz Schmalenbachs löst sich die inkonsistente Begriffsverwendung jedoch auf: Möchte man das Einkommen ermitteln, das man z.B. mit den Gütern des Vorratsvermögens vielleicht erzielen *kann*, so muss man die erwarteten *Erlöse* und *Kosten* der Güter kennen. Übersteigt die Produktionsmenge die Absatzmenge, so geht der Teil der erwarteten *Kosten*, der auf nicht verkaufte Güter entfällt, solange in die zugehörige Bestandsrechnung ein, bis die Güter verkauft werden. Übersteigt die Absatzmenge die Produktionsmenge, so umfassen die *Kosten* für die Einkommensrechnung den Wert des entnommenen Bestandes.

Uneinheitliche Begriffsverwendung in der Literatur

Es ergibt sich in den nachstehenden Ausführungen jeweils aus dem Zusammenhang, ob der Begriff *Kosten* im Sinne einer Bestands- oder Bewegungsgröße verwendet wird. Meist verwenden wir ihn im Sinne einer Bewegungsgröße. In vielen Veröffentlichungen wird diese doppelte Verwendung des Kostenbegriffs nicht klar.

2.2.3 Abgrenzung von Einkommen und Eigenkapitaltransfer

Unternehmerlohn und Eigenkapitalzins als Problemfälle

Der Kern des Einkommensbegriffs orientiert sich – wie in Kapitel 1 bereits angedeutet – im internen wie im externen Rechnungswesen daran, ob Leistungen vom Unternehmen am Markt an einen anderen Marktteilnehmer abgegeben wurden. Man spricht daher auch vom Konzept des Marktleistungsabgabeeinkommens. Während *Ertrag* intern wie extern durch den am Markt erzielten Preis gemessen wird, besteht für die Bestimmung des diesem *Ertrag* gegenüber zu stellenden *Aufwands* im externen Rechnungswesen oft eine andere Vorstellung als im internen Rechnungswesen. Diese rührt aus unterschiedlichen Vorstellungen über die Messung von Einkommen her und äußert sich besonders in der Behandlung der Arbeitsleistung des Unternehmers und der Überlassung von Kapital durch den Unternehmer. In der Literatur zum internen Rechnungswesen wird häufig argumentiert, der Unternehmer müsse für seine Arbeitsleistung *entlohnt* werden und die Eigenkapitalgeber müssten für die Überlassung von Eigenkapital einen *Zins* erhalten. Dies könnte im Rahmen der *Zusatzkosten* berücksichtigt werden. Ein solches Vorgehen entspricht jedoch nicht dem Unternehmerverständnis in einer Marktwirtschaft. Hier gelten Unternehmer und Eigenkapitalgeber als Personen, denen lediglich ein Residualanspruch gegenüber dem Unternehmen zusteht. Begriffe wie Lohn oder Zins, die üblicherweise einen einklagbaren Zahlungsanspruch beinhalten, sind daher im Zusammenhang mit Unternehmern und Eigenkapitalgebern verfehlt, haben sich aber eingebürgert.

Die Arbeitsleistung des Unternehmers wird im deutschen Handels- und Steuerrecht, also im deutschen externen Rechnungswesen, über verschiedene Rechtsformen hinweg inkonsistent behandelt, z. B. bei Personenunternehmen anders als bei Kapitalgesellschaften. In Personenunternehmen wird die Arbeitsleistung des Unternehmers bei der Einkommensermittlung, vermutlich durch den Einfluss des Steuerrechts auf die Rechnungslegung, vernachlässigt: Die einkommensteuerliche Einkommensermittlung eines Unternehmens dient dazu, des Unternehmers *Einkünfte aus Gewerbebetrieb* zu ermitteln. Das Unternehmen selbst ist nicht einkommensteuerpflichtig. Daher entstehen bei Zahlungen zwischen dem Unternehmen und dem Unternehmer lediglich *Entnahmen*, aber niemals *Aufwand*. Eine Kapitalgesellschaft verkörpert dagegen eine juristische Person, die selbst Einkommen erzielen kann. Ihr Einkommen unterliegt der Einkommensteuer in Form der Körperschaftsteuer. Bei der Ermittlung des Unternehmenseinkommens wird die Arbeitsleistung des Unternehmensleiters in Form von Vergütungen für die Geschäftsleitung als *Aufwand* und nicht als *Entnahme* behandelt; denn ohne die Tätigkeit des Unternehmensleiters könnte das Unternehmen nicht existieren. Im Zusammenhang mit Kapitalgesellschaften kommt es zusätzlich darauf an, die Einkünfte des Unternehmers bzw. der Kapitalgeber zu besteuern. In betriebswirtschaftlich motivierten Einkommensrechnungen auf Basis von *Erlösen* und *Kosten* würde man dagegen die Arbeitsleistung des Unternehmers im Gegensatz zur Handhabung im externen Rechnungswesen über verschiedene Rechtsformen hinweg einheitlich behandeln wollen.

Rechtsformunterschiedliche Behandlung des Unternehmerlohnes im Steuerrecht

Ob man bei der Einkommensermittlung eines Unternehmens den *Unternehmerlohn* als *Aufwand* bzw. als *Kosten* ansetzt, ist letztlich eine Frage dessen, was man messen möchte: Einkommen als den Betrag, der für den Unternehmer als Residualanspruchsberechtigten insgesamt übrig geblieben ist, oder Einkommen als den Betrag, der dem Unternehmer als Residualanspruchsberechtigtem nach Vergütung seines Arbeitseinsatzes übrig bleibt. Aus der Sicht der Eigenkapitalgeber einer Kapitalgesellschaft erscheint es selbstverständlich, die Vergütung an die angestellte Geschäftsleitung als *Aufwand* zu behandeln; denn diese Vergütung kommt ja i.d.R. nicht den Anteilseignern zu Gute. Setzt man den *Unternehmerlohn* grundsätzlich als *Aufwand* an, so ist zu bedenken, dass man sich vom Konzept des Marktleistungsabgabeeinkommens fortbewegt. Wegen der hiermit verbundenen konzeptionellen Probleme sowie wegen der von der üblichen Residualeinkommensermittlung abweichenden Vorgehensweise ist von der Berücksichtigung eines *Unternehmerlohnes* als *Aufwand* oder als *Kosten* in einer Einkommensrechnung abzuraten.

Unternehmerlohn als Aufwand?

Mit Beträgen, die der Unternehmer in seiner Rolle als Eigenkapitalgeber erzielt, verhält es sich ähnlich. Sie gelten im externen Rechnungswesen unabhängig von der Rechtsform als *Entnahmen*. Für betriebswirtschaftlich motivierte Rechnungen desjenigen Einkommens, das über die gewünschte oder geforderte Rendite für die Eigenkapitalüberlassung

Eigenkapitalzins als Aufwand?

hinausgeht, wird dagegen vorgeschlagen, die Beträge als *Aufwand* zu behandeln. Damit ergäbe sich das vom Unternehmen erzielte Einkommen *nach* Berücksichtigung des *Aufwandes* für die von den Eigenkapitalgebern zur Verfügung gestellten Mittel. Betriebswirtschaftlich wäre ein so genannter *Eigenkapitalzins* zu ermitteln und als *Kosten* in einer Einkommensrechnung anzusetzen. Als *Entnahme* ergäbe sich derjenige Betrag, den der Unternehmer über die Abgeltung für seine Kapitalbereitstellung hinaus bezöge. Zum Vergleich zweier streng genommen nicht vergleichbarer Handlungsmöglichkeiten kann es dagegen sinnvoll sein, diesen so genannten *Eigenkapitalzins* in den Kalkül einzubeziehen, um die Handlungsmöglichkeiten sinnvoll miteinander vergleichbar zu machen, z.B. eine Anlage in ein Einzelunternehmen und eine in eine Kapitalgesellschaft. Man spricht in solchen Fällen auch von der Berücksichtigung so genannter *Opportunitätskosten*.

Implikationen für die Bewertung

In einer Einkommensrechnung, die mit einer Eigenkapitalrechnung korrespondiert, ist es konsequent, beim Verkauf hingegebene Erzeugnisse in derjenigen Höhe als *Aufwand* anzusetzen, mit der man den Lagerbestand bewertet hatte. Die Konsequenz der beabsichtigten Behandlung von *Unternehmerlohn* und *Eigenkapitalzins* als *Aufwand* oder *Kosten* bedeutet somit, dass die Größen bei der Bestandsbewertung anzusetzen sind. Schließlich sind sie auch beim Verkauf der Bestände in der Einkommensrechnung Bestandteil des Umsatzaufwands.

Die Lösung des Problems ergibt sich aus dem Rechenzweck!

Die Art der Behandlung von Arbeitsleistung und Eigenkapitalbereitstellung des Unternehmers in einem betriebswirtschaftlich motivierten Rechnungswesen hängt vom Zweck der Rechnung ab. Bestünde dieser darin zu ermitteln, welche Wertsteigerung sich *insgesamt* während des Abrechnungszeitraums für den Unternehmer aus dem Unternehmen ergeben hat, so könnte man die Berücksichtigung der Arbeitsleistung und Kapitalbereitstellung in der Einkommensrechnung und bei der Vorratsbewertung vernachlässigen. Bestünde der Zweck dagegen darin, den Betrag zu ermitteln, den das Unternehmen *nach* Berücksichtigung der Arbeitsleistung und Kapitalbereitstellung durch den Unternehmer für diesen erzielt hat, so wären *Unternehmerlohn* und *Eigenkapitalzins* als *Aufwand* oder als *Kosten* in der Einkommensrechnung anzusetzen. In der zugehörigen Bestandsrechnung wären dann konsequenterweise die jeweiligen Größen bei der Bestandsbewertung zu berücksichtigen. Sie stellten keine *Entnahmen* dar. Insbesondere erscheint es für einen Unternehmer, der die Kosten für den Absatz eines Gutes erstattet bekommt, äußerst reizvoll, möglichst viele Beträge als Kosten anzusetzen.

Konsequenzen für das interne Rechnungswesen

Die Berücksichtigung von *Unternehmerlohn* und *Eigenkapitalzins* als *Herstellungsausgaben* bzw. als *Aufwand* oder *Kosten* erfordert nicht nur eine Modifikation des traditionellen Einkommensentstehungskonzeptes, sondern auch der Einkommensvorwegnahme- und Periodisierungsregeln. Im internen Rechnungswesen zur Unternehmenssteuerung ist vom Ansatz solcher Beträge als Kosten abzuraten.

2.2.4 Veränderungen des Marktwertes von Gütern

Je nach Einkommensvorwegnahmekonzept können sich Veränderungen des Marktwertes von Vorratsgütern oder Erzeugnissen in einem Unternehmen unterschiedlich auf das Einkommen auswirken. Die Wirkung der Veränderung von Verkaufspreisen unterscheidet sich von derjenigen von Einkaufspreisen. Wir gehen hier der Frage nach, ob solche Wertveränderungen als *Erlös* oder als *Kosten* zu berücksichtigen sind.

Marktpreisveränderungen

Das beim Verkauf eines Gutes erzielte Einkommen wird bei Bewertung des Gutes zum Anschaffungspreis umso niedriger ausfallen, je niedriger der Marktwert und Verkaufswert des Gutes zum Verkaufszeitpunkt auf dem Absatzmarkt ist. Liegt er unter dem Anschaffungspreis, so kommt es beim Verkauf sogar zu einem Verlust. Umgekehrt wird – wiederum sonst gleiche Bedingungen unterstellt – ein umso höheres Einkommen entstehen, je mehr der Marktpreis und Verkaufswert der zu verkaufenden Güter auf dem Absatzmarkt den Anschaffungspreis übersteigt. Erfolgt die Bewertung des Gutes entgegen dem Marktleistungsabgabekonzept schon vor dem Verkauf jeweils mit dem Marktpreis, nimmt man also jede Wertveränderung zum Anlass für den Ansatz von *Ertrag, Erlös, Aufwand* oder *Kosten*, so entspricht der mit dem Verkauf des Gutes verbundene Ertrag genau dem *Aufwand*, der beim Verkauf entsteht. *Gewinne* oder *Verluste* werden so bereits zum Zeitpunkt der Preisänderungen erfasst. Zum Verkaufszeitpunkt kann es *Gewinne* oder *Verluste* nur noch geben, wenn das Gut über oder unter dem Marktpreis verkauft wird. Es ist klar, dass man sich bei einer solchen Bewertung vom Marktleistungsabgabe-Einkommenskonzept getrennt hat, soweit Güter betroffen sind, die man letztlich verkaufen möchte.

Veränderungen der Preise auf dem Absatzmarkt

Preisveränderungen auf dem Beschaffungsmarkt können sich ebenfalls auf das Einkommen auswirken. Entscheidend für das Einkommen beim Verkauf eines Gutes ist wiederum, mit welchem Betrag man dieses Gut bewertet. Geschieht dies zu einem für den Beschaffungs- wie für den Absatzmarkt gültigen Preis, so ergibt sich zum Verkaufszeitpunkt nur noch Einkommen, wenn man über oder unter dem Marktpreis verkauft; alle anderen *Gewinne* und *Verluste* sind bereits vorweggenommen. Bewertet man das Gut dagegen mit seinem Anschaffungspreis, so wird das Einkommen umso niedriger sein, je tiefer der Preis für das Gut auf dem Absatzmarkt liegt. Veränderungen des Beschaffungspreises nach der Anschaffung des Gutes können als belanglos betrachtet werden, solange der Beschaffungspreis sich nicht auf den Absatzmarkt auswirkt. Kauft man ein Gut als Folge eines Preisverfalls auf dem Beschaffungsmarkt günstiger ein als bei vorherigen Beschaffungen, so wird das Einkommen aus dem Verkauf des Gutes größer sein als das aus früheren Verkäufen, wenn man es in unveränderter Menge und zu unverändertem Preis ver-

Veränderungen der Preise auf dem Beschaffungsmarkt

kauft. Kauft man ein Gut dagegen zu einem gegenüber früheren Beschaffungen gestiegenen Beschaffungspreis, so wird man beim Verkauf des Gutes ceteris paribus ein geringeres Einkommen erzielen als wenn der Preis nicht gestiegen wäre. Nach der Anschaffung eines Gutes stattfindende Preisänderungen auf dem Beschaffungsmarkt wirken sich dagegen nicht auf das Einkommen aus, das mit dem bereits beschafften Gut erzielt werden kann. Differenzen zwischen dem Anschaffungspreis und dem Marktpreis des Gutes zeigen nur an, wie sich das Einkommen c.p. verändert hätte, wenn der Einkauf zu dem veränderten Preis stattgefunden hätte. Man kann jedoch auch Veränderungen des Beschaffungspreises zu dem Zeitpunkt berücksichtigen, zu dem sie stattfinden. Dann nimmt man in einer Welt des Marktleistungsabgabeeinkommens *Gewinne* und *Verluste* zukünftiger Zeiträume vorweg.

Andere Preisveränderungen

Lässt man die Annahme fallen, dass sich außer dem Beschaffungs- oder Absatzpreis nichts ändert, so sind die Auswirkungen von Preisänderungen auf das Einkommen ohne weitere Annahmen nicht vorhersehbar. Befinden sich die Güter, deren Marktpreise sich verändern, auf Lager, so entsteht die Frage, ob man ihre Buchwerte den Marktpreisen anpassen soll oder nicht. Erweitert man das Einkommensentstehungskonzept über das Marktleistungsabgabeeinkommen hinaus auf ein Einkommenskonzept der tagesgenauen Messung von Änderungen der Vermögens- und Fremdkapitalwerte, so wirken sich Veränderungen der Marktwerte von Gütern unmittelbar und nicht erst zum Verkaufszeitpunkt auf das Einkommen aus. Die Wirkung von Marktpreisänderungen auf das Einkommen wird bei diesem Vorgehen nicht erst berücksichtigt, wenn das Einkommen im traditionellen Sinne realisiert wird, sondern bereits dann, wenn diese Marktpreisänderungen erkannt werden.

Das Einkommensvorwegnahmekonzept des deutschen Handelsrechts

Im deutschen externen Rechnungswesen dürfen Marktwerte nur berücksichtigt werden, wenn sie niedriger sind als die Anschaffungswerte. Dabei wird kein Unterschied gemacht zwischen Vorratsgütern, die verkauft werden sollen, und Gebrauchsgütern, die nicht zum Verkauf anstehen. Ein Sinken der Marktpreise bewirkt dann eine Abschreibung des Vermögens und damit eine Verringerung des Einkommens. Dies gilt nach herrschender Meinung selbst dann, wenn es sich um Veränderungen der Preise auf dem Beschaffungsmarkt von Gütern handelt, die sich im Lager befinden, obwohl dadurch eigentlich nur der zukünftige *Gewinn* reduziert wird. Ist der Grund für die Abschreibung fortgefallen, so ist die Abschreibung i.d.R. rückgängig zu machen. Steigen die Marktwerte von Gütern über deren Anschaffungswerte, darf dies nach traditionellem deutschen Handelsrecht dagegen erst beim Verkauf der Güter berücksichtigt werden. Positive Veränderungen der Marktpreise von Vorratsgütern gegenüber dem Anschaffungspreis werden also anders behandelt als negative Veränderungen.

2.2 Probleme und Lösungsansätze beim Rechnen mit Erlös und Kosten

Gegen diese ungleiche Behandlung erwarteter Mehrungen und erwarteter Minderungen des Eigenkapitals, gegen das so genannte Imparitätsprinzip, könnte man einwenden, sie widerspreche ökonomischer Vernunft. Üblicherweise wird dieses Vorgehen jedoch befürwortet, weil darin eine Bestandsbewertung gesehen wird, die mit einem aus der Sicht von Gläubigern vorsichtig ermittelten Einkommen einhergeht. Vorsicht liegt aus Sicht von Gläubigern vor, weil die Entnahmemöglichkeiten von Eigenkapitalgebern auf die im Laufe des gegenwärtigen und vergangener Abrechnungszeiträume angesammelten (nicht ausgeschütteten) Einkommensbeträge beschränkt sind.

Argumente für und gegen das Imparitätsprinzip

Für Zwecke des internen Rechnungswesens ist es sinnvoll, entweder erwartete Vermögensveränderungen zu vernachlässigen oder sowohl Wertminderungen als auch Wertsteigerungen zu berücksichtigen, wenn daraus eine Veränderung des Einkommens zu erwarten ist. Bei Fortfall des Grundes für die Berücksichtigung einer Wertveränderung ist die Wertveränderung rückgängig zu machen. Geht man so vor, hätte man konsequenterweise bei Gütern, die nicht zum Verkauf bestimmt sind und sich über mehr als einen einzigen Abrechnungszeitraum im Unternehmen abnutzen, die Höhe der Abschreibungen anzupassen. In aussagefähigen internen Einkommensrechnungen würde man *Erlös* und *Kosten*, die auf Anpassungen des Wertansatzes solcher Güter an den Marktwert zurückgehen, gesondert als *am Markt noch nicht erzielt* und damit als im strengen Sinne des Marktleistungsabgabeeinkommens *unrealisiert* ausweisen. Man hätte es dann überwiegend mit *Anderserlösen* und *Anderskosten* zu tun. Es sei allerdings darauf hingewiesen, dass die Bewertung unrealisierter Sachverhalte meist mit großen Schätzproblemen verbunden ist.

Einkommensvorwegnahmen im internen Rechnungswesen

2.2.5 Abnutzung von Gütern

Die unterschiedliche Zuordnung von Einkommenskomponenten auf Zeiträume im deutschen Handelsrecht und im internen Rechnungswesen äußert sich darin, dass Abschreibungen und Risiken in beiden Rechenwerken unterschiedlich behandelt und Bestandswerte unterschiedlich ermittelt werden können. Nicht irgendeine, eventuell steuerrechtlich motivierte, planmäßige Verteilung der Anschaffungsausgaben über die Nutzungsdauer, sondern die tages- oder wiederbeschaffungswertorientierte Verbrauchserfassung steht im Vordergrund des einkommensorientierten Kostenbegriffs des internen Rechnungswesens. Risiken sind schon dann als *Erlös* oder als *Kosten* in der betriebswirtschaftlichen Einkommensrechnung zu berücksichtigen, wenn sie eingegangen werden und schätzbar sind. Das Handelsrecht hingegen verbietet einen Ansatz als *handelsrechtlichen Aufwand* so lange, bis aus den Risiken ein Verlust absehbar ist. Für nicht realisierte Wertsteigerungen gilt dort ohnehin ein Ansatzverbot. Dementsprechend sollten sich die Wertansätze des Vorratsvermögens in beiden Rechenwerken voneinander unter-

Wertverbrauchsorientierte, willkürfreie Periodisierung

scheiden. Es entstehen *Anderserlöse* und *Anderskosten*. Auf Grund der bei ihrer Ermittlung vorhandenen Probleme ist allerdings selbst für die Periodisierung im internen Rechnungswesen zu fordern, dass willkürfreien Regeln gefolgt wird.

2.3 Zurechnung von Erlös und Kosten zu Kalkulationsobjekten

2.3.1 Hauptursache für Zurechnungsprobleme

Partialbetrachtungen: Beschränkung auf zeitliche oder sachliche Unternehmensausschnitte

Erlös-Kosten-Rechnungen werden i.d.R. nicht für das gesamte Unternehmen während seiner gesamten Lebensdauer erstellt, sondern nur für Ausschnitte daraus. Man nimmt Partialbetrachtungen vor. Diese können ebenso zeitliche wie sachliche Ausschnitte aus dem Unternehmensgeschehen darstellen. Eine zeitliche Partialbetrachtung liegt beispielsweise vor, wenn *Erlös* und *Kosten* für eine einzige Produkteinheit, für eine einzige Woche oder für ein einziges Jahr gegenübergestellt werden und das Unternehmen zugleich mehr als eine einzige Produkteinheit fertigt oder länger als eine einzige Woche oder ein einziges Jahr besteht. Einen sachlichen Ausschnitt betrachtet man z.B., wenn es um die jährlichen *Kosten für die Verwaltung* eines für mehrere Jahre gegründeten ökonomisch selbstständigen Unternehmens geht, das nicht lediglich Verwaltungsdienstleistungen anbietet. Bei den meisten Fragestellungen wird man eine sowohl zeitlich als auch sachlich eingeschränkte Betrachtung vornehmen.

Weitere Beispiele zeitlicher und sachlicher Partialbetrachtungen

In der Regel werden innerhalb der zeitlichen Ausschnitte weiterhin sachliche Ausschnitte gebildet. Geschäftsjahre, Halbjahre, Quartale o.Ä. stellen Beispiele für zeitliche Ausschnitte aus dem Unternehmensgeschehen dar. Innerhalb solcher zeitlicher Ausschnitte interessiert das Einkommen eines mit bestimmten Unternehmenstätigkeiten verbundenen sachlichen Ausschnittes. Als Beispiele für sachliche Ausschnitte innerhalb eines Abrechnungszeitraums seien die Tätigkeiten organisatorischer Einheiten wie Tochtergesellschaften oder gewinnverantwortlicher Divisionen (Profit Center) während dieses Abrechnungszeitraums genannt. Ebenso kann man die einzelnen Phasen des Wertschöpfungsprozesses oder die mit bestimmten Entscheidungen verbundenen Tätigkeiten während eines Abrechnungszeitraums anführen. Sachliche Ausschnitte aus dem Unternehmensgeschehen können Tätigkeiten betreffen, für die das Einkommen eindeutig ermittelbar ist.

Das Einkommen ist eindeutig ermittelbar, wenn *Erlös* und *Kosten* der Tätigkeiten messbar sind; es ist nicht eindeutig ermittelbar, wenn die Tätigkeiten mit *Erlös* oder *Kosten* verbunden sind, die nicht gemessen werden können. In Zeitraumrechnungen werden diese messbaren *Erlöse* oder *Kosten* einzelner Einheiten von Kalkulationsobjekten zu »beschäftigungsvariablen« *Erlösen* oder *Kosten* zusammengefasst. Die nicht einzeln messbaren *Erlöse* oder *Kosten* erscheinen als »beschäftigungsfixe« *Erlöse* oder *Kosten*. *Erlöse* oder *Kosten* sind also für ein Kalkulationsobjekt messbar, wenn ihre Höhe in Zeitraumrechnungen mit der Anzahl der Kalkulationsobjekte variiert. Beim Kalkulationsobjekt »verkaufte Einheit« haben wir es beispielsweise mit messbaren *Erlösen* und *Kosten* zu tun, wenn die Erlöse oder Kosten in Zeitraumrechnungen mit der Zahl der verkauften Einheiten variiert. Diese Eigenschaft von Erlös- oder Kostenbestandteilen wird in der Fachliteratur als deren Beschäftigungsabhängigkeit bezeichnet. Beschäftigung steht dabei als eine Maßgröße für die Menge an Erzeugnissen oder Dienstleistungen, die man verkauft.

Messbarkeit von Erlös und Kosten

Für die Aussagefähigkeit des Einkommens eines Ausschnittes aus dem Unternehmensgeschehen ist es von zentraler Bedeutung, ob die mit dem Ausschnitt verbundenen *Erlöse* und *Kosten* messbar sind oder nicht. Wenn messbare *Erlöse* und *Kosten* eines Ausschnittes tatsächlich gemessen und diese Werte im Rechnungswesen verarbeitet werden, gibt es für den Unternehmensrechner keinen Ermessensspielraum bei der Ermittlung des Einkommens oder bei der Bewertung von Beständen. *Erlös* und *Kosten*, die für einen Ausschnitt dagegen nicht gemessen werden können, lassen sich diesem Ausschnitt nur im Rahmen eines Verteilungsverfahrens zuordnen. Ein solches Verteilungsverfahren eröffnet dessen Ersteller zwangsläufig Ermessensspielräume. Als Beispiel mag der Erlös eines mit Mengenrabatt verkauften Gutes gelten. Der Erlös, der mit jeder verkauften Einheit erzielt werden kann, lässt sich für jede einzelne Einheit messen. Die durch den Mengenrabatt eingeräumte Erlösschmälerung lässt sich dagegen nur für die insgesamt verkaufte Menge messen, dagegen nicht für die einzelne Einheit. Sehr wohl kann man dagegen die mit dem Mengenrabatt verbundene durchschnittliche Erlösschmälerung je Einheit errechnen und jeder einzelnen verkauften Einheit zurechnen, jedoch nicht ohne Ermessensausübung. Durch unterschiedliche Ausnutzung des Ermessens kann der Unternehmensrechner das Einkommen und den Wert des Eigenkapitals beeinflussen, ohne dass in der Realität irgendein Vorgang stattgefunden hätte. Weil diese Eigenschaft bestimmter Zurechnungen für die Adressaten der Zahlen problematisch ist, wird im Folgenden noch häufig auf die Probleme hingewiesen, die mit der Kalkulation von Kalkulationsobjekten verbunden sind, deren *Erlös* oder deren *Kosten* sich nicht messen lassen. Dabei kann ein Kalkulationsobjekt sowohl aus einem Erzeugnis oder einer Dienstleistung bestehen als auch aus einer Folge von Handlungen oder Prozessen.

Aussagefähigkeit der Erlöse oder Kosten eines Kalkulationsobjektes hängt von Messbarkeit bezüglich des Objektes ab.

Wichtige Partialbetrachtung: mit Erzeugnissen verbundene Kosten	Eine in der Praxis häufig anzutreffende Art der Bildung von Ausschnitten aus dem Unternehmensgeschehen, für die man Erlös- oder Kostenzahlen gesondert ermittelt, orientiert sich an den Stufen einer Wertschöpfungskette, z.B. an den Stufen Produktentwicklung, Beschaffung, Herstellung, Vertrieb und Kundendienst. Weil die Herstellung vieler Erzeugnisse ein komplexer Vorgang ist, der oft mit hohen Kosten verbunden ist, gilt das Interesse vieler Unternehmen den Kosten der Herstellung. Zu deren Ermittlung muss man festlegen, was alles zur Herstellung zählt und was nicht. In den folgenden Ausführungen spielt der Aspekt der Herstellung eine Rolle.
Herstellungs- und Selbstkosten von Kalkulationsobjekten	Häufig interessiert auch, in welcher Höhe im Unternehmen über die Kosten der Herstellung hinaus *Kosten* für ein Kalkulationsobjekt angefallen sind oder anfallen werden, von der Entwicklung bis hin zum Vertrieb oder Kundendienst. Die Summe all dieser *Kosten* eines Kalkulationsobjektes nennt man *Selbstkosten* dieses Kalkulationsobjektes.
Herstellung von Erzeugnissen im Vordergrund der folgenden Ausführungen	Die folgenden Ausführungen beschränken sich nicht auf Unternehmen, die Erzeugnisse herstellen. Sie gelten auch für Dienstleistungsunternehmen. Bei diesen entfallen jedoch alle Probleme, die mit der Lagerung von Gütern zusammenhängen.

2.3.2 Arten von Zurechenbarkeit

Kostenbetrachtungen im Zentrum der Literatur und der folgenden Ausführungen	In Erlös-Kosten-Rechnungen beschäftigt man sich mit der Ermittlung der *Kosten* von Ausschnitten aus dem Unternehmensgeschehen, hauptsächlich mit dem Ausschnitt der Erzeugung von Dienstleistungen und Erzeugnissen. In der Ermittlung des *Erlöses* solcher Ausschnitte werden weniger Probleme gesehen als in der Ermittlung der entsprechenden *Kosten*. Hinsichtlich des Kalkulationsobjekts Erzeugnis kann man *Erlös* und *Kosten* unterscheiden, die für jede einzelne Erzeugniseinheit messbar sind, von *Erlös* und *Kosten*, die nur für Gesamtheiten von Erzeugnissen messbar sind. *Erlös* oder *Kosten*, die für jede einzelne Erzeugniseinheit messbar sind, werden in Zeitraumrechnungen als *beschäftigungsvariabel* bezeichnet; diejenigen Erlös- oder Kostenbestandteile dagegen, die für die einzelne Erzeugniseinheit nicht messbar sind, werden in Zeitraumrechnungen *beschäftigungsfix* genannt. Beschäftigung steht dabei für das mengenmäßige Ausmaß, in dem das Unternehmen Erzeugnisse verkauft.

Zurechenbarkeit bei Messbarkeit

Einzelerlöse und Einzelkosten von Kalkulationsobjekten	Damit *Erlös* oder *Kosten* sinnvoll mit bestimmten Kalkulationsobjekten, z.B. Erzeugnissen oder Dienstleistungen, in Verbindung gebracht werden können, müssen diese Erlöse oder Kosten für jedes einzelne Kalkulationsobjekt messbar sein. Wenn der mit einem Kalkulationsobjekt verbundene *Erlös* also durch physikalische Messung der Menge der hingegebenen

Kalkulationsobjekte, z. B. Güter oder Dienstleistungen, bestimmbar sind, gelten die Erlöse dieser Güter als messbar. Die *Erlöse* und *Kosten* einer Einheit eines Kalkulationsobjektes, die sich messen lassen, bezeichnet man als deren *Einzelerlöse* oder deren direkte Erlöse bzw. als *Einzelkosten* oder direkte Kosten dieses Kalkulationsobjektes. Der *Erlös* für eine einzelne Erzeugniseinheit erfüllt die Definition der Messbarkeit von *Erlösen*, wenn keine weiteren Mengenrabatte eingeräumt wurden. *Kosten* von Produktionsfaktoren eines bestimmten Kalkulationsobjektes lassen sich messen, wenn der Verbrauch von Produktionsfaktoren für dieses Objekt durch physikalische Messung (Zählen, Messen, Wiegen o. Ä.) bestimmbar ist. Beispielsweise sind die Rohstoffkosten für die Herstellung einer einzigen Erzeugniseinheit messbar, wenn die im Erzeugnis verarbeitete Rohstoffmenge messbar ist und der gezahlte Preis für die Rohstoffe keinen Mengenrabatt enthielt. Sind die Erlöse und Kosten für die einzelne Erzeugniseinheit messbar, dann handelt es sich in Zeitraumrechnungen um *beschäftigungsvariable* Beträge.

Zurechenbarkeit trotz fehlender Messbarkeit

Erlöse und *Kosten*, die man einem Objekt zurechnet, obwohl sie sich für dieses nicht messen lassen, stellen dessen *Gemeinerlöse* oder dessen indirekte *Erlöse* bzw. *Gemeinkosten* oder indirekte *Kosten* dieses Kalkulationsobjektes dar. Fallen die *Erlöse* gemeinsam für mehrere Kalkulationsobjekte, z. B. Güter oder Dienstleistungen, an, ohne dass die Erzeugnismenge oder der Erzeugniswert des einzelnen Gutes gemessen werden können, so gelten sie für das einzelne Gut oder für die einzelne Dienstleistung als nicht messbar. *Erlöse*, die für mehrere Erzeugniseinheiten gemeinsam anfallen, z. B. *Erlöse* aus Zeitungs- oder Theaterabonnements oder aus der Erhebung von Telefongrundgebühren, erfüllen zwar das Kriterium der Messbarkeit der *Erlöse* für das Abonnement oder den Gebührenmonat, nicht jedoch das für eine einzelne Erzeugniseinheit, also eine Zeitungsausgabe, eine einzelne Theatervorstellung oder ein einzelnes Telefongespräch. Eine ähnliche Aussage gilt für die Kosten. Fallen die *Kosten* von Produktionsfaktoren für mehrere Kalkulationsobjekte gemeinsam an, so gelten diese *Kosten* nur dann für eine einzelne Einheit eines Kalkulationsobjekts als messbar, wenn die im vorangehenden Abschnitt beschriebenen Kriterien zutreffen.

Gemeinerlöse und Gemeinkosten

Die Zurechnung solcher *Erlöse* oder *Kosten*, die in Zeitraumrechnungen als *beschäftigungsfix* anzusehen sind, zu Kalkulationsobjekten ist immer mit Aussageproblemen behaftet. Die sich ergebenden stückbezogenen Größen sind nur für eine einzige Beschäftigung in dem Sinne richtig, dass die Multiplikation mit der Stückzahl genau den Betrag ergibt, der in einer Zeitraumrechnung als insgesamt für das Kalkulationsobjekt erfasste Erlöse oder Kosten angesetzt würde. Für alle anderen Beschäftigungen ergeben sich Abweichungen. Beispielsweise ist die Zurechnung von Heizkosten zu einer einzelnen Erzeugniseinheit problematisch. Die Heizkosten je Erzeugniseinheit sind nur in dem Sinne richtig, als die Multiplikation der stückbezogenen Größe mit der Stückzahl genau den Betrag der Heizkosten in der Zeitraumrechnung ergibt. Für alle anderen Stückzahlen ergeben sich kaum sinnvoll interpretierbare Abweichungen.

Beispiele für Zurechnungen

Die Messbarkeit der *Kosten* von Kalkulationsobjekten sei an zwei Beispielen erläutert, erstens an den *Kosten* für Anlagegüter mit zeitlich begrenztem Nutzungspotenzial und zweitens an den Rohstoffkosten für die Herstellung absatzfähiger Erzeugnisse.

Beispiel für messbare und nicht messbare Kosten bei Abnutzung von Anlagegütern

Wenn der Verbrauch eines Anlagegutes, das über mehrere Abrechnungszeiträume hinweg genutzt wird, für einen einzigen Abrechnungszeitraum durch physikalische Messung zumindest annähernd gemessen werden kann, sind die auf den Abrechnungszeitraum entfallenden *Kosten* des Anlagegutes messbar. So kann man die aus der Anschaffung folgenden jährlichen *Kosten* eines Reisebusses, dessen Nutzung sich auf mehrere Jahre erstreckt, messen, wenn die Nutzung durch eine bestimmte Gesamtfahrleistung beschränkt ist und die jährliche Fahrleistung gemessen wird. Verteilt man die Anschaffungsausgaben entsprechend der jährlichen Fahrleistung auf die Geschäftsjahre der Nutzung, so hat man die mit dem Reisebus zusammenhängenden *Kosten* jedes einzelnen Abrechnungszeitraums auf der Basis von Anschaffungsausgaben und Fahrleistung gemessen. In zeitraumbezogenen Rechnungen ergeben sich dann *Kosten*, deren Höhe von der zurückgelegten Entfernung abhängt, die somit beschäftigungsvariabel sind. Weiß man dagegen beispielsweise nur, dass man den Reisebus voraussichtlich vier Jahre lang unabhängig von der Fahrleistung nutzen wird, und verteilt man deswegen die Anschaffungsausgaben irgendwie, aber nicht verbrauchsproportional, auf die vier Geschäftsjahre, so hat man die jährlichen *Kosten* des Reisebusses nicht gemessen. Man hat sie den Geschäftsjahren nur zugeordnet. In zeitraumbezogenen Rechnungen ergeben sich dann Beträge, deren Höhe unabhängig von der Fahrleistung ist, also beschäftigungsfixe Kosten.

Beispiel für messbare und nicht messbare Kosten im Rahmen der Herstellung von Erzeugnissen

Beim zweiten Beispiel geht es um die Rohstoffkosten für die Herstellung eines absatzfähigen Erzeugnisses. Diese lassen sich messen, wenn das für die Herstellung einer einzigen Erzeugniseinheit verbrauchte Rohmaterial messbar ist und die Rohstoffkosten von der Menge des Rohmaterials abhängen. Die Rohstoffkosten einer einzelnen Erzeugniseinheit sind selbst dann messbar, wenn die Rohstoffe gemeinsam für viele Erzeugnisse bezogen wurden. Der Grund liegt darin, dass man den Rohstoffverbrauch für die Herstellung einer einzelnen Erzeugniseinheit messen kann, wenn die Rohstoffkosten direkt von der Menge des Rohmaterials abhängen. Die für mehrere Erzeugniseinheiten gemeinsam angefallenen Rohstoffkosten lassen sich dann für eine einzelne Erzeugniseinheit messen, wenn der Gesamtbetrag für die hergestellte Erzeugnismenge sich proportional zur Menge der hergestellten Erzeugnisse verhält. Anders verhält es sich dagegen beispielsweise mit Kosten, die für Heizung oder Beleuchtung angefallen sind. Diese lassen sich dann nicht für eine einzelne Erzeugniseinheit messen, wenn sie unabhängig von der Menge der hergestellten Erzeugnisse anfallen. Die Konsequenzen für zeitraumbezogene Rechnungen sind offensichtlich.

Zusammenfassend lässt sich feststellen, dass sich die Zurechnung von Erlösen oder Kosten zu einem Kalkulationsobjekt einfach gestaltet, wenn die Beträge für das einzelne Kalkulationsobjekt messbar sind. Sie ist dagegen problematisch, wenn sie nicht für das einzelne Kalkulationsobjekt, sondern nur für mehrere Kalkulationsobjekte gleichzeitig angefallen sind.

Einzelkosten und Gemeinkosten von Kalkulationsobjekten

2.3.3 Zurechnungsprinzipien

Grundlagen

Die Ermittlung der *Erlöse* und *Kosten* von Kalkulationsobjekten bereitet immer dann Schwierigkeiten, wenn es *Erlöse* oder *Kosten* gibt, die für mehrere Objekte in zeitlicher oder sachlicher Hinsicht gemeinsam entstehen, ohne sich proportional zu den Absatz- oder Produktionsmengen der Objekte zu verhalten.

Erlöse oder Kosten, die gemeinsam für mehrere Kalkulationsobjekte anfallen

In zeitlicher Hinsicht stellen beispielsweise die Anschaffungsausgaben eines Anlagegutes gemeinsame *Kosten* aller Abrechnungszeiträume dar, während derer das Anlagegut genutzt werden kann. Es bereitet gedankliche Schwierigkeiten, diese gesamten *Kosten* des Anlagegutes für einen einzelnen Abrechnungszeitraum zu ermitteln, wenn nicht messbar ist, in welchem Ausmaß in diesem Abrechnungszeitraum *Kosten* entstanden sind. Es bleibt dann nur die Zuordnung der Anschaffungsausgaben auf die Abrechnungszeiträume. Je nachdem, woran man sich orientiert, ergeben sich unterschiedliche Verteilungen der Ausgaben auf die einzelnen Abrechnungszeiträume. Das Einkommen jedes einzelnen betrachteten Kalkulationsobjektes hängt schließlich von der Art der Verteilung auf die Objekte ab. So könnte man daran denken, die Anschaffungsausgaben des Reisebusses aus obigem Beispiel gleichmäßig auf die (geschätzten) Abrechnungszeiträume der Nutzung zu verteilen (lineare Abschreibung) oder eine ungleichmäßige Verteilung vorzunehmen, etwa eine, bei der die Beträge im Zeitablauf zunehmen (progressive Abschreibung), oder eine, bei der sie abnehmen (degressive Abschreibung).

Beispiel für zeitliche Verteilung von Kosten

Ein ähnliches Verteilungsproblem, jedoch in sachlicher Hinsicht, liegt vor, wenn während eines Abrechnungszeitraums *Kosten* angefallen sind, die zwar für den Abrechnungszeitraum, nicht jedoch für einzelne Erzeugnisse dieses Abrechnungszeitraums gemessen werden können. Im Extremfall handelt es sich um *Kosten* des Abrechnungszeitraums, ohne deren Inkaufnahme kein einziges Erzeugnis hätte hergestellt oder verkauft werden kön-

Beispiel für sachliche Verteilung von Erlösen und Kosten

nen, beispielsweise die Beleuchtungskosten der Produktions- oder Verkaufsstätte. Die *Kosten* sind dann gemeinsam für mehrere Erzeugniseinheiten angefallen, ohne dass man messen kann, wie viele *Kosten* für welches Erzeugnis angefallen sind. Für *Erlöse* lassen sich die Überlegungen analog anstellen. Im Beispiel des Zeitungsabonnements sind die *Erlöse* gemeinsam für alle Zeitungsausgaben angefallen, die im Rahmen des Abonnements ausgeliefert werden, beim Theaterabonnement gemeinsam für alle Aufführungen, für die das Abonnement gilt.

Aussagebeeinträchtigung bei Zurechnung nicht messbarer Erlös- oder Kostenbestandteile zu Kalkulationsobjekten

Für die Verteilung von *Erlösen* und *Kosten* auf Kalkulationsobjekte ergeben sich beliebig viele unterschiedliche Zurechnungsmöglichkeiten, wenn die Erlöse oder Kosten für dieses Objekt nicht einzeln messbar sind. Einkommensrechnungen werden in ihrer Aussagefähigkeit beeinflusst, wenn einem Kalkulationsobjekt *Erlöse* oder *Kosten* zugerechnet werden, die für dieses Objekt nicht messbar sind. Die Aussagefähigkeit leidet nicht nur wegen der fehlenden Messbarkeit, sondern auch, wenn von Fall zu Fall eine andere Art der Zurechnung gewählt wird. Dadurch büßen die Zurechnungen einen Teil ihrer Aussagekraft ein, weil ein Leser aus der Rechnung nicht mehr ersehen kann, wie im Einzelfall die Zurechnung vorgenommen wurde und wie das ermittelte Einkommen und Eigenkapital von der Art der Verteilung beeinflusst wurde. Das Problem der unterschiedlichen Zurechnungen kann man dadurch umgehen, dass man zur Lösung der Zurechnungsprobleme immer auf ein und dasselbe vorher festgelegte Zurechnungsprinzip zurückgreift und dieses zu Gunsten der Nachvollziehbarkeit für Dritte dokumentiert; das Problem der fehlenden Messbarkeit lässt sich dagegen nicht vermeiden. In der Praxis werden für verschiedene Zwecke oftmals unterschiedliche Zurechnungsprinzipien verwendet. Die daraus resultierenden Wirkungen auf den Aussagegehalt der Zahlen kann man sich leicht vorstellen.

Lösungsansätze

Schwierigkeit der Systematisierung

Es fällt schwer, eine eindeutige Systematisierung der in der Literatur erörterten Zurechnungsprinzipien zu finden. Ideengeschichtlich wurden Zurechnungsprinzipien für die verschiedensten Aufgaben und Fragestellungen entwickelt. Sie unterscheiden sich im Hinblick auf ihren erkenntnistheoretischen Anspruch, also dahingehend, wie sie sich zu den Begründungsfiguren der Kausalität und der Finalität verhalten. Sie unterscheiden sich ferner hinsichtlich ihrer absatz- bzw. produktionswirtschaftlichen Fundierung, also im Hinblick darauf, wie sie sich über Absatz- oder Produktionsfunktionen begründen lassen. Einige wichtige Prinzipien seien im Folgenden dargestellt und für die weiteren Überlegungen ausgewertet. Die Ausführungen berücksichtigen neben den *Kosten* soweit es geht auch *Erlöse*.

Als fundamental gilt bei jeder Zurechnung der Gedanke, *Erlöse* und *Kosten verursachungsgerecht* auf Objekte zu verteilen. Einige Autoren fordern daher die Verwendung eines so genannten Verursachungsprinzips. In einer sehr anschaulichen Interpretation besagt ein solches Prinzip, dass jedem Kalkulationsobjekt diejenigen *Erlöse* und *Kosten* zugerechnet werden, die es verursacht hat.

Verursachungsentsprechung als Grundgedanke

Dieses Postulat entspricht zwar einem allgemeinen Gerechtigkeitsdenken und es erscheint unmittelbar einsichtig, doch lassen sich zugehörige klare Regeln zur exakten Bestimmung jener *Erlöse* und *Kosten*, die als durch ein bestimmtes Kalkulationsobjekt verursacht gelten sollen, kaum herleiten. Man stelle sich beispielsweise einen Fotografen vor, der auf einer Feier Fotos geschossen hat und diese seinen Bekannten zu *Selbstkosten* überlassen möchte. Sind nun nur die Kosten, die durch einen Abzug der Bilder entstehen, durch die Aufnahmen verursacht. Sind die Kosten unter Einbeziehung des Films, dessen Entwicklung und der Arbeitskraft des Fotografen zu ermitteln oder muss gar ein Teil der Anschaffungsausgaben für die Kamera mit in diese *Selbstkosten* einbezogen werden? Die alleinige Forderung, (*Erlöse* und) *Kosten* verursachungsgerecht zuzurechnen, hilft ohne konkretisierende Regeln weder in diesem noch in ähnlich gelagerten Fällen weiter. Das Problem der Konkretisierung hat zu einer Reihe von Zurechnungsprinzipien geführt, die in unterschiedlichem Maße zu dieser Aufgabe fähig erscheinen. Überblicke findet man bei Börner *(Börner, Dietrich, Kostenverteilung, in: Handwörterbuch des Rechnungswesens (HWR), hrsg. v. K. Chmielewicz und M. Schweitzer, 3. Auflage, Stuttgart 1993, Sp. 1280-1289)*, bei Dierkes/Kloock *(Dierkes, Stefan/ Kloock, Josef, Kostenzurechnung, in: Handwörterbuch Unternehmensrechnung und Controlling, hrsg. v. H. Küpper und A. Wagenhofer, 4. Auflage, Stuttgart 2002, Sp. 1177-1186)* sowie bei Meffert *(Meffert, Heribert, Kostenrechnung und Kostenrechnungssysteme, in: Handwörterbuch der Wirtschaftswissenschaft (HdWW), Band 4, hrsg. von W. Albers et al., Stuttgart u.a. 1988, Sp. 573-596).*

Konkretisierungslücke des Verursachungsprinzips

Kausalprinzip

Nach dem *Kausalprinzip* gelten *Ausgaben* als *Kosten*, weil ein Objekt, ein so genannter *Kostenträger*, erstellt werden soll. Ein kausaler Zusammenhang zwischen *Kosten* und *Kostenträgern* besteht immer dann, wenn die Kalkulationsobjekte die Ursache dafür sind, dass *Kosten* entstanden sind; wenn also *Kosten* entstanden sind, weil *Kostenträger* erzeugt wurden. *Einnahmen* gelten als *Ertrag* oder *Erlös*, weil *Kostenträger* abgesetzt wurden.

Erlöse und Kosten entstehen ursächlich, weil etwas erzeugt wird.

Die sachlogische Ursache-Wirkungs-Beziehung kann schon aus produktionstechnischen Gründen nicht universell gelten. Denn erstellte *Kostenträger* wären nur dann eindeutige Ursache der *Kosten*, wenn ein Verbrauch von Gütern, etwa von Rohmaterial, zwangsläufig und ausnahmslos jene *Kostenträger* tatsächlich hervorbrächte, für deren Erstellung man

Problematik des Kausalprinzips

diese Rohmaterialien einsetzt. Beobachtbares Auftreten von Fehl- und Ausschussprodukten zeigt, dass eine solche eindeutige Beziehung nicht besteht. Zudem erscheint es aus erkenntnistheoretischer Sicht problematisch, nachgelagert entstehende *Kostenträger* als Ursache der zuvor oder bestenfalls zeitgleich anfallenden *Kosten* zu begreifen.

Kausalprinzip als Marginalprinzip

Die begrenzte Eignung des Kausalprinzips als allgemeines Konstruktionsprinzip einer Kostenzurechnung wird besonders deutlich, wenn man es auf die Zurechnung von *Kosten* anwenden will, die bei der Leistungserstellung anfallen, ohne sich mit dem Ausmaß der Leistungserstellung zu verändern. Ein konsequent angewendetes Kausalprinzip führt zu einer Vernachlässigung dieser *Kosten* bei der Zurechnung von *Kosten* zu *Kostenträgern*. Im Ergebnis werden mit einem Kausalprinzip die jeweiligen Einzel- oder Grenzerlöse sowie Einzel- oder Grenzkosten bestimmt: Nach dem Kausalprinzip sind nur solche *Erlöse* und *Kosten* zurechenbar, die nicht entstehen, wenn das jeweilige Kalkulationsobjekt nicht existiert, bzw. die wegfallen, wenn das Kalkulationsobjekt entfällt. Dies sind die Einzelerlöse bzw. die Einzelkosten eines *Kostenträgers*. In dieser Interpretation wird das Kausalprinzip auch als *Marginalprinzip* bezeichnet.

Finalprinzip

Kosten entstehen, damit Leistungen erzeugt werden können.

Beim *Finalprinzip* werden *Kosten* als Mittel zur Leistungserstellung interpretiert; *Kostenträger* und *Kosten* stehen in einer Zweck-Mittel-Beziehung. Folglich sind jene *Kosten* einem Kostenträger zuzurechnen, die bewusst in Kauf genommen werden, damit der *Kostenträger* erstellt werden kann. Eine Übertragung des Begriffs auf *Erlöse* bereitet Schwierigkeiten und unterbleibt daher hier.

Problematik des Finalprinzips

Die Argumentation erlaubt es, auch den Anfall bestimmter beschäftigungsunabhängiger *Kosten* während eines Zeitraums als Mittel für den angestrebten Zweck der Erzeugung bestimmter *Leistungen* anzusehen und eine Zurechnung dieser *Kosten* im Verhältnis der beispielsweise zeitlichen oder räumlichen Inanspruchnahme auf die einzelnen Kalkulationsobjekte zu ermöglichen. Beispielsweise kann man sich vorstellen, dass die beschäftigungsunabhängigen *Kosten* für die Miete einer Produktionshalle den dort hergestellten Erzeugnissen zugerechnet werden, da ohne die Halle eine Produktion unmöglich gewesen wäre. Grundlage der Zurechnung bilden dabei Hypothesen der Produktions- und Kostentheorie, welche die Wahl des Mittels (Einsatz der Güter und damit Entstehung der *Kosten*) zur Erreichung des Zwecks (Erstellen der *Leistung*) begründen. Die Höhe der zuzurechnenden *Kosten* ergibt sich aus der Kostenfunktion, die den Zusammenhang zwischen *Kosten* und verschiedenen Einflussgrößen auf die *Kosten* modelliert. Kennt man diese Zusammenhänge nicht, führt die Methode der Kostenzurechnung nicht zu sinnvollen Ergebnissen.

Das *Finalprinzip* wird in der Literatur auch als Kostenverursachungsprinzip i.w.S. oder als Veranlassungsprinzip bezeichnet, mit verschiedenen Erweiterungen bzw. Präzisierungen ebenso als Einwirkungsprinzip bzw. als Kosteneinwirkungsprinzip oder als Kostenbegründungsprinzip. In einer besonderen Ausprägung wird das *Finalprinzip* unter der Bezeichnung Beanspruchungsprinzip auch im Rahmen der so genannten Prozesskostenrechnung verwendet. Wir verwenden das Finalprinzip im Folgenden aus Gründen der Anschaulichkeit meist in der Form des so genannten Einwirkungsprinzips. Wir verstehen darunter das Prinzip, all jene Kosten einem Kostenträger zuzurechnen, die auf dessen Erstellung eingewirkt haben, deren Inkaufnahme die Erstellung des *Kostenträgers* erst ermöglicht hat.

Verschiedene Arten von Finalprinzipien

Proportionalitätsprinzip

Das *Proportionalitätsprinzip* konkretisiert die der Erlös- und Kostenzurechnung zugrunde gelegten produktionswirtschaftlichen Zusammenhänge, jedoch ohne auf eine erkenntnistheoretische Basis (Kausalität oder Finalität) zurückzugreifen. Die Zurechnung von *Erlösen* und *Kosten* erfolgt aufgrund empirisch festgestellter Abhängigkeiten der *Erlöse* bzw. *Kosten* von vorab festgelegten Einflussgrößen. Dabei unterstellt das *Proportionalitätsprinzip* proportionale und damit eine bestimmte Form linearer Zusammenhänge zwischen Einflussfaktoren und *Erlösen* sowie *Kosten*.

Kosten entstehen in dem Maße, in dem produziert wird.

Das Prinzip wird mit Gründen der Praktikabilität und der Annahme gerechtfertigt, dass sich nichtlineare Funktionen ohne allzu große Fehler für Teilbereiche linearisieren lassen. Problematisch erweist sich dieser pragmatische Ansatz bei der Interpretation der Ergebnisse; denn nicht jeder statistisch feststellbaren Proportionalität zwischen zwei Größen muss ein ursächlicher Zusammenhang zugrunde liegen. Eine materiell vorhandene lineare Beziehung von *Kosten* und *Kostenträger* wird sich zwar in einem proportionalen Kostenverlauf äußern, nur darf allein aus einer empirisch beobachtbaren proportionalen Beziehung zwischen zwei Größen nicht deren ursächliche Verknüpfung hergeleitet werden. Man denke an die Fertigung von Fahrzeugen. Zwar korreliert der Verbrauch von Wischerblättern mit der Anzahl der gefertigten Fahrzeuge, nur ist darüber noch keine ursächliche Verknüpfung von Ausbringungsmenge an Fahrzeugen und Wischerblättern zu treffen, beispielsweise weil der Verbrauch von Wischerblättern auch fehlerhafte Wischerblätter umfasst. Ein *Proportionalitätsprinzip* erlaubt daher keine verlässliche Interpretation von kostenrechnerischen Daten für planerische Entscheidungen.

Problematik des Proportionalitätsprinzips

Durchschnittsprinzip

Kosten einer Erzeugniseinheit ergeben sich als Durchschnitt über die erzeugten Leistungseinheiten.

Ein sehr weit verbreitetes vereinfachendes Prinzip stellt das *Durchschnittsprinzip* dar, das für den Bereich der *Kosten* auch unter der Bezeichnung Kostenanteilsprinzip in der Literatur zu finden ist. Wendet man das Durchschnittsprinzip an, erfolgt die Zurechnung von *Erlösen* und *Kosten* im Wege der statistischen Durchschnittsbildung über Verteilungsschlüssel. Dabei wird jeder Einheit einer Bezugsgröße derselbe Erlös- bzw. Kostenbetrag zugerechnet.

Problematik des Durchschnittsprinzips

Die Vorgehensweise gibt sowohl die erkenntnistheoretische als auch eine produktionstheoretische Fundierung der Erlös- und Kostenzurechnung völlig auf. Das erzielte rechnerische Ergebnis stellt eine statistische Beziehungszahl dar, die lediglich eine Erlösrelation bzw. eine Kostenrelation und damit die Höhe anteiliger *Erlöse* und *Kosten* ausdrückt. Das Durchschnittsprinzip findet eine begründbare Anwendung nur im Einproduktbetrieb. Dort können die *Erlöse* und *Kosten* durch die Summe der homogenen Leistungen dividiert werden. Für Mehrproduktbetriebe ist dieses Prinzip insofern ungeeignet, als eine Erlös- oder Kostenzurechnung über eine einfache Division der gesamten Erlöse oder der gesamten Kosten eines Abrechnungszeitraums durch die innerhalb dieses Zeitraums produzierten heterogenen Produkte nicht sinnvoll wäre. Hier ist eine Wahl geeigneter Bezugsgrößen erforderlich, die sich aber aus dem Durchschnittsprinzip und ohne Rückgriff auf produktionstheoretische Überlegungen nicht begründen lassen.

Tragfähigkeitsprinzip

Kosten einer Leistungseinheit ergeben sich aus dem Beitrag der Leistungseinheit zur Deckung von Kosten.

Ein weiteres Zurechnungsprinzip stellt das *Tragfähigkeitsprinzip* dar. Schon bei der Bezeichnung kommt zum Ausdruck, dass eine Orientierung an der Belastbarkeit der jeweiligen Kalkulationsobjekte erfolgt. Als Maß der Tragfähigkeit werden gewöhnlich die Beiträge der Produkte zur Deckung der beschäftigungsunabhängigen *Kosten* angesehen. Üblicherweise wird das Prinzip nur auf *Kosten* angewendet. Je größer die Spanne zwischen Preis und direkten *Kosten* einer Leistungseinheit ist, desto größer ist ihre Kostentragfähigkeit und umso mehr beschäftigungsunabhängige *Kosten* werden ihr zugerechnet.

Problematik des Tragfähigkeitsprinzips

Der Starrheit einer Kosten-Preis-Formel wird also durch Flexibilität bei der Kostenzurechnung begegnet. Jedoch sind mit einer solchen dem Belastbarkeitsargument folgenden Kostenzurechnung schwer wiegende Probleme verbunden, weil das Streben nach Verursachungsgerechtigkeit aufgegeben wird. So führt die Anwendung dieses Prinzips dazu, dass nicht verantwortete *Kosten* wegen erwirtschafteter Überschüsse einem Unternehmensteil zugerechnet werden. Dies beeinträchtigt möglicherweise die Motivation der Mitarbeiter dieses Unternehmensteils, zusätzliche Überschüsse zu erzielen. Der Einsatz des Tragfähigkeitsprinzips zur Kostenzurechnung muss daher als riskant beurteilt werden; denn der Einblick in die produktionswirtschaftlichen Zusammenhänge wird verstellt und die Motivation der übermäßig belasteten Unternehmensteile gefährdet. In der Fachliteratur wird das Tragfähigkeitsprinzip auch als Deckungsprinzip, Kostendeckungsprinzip, Belastbarkeitsprinzip, Kostentragfähigkeitsprinzip, teilweise auch als Anlastprinzip bezeichnet.

Identitätsprinzip

Ein ideengeschichtlich abweichendes Konzept beruht auf den Vorschlägen von Riebel *(Riebel, Paul, Die Fragwürdigkeit des Verursachungsprinzips im Rechnungswesen, in: Rechnungswesen und Betriebswirtschaftspolitik, Festschrift für Gerhard Krüger zu seinem 65. Geburtstag, hrsg. v. M. Layer u. H. Strebel, Berlin 1969, S. 49-64, nachgedruckt in: Riebel, Paul, Einzelkosten- und Deckungsbeitragsrechnung, Grundfragen einer markt- und entscheidungsorientierten Unternehmensrechnung, 7., überarbeitete und wesentlich erweiterte Auflage, Wiesbaden 1994, S. 67-79).* Er löst sich am radikalsten von den traditionellen, auf der Produktionstheorie aufbauenden Prinzipien. Danach besteht zwischen verzehrten Gütern und entstandenen *Leistungen* weder eine kausale noch eine finale Beziehung. Vielmehr sieht Riebel *Kosten* und *Leistungen* als gekoppelte Wirkungen einer unternehmerischen Entscheidung; *Erlöse* und *Leistungen* werden als gekoppelte Wirkungen einer anderen Unternehmensentscheidung betrachtet. Entsprechend fordert das Identitätsprinzip eine Zurechnung von *Kosten* auf eine *Leistung* nur, wenn beide Größen auf eine identische Disposition zurückzuführen sind. Eine Zurechnung von *Erlösen* und *Kosten* zu *Leistungen* geschieht nur, wenn die *Erlöse,* die *Kosten* und die *Leistungen* auf der gleichen Entscheidung beruhen. Bei diesen *Erlösen* und *Kosten* handelt es sich dann um Einzelerlöse und Einzelkosten der Disposition.

Erlöse und Kosten einer Leistungseinheit sind diejenigen Ausgaben, die aus der gleichen Entscheidung folgen.

Versteht man das Identitätsprinzip dahingehend, dass eine Zurechnung nur jener *Erlöse* oder *Kosten* erfolgt, die durch Entscheidungen ausgelöst werden, findet sich eine formale Übereinstimmung mit dem *Marginalprinzip;* denn auch hier werden zum Zwecke des entscheidungsorientierten Rechnungswesens Grenzüberlegungen angestellt. Während das *Marginalprinzip* jedoch erklären will, wie durch die Umsetzung von Entscheidungen in Aktivitäten zusätzlich ausgelöste *Erlöse* oder *Kosten* inhaltlich zu interpretieren und zu erfassen sind, versucht das *Identitätsprinzip* eine formallogische Verknüpfung zwischen *Erlösen* oder *Kosten* und *Leistungen* zu schaffen. Verdeutlichen lässt sich der Unterschied am Beispiel der Annahme eines Auftrags. Während nach dem *Identitätsprinzip* eine Erlös- oder Kostenzurechnung zum Kalkulationsobjekt Auftrag zu erfolgen hat, wenn der Kostenanfall und die Abwicklung des Auftrags durch dieselbe Entscheidung begründet sind, stellt das *Marginalprinzip* nur auf den Anfall zusätzlicher *Erlöse* oder *Kosten* bei Fertigung einer zusätzlichen Leistungseinheit im Rahmen dieses Auftrags ab. Das Identitätsprinzip findet sich auch unter der Bezeichnung Relevanz- oder Funktionalprinzip interpretiert.

Problematik des Identitätsprinzips

Konsequenzen für das interne Rechnungswesen

Zwei Gruppen von Zurechnungsprinzipien

Ein unangreifbares oder ein allgemein akzeptiertes Prinzip für die Zuordnung von *Erlösen* oder *Kosten* zu *Leistungen* hat sich in der betriebswirtschaftlichen Literatur bislang nicht herausgebildet. Zwei grundsätzlich akzeptierte Vorgehensweisen lassen sich jedoch identifizieren: Auf der einen Seite stehen Zurechnungen, die nur diejenigen *Erlöse* und *Kosten* den Kalkulationsobjekten zurechnen, die sich messen und begründen lassen. Bei diesen *Erlösen* und *Kosten* handelt es sich um die Einzelerlöse und die Einzelkosten dieses Kalkulationsobjekts. Diese Art von Zurechnungen wird im Folgenden durch das *Marginalprinzip* gekennzeichnet werden. Bezogen auf zeitraumbezogene Einkommensrechnungen führt dies zu einer ausschließlichen Zurechnung der beschäftigungsvariablen *Erlöse* und *Kosten* zu Kalkulationsobjekten. Auf der anderen Seite stehen Verfahren, die auch solche *Kosten* auf Kalkulationsobjekte verteilen, die sich bei diesen Kalkulationsobjekten nicht messen lassen. Sie begründen sich durch produktionstheoretische oder statistisch beobachtbare Zusammenhänge. Diese Art von Zurechnungen kann als Anwendung eines *Finalprinzips* (i.w.S., da es auch Zurechnungen nach dem Proportionalitäts- oder Durchschnittsprinzip umfassen kann) begriffen werden. Dem einzelnen Kalkulationsobjekt werden also neben dessen Einzelerlöse bzw. Einzelkosten auch Gemeinerlöse bzw. Gemeinkosten zugerechnet. Bezogen auf eine zeitraumbezogene Einkommensrechnung führt dies zu einer Zurechnung beschäftigungsvariabler und beschäftigungsfixer *Erlöse* bzw. *Kosten*. Weil auf das Finalprinzip aufbauende Zurechnungen keiner empirischen Prüfung auf die Gültigkeit der zugrunde gelegten Hypothesen unterzogen werden können, gibt es für Unternehmen, die auch eine Verrechnung solcher *Kosten* anstreben kein *theoretisch richtiges* Kostenrechnungssystem: Statistische Beziehungszahlen können sich durch veränderte Produktionsbedingungen verschieben, Produktions- und Kostenfunktionen im Zeitablauf Änderungen unterworfen sein. Daher müssen auf dem *Finalprinzip* i.w.S. aufbauende Kostenrechnungen stets daraufhin überprüft werden, ob ihre Annahmen noch gelten oder ob Modifikationen vorzunehmen sind. Unterschiedliche Vermutungen über Kostenverläufe begründen so auch die Vielfalt der in der Praxis vorzufindenden Kostenrechnungssysteme.

Verständnis von Marginalprinzip und Finalprinzip in diesem Buch

Im Folgenden wird aus Vereinfachungsgründen nur noch von *dem Marginalprinzip* und *dem Finalprinzip* gesprochen. Es sei dabei unterstellt, man nehme eine Zurechnung von *Erlösen* oder *Kosten* zu einer Einheit eines Kalkulationsobjektes nach dem *Marginalprinzip* vor, wenn man dieser Einheit genau diejenigen *Erlöse* oder *Kosten* zurechnet, die mehr entstehen (entfallen), wenn man eine Einheit mehr (weniger) herstellt. Hinsichtlich des *Finalprinzips* sei unterstellt, man rechne einer Einheit der Unternehmenstätigkeit alle diejenigen *Erlöse* oder *Kosten* zu, ohne die diese Einheit nicht hätte hergestellt oder abgesetzt werden können. Diese Ausprägung eines *Finalprinzips* wurde oben als Erlöseinwirkungsprinzip oder als Kosteneinwirkungsprinzip bezeichnet.

Es ist offensichtlich, dass die Ermittlung nicht messbarer *Erlöse* oder *Kosten* eines Kalkulationsobjektes davon abhängt, was für ein Zurechnungsprinzip man verwendet. Bei einer Zurechnung gemäß dem *Marginalprinzip* werden einem Kalkulationsobjekt nur dessen Einzelerlöse bzw. dessen Einzelkosten zugerechnet. Bei einer Zurechnung gemäß dem *Finalprinzip* im hier verstandenen Sinne werden ihm über seine Einzelkosten hinaus auch seine Gemeinkosten zugerechnet. *Erlöse* und *Kosten*, deren Zurechnung zu einem Kalkulationsobjekt nur nach dem *Finalprinzip* (und nicht nach dem *Marginalprinzip*) vorgenommen werden kann, werden als Gemeinerlöse und Gemeinkosten dieses Kalkulationsobjekts bezeichnet.

Zusammenhang zwischen den Kosten eines Kalkulationsobjektes und dem gewählten Zurechnungsprinzip

Kostenrechnungssysteme, die zumindest bei der Ermittlung der Herstellungskosten von Erzeugnissen ein *Finalprinzip* anwenden, werden üblicherweise als *Vollkostenrechnungen* bezeichnet. Im Gegensatz dazu nennt man Kostenrechnungssysteme, die bei der Herstellungskostenermittlung vom *Marginalprinzip* ausgehen, *Teilkostenrechnungen*.

Zurechnungsprinzip als Grundlage der Unterscheidung zwischen Vollkostenrechnung und Teilkostenrechnung

2.3.4 Wirkung der Zurechnung auf Einkommensrechnung und Bilanz

Die Zusammenhänge zwischen den Zurechnungsprinzipien und dem Inhalt, Ablauf und Ergebnis einer Erlös-Kosten-Rechnung werden im Folgenden am Beispiel des Kalkulationsobjektes *Kosten der Herstellung eines Erzeugnisses* veranschaulicht.

Sachverhalt eines Beispiels

Zu Beginn eines Wirtschaftsjahres 20X1 weist ein Unternehmen, das aus einer Fertigungs- und einer Verwaltungsabteilung besteht, die in Abbildung 2.3 aufgeführten Bilanzpositionen auf.

Aktiva	Bilanz zum 1.1.20X1	Passiva	
Maschinen	180000	Eigenkapital	150000
Fuhrpark	50000	Verbindlichkeiten gegen-	
Vorräte	10000	über Kreditinstituten	100000
Roh-, Hilfs- und Betriebs-	40000	Verbindlichkeiten aus	
stoffe	18000	Lieferungen und	
flüssige Mittel		Leistungen	50000
aktiver Rechnungsabgren-	2000		
zungsposten			
Summe	300000	Summe	300000

Abbildung 2.3: Bilanz zum 1.1.20X1

Im Laufe des Wirtschaftsjahres 20X1 wurden die folgenden Ereignisse aufgezeichnet:

a. Kauf von Rohstoffen gegen Barzahlung in Höhe von $60\,000\,GE$.

b. Verbrauch der Rohstoffe im Buchwert von $48\,000\,GE$ für die Fertigung von Erzeugnissen.

c. Verbrauch von Betriebsstoffen (Farbe) im Wert von $4\,000\,GE$ für den Anstrich einer Universalmaschine.

d. Lohnzahlungen an Arbeitskräfte des Fertigungsbereiches in Höhe von $39\,000\,GE$. Diese Arbeitsleistungen sind bezüglich der Erzeugnisse direkt messbar.

e. Lohnzahlung an den Leiter der Verwaltungsabteilung in Höhe von $5\,000\,GE$.

f. Abschreibung einer Universalmaschine des Fertigungsbereiches um einen Betrag von $18\,000\,GE$.

g. Bezahlung der Rechnung für die Anfertigung einer Konstruktionszeichnung für die Erzeugnisse in Höhe von $5\,000\,GE$.

h. Bezahlung der fälligen Kfz-Steuer für einen Lastwagen, der für innerbetriebliche Transportdienste genutzt wird, in Höhe von $1\,000\,GE$.

i. Inanspruchnahme einer Werkshalle, deren Jahresmiete in Höhe von $2\,000\,GE$ bereits im letzten Wirtschaftsjahr vorausbezahlt worden war.

j. Die Herstellungskosten der im Abrechnungszeitraum hergestellten Erzeugnisse belaufen sich nach dem Finalprinzip auf $122\,000\,GE$, nach dem Marginalprinzip auf $92\,000\,GE$.

k. Verkauf von Erzeugnissen zu einem Preis von $120\,000\,GE$ gegen Barzahlung. Bei Verwendung des Finalprinzips für die Zurechnung von Kosten zu Erzeugnissen ergeben sich für die verkauften Erzeugnisse Herstellungskosten in Höhe von $102\,000\,GE$. Bei Verwendung des Marginalprinzips ergeben sich die Herstellungskosten der verkauften Erzeugnisse zu $80\,000\,GE$.

Es sei unterstellt, dass die vielen Buchungen zur Anpassung des Bestandes an Erzeugnissen bei jedem Verkauf mit nur einer einzigen Buchung erfolge.

Problemstellungen

Wir befassen uns in diesem Beispiel mit den Problemen, die mit der Wahl eines Zurechnungsprinzips verbunden sind. Dabei gehen wir den Auswirkungen

- auf die Buchführung,
- auf die Herstellungskosten,

- auf das Einkommen und
- auf das Eigenkapital

nach.

Vertiefung der Ausführungen anhand des Beispiels

Grundlagen

Wenn ein Unternehmen in Konkurrenz zu Wettbewerbern steht, ist es wichtig zu wissen, wie die Wertschöpfungskette aufgebaut ist, welche Handlungen sie umfasst. Um auf die Wertentstehung einwirken zu können, sollte das Unternehmen zusätzlich wissen, welche *Erlöse* und *Kosten* mit dem jeweiligen Kalkulationsobjekt verbunden sind. Um diese Kenntnis zu erlangen, müssen die während eines Abrechnungszeitraums anfallenden *Erlöse* und *Kosten* des Kalkulationsobjektes ermittelt werden. Wie oben dargestellt, hängt die Ermittlung davon ab, ob die Rechengrößen messbar sind oder nicht, und im Falle nicht messbarer Rechengrößen von der Art des benutzten Zurechnungsprinzips.

Information über Einkommenskomponenten als Ziel

Verwendet das Unternehmen für die Zurechnung ein *Marginalprinzip*, werden dem einzelnen Kalkulationsobjekt nur seine Grenzerlöse und Grenzkosten zugerechnet. Diese lassen sich für jedes einzelne Kalkulationsobjekt messen. Sie stellen daher deren Einzelerlöse und Einzelkosten dar. Zu beachten gilt, dass Einzelerlöse und *Einzelkosten* relative Begriffe darstellen, weil sie sich immer nur auf ein einzelnes Kalkulationsobjekt beziehen. Die *Kosten* des gleichen Faktorverbrauchs können beispielsweise hinsichtlich des einen Kalkulationsobjektes Einzelkosten und hinschlich eines anderen aber *Gemeinkosten* darstellen.

Ermittlungsansatz bei Marginalprinzip

Verwendet das Unternehmen für die Zurechnung ein *Finalprinzip*, versucht es dem Kalkulationsobjekt über seine Grenzerlöse und Grenzkosten hinaus auch seine *Gemeinerlöse* und *Gemeinkosten* zuzurechnen. Die in der Literatur oft empfohlene Form des Einwirkungsprinzips als *Finalprinzip* rechnet einem Kalkulationsobjekt die *Erlöse* und *Kosten* all derjenigen Absatz- und Produktionsfaktoren zu, ohne welche das Objekt nicht hätte erstellt oder abgesetzt werden können. Dabei ist es problematisch, ihm solche *Erlöse* und *Kosten* zuzurechnen, welche die Erstellung zwar ermöglicht haben, die aber nicht Einzelerlöse bzw. -kosten dieses Kalkulationsobjektes sind. Diese letztgenannten *Gemeinerlöse* und *Gemeinkosten* sind dem Kalkulationsobjekt nur indirekt zurechenbar. Auch bei diesen Begriffen handelt es sich um relative Begriffe. Ein bestimmtes Erlös- oder Kostenelement kann bezüglich des einen Kalkulationsobjektes zu dessen *Gemeinerlösen* oder *Gemeinkosten* zählen und bezüglich eines anderen zu dessen *Einzelerlösen* oder *Einzelkosten*.

Ermittlungsansatz bei Finalprinzip

Auswirkungen der Wahl des Zurechnungsprinzips auf die Buchführung

Auswirkungen der Verwendung unterschiedlicher Zurechnungsprinzipien auf die Buchführung

Bedient sich ein Unternehmen im Rahmen seiner Erlös-Kosten-Rechnung eines *Finalprinzips* zur Zurechnung von *Erlösen* und *Kosten* auf einzelne Kalkulationsobjekte, bezieht es die Gemeinerlöse und Gemeinkosten des Kalkulationsobjektes in die Berechnung der *Erlöse* und *Kosten* des Kalkulationsobjektes ein. Bei Verwendung des *Marginalprinzips* ist dies nicht der Fall. Gemeinerlöse und Gemeinkosten werden dabei den Kalkulationsobjekten nicht zugerechnet, sondern in der Einkommensrechnung desjenigen Abrechnungszeitraums verrechnet, in dem sie angefallen sind.

Herstellungskonto als Hilfskonto

Für die Darstellung der Konsequenzen unterschiedlicher Zurechnungsprinzipien auf die Buchführung wird davon ausgegangen, dass ein Herstellungskonto verwendet wird. Das Herstellungskonto wird als ein Hilfskonto angesehen, auf dem die Herstellungsausgaben bzw. Herstellungskosten (im Soll) verbucht werden. Es ist dasjenige Konto, auf dem die gesamten Ausgaben bzw. Kosten der Herstellung von Erzeugnissen während eines Abrechnungszeitraums gesammelt werden. Dies geschieht unabhängig davon, ob die Erzeugnisse sich noch auf Lager befinden oder verkauft wurden. Die Entlastung des Herstellungskontos sollte bei einer Bestandsanpassung bei jedem Verkauf ständig zu Gunsten der *Vorräte an Erzeugnissen* erfolgen; bei einmaliger Bestandsanpassung zum Ende des Abrechnungszeitraums hat man weniger Buchungen, wenn man das Konto entsprechend dem Verhältnis von Bestandveränderung zu Absatz teilweise zu Gunsten der *Vorräte an Erzeugnissen* und teilweise zu Gunsten der *Umsatzkosten* auflöst.

Buchungen bei Verwendung eines Finalprinzips

Im dargestellten Beispiel gehen bei Verwendung eines *Finalprinzips* die finanziellen Konsequenzen sämtlicher Ereignisse mit Ausnahme des Rohstoffkaufs und des Verkaufs in die Berechnung der Herstellungskosten der Erzeugnisse des Abrechnungszeitraums ein. Der Rohstoffkauf wird bei der Berechnung der Herstellungskosten nicht berücksichtigt, weil dieser Beschaffungsvorgang nichts mit der Herstellung zu tun hat. Es handelt sich dabei buchungstechnisch lediglich um eine Umwandlung von Bargeld in Rohstoffe (Aktivtausch). Im Rahmen der permanenten Bestandsanpassung wird das Herstellungskonto laufend zu Gunsten des Bilanzkontos *Erzeugnisse* entlastet. Diese Buchungen sollen laut Sachverhaltsbeschreibung aus Vereinfachungsgründen in einem einzigen Buchungssatz dargestellt werden. Der Verkauf erscheint nicht auf dem Herstellungskonto, weil der Verkauf eines Gutes nichts mit dem Kalkulationsobjekt der Herstellung zu tun hat. Bei Verwendung eines *Finalprinzips* und permanenter Bestandserfassung ergeben sich die in Abbildung 2.4, Seite 101, dargestellten Buchungssätze. Zugleich wird in der Abbildung angegeben, ob die jeweiligen *Erlöse* oder *Kosten* bezüglich des Kalkulationsobjektes Erzeugnis als dessen Einzelkosten oder als dessen Gemeinkosten anzusehen sind.

Ereignisse	Erlös- und Kostenkategorie	Buchungssätze	Betrag
a. Rohstoffkauf	Einkommensneutraler Vorgang	Rohstoffe (Bilanz) an Zahlungsmittel (Bilanz)	60 000
b. Rohstoffverbrauch	Einzelkosten der hergestellten Erzeugnisse	Herstellungskonto an Rohstoffe (Bilanz)	48 000
c. Betriebsstoffverbrauch	Gemeinkosten der hergestellten Erzeugnisse	Herstellungskonto an Betriebsstoffe (Bilanz)	4 000
d. Lohnzahlung Fertigung	Einzelkosten der hergestellten Erzeugnisse	Herstellungskonto an Zahlungsmittel (Bilanz)	39 000
e. Lohnzahlung Verwaltung	Gemeinkosten der hergestellten Erzeugnisse	Herstellungskonto an Zahlungsmittel (Bilanz)	5 000
f. Abschreibung	Gemeinkosten der hergestellten Erzeugnisse	Herstellungskonto an Maschinen (Bilanz)	18 000
g. Zahlung für die Konstruktionszeichnung	Einzelkosten der hergestellten Erzeugnisse	Herstellungskonto an Zahlungsmittel (Bilanz)	5 000
h. Zahlung Kfz-Steuer	Gemeinkosten der hergestellten Erzeugnisse	Herstellungskonto an Zahlungsmittel (Bilanz)	1 000
i. Inanspruchnahme Halle	Gemeinkosten der hergestellten Erzeugnisse	Herstellungskonto an aktive Rechnungsabgr. (Bilanz)	2 000
j. Auflösung Herstellungskonto		Erzeugnisse (Bilanz) an Herstellungskonto	122 000
k. Verkauf	Einzelerlöse der verkauften Erzeugnisse	Zahlungsmittel (Bilanz) an Umsatzerlöse (Einkommensrechnung)	120 000
	Einzel- und Gemeinkosten der verkauften Erzeugnisse	Umsatzkosten (Einkommensrechnung) an Erzeugnisse (Bilanz)	102 000

Abbildung 2.4: Buchungssätze bei Verwendung eines Finalprinzips

Nach dem *Marginalprinzip* werden den einzelnen Erzeugniseinheiten lediglich ihre Grenzkosten zugerechnet. Dementsprechend enthalten die Herstellungskosten der Erzeugnisse nur deren Einzelkosten. *Kosten*, die hinsichtlich einer Erzeugniseinheit nicht messbar sind, mindern zwar das Einkommen des Zeitraums, in dem sie anfallen, erhöhen aber nicht die Herstellungskosten der Erzeugnisse. Somit ergeben sich die in Abbildung 2.5, Seite 102, dargestellten Buchungssätze sowie Erlös- und Kostenkategorien. Im dargestellten Beispiel gehen bei Verwendung des *Marginalprinzips* die finanziellen Konsequenzen derjenigen Ereignisse in die Berechnung der Herstellungskosten einer Erzeugniseinheit ein, die Einzelkosten in Bezug auf die Erzeugnisse sind. Die anderen *Kosten* stellen

Buchungen bei Verwendung des Marginalprinzips

Kosten dar, die in demjenigen Abrechnungszeitraum einkommenswirksam werden, in dem sie angefallen sind. Das Herstellungskonto ist unter den Annahmen des Beispiels über die Bilanz (Posten Erzeugnisse) zu entlasten.

Ereignisse	Erlös- und Kostenkategorie	Buchungssätze	Betrag
a. Rohstoffkauf	Einkommensneutraler Vorgang	Rohstoffe (Bilanz) an Zahlungsmittel (Bilanz)	60000
b. Rohstoffverbrauch	Einzelkosten der hergestellten Erzeugnisse	Herstellungskonto an Rohstoffe (Bilanz)	48000
c. Betriebsmittelverbrauch	Gemeinkosten der hergestellten Erzeugnisse	Materialkosten (Einkommensrechnung) an Betriebsstoffe (Bilanz)	4000
d. Lohnzahlung Fertigung	Einzelkosten der hergestellten Erzeugnisse	Herstellungskonto an Zahlungsmittel (Bilanz)	39000
e. Lohnzahlung Verwaltung	Gemeinkosten der hergestellten Erzeugnisse	Personalkosten (Einkommensrechnung) an Zahlungsmittel (Bilanz)	5000
f. Abschreibung	Gemeinkosten der hergestellten Erzeugnisse	sonstige Kosten (Einkommensrechnung) an Maschinen (Bilanz)	18000
g. Zahlung für die Konstruktionszeichnung	Einzelkosten der hergestellten Erzeugnisse	Herstellungskonto an Zahlungsmittel (Bilanz)	5000
h. Zahlung Kfz-Steuer	Gemeinkosten der hergestellten Erzeugnisse	sonstige Kosten (Einkommensrechnung) an Zahlungsmittel (Bilanz)	1000
i. Inanspruchnahme Halle	Gemeinkosten der hergestellten Erzeugnisse	sonstige Kosten (Einkommensrechnung) an aktive Rechnungsabgr. (Bilanz)	2000
j. Auflösung des Herstellungskontos	Einkommensneutraler Vorgang	Erzeugnisse (Bilanz) an Herstellungskonto	92000
k. Verkauf	Einzelerlöse der verkauften Erzeugnisse	Zahlungsmittel (Bilanz) an Umsatzerlös (Einkommensrechnung)	120000
	Einzelkosten der verkauften Erzeugnisse	Umsatzkosten (Einkommensrechnung) an Erzeugnisse (Bilanz)	80000

Abbildung 2.5: Buchungssätze bei Verwendung eines Marginalprinzips

Auswirkungen der Wahl des Zurechnungsprinzips auf die Höhe der Herstellungskosten

Die Herstellungskosten von Erzeugnissen beinhalten im Beispiel bei Verwendung des *Finalprinzips* neben den Einzelkosten der Erzeugnisse deren Gemeinkosten. In die Berechnung der Herstellungskosten nach *Marginalprinzip* werden lediglich die Einzelkosten der Erzeugnisse einbezogen. Abbildung 2.6 enthält nochmals die Berechnung der Herstellungskosten nach beiden Zurechnungsprinzipien.

Herstellungskosten unterschreiten bei Marginalprinzip den Wert bei Finalprinzip

Ereignis	Kostenkategorie hinsichtlich der Erzeugnisse	Herstellungskosten bei Finalprinzip	Herstellungskosten bei Marginalprinzip
b	Material-Einzelkosten	48000	48000
c	Material-Gemeinkosten	4000	
d	Fertigungs-Einzelkosten	39000	39000
e	Verwaltungs-Gemeinkosten	5000	
f	Fertigungs-Gemeinkosten	18000	
g	Fertigungs-Einzelkosten	5000	5000
h	Fertigungs-Gemeinkosten	1000	
i	Fertigungs-Gemeinkosten	2000	
	Summe	122000	92000

Abbildung 2.6: Herstellungskosten nach Final- und Marginalprinzip

Auswirkungen der Wahl des Zurechnungsprinzips auf Einkommen und Eigenkapital

Durch den Verkauf eines Teils der Erzeugnisse wird die Einkommensrechnung betroffen. Die Verkaufserlöse erhöhen das Einkommen, die Herstellungskosten der verkauften Erzeugnisse und der restliche Aufwand vermindern es. Zu Einkommensunterschieden durch die Wahl des Zurechnungsprinzips kommt es, wenn die Summe der in einem Abrechnungszeitraum bei Anwendung des *Finalprinzips* sich ergebenden *Aufwands* oder *Kosten* nicht derjenigen entspricht, die sich bei Anwendung des *Marginalprinzips* ergibt. Das wiederum kann nur der Fall sein, wenn nicht alle in einem Abrechnungszeitraum hergestellten Erzeugnisse im gleichen Abrechnungszeitraum verkauft werden oder wenn zusätzlich Erzeugnisse vorangegangener Abrechnungszeiträume verkauft werden. Ursache dafür ist die im Sinne der Abgrenzungsgrundsätze unterschiedliche Abgrenzung der Herstellungskosten der verkauften Erzeugnisse (sachliche Abgrenzung) und des restlichen Aufwands (zeitpunktbezogene oder zeitraumbezogene Abgrenzung). Bei Anwendung des *Marginalprinzips* wird ein größerer Teil der *Kosten* nach der zeitpunkt- oder zeitraumbezogenen Abgrenzung und ein kleinerer Teil nach der sachlichen Abgrenzung

Unterschiedliche Einkommenswirkung durch unterschiedliche Herstellungskosten der verkauften Erzeugnisse bei unterschiedlichen Zurechnungsprinzipien

behandelt als bei Anwendung des *Finalprinzips*. Bei Produktion auf Lager kommt es dadurch bei Anwendung des *Finalprinzips* zur (zunächst eigenkapitalerhöhenden) Aktivierung von Beträgen, die bei Anwendung des *Marginalprinzips* einkommensmindernd verrechnet werden. Lagerbestandsabnahmen ergeben analoge negative Effekte.

Einkommenswirksame Buchungen bei Finalprinzip

Die entsprechenden Buchungssätze mögen den Zusammenhang zwischen *Finalprinzip*, *Einkommen* und Wert der *Erzeugnisse* des Beispiels verdeutlichen. Bei *Finalprinzip* und permanenter Bestandserfassung ergeben sich nur beim Verkauf einkommenswirksame Buchungen. Die Herstellung stellt einen einkommensneutralen Vorgang dar, die in Abbildung 2.7 wiedergegeben ist.

Abbildung 2.7: Buchungssätze bei Finalprinzip, Verkauf

Ereignis	Geschäftsvorfall und Konten	Soll	Haben
k1	Verkauf: Ertragsbuchung *Zahlungsmittel (Bilanz)* *Umsatzerlöse (Einkommensrechnung)*	120 000	120 000
k2	Verkauf: Aufwandsbuchung bei Finalprinzip *Herstellungskosten der verkauften Erzeugnisse Einkommensrechnung)* *Erzeugnisse (Bilanz)*	102 000	102 000

Über die in den Herstellungskosten enthaltenen *Kosten* hinaus gibt es im Beispiel keine weiteren *Kosten* des Abrechnungszeitraums.

Auswirkungen auf Höhe der Vorräte an Erzeugnissen

Da die *Kosten* der hergestellten Erzeugnisse bei Anwendung des Finalprinzips $122\,000\,GE$ betragen, jedoch nur Erzeugnisse im Herstellungswert von $102\,000\,GE$ verkauft werden, nimmt der Buchwert des Bestandes an Erzeugnissen um $20\,000\,GE$ zu. Für die Zahlen des Beispiels ergibt sich die Einkommensrechnung der Abbildung 2.8:

Kosten	Einkommensrechnung für das Geschäftsjahr 20X1		Erlöse
Herstellungskosten der verkauften Erzeugnisse bei Finalprinzip Einkommen	102 000 18 000	Umsatzerlöse	120 000
Summe	120 000	Summe	120 000

Abbildung 2.8: Einkommensrechnung für das Beispiel bei Verwendung des Finalprinzips

Einkommenswirksame Buchungen bei Marginalprinzip

Bei Verwendung des *Marginalprinzips* ergeben sich wie oben gesehen zunächst ähnliche Buchungssätze wie bei Verwendung des *Finalprinzips*. Zusätzlich sind im Abrechnungszeitraum die *Kosten* zu verbuchen, die im Abrechnungszeitraum angefallen sind, aber den Herstellungskosten nicht zugerechnet wurden. Im Einzelnen ergibt sich für den Abrechnungszeitraum, in dem der Verkauf erfolgt. Abbildung 2.9, Seite 105, enthält die entsprechenden Buchungssätze.

2.3 Zurechnung von Erlös und Kosten zu Kalkulationsobjekten

Abbildung 2.9: Buchungssätze bei Marginalprinzip, Verkauf

Ereignis	Geschäftsvorfall und Konten	Soll	Haben
k1	Verkauf: Ertragsbuchung *Zahlungsmittel (Bilanz)* *Umsatzerlöse (Einkommensrechnung)*	120000	120000
k2	Verkauf: Aufwandsbuchung bei Marginalprinzip *Herstellungskosten der verkauften Erzeugnisse (Einkommensrechnung)* *Erzeugnisse (Bilanz)*	80000	80000

Zusätzlich sind im Abrechnungszeitraum der Herstellung die folgenden einkommenswirksamen Buchungen für Kosten fällig, die nach dem Marginalprinzip nichts mit der Herstellung und dem Verkauf von Erzeugnissen zu tun haben. Abbildung 2.10 enthält die entsprechenden Angaben.

Zusätzliche Buchungen

Abbildung 2.10: Buchungssätze bei Marginalprinzip, restliche Buchungen

Ereignis	Geschäftsvorfall und Konten	Soll	Haben
c	Betriebsstoffe *Materialkosten (Einkommensrechnung)* *Betriebsstoffe (Bilanz)*	4000	4000
e	Gehälter Verwaltung *Personalkosten (Einkommensrechnung)* *Zahlungsmittel (Bilanz)*	5000	5000
f	Abschreibung *sonstige Kosten (Einkommensrechnung)* *Maschinen (Bilanz)*	18000	18000
h	Kraftfahrzeugsteuer *sonstige Kosten (Einkommensrechnung)* *Zahlungsmittel (Bilanz)*	1000	1000
i	Anmietung Halle *sonstige Kosten (Einkommensrechnung)* *aktiver Rechnungsabgrenzungsposten (Bilanz)*	2000	2000

Es sei an dieser Stelle angemerkt, dass die Höhe derjenigen *Kosten*, die den Erzeugnissen nicht mit Hilfe des *Marginalprinzips* bzw. nur mit Hilfe des *Finalprinzips* zugerechnet werden können, wegen des Zusammenhangs mit der Messbarkeit für ein einzelnes Erzeugnis nicht von der Menge der hergestellten Erzeugnisse abhängt. Eine Einkommensrechnung nach dem *Marginalprinzip* offenbart dagegen gewissermaßen die in Bezug auf die Erzeugnismenge variablen, die beschäftigungsvariablen *Kosten* getrennt von den in Bezug auf die Erzeugnismenge fixen, die beschäftigungsfixen *Kosten*.

Erkennbarkeit von bezüglich der Erzeugnismenge variablen und fixen Kosten

Auswirkungen auf Höhe der Vorräte an Erzeugnissen

Die *Kosten* der hergestellten Erzeugnisse betragen bei Anwendung des *Marginalprinzips* laut Beispiel 92 000 GE. Da nur Erzeugnisse im Herstellungswert von 80 000 GE verkauft werden, nimmt der Buchwert des Bestandes an (jetzt anders als oben bewerteten) Erzeugnissen nun um 12 000 GE zu. Bei Verwendung des Marginalprinzips nimmt die Einkommensrechnung das Aussehen der Abbildung 2.11 an:

Kosten	Einkommensrechnung für das Geschäftsjahr 20X1		Erlöse
Herstellungskosten der verkauften Erzeugnisse bei Marginalprinzip (beschäftigungsvariabel)	80000	Umsatzerlöse	120000
Kosten, die nach Marginalprinzip nichts mit Erzeugnissen zu tun haben (beschäftigungsfix)			
Materialkosten	4000		
Personalkosten	5000		
sonstige Kosten			
Abschreibungen	18000		
Kfz-Steuer	1000		
Hallennutzung	2000		
Einkommen bei Marginalprinzip	10000		
Summe	120000	Summe	120000

Abbildung 2.11: Einkommensrechnung für das Beispiel bei Verwendung des Marginalprinzips

Ausgleich über die Zeit

Die Einkommens- und Bilanzunterschiede bei Zurechnung von *Erlösen* und *Kosten* nach *Marginalprinzip* oder *Finalprinzip* gleichen sich im Zeitablauf wieder aus, so dass das Einkommen über den Totalzeitraum vom gewählten Zurechnungsprinzip unabhängig ist.

2.4 Häufig verwendete Kalkulationsobjekte

Die Zahl möglicher Kalkulationsobjekte des internen Rechnungswesens ist sehr groß. Besonders beliebt ist es, zeitraumbezogene und kostenträgerbezogene absatzorientierte Kalkulationsobjekte zu definieren. Zeitraumbezogene Rechnungen lassen sich für jede Art von Kalkulationsobjekten bilden. Wir geben in den folgenden Kapiteln zu jedem nicht-zeitraumbezogenen Kalkulationsobjekt die Struktur der zugehörigen zeitraumbezogenen Einkommensrechnung an. Auch bedeutsam erscheinen stellenbezogene Kalkulationsobjekte. Weniger wichtig erscheinende Kalkulationsobjekte definiert man artenbezogen. Einen systematischen Überblick gewinnt man schließlich, wenn man ein System von Kalkulationsobjekten definiert, in dem die artenbezogene Kalkulation sich unter Einbezug einer stellenorientierten Betrachtung zu einer trägerbezogenen Darstellung ausweitet.

2.4.1 Zeitraumbezogene Kalkulationsobjekte

Man kann zwei Formen von zeitraumbezogenen Rechenwerken voneinander unterscheiden, für die sich die Bezeichnungen »Umsatzkostenverfahren« und »Gesamtkostenverfahren« gebildet haben. Den Unterschied zwischen den beiden Verfahren kann man sich durch Formeln verdeutlichen, in denen der Einfachheit halber unterstellt wird, die Erlöse aus dem Umsatz ergäben sich aus dem Produkt von Absatzpreisen p und Absatzmenge x_a und die Herstellungskosten der Absatzmenge errechneten sich aus dem Produkt aus Kosten je Einheit k und der Absatzmenge. Die Absatzmenge ergebe sich wiederum aus der Herstellungsmenge x_p und der Menge x_l, um die sich im Abrechnungszeitraum der Bestand an Erzeugnissen geändert hat. Darüber hinaus fallen während des Abrechnungszeitraums die restlichen Erlöse E_r und die restlichen Kosten K_r an, die nicht mit dem Umfang der Leistungserstellung zusammenhängen. Die Kosten K_r wiederum mögen sich zum Teil den Leistungseinheiten (nach einem Finalprinzip) zurechnen lassen. Den zurechenbaren Teil bezeichnen wir mit K_{rz}, den nicht zurechenbaren Teil mit K_{rn}. Die Struktur der Einkommensrechnung unterscheidet sich in Abhängigkeit von der Zurechnung von Kosten zu Erzeugnissen sowie von der Verwendung des »Umsatzkostenverfahrens« oder des »Gesamtkostenverfahrens«. Sie entspricht

Umsatzkostenverfahren und Gesamtkostenverfahren

- nach dem Marginalprinzip, bei dem wir den Erzeugnissen nur für eine einzelne Einheit messbare Beträge zurechnen, und Umsatzkostenverfahren der Form

$$Einkommen = px_a - kx_a + E_r - K_{rz} - K_{rn},$$

- nach dem Marginalprinzip und Gesamtkostenverfahren der Form

$$Einkommen = px_a + kx_l - kx_p + E_r - K_{rz} - K_{rn},$$

- nach dem Finalprinzip (Umlage von K_{rz} auf die hergestellten Erzeugniseinheiten) und Umsatzkostenverfahren der Form

$$Einkommen = px_a - \left(kx_a + \frac{K_{rz}}{x_p}x_a\right) + E_r - K_{rn},$$

- nach dem Finalprinzip (Umlage von K_{rz} auf die hergestellten Erzeugniseinheiten) und Gesamtkostenverfahren der Form

$$Einkommen = px_a + \left(kx_l + \frac{K_{rz}}{x_p}x_l\right) - \left(kx_p + \frac{K_{rz}}{x_p}x_p\right) + E_r - K_{rn}.$$

Die Formeln lassen erkennen, dass die Kosten K_{rz} nur dann im Abrechnungszeitraum das Einkommen bei Marginal- und Finalprinzip gleichermaßen mindern, wenn genau die hergestellte Erzeugnismenge abgesetzt wird. Andernfalls wird ein Teil von K_{rz} bei beiden Zurechnungsprinzipien unterschiedlich behandelt.

Einkommenshöhe hängt von Wahl des Zurechnungsprinzips ab, wenn Herstellungsmenge und Verkaufsmenge voneinander abweichen (Lagerbestandsveränderung).

Kritisch für die Höhe des Einkommens all dieser Rechnungen ist, wie man die einzelnen Kostenarten behandelt. Die Einkommenswirkung hängt davon ab, ob die Kostenarten etwas mit der Herstellung von Leistungen zu tun haben oder nicht und ob gegebenenfalls genau die hergestellten Leistungen abgesetzt werden. Die Frage entsteht, weil es nicht nur Kosten gibt, die sich für einzelne Leistungen messen lassen, sondern auch solche, bei denen ein Zurechnungsproblem besteht. Je nachdem, wie dieses Zurechnungsproblem gelöst wird, ergeben sich unterschiedliche Einkommensziffern. Bei den Kosten für die verarbeiteten Rohstoffe ist beispielsweise eine Messung für jedes einzelne Erzeugnis möglich, bei den Kosten für das Personal der Lohnbuchhaltung ist dagegen eine Messung für das Erzeugnis nicht möglich. Verzichtet man im Beispiel auf die Zurechnung der Personalkosten, so gibt es auch kein Zurechnungsproblem. Rechnet man sie dagegen den Erzeugnissen zu, so bieten sich viele unterschiedliche Arten von Finalprinzipien an. Man kann das Vorgehen bei der Behandlung verschiedener Kostenarten zur Herstellung von Leistungen vereinheitlichen, indem man alle ähnlich gelagerten Fälle auf die gleiche Art, d.h. nach dem gleichen Zurechnungsprinzip, behandelt. Als extreme Varianten kommen eine Zurechnung nach dem Marginalprinzip oder eine nach einer bestimmten Form eines Finalprinzips in Frage.

Einkommenshöhe ist unabhängig von Wahl des Zurechnungsprinzips, wenn Herstellungsmenge und Verkaufsmenge sich entsprechen (keine Lagerbestandsveränderung).

Gelegentlich wird der Eindruck erweckt, Einkommensrechnungen nach dem Umsatzkostenverfahren führten stets zu einem anderen Einkommen als solche nach dem Gesamtkostenverfahren. Der Eindruck ist falsch. Wenn man den Erzeugnissen die anfallenden Kosten konsequent in beiden Einkommensrechnungsformen nach demselben Prinzip zurechnet, weisen die Verfahren das Einkommen in gleicher Höhe aus. Einkommensunterschiede ergeben sich unabhängig von der Struktur der Einkommensrechnung nur, wenn man bei der einen Einkommensrechnung ein anderes Zurechnungsprinzip verwendet als bei der anderen. Finden keine Veränderungen des Erzeugnisbestandes statt, entspricht die Produktionsmenge also der Absatzmenge, führen beide Rechnungen auch bei der Verwendung unterschiedlicher Zurechnungsprinzipien zum gleichen Ergebnis.

Konsequenzen für das interne Rechnungswesen

Für das interne Rechnungswesen wird man wesentlich tiefer untergliederte Einkommensrechnungen anstreben, die zudem den betriebswirtschaftlichen *Aufwand* und nicht die *Ausgaben* anzeigen.

2.4.2 Trägerbezogene Kalkulationsobjekte

In einer marktwirtschaftlichen Wirtschaftsordnung müssen Unternehmen sicher stellen, dass sie in jedem Abrechnungszeitraum mit den verkauften Erzeugnissen oder Dienstleistungen genügend *Erlöse* erzielen, um ihre *Kosten* zu decken. Das Problem ist komplex, weil die Erzielung von *Erlösen* meist ganz anderen Gesetzmäßigkeiten folgt als die Herstellung von Erzeugnissen oder Dienstleistungen. Man muss oftmals Herstellungsentscheidungen treffen, bevor man ein Erzeugnis oder eine Dienstleistung verkaufen kann. Ob man die hergestellten Erzeugnisse oder Dienstleistungen danach tatsächlich verkaufen kann und möchte, hängt einerseits z. B. von der Marktsituation, den Marktpreisen und den Zukunftsaussichten ab und andererseits von dem, was man sich als *Kosten* der Erzeugnisse oder Dienstleistungen ermittelt hat.

Komplexität als Problem der Unternehmensführung

Die Komplexität der Problemsituation versucht man zu reduzieren, indem man die Probleme für kleine Unternehmensausschnitte betrachtet. So ist es beispielsweise üblich, anstatt des gesamten Erzeugnis- und Dienstleistungsprogramms nur einzelne Erzeugnis- und Dienstleistungsarten, ein einzelnes Geschäft, einen einzelnen Kunden oder nur eine einzige Erzeugniseinheit als Erlös- oder Kostenträger zu betrachten. Durch die Beschränkung auf kleine Unternehmensausschnitte erscheint es einfacher, Entscheidungen im oben genannten Zusammenhang zu treffen. Wenn man z. B. herausfindet, dass der *Erlös* einer Erzeugnis- oder Dienstleistungseinheit deren erwartete *Kosten* übersteigt, liegt es nahe, die Herstellung aufzunehmen und den Vertrieb zu beginnen.

Reduktion der Komplexität durch Betrachtung kleiner absatzorientierter Ausschnitte aus dem Unternehmen

Wir wissen bereits, dass wir auch bei Beschränkung auf eine einzige Erzeugnis- oder Dienstleistungseinheit nicht nur auf die Differenz aus dem *Erlös* und den *Kosten* dieser Einheit schauen dürfen, um ein positives Einkommen während des Abrechnungszeitraums zu erzielen. Wir müssen nämlich wenigstens wissen, wie die *Kosten* der Einheit bestimmt wurden, welche anderen *Kosten* im Abrechnungszeitraum noch angefallen sind und welche Produktions- und Absatzmenge während des Abrechnungszeitraums angestrebt wird, um eine richtige Entscheidung zu treffen. Immerhin haben wir jedoch einen ersten Anhaltspunkt für eine gewinnorientierte Entscheidung.

Probleme der absatzorientierten Komplexitätsreduktion

Das Hauptproblem besteht in den meisten Fällen in der Bestimmung der Rechengrößen einer einzigen Erzeugnis- oder Dienstleistungseinheit. In der Praxis haben sich eine Vielzahl von Verfahren eingebürgert, mit denen man versucht, die *Erlöse* und insbesondere die *Kosten* einer einzigen Trägereinheit zu bestimmen. Wir werden sehen, dass die Verfahren gewisse Anforderungen an das Rechnungswesen stellen. Wir beschreiben diese Verfahren im folgenden Kapitel.

Beschreibung der Verfahren absatzbezogener Erlös- und Kostenbestimmung in anderem Kapitel

2.4.3 Stellenbezogene Kalkulationsobjekte

Relevanz stellenorientierter Kalkulationsobjekte

Insbesondere für die Unternehmensteuerung erscheint es sinnvoll, die *Erlöse* und *Kosten* getrennt für einzelne so genannte *Stellen* im Unternehmen zu erfahren. Zu diesem Zweck ist es nötig, das gesamte Unternehmen zuvor gedanklich in solche *Stellen* zu unterteilen. Die Betriebswirtschaftslehre kennt viele Ansätze dazu. Beispielsweise stehen dem anschaulichen Kriterium der räumlichen oder produktionsschrittorientierten Unterteilung komplexere Ansätze mit einer verantwortungsbereichsbezogenen oder abrechnungstechnisch orientierten Unterteilung gegenüber. Der Unternehmer wird die *Erlöse* und die *Kosten* derjenigen Kalkulationsobjekte zu ermitteln versuchen, die er als relevant für die Unternehmensteuerung empfindet.

Divisionsorientierte Kalkulationsobjekte

Üblicherweise werden so genannte *Divisionen* als *Stellen* definiert. Wenn es gelingt, das gesamte Unternehmen so in *Divisionen* zu unterteilen, dass jede *Division* wie ein selbstständiges Unternehmen geführt werden kann, ohne dass irgendwelche divisionsbezogenen Entscheidungen dem gesamten Unternehmen schaden, hat man die Komplexität der Unternehmensführung reduziert; dann kann man sich auf die Führung der *Divisionen* konzentrieren. Meist hat man zu unterscheiden zwischen *Divisionen*, deren *Erlöse* und *Kosten* man bestimmen möchte, und *Divisionen*, für die man nur die *Kosten* bestimmen kann.

Erlös- und Kostenstellenorientierte Kalkulationsobjekte

Ein wesentlich geringeres Anspruchsniveau verfolgt man, wenn die Stellenbildung und die Ermittlung von Rechengrößen für diese *Stellen* nur unter dem Gesichtspunkt erfolgt, die Ermittlung absatzorientierter Kalkulationsobjekte durch Stellenangaben zu vertiefen oder zu erleichtern. Eine Vertiefung sehen wir, wenn die gesamten *Erlöse* und *Kosten* zusätzlich nach *Stellen* unterteilt angegeben werden. Von einer Erleichterung können wir sprechen, wenn durch den Einbezug von *Stellen* die Zurechnung von *Erlösen* oder *Kosten* zu absatzbezogenen Kalkulationsobjekten verbessert wird.

Mit beiden Arten von Kalkulationsobjekten befassen wir uns in einem späteren Kapitel.

2.4.4 Artenbezogene Kalkulationsobjekte

Unterteilung von Erlösen

Eine sehr einfache Bildung von Kalkulationsobjekten nehmen wir vor, wenn wir *Erlöse* und *Kosten* nach den Absatz- oder Produktionsfaktoren unterteilen. Wir rechnen die *Erlöse* oder *Kosten* dann nicht mehr einer Leistung zu, sondern sehen die Aufgabe nur noch darin, die Rechengrößen sinnvoll zu unterteilen. Die absatzorientierte Unterteilung der *Erlöse* unterstellt die Kenntnis von Absatzfaktoren. Darüber existiert aber in der Fachliteratur noch kein einheitliches Schema. Im Gegensatz dazu besteht weit gehend Einigkeit darüber, welche Produktionsfaktoren den *Kosten* zu Grunde liegen.

Jede Produktion vollzieht sich nach volkswirtschaftlicher Vorstellung durch den Einsatz von Arbeit, Boden und Kapital. Betriebswirtschaftlich unterteilen wir zwischen Arbeit, verbrauchsorientierten Faktoren wie Rohstoffen u. Ä., gebrauchsorientierten Faktoren wie beispielsweise Maschinen u. Ä. und der dispositiven Leistung des Unternehmers. Die Aufgabe von strukturbezogenen produktionsfaktororientierten Kalkulationsobjekten besteht darin, die Kosten nach einzelnen Produktionsfaktoren zu unterteilen. Üblicherweise tut man das schon, indem man Personalkosten getrennt von Rohstoffkosten, Abschreibungen u. Ä. erfasst.

Unterteilung von Kosten

Darüber hinaus ist die produktionsfaktororientierte Unterteilung eventuell für die stellenbezogene sowie für die absatzbezogene Definition von Kalkulationsobjekten zusätzlich hilfreich. Sie kann sich auch als hilfreich erweisen, wenn man die Kosten unterschiedlicher Fertigungsarten miteinander vergleichen möchte.

2.4.5 Gemeinsame Betrachtung von Kalkulationsobjekten

Im Zusammenhang mit *Erlösen* und *Kosten* spielt die Entwicklung eines integrierten Systems produktionsfaktororientierter stellenbezogener Kostenträgerkalkulationen eine sehr wichtige Rolle. Einer der Kerngedanken eines solchen Systems besteht darin, die Zusammensetzung und die Höhe der *Kosten* von Kostenträgern aus den im Unternehmen angefallenen *Ausgaben* zu erklären. Nach der Erfassung erfolgt die Zurechnung dieser *Kosten* mit diesen Unterteilungen zu anderen Kalkulationsobjekten.

In einer Welt, in der die Kalkulation der *Kosten* von Erzeugnissen und Dienstleistungen im Vordergrund steht, wird man die nach Kostenarten gegliederten Einzelkosten dieser Erzeugnisse und Dienstleistungen den unterschiedlichen Trägern direkt zurechnen. Eventuell ermittelte Gemeinkosten der Erzeugnisse und Dienstleistungen unterwirft man einer so genannten Kostenstellenrechnung, bevor man die daraus sich ergebenden, nun nach Arten und Stellen untergliederten Gemeinkosten den Kostenträgern, den Erzeugnissen und Dienstleistungen, zurechnet. Abbildung 2.12, Seite 112 enthält den Ablauf eines solchen Kalkulationssystems.

Darstellung des üblichen integrierten Systems der Kostenverrechnung

Ein ähnliches System verwendet man, wenn nicht nur die Gemeinkosten der Kostenträger in die Kostenstellenrechnung fließen, sondern auch die Einzelkosten der Kostenträger. In so einem Fall ist in dem System der Datenfluss der Abbildung 2.13, Seite 112, vorzusehen. Ein solches System wäre für die bloße Kalkulation der Kosten von Erzeugnissen sehr aufwendig, da nun auch die Einzelkosten der Kostenträger in die Kostenstellenrechnung einbezogen werden. Der Vorteil eines solchen Vorgehens ist aber darin zu sehen, dass man für jede Abweichung zwischen tatsächlichen und geplanten Kosten sofort eine Abteilung identifizieren kann, die Auskunft über die Ursache der Abweichung geben kann.

Darstellung eines ähnlichen, aber aussagefähigeren Systems der Kostenverrechnung

Abbildung 2.12:
Schema der Verrechnung von nach Arten gegliederten Kosten auf zwei Kostenträger mit Gemeinkosten der Kostenträger, die über eine Kostenstellenrechnung verrechnet werden

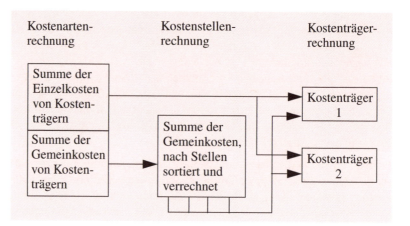

Abbildung 2.13:
Schema der Verrechnung von nach Arten gegliederten Kosten auf zwei Kostenträger, die insgesamt über eine Kostenstellenrechnung verrechnet werden

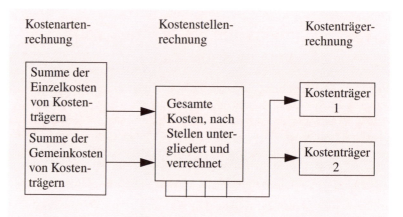

Datenfluss als Begründung für die klassische Gliederung von Lehrbüchern

Die in den Systemen gezeigten Datenflüsse werden in der Fachliteratur zu Erlös- und Kostenrechnungen gerne als Gliederungsgrundlage verwendet, wenn beispielsweise die entsprechenden Kapitel in der Reihenfolge Kostenartenrechnung, Kostenstellenrechnung und Kostenträgerrechnung abgehandelt werden.

Informationsfluss als Begründung für die Gliederung des vorliegenden Buches

Wir verwenden hier aus zwei Gründen eine genau umgekehrte Reihenfolge in der Gliederung. Wir beginnen mit der Erlös- und Kostenträgerrechnung, gehen dann zur Erlös- und Kostenstellenrechnung über und widmen uns zum Schluss der Erlös- und Kostenartenrechnung. Wir folgen damit der Bedeutung, die den entsprechenden Darstellungen in der Praxis beigemessen wird. Wir beachten damit aber auch die Informationslage. Wie die Erlös- und Kostenstellenrechnung genau auszusehen hat, ergibt sich aus der gewählten Erlös- und Kostenträgerrechnung; wie die Erlös- und Kostenartenrechnung zu gestalten ist, folgt aus der Stellenrechnung und der Trägerrechnung.

2.5 Zusammenfassung

Die Auseinandersetzung mit dem Inhalt und den wichtigen Eigenschaften von Erlösen und Kosten bildete den Inhalt des Kapitels.

Zunächst wurden die Begriffe erläutert und kritisch diskutiert, die sich im deutschen Rechnungswesen für Erlöse und Kosten gebildet haben. Aus der Diskussion wurde deutlich, dass i.d.R. der Zweck der Rechnung angegeben werden muss, wenn man Erlöse und Kosten zweckentsprechend erfassen möchte.

Im Anschluss daran wurden einige wichtige Probleme beim Rechnen mit Erlösen und Kosten mit ihren Lösungsmöglichkeiten beschrieben, die zu unterschiedlichen Ausgestaltungen des intern orientierten Rechnungswesens führen können.

Dann wurde gezeigt, dass die Begriffe Erlöse und Kosten nicht isoliert, sondern stets im Zusammenhang mit zugehörigen Kalkulationsobjekten verwendet werden sollten. Wir hatten es fast immer damit zu tun, dass wir einige Erlöse und Kosten dem Objekt unseres Interesses ganz leicht zuordnen konnten und einige andere nur unter Zuhilfenahme bestimmter Prinzipien. Die in der Fachliteratur üblichen Zurechnungsprinzipien wurden dargestellt. Für den weiteren Ablauf des Buches wurden das Marginalprinzip und das Finalprinzip in der Form des Einwirkungsprinzips herausgehoben.

Schließlich wurden einige Arten möglicher Kalkulationsobjekte kurz beschrieben, um die Grundlage für die weiteren Kapitel zu legen.

2.6 Übungsmaterial

2.6.1 Zusammenfassung des Kapitels mit Fragen und Antworten

Fragen	Antworten
Welches Problem entsteht, wenn die Erlöse und Kosten eines Unternehmensausschnittes nicht einzeln für diesen Ausschnitt messbar sind?	Einschränkung der Aussagefähigkeit einer ausschnittsbezogenen Erlös-Kosten-Rechnung, weil der Ersteller des Rechenwerkes Ermessensspielräume bei der Zurechnung der Erlöse und Kosten zu dem Ausschnitt besitzt.
Was versteht man unter den *Herstellungskosten* eines Erzeugnisses?	Summe der Beträge der Kostenarten, die im Zusammenhang mit der *Herstellung* des Erzeugnisses angefallen sind
Was versteht man unter den *Selbstkosten* eines Erzeugnisses?	Summe der Beträge der Kostenarten, die von der Entwicklung des Erzeugnisses bis hin zum Vertrieb und Kundendienst angefallen sind
Was versteht man unter den *Einzelerlösen* bzw. *Einzelkosten* eines Kalkulationsobjektes?	Erlöse bzw. Kosten, die sich durch (physikalische) Messung für ein Kalkulationsobjekt ermitteln lassen. Ein synonymer Ausdruck lautet *direkte Erlöse* bzw. *direkte Kosten dieses Objektes*.
Was versteht man unter den *Gemeinerlösen* bzw. *Gemeinkosten* eines Kalkulationsobjektes?	Erlöse bzw. Kosten, die einem Kalkulationsobjekt zugerechnet werden, ohne dass die Kosten für dieses Objekt (physikalisch) messbar wären. Ein synonymer Ausdruck lautet *indirekte Erlöse* bzw. *indirekte Kosten dieses Objektes*.
Was versteht man unter *beschäftigungsvariablen* Kosten, was unter *beschäftigungsfixen*?	*Beschäftigungsvariabel* sind diejenigen Kosten einer Zeitraumrechnung, deren Höhe mit der Absatzmenge variiert, *beschäftigungsfix* sind diejenigen, deren Höhe nicht mit der Beschäftigung zusammenhängt.
Welche Erlöse bzw. Kosten werden gemäß einem *Marginalprinzip* einem Kalkulationsobjekt zugerechnet?	Es erfolgt eine Zurechnung solcher Erlöse bzw. Kosten zu einer Einheit eines Kalkulationsobjektes, die mehr entstehen (entfallen), wenn eine Einheit mehr (weniger) hergestellt wird. Zurechnung der Einzelkosten zu einer Einheit eines Kalkulationsobjektes.
Welche Erlöse bzw. Kosten werden gemäß einem *Finalprinzip* einem Kalkulationsobjekt zugerechnet?	Es erfolgt eine Zurechnung solcher Erlöse bzw. Kosten zu einer Einheit eines Kalkulationsobjektes, ohne die das Entstehen der Einheit nicht möglich gewesen wäre. Zurechnung der Einzelkosten und der Gemeinkosten zu einem Kalkulationsobjekt.
Was versteht man üblicherweise unter *Teilkostenrechnungen*?	Kostenrechnungssysteme, die zumindest bei der Ermittlung der Herstellungskosten von einem Marginalprinzip der Kostenzurechnung zu Kalkulationsobjekten ausgehen
Was versteht man üblicherweise unter *Vollkostenrechnungen*?	Kostenrechnungssysteme, die zumindest bei der Ermittlung der Herstellungskosten von einem Finalprinzip der Kostenzurechnung zu Kalkulationsobjekten ausgehen

2.6.2 Verständniskontrolle

1. Welche Arten von Ausschnitten aus dem Unternehmensgeschehen lassen sich prinzipiell durch Einkommensrechnungen abbilden? Nennen Sie Beispiele für jede Art eines Ausschnitts!
2. Welche Probleme entstehen bei der Messung von *Erlös* und *Kosten* für Ausschnitte aus dem Unternehmensgeschehen?
3. Ist es möglich, dass eine bestimmte Kostenart Einzel- und Gemeinkosten zugleich darstellt? Begründen Sie kurz Ihre Antwort mit Hilfe eines Beispiels!
4. Welche Auswirkungen hat die Wahl des Kostenzurechnungsprinzips auf die Buchführung eines Unternehmens?
5. Welche Auswirkungen hat die Wahl des Kostenzurechnungsprinzips auf das Einkommen und das Eigenkapital eines Abrechnungszeitraums?
6. Eignen sich die Erlöse aus dem Verkauf von Theaterabonnements zur Ermittlung des *Erlöses* einer einzelnen Theatervorstellung? Begründen Sie kurz Ihre Antwort!
7. Warum wird in Unternehmen oftmals – trotz der damit verbundenen Probleme – für die Kostenzurechnung zu Kalkulationsobjekten ein Finalprinzip verwendet?
8. Wie würden Sie folgende Aussage beurteilen?
Einkommensrechnungen nach dem Umsatzkostenverfahren oder dem Gesamtkostenverfahren unterscheiden sich niemals in ihrem Einkommen. Begründen Sie Ihre Antwort kurz!
9. Wie würden Sie folgende Aussagen beurteilen?
Wenn man die Herstellungskosten der verkauften Erzeugnisse nach einem Finalprinzip ermittelt, kann es in einer Einkommensrechnung nach dem so genannten Umsatzkostenverfahren auf der Kostenseite der Rechnung außer dem Posten „Herstellungskosten verkaufter Erzeugnisse" und einem eventuellen Einkommensausweis keine weiteren Posten geben! Begründen Sie Ihre Antwort kurz!

2.6.3 Aufgaben zum Selbststudium

Lernziel der Aufgaben

Die nachfolgenden Aufgaben dienen der Auseinandersetzung mit unterschiedlichen Zurechnungsprinzipien. Im Vordergrund der Betrachtung steht der Versuch, die Wirkungsweise eines Marginal- und die eines Finalprinzips zu erläutern. Zugleich soll deutlich werden, mit welchen Vor- und Nachteilen die Anwendung der Prinzipien zwangsläufig verbunden ist.

Aufgabe 2.1 Kostenzurechnung nach unterschiedlichen Zurechnungsprinzipien auf unterschiedliche Kalkulationsobjekte

Sachverhalt

Untersuchen Sie für ein Unternehmen die unten aufgelisteten 15 Kostenarten eines Abrechnungszeitraums jeweils daraufhin, ob sie einerseits nach dem Marginalprinzip und andererseits nach einem Finalprinzip in der Form des so genannten Kosteneinwirkungsprinzips einem bestimmten Kalkulationsobjekt zuzurechnen sind: Kalkulationsobjekte seien zunächst das Erzeugnis X und anschließend unabhängig davon eine bestimmte Abteilung Y. Die zu untersuchenden Kostenarten seien die folgenden:

a. Kantinenkosten
b. Kosten der Betriebsbereitschaft der Versandstelle
c. nutzungsorientierte Abschreibung einer Maschine 1 der Abteilung Y
d. zeitorientierte Abschreibung einer genutzten Maschine 2 der Abteilung Y
e. Kosten für Rüstzeug für einen Auftrag über 100 Einheiten des Erzeugnisses X, der in der Abteilung Y bearbeitet wird
f. Materialkosten für das Erzeugnis X
g. Kauf von Rohstoffen, die im folgenden Abrechnungszeitraum für Erzeugnis X in der Abteilung Y verwendet werden
h. Kosten für Fernsehwerbung für das Erzeugnis X
i. Gehalt für die Produktionsleitung
j. Gehalt für den Leiter der Abteilung Y
k. Stromkosten für die Beleuchtung
l. Vertriebskosten für einen Auftrag über eine Einheit von X
m. Reparaturkosten in der Abteilung Y durch ein Fremdunternehmen
n. Verbrauch von Betriebsstoffen für die Herstellung von Erzeugnis X in der Abteilung Y
o. Kosten für die Lohnbuchhaltung

Gehen Sie davon aus, das Erzeugnis X durchlaufe während seiner Herstellung die Abteilung Y. Außerdem könnte die zu verrichtende Arbeit der Abteilung Y auch an einen externen Auftragnehmer vergeben werden.

Machen Sie durch eine geeignete Übersicht deutlich, ob die aufgelisteten Kostenarten nach dem einem oder anderen Zurechnungsprinzip den verschiedenen Kalkulationsobjekten zugerechnet werden können!

Lösung der Aufgabe

Die Lösung ergibt sich aus Abbildung 2.14, Seite 117.

	Zurechenbarkeit zum Kalkulationsobjekt			
	Erzeugnis X gemäß		Abteilung Y gemäß	
Kostenarten	Marginal-prinzip	Final-prinzip	Marginal-prinzip	Final-prinzip
a. Kantinenkosten		ja		ja
b. Betriebsbereitschaft der Versandstelle		ja		ja
c. nutzungsorientierte Abschreibung einer Maschine 1 der Abteilung Y	ja	ja	ja	ja
d. zeitorientierte Abschreibung einer genutzten Maschine 2 der Abteilung Y		ja	ja	ja
e. Rüstzeug für einen Auftrag über 100 Einheiten des Erzeugnisses X, der in der Abteilung Y bearbeitet wird		ja	ja	ja
f. Materialkosten für das Erzeugnis X	ja	ja		ja
g. Kauf von Rohstoffen, die im folgenden Abrechnungszeitraum für Erzeugnis X in der Abteilung Y verwendet werden	Es liegt eine Vermögensumwandlung und kein Verbrauch vor. Deshalb entstehen keine Kosten durch dieses Ereignis!			
h. Fernsehwerbung für das Erzeugnis X		ja		ja
i. Gehalt für die Produktionsleitung		ja		ja
j. Gehalt für den Leiter der Abteilung Y		ja	ja	ja
k. Stromkosten für die Beleuchtung		ja		ja
l. Vertrieb eines Auftrags über 1 X	ja	ja		ja
m. Fremdreparatur in Abteilung Y		ja	ja	ja
n. Verbrauch von Betriebsstoffen zur Herstellung von Erzeugnis X in der Abteilung Y		ja	ja	ja
o. Kosten für die Lohnbuchhaltung		ja		ja

Abbildung 2.14: Zuordnung von Kostenarten zu Kalkulationsobjekten gemäß verschiedener Zurechnungsprinzipien

Kostenzurechnung nach unterschiedlichen Zurechnungsprinzipien auf unterschiedliche Kalkulationsobjekte — Aufgabe 2.2

Sachverhalt

Ein Großbäcker hat sich auf die Herstellung von Torten spezialisiert. Der Teig für die Torten entsteht dadurch, dass die Zutaten Milch, Eier und Mehl von den Mitarbeitern miteinander verrührt werden. Anschließend werden die Torten in einem Ofen gebacken. Für die Produktion von 100 Torten sind innerhalb des Abrechnungszeitraums 20X1 die folgenden ausgewählten Kosten angefallen:

a. Kosten für den Betrieb der Kantine in Höhe von 3 000 GE.
b. Nutzungsorientierte Abschreibung der Rührmaschinen in Höhe von 10 GE je hergestellter Torte.
c. Zeitorientierte Abschreibung eines Ofens in Höhe von 2 000 GE.
d. Einkauf von Kerzen in Höhe von 500 GE, die für die Bestückung von Torten verwendet werden können.
e. Kosten für Radiowerbung für die Torten in Höhe von 500 GE.
f. Kosten für die Lohnbuchhaltung in Höhe von 2 000 GE.
g. Einkauf und Verbrauch von Milch in Höhe von 5 GE je hergestellter Torte.
h. Einkauf und Verbrauch von Eiern in Höhe von 10 GE je hergestellter Torte.
i. Einkauf und Verbrauch von Mehl in Höhe von 5 GE je hergestellter Torte.
j. Stromkosten für die Beleuchtung der Produktionshalle in Höhe von 1 000 GE.
k. Wartungskosten für die bei der Herstellung der Torten eingesetzten verschiedenen Maschinen in Höhe von 500 GE.
l. Den Torten einzeln zurechenbare Akkordlöhne in Höhe von 40 GE je hergestellter Torte.
m. Umsatzabhängige Vertriebskosten in Höhe von 20 GE je abgesetzter Torte.

Im Abrechnungszeitraum 20X1 wurden 80 Torten zu jeweils 250 GE pro Torte abgesetzt.

Im Abrechnungszeitraum 20X2, in dem die Kosten aus den Sachverhalten a bis m in gleicher Höhe angefallen sind, stellt der Großbäcker wiederum 100 Torten her. Nehmen Sie nun an, es gebe drei verschiedene Tortenarten, die »Einfache Torte (E)«, die »Geburtstagstorte (G)« und die »Hochzeitstorte (H)«, und die obigen Kosten wären im Rahmen der Herstellung dieser drei Tortenarten angefallen. Für den Verbrauch an Eiern, Mehl und Milch sei ein Verhältnis von E:G:H=1:4:5 gültig, für Kosten der Radiowerbung gelte ein Verhältnis von E:G:H=1:2:2. Die den drei Tortenarten einzeln zurechenbaren Akkordlöhne betragen jeweils 20 GE (E), 80 GE (G) und 100 GE (H) pro Stück. Es wurden 70 einfache Torten, 20 Geburtstagstorten und 10 Hochzeitstorten hergestellt. Dabei nutzte jede Torte die Rührmaschinen zu gleichen Teilen ab. Im Abrechnungszeitraum 20X2 konnten 60 einfache Torten, 15 Geburtstagstorten und 10 Hochzeitstorten abgesetzt werden.

Unterstellen Sie für die Lösung der Teilaufgaben, es falle keine Umsatzsteuer an!

Teilaufgaben

1. Bestimmen Sie die Selbstkosten einer abgesetzten Torte im Abrechnungszeitraum 20X1! Verwenden Sie für die Zurechnung der Kosten ein Marginalprinzip!

2. Bestimmen Sie die Herstellungskosten aller hergestellten Torten des Abrechnungszeitraums 20X1! Verwenden Sie für die Zurechnung der Kosten zu Torten ein Finalprinzip in der Ausprägung des Kosteneinwirkungsprinzips! Weisen Sie auch die Differenz zu den Herstellungskosten aller hergestellten Torten aus, wie sie sich unter sonst gleichen Bedingungen bei Anwendung eines Marginalprinzips ergeben hätten!

3. Wie hoch sind die durchschnittlichen Herstellungskosten jeder hergestellten Torte im Abrechnungszeitraum 20X1 bei Anwendung des Kosteneinwirkungsprinzips?

4. Wie hoch sind die durchschnittlichen Selbstkosten jeder verkauften Torte im Abrechnungszeitraum 20X1 bei Anwendung eines Kosteneinwirkungsprinzips?

5. Wie hoch sind das Einkommen des Abrechnungszeitraums 20X1 sowie das Einkommen pro Torte im Abrechnungszeitraum 20X1 bei Anwendung des Kosteneinwirkungsprinzips?

6. Bestimmen Sie die Herstellungskosten jeder hergestellten Geburtstagstorte im Abrechnungszeitraum 20X2! Verwenden Sie für die Zurechnung der Kosten ein Marginalprinzip!

7. Ermitteln Sie die gesamten Selbstkosten aller im Abrechnungszeitraum 20X2 abgesetzten Hochzeitstorten! Verwenden Sie für die Zurechnung der Kosten ein Marginalprinzip!

8. Ermitteln Sie mengen- und wertmäßig den Lagerbestand an Geburtstagstorten am Ende des Abrechnungszeitraumes 20X2! Verwenden Sie für die Zurechnung der Kosten ein Marginalprinzip!

Lösung der Teilaufgaben

1. Die Selbstkosten einer abgesetzten Torte ergeben sich bei Verwendung eines Marginalprinzips zu $90\,GE$.

2. Die Herstellungskosten aller hergestellten Torten ergeben sich unter Verwendung eines Finalprinzips in der Ausprägung des Kosteneinwirkungsprinzips zu $15\,500\,GE$. Die Differenz zu den Herstellungskosten aller hergestellten Torten, wie sie sich unter sonst gleichen Bedingungen bei Anwendung eines Marginalprinzips ergeben hätten, beträgt $8\,500\,GE$.

3. Die durchschnittlichen Herstellungskosten jeder hergestellten Torte betragen bei Anwendung des Kosteneinwirkungsprinzips $155\,GE$.

4. Die durchschnittlichen Selbstkosten jeder verkauften Torte betragen bei Anwendung eines Kosteneinwirkungsprinzips 181,25 GE.

5. Das Einkommen des Abrechnungszeitraums 20X1 ergibt sich bei Anwendung des Kosteneinwirkungsprinzips zu 5 500 GE, das Einkommen pro Torte im Abrechnungszeitraum 20X1 zu 68,75 GE.

6. Die durchschnittlichen Herstellungskosten jeder hergestellten Geburtstagstorte betragen unter Verwendung eines Marginalprinzips 130 GE.

7. Die gesamten Selbstkosten aller im Abrechnungszeitraum 20X2 abgesetzten Hochzeitstorten betragen unter Verwendung eines Marginalprinzips 2 300 GE.

8. Es befinden sich zum Ende des Abrechnungszeitraums 20X2 fünf Geburtstagstorten im Lager (mengenmäßiger Lagerbestand). Bei Verwendung eines Marginalprinzips ergibt sich der wertmäßige Lagerbestand an Geburtstagstorten zu 650 GE.

Aufgabe 2.3 Kostenzurechnungsprinzipien und deren Auswirkung auf die Herstellungskosten sowie auf das Einkommen eines Abrechnungszeitraums; Verbuchung von Ereignissen

Sachverhalt

In einem Unternehmen werden Fußbälle hergestellt. Der Herstellungsprozess läuft wie folgt ab: Lederstücke werden mit Garn derart maschinell aneinander genäht, dass sich eine Lederkugel ergibt. Damit man in diese Kugel Luft hineinpumpen kann und die Luft auch in der Lederkugel verbleibt, wird in die Lederkugel eine Gummiblase eingebracht, welche die Luft aufnimmt und speichert. Im Laufe des Geschäftsjahres 20X1, in dem das Unternehmen 10 000 Fußbälle hergestellt hat, wurden folgende Ereignisse aufgezeichnet:

a. Es wurde Leder eingekauft und für die Herstellung verbraucht. Die Rechnung belief sich auf 38 500 GE inklusive 10 % Umsatzsteuer auf den Nettopreis und wurde bar bezahlt.

b. Es wurde Garn eingekauft und für die Herstellung verbraucht. Die Rechnung belief sich auf 11 000 GE inklusive 10 % Umsatzsteuer auf den Nettopreis. Der Betrag wurde mit bestehenden Forderungen des Unternehmens gegenüber dem Lieferanten verrechnet.

c. Es wurden Gummiblasen eingekauft und für die Herstellung verbraucht. Die Rechnung belief sich auf 16 500 GE inklusive 10 % Umsatzsteuer auf den Nettopreis und es wurde ein Zahlungsziel im Geschäftsjahr 20X2 vereinbart, das von dem Unternehmen auch eingehalten werden wird.

d. In der Fußballfertigung fielen Arbeitslöhne in Höhe von 20 000 GE an, die bereits ausgezahlt wurden.
e. Die zur Herstellung der Fußbälle benötigten Nähmaschinen wurden zeitorientiert um 30 000 GE abgeschrieben.
f. Die Stromrechnung für die Beheizung der Fertigungshallen über 24 200 GE inklusive 10 % Umsatzsteuer auf den Nettopreis ist eingegangen und wird im Geschäftsjahr 20X2 bezahlt werden.
g. Es wurde ein Kredit aufgenommen. Dem Unternehmen wurden 280 000 GE ausgezahlt. Der Rückzahlungsbetrag wurde auf 300 000 GE festgelegt. Während der zweijährigen Kreditlaufzeit entrichtet das Unternehmen jeweils 5 % Zinsen auf den Rückzahlungsbetrag an die Bank in bar.
h. Das Gehalt des Leiters der Vertriebsabteilung für 20X1 in Höhe von insgesamt 35 000 GE wurde auf dessen privates Bankkonto überwiesen.
i. Es wurden 7500 Fußbälle auf Ziel verkauft. Für jeden dieser Fußbälle wurde ein Stückpreis von 33 GE inklusive 10 % Umsatzsteuer auf den Nettopreis erzielt.

Gehen Sie von folgenden Annahmen aus:

- Die Lohnzahlungen, die im Zusammenhang mit der Herstellung der Fußbälle anfallen, seien bezüglich der Fußbälle direkt messbar.
- Das Unternehmen möchte in seinem internen Rechnungswesen nur die folgenden Konten verwenden: abnutzbare Sachanlagen, Forderungen aus Lieferungen und Leistungen, sonstige Forderungen, unfertige Erzeugnisse, fertige Erzeugnisse, flüssige Mittel, Roh-, Hilfs- und Betriebsstoffe, aktive Rechnungsabgrenzungsposten, Herstellungskosten der verkauften Erzeugnisse, Lohnkosten, Materialkosten, Abschreibungen, sonstige Kosten, Verbindlichkeiten aus Lieferungen und Leistungen, sonstige Verbindlichkeiten, passive Rechnungsabgrenzungsposten, Umsatzerlöse, Zuschreibungen, sonstige Erlöse, Vorsteuer, Umsatzsteuer.
- Die Umsatzsteuer wird in Form der Mehrwertsteuer erhoben. Bei Verkäufen erhebt das Unternehmen Umsatzsteuer für den Fiskus, bei Einkäufen zahlt es Umsatzsteuer (Vorsteuer) an den Verkäufer. Die vom Unternehmen gezahlte Umsatzsteuer mindert die Zahlungsverpflichtung gegenüber dem Fiskus.

Teilaufgaben

1. Skizzieren Sie kurz, was einerseits unter einem Marginalprinzip und andererseits unter einem Finalprinzip im Rahmen der Zurechnung von Kosten zu Kalkulationsobjekten zu verstehen ist! Grenzen Sie bei Ihrer Antwort auch die Begriffe *Einzelkosten* und *Gemeinkosten* voneinander ab!

2. Bilden Sie die oben angegebenen Ereignisse des Geschäftsjahres 20X1 durch Buchungssätze ab! Gehen Sie dabei von folgenden Annahmen aus:
   – Das Unternehmen verwendet für die Kostenzurechnung zu Erzeugnissen ein *Finalprinzip* in der Ausprägung eines Kosteneinwirkungsprinzips.
   – Das Unternehmen bedient sich bei seinen unterjährigen Buchungen des Hilfskontos *Herstellungskonto*.
   – Das Unternehmen berücksichtigt Kosten aus der Herstellung der Erzeugnisse erst dann in der Einkommensrechnung, wenn ein Umsatz am Markt stattgefunden hat.

3. Erstellen Sie für das Geschäftsjahr 20X1 eine Einkommensrechnung auf Basis von Erlösen und Kosten! Gehen Sie dabei von folgenden Annahmen aus:
   – Das Unternehmen verwendet für die Kostenzurechnung zu Erzeugnissen ein *Marginalprinzip*.
   – Das Unternehmen berücksichtigt Kosten aus der Herstellung der Erzeugnisse erst dann in der Einkommensrechnung, wenn ein Umsatz am Markt stattgefunden hat.

Lösung der Teilaufgaben

1. Die notwendigen Bestandteile der Antwort sind den entsprechenden Stellen des Lehrtextes zu entnehmen.

2. Unter den gegebenen Annahmen lassen sich die angeführten Ereignisse wie folgt durch Buchungssätze abbilden:

Ereignis	Geschäftsvorfall und Konten	Soll	Haben
a	Einkauf und Verbrauch von Leder		
	Herstellungskonto	35 000	
	Vorsteuer	3 500	
	Zahlungsmittel		38 500
b	Einkauf und Verbrauch von Garn		
	Herstellungskonto	10 000	
	Vorsteuer	1 000	
	Forderungen aus Lieferungen und Leistungen		11 000
c	Einkauf und Verbrauch von Gummiblasen		
	Herstellungskonto	15 000	
	Vorsteuer	1 500	
	Verbindlichkeiten aus Lieferungen und Leistungen		16 500
d	Barzahlung Arbeitslöhne		
	Herstellungskonto	20 000	
	Zahlungsmittel		20 000

Ereignis	Geschäftsvorfall und Konten	Soll	Haben
e	zeitorientierte Abschreibung Nähmaschinen		
	Herstellungskonto	30 000	
	abnutzbare Sachanlagen		30 000
f	Eingang Stromrechnung		
	Herstellungskonto	22 000	
	Vorsteuer	2 200	
	sonstige Verbindlichkeiten		24 200
g1	Kredit: Disagio		
	Zahlungsmittel	280 000	
	sonstige Kosten	20 000	
	sonstige Verbindlichkeiten		300 000
g2	Kredit: Jahreszinsen		
	sonstige Kosten	15 000	
	Zahlungsmittel		15 000
h	Überweisung Vertriebsleitergehalt		
	Lohnkosten	35 000	
	Zahlungsmittel		35 000
i1	Verkauf: Erlösbuchung		
	Forderungen aus Lieferungen und Leistungen	247 500	
	Umsatzerlöse		225 000
	Umsatzsteuer		22 500
i2	Verkauf: Kostenbuchung		
	Herstellungskosten der verkauften Erzeugnisse	99 000	
	fertige Erzeugnisse	33 000	
	Herstellungskonto		132 000

3. Unter den gegebenen Annahmen lässt sich eine Einkommensrechnung für das Geschäftsjahr 20X1 aufstellen, die u. A. folgende charakteristische Positionen aufweist:

Kontobezeichnung	Betrag in *GE*
Umsatzerlöse	225 000
Herstellungskosten der verkauften Erzeugnisse	60 000
Einkommen	43 000

Aufgabe 2.4 Kostenzurechnung nach unterschiedlichen Zurechnungsprinzipien auf unterschiedliche Kalkulationsobjekte

Sachverhalt

Ein Unternehmen stellt Christbaumschmuck aus Holz her. Für das kommende Weihnachtsgeschäft sollen ausschließlich Holzglöckchen hergestellt und verkauft werden. Das Unternehmen erwartet im Zusammenhang mit der Herstellung und dem Verkauf der Glöckchen folgende Vorgänge:

a. Es werden kleine Holzrohlinge für $1\,GE$ je Rohling eingekauft. Aus jedem Rohling wird ein Glöckchen gefräst.

b. Die Mitarbeiter an den Fräsmaschinen erhalten als Lohn $2\,GE$ je gefrästem Glöckchen.

c. Bei der Herstellung eines Glöckchens nutzen sich die Fräsmaschinen um jeweils $0,5\,GE$ ab.

d. Für die Fräsmaschinen fallen in jedem Abrechnungszeitraum Wartungskosten in Höhe von $1000\,GE$ an.

e. Es werden jeweils zehn der gefrästen Glöckchen in einem Vorgang klar lackiert. Der für einen Lackiervorgang benötigte Lack hat einen Wert von $15\,GE$. Diese zehn lackierten Glöckchen bilden zugleich jeweils eine Verkaufseinheit.

f. Für jede Verkaufseinheit fallen Vertriebskosten in Höhe von $3\,GE$ an.

g. Für die Beleuchtung der Fertigungshalle fallen je Abrechnungszeitraum $800\,GE$ an.

h. Das Unternehmen kann für das kommende Weihnachtsgeschäft 500 Verkaufseinheiten herstellen. Aufgrund der Situation am Markt erwartet das Unternehmen, alle 500 hergestellten Verkaufseinheiten zu einem Preis von $80\,GE$ je Verkaufseinheit auch absetzen zu können.

Teilaufgaben

1. Grenzen Sie die Begriffe Herstellungs- und Selbstkosten voneinander ab!

2. Bestimmen Sie die Selbstkosten eines Glöckchens! Verwenden Sie für die Zurechnung der Kosten zum Kalkulationsobjekt ein Marginalprinzip!

3. Bestimmen Sie die Selbstkosten einer Verkaufseinheit von zehn Glöckchen! Verwenden Sie für die Zurechnung der Kosten zum Kalkulationsobjekt ein Marginalprinzip!

4. Begründen Sie, ob sich die Herstellungskosten (a) des Kalkulationsobjektes »ein Glöckchen« und (b) des Kalkulationsobjektes »eine Verkaufseinheit« von den jeweils berechneten Selbstkosten bei gleichem Zurechnungsprinzip unterscheiden! Bestimmen Sie gegebenenfalls den Unterschiedsbetrag!

5. Erstellen Sie in Staffelform für das kommende Weihnachtsgeschäft eine (Plan-)Einkommensrechnung des Unternehmens auf Basis von Erlösen und Kosten unter folgenden Annahmen:
   – Das Unternehmen verwendet für die Kostenzurechnung ein Finalprinzip in der Ausprägung des Kosteneinwirkungsprinzips.
   – Das Unternehmen folgt dem Marktleistungsabgabeeinkommenskonzept.
   – Das Unternehmen ist außer den beschriebenen keinen weiteren Vorgängen ausgesetzt.

Lösung der Teilaufgaben

1. Die notwendigen Bestandteile der Antwort sind den entsprechenden Stellen des Lehrtextes zu entnehmen.

2. Die Selbstkosten eines Glöckchens ergeben sich auf Basis eines Marginalprinzips der Kostenzurechnung zu $3,5\,GE$.

3. Die Selbstkosten einer Verkaufseinheit ergeben sich auf Basis eines Marginalprinzips der Kostenzurechnung zu $53\,GE$.

4. (a) Es ergibt sich kein Unterschied.
   (b) Es ergibt sich ein Unterschiedsbetrag in Höhe von $3\,GE$.

5. Unter den gegebenen Annahmen ergibt sich die (Plan-) Einkommensrechnung wie folgt:

		Beschreibung der Kostenarten
	40000	Umsatzerlöse
–	26800	Herstellungskosten der verkauften Erzeugnisse
–	1500	Vertriebskosten
=	11700	Gewinn

Aufgabe 2.5 **Einkommensrechnung mit Hilfe von Umsatz- bzw. Gesamtkostenverfahren; Verbuchung von Ereignissen**

Sachverhalt

Für einen Kölner Souvenirladen hatte die Modellbau-AG den Auftrag in Aussicht, im Abrechnungszeitraum II/20X1 eine noch ungewisse Anzahl des Holzmodells »Kölner Dom« zu fertigen. Die Fertigung dieses Modells vollzieht sich in zwei Fertigungsstufen. Auf der ersten Fertigungsstufe werden maschinell aus Vierkanthölzern Rohlinge in der Form des Modells »Kölner Dom« gefräst. Auf der zweiten Fertigungsstufe wird das Modell detailgetreu von Hand bemalt.

Auf der ersten Fertigungsstufe sind im Abrechnungszeitraum II/20X1 folgende Ereignisse zu verzeichnen:

a. Es werden Vierkanthölzer im Wert von $3\,000\,GE$ aus dem Lager entnommen und verarbeitet.

b. Für die Bedienung der Maschinen, welche die Rohlinge aus den Vierkanthölzern fräsen, fallen Lohnzahlungen in Höhe von $2\,000\,GE$ an.

c. Während des Abrechnungszeitraums werden die Fräsmaschinen zeitorientiert um $1\,000\,GE$ abgeschrieben.

d. Die Rechnung der Elektrizitätswerke für die Beleuchtung in der ersten Fertigungsstufe über $1\,500\,GE$ wird bar bezahlt.

Den Output der ersten Fertigungsstufe bilden 2500 Stück Rohlinge »Kölner Dom«, die als unfertige Erzeugnisse auf Lager gelegt werden.

Auf der zweiten Fertigungsstufe sind im Abrechnungszeitraum II/20X1 weitere Ereignisse zu verzeichnen:

e. Es werden Farben im Wert von $4\,000\,GE$ dem Lager entnommen und verarbeitet.

f. Es werden 1000 Stück gefräste Rohlinge »Kölner Dom« dem Lager entnommen und verarbeitet.

g. Für die detailgetreue Bemalung der 1000 Stück gefräste Rohlinge »Kölner Dom« durch erfahrene Maler fallen Lohnzahlungen in Höhe von $6\,000\,GE$ an.

h. Die Miete für den Abrechnungszeitraum II/20X1 für die Halle, in der die zweite Fertigungsstufe untergebracht ist, wird in Höhe von $1\,000\,GE$ bar bezahlt.

Der Output der zweiten Fertigungsstufe beträgt 1000 Stück fertige Holzmodelle »Kölner Dom«, die zum Verkauf an den Souvenirladen bereitstehen.

Des Weiteren wurden folgende Ereignisse im Abrechnungszeitraum II/20X1 verzeichnet:

i. Zur Überbrückung eines finanziellen Engpasses musste die Modellbau-AG zu Beginn des Abrechnungszeitraumes einen Kredit aufnehmen, dessen Laufzeit sich über vier Abrechnungszeiträume erstreckt. Die Modellbau-AG erhielt einen Betrag in Höhe von $90\,000\,GE$. Als Rückzahlungsbetrag wurden $100\,000\,GE$ zahlbar am Ende der Kreditlaufzeit vereinbart. Weiterhin verpflichtete sich die AG zu einer Zinszahlung in Höhe von 5% des Rückzahlungsbetrages in jedem Abrechnungszeitraum.

j. Es gelang der Modellbau-AG am Ende des Abrechnungszeitraums II/20X1 lediglich, 750 bemalte Holzmodelle »Kölner Dom« zu $20\,000\,GE$ an den Souvenirladen auf Ziel zu verkaufen.

Gehen Sie bei der Bearbeitung der Teilaufgaben von folgenden Annahmen aus:

- Die Modellbau-AG will ein Einkommen im Sinne eines Marktleistungsabgabeeinkommens ermitteln.
- Die Modellbau-AG verwendet in ihrem internen Rechnungswesen nur die folgenden Konten bzw. einen Teil davon: abnutzbare Sachanlagen, Forderungen aus Lieferungen und Leistungen, sonstige Forderungen, unfertige Erzeugnisse, fertige Erzeugnisse, flüssige Mittel, Roh-, Hilfs- und Betriebsstoffe, aktive Rechnungsabgrenzungsposten, Herstellungskosten der verkauften Erzeugnisse, Lagerbestandsminderungen, Lohnkosten, Materialkosten, Abschreibungen, Zinskosten, sonstige Kosten, Verbindlichkeiten gegenüber Kreditinstituten, Verbindlichkeiten aus Lieferungen und Leistungen, sonstige Verbindlichkeiten, passive Rechnungsabgrenzungsposten, Umsatzerlöse, Zuschreibungen, sonstige Erlöse, Lagerbestandsmehrungen.
- Umsatzsteuerüberlegungen können vernachlässigt werden.

Teilaufgaben

1. Geben Sie für jedes der oben geschilderten Ereignisse die zugehörigen Buchungssätze sowie eine Einkommensrechnung nach dem so genannten »Umsatzkostenverfahren« auf Basis von Erlösen und Kosten für den Abrechnungszeitraum II/20X1 an! Nehmen Sie für Ihre Lösung an, dass die Modellbau-AG für die Zurechnung von Kosten zu Erzeugnissen ein Finalprinzip verwendet.

2. Geben Sie für jedes der oben geschilderten Ereignisse die zugehörigen Buchungssätze sowie eine Einkommensrechnung nach dem so genannten »Gesamtkostenverfahren« auf Basis von Erlösen und Kosten für den Abrechnungszeitraum II/20X1 an! Nehmen Sie für Ihre Lösung an, dass die Modellbau-AG für die Zurechnung von Kosten zu Erzeugnissen ein Finalprinzip in der Form des Kosteneinwirkungsprinzips verwendet.

3. Geben Sie für jedes der oben geschilderten Ereignisse die zugehörigen Buchungssätze sowie eine Einkommensrechnung nach dem so genannten »Umsatzkostenverfahren« auf Basis von Erlösen und Kosten für den Abrechnungszeitraum II/20X1 an! Nehmen Sie für Ihre Lösung an, dass die Modellbau-AG für die Zurechnung von Kosten zu Erzeugnissen das Marginalprinzip verwendet.

4. Geben Sie für jedes der oben geschilderten Ereignisse die zugehörigen Buchungssätze sowie eine Einkommensrechnung nach dem so genannten »Gesamtkostenverfahren« auf Basis von Erlösen und Kosten für den Abrechnungszeitraum II/20X1 an! Nehmen Sie für Ihre Lösung an, dass die Modellbau-AG für die Zurechnung von Kosten zu Erzeugnissen das Marginalprinzip verwendet.

Lösung der Teilaufgaben

1. Bei Verwendung eines Finalprinzips als Kostenzurechnungsprinzip und dem Umsatzkostenverfahren zur Erstellung der Einkommensrechnung ergeben sich die folgenden Buchungen:

Ereignis	Geschäftsvorfall und Konten	Soll	Haben
a	Verarbeitung Vierkanthölzer		
	unfertige Erzeugnisse	3000	
	Roh-, Hilfs- und Betriebsstoffe		3000
b	Gehälter Fräsen		
	unfertige Erzeugnisse	2000	
	flüssige Mittel		2000
c	Abschreibung		
	unfertige Erzeugnisse	1000	
	abnutzbare Sachanlagen		1000
d	Rechnung Beleuchtung		
	unfertige Erzeugnisse	1500	
	flüssige Mittel		1500

Die Herstellungskosten der unfertigen Erzeugnisse betragen 7500 GE. Bezogen auf die hergestellte Menge von 2500 Stück Rohlingen ergeben sich Herstellungskosten in Höhe von 3 GE je Stück.

Ereignis	Geschäftsvorfall und Konten	Soll	Haben
e	Verarbeitung Farbe *fertige Erzeugnisse* *Roh-, Hilfs- und Betriebsstoffe*	4000	4000
f	Verarbeitung unfertige Erzeugnisse *fertige Erzeugnisse* *unfertige Erzeugnisse*	3000	3000
g	Gehälter Bemalung *fertige Erzeugnisse* *flüssige Mittel*	6000	6000
h	Mietzahlung *fertige Erzeugnisse* *flüssige Mittel*	1000	1000

Die Herstellungskosten der fertigen Erzeugnisse betragen $14000\,GE$. Bezogen auf die hergestellte Menge von 1000 Stück fertige Erzeugnisse ergeben sich Herstellungskosten in Höhe von 14 GE je Stück. (Dabei hätte man das Disagio auch – im Gegensatz zur vorgestellten Lösung – über die Laufzeit verteilen können)

Ereignis	Geschäftsvorfall und Konten	Soll	Haben
i1	Kredit (Disagio) *flüssige Mittel* *Zinskosten* *Verbindlichkeiten gegenüber Kreditinstituten*	90000 10000	100000
i2	Kredit (Zinszahlung) *Zinskosten* *flüssige Mittel*	5000	5000
j1	Verkauf: Erlösbuchung *Forderungen* *Umsatzerlöse*	20000	20000
j2	Verkauf: Kostenbuchung *Herstellungskosten verkaufter Erzeugnisse* *fertige Erzeugnisse*	10500	10500

Die sich aus diesen Buchungen ergebende Einkommensrechnung weist einen Verlust in Höhe von $5500\,GE$ aus.

2. Bei Verwendung eines Finalprinzips als Kostenzurechnungsprinzip und dem Gesamtkostenverfahren zur Erstellung der Einkommensrechnung ergeben sich die folgenden Buchungen:

Ereignis	Geschäftsvorfall und Konten	Soll	Haben
a	Verarbeitung Vierkanthölzer *Materialkosten* *Roh-, Hilfs- und Betriebsstoffe*	3 000	3 000
b	Gehälter Fräsen *Lohnkosten* *flüssige Mittel*	2 000	2 000
c	Abschreibung *Abschreibungen* *abnutzbare Sachanlagen*	1 000	1 000
d	Rechnung Beleuchtung *sonstige Kosten* *flüssige Mittel*	1 500	1 500

Die Herstellungskosten der unfertigen Erzeugnisse betragen 7 500 GE. Bezogen auf die hergestellte Menge von 2 500 Stück Rohlingen ergeben sich Herstellungskosten in Höhe von 3 GE je Stück.

Ereignis	Geschäftsvorfall und Konten	Soll	Haben
e	Verarbeitung Farbe *Materialkosten* *Roh-, Hilfs- und Betriebsstoffe*	4 000	4 000
f	Dieses Ereignis wird im Gesamtkostenverfahren erst bei der Verbuchung der Lagerbestandsveränderung berücksichtigt.		
g	Gehälter Bemalung *Lohnkosten* *flüssige Mittel*	6 000	6 000
h	Mietzahlung *sonstige Kosten* *flüssige Mittel*	1 000	1 000

Die Herstellungskosten der fertigen Erzeugnisse betragen 14 000 GE. Bezogen auf die hergestellte Menge von 1 000 Stück fertige Erzeugnisse ergeben sich Herstellungskosten in Höhe von 14 GE je Stück.

2.6 Übungsmaterial

Ereignis	Geschäftsvorfall und Konten	Soll	Haben
i1	Kredit (Disagio)		
	flüssige Mittel	90000	
	Zinskosten	10000	
	Verbindlichkeiten gegenüber Kreditinstituten		100000
i2	Kredit (Zinszahlung)		
	Zinskosten	5000	
	flüssige Mittel		5000

Weil sich am Ende des Abrechnungszeitraumes zeigt, dass nicht alle hergestellten unfertigen und fertigen Erzeugnisse verkauft wurden, sind die in der Einkommensrechnung zu berücksichtigenden Herstellungskosten um den Lagerzugang an unfertigen und fertigen Erzeugnissen zu korrigieren. Dieser Lagerzugang ist mit den jeweiligen Herstellungskosten zu bewerten. Die sich aus diesen Buchungen ergebende Einkommensrechnung weist einen Verlust in Höhe von $5500\,GE$ aus.

Ereignis	Geschäftsvorfall und Konten	Soll	Haben
j1	Verkauf: Erlösbuchung		
	Forderungen	20000	
	Umsatzerlöse		20000
j2	Lagerbestandsmehrung		
	unfertige Erzeugnisse	4500	
	fertige Erzeugnisse	3500	
	Lagerbestandsmehrung		8000

3. Die Buchungen sind analog zu Teilaufgabe 1 vorzunehmen. Es sind lediglich die Kostenarten, die Gemeinkosten der (un-)fertigen Erzeugnisse darstellen, nicht den Herstellungskosten zuzurechnen sondern als Kosten des Zeitraums zu behandeln. Die sich aus diesen Buchungen ergebende Einkommensrechnung weist einen Verlust in Höhe von $7500\,GE$ aus.

4. Die Buchungen sind analog zu Teilaufgabe 2 vorzunehmen. Es sind lediglich die Kostenarten, die Gemeinkosten der (un-)fertigen Erzeugnisse darstellen, nicht den Herstellungskosten zuzurechnen sondern als Kosten des Zeitraums zu behandeln. Die sich aus diesen Buchungen ergebende Einkommensrechnung weist einen Verlust in Höhe von $7500\,GE$ aus.

Anmerkung: Untergliedert man im Umsatzkostenverfahren die »Herstellungskosten verkaufter Erzeugnisse« ebenfalls nach den Kostenarten, aus denen sie sich zusammensetzen, entsprechen die resultierenden Buchungen weitestgehend den Buchungen bei Verwendung des Gesamtkostenverfahrens. Lediglich die Buchungen zur Berücksichtigung der im Herstellungszeitpunkt gemachten »Fehler« würden sich voneinander unterscheiden.

Aufgabe 2.6 **Einkommensrechnung nach Umsatz- und Gesamtkostenverfahren bei unterschiedlichen Zurechnungsprinzipien**

Sachverhalt

Ein Unternehmen stellt seit dem 1.1.20X1 aus verschiedenen eingekauften Bausätzen das Erzeugnis A zusammen, das anschließend weiterverkauft werden soll.

a. Der Einkauf der einzelnen Bausätze verursacht je gefertigtem Erzeugnis A bei dem Unternehmen Ausgaben in Höhe von $400\,GE$.
b. Für die Mitarbeiter in der Produktion fielen zwischen dem 1.1.20X1 und dem 31.12.20X1 insgesamt Lohnkosten in Höhe von $150\,GE$ je gefertigtem Erzeugnis A an.
c. Da das Unternehmen auf Grund seiner erfolglosen Vergangenheit nicht mehr in ausreichendem Maße über liquide Mittel verfügte, musste es zur Überbrückung dieses finanziellen Engpasses am 1.1.20X1 einen Kredit aufnehmen. Aus diesem Kredit wurden dem Unternehmen $90\,000\,GE$ ausgezahlt. Der Rückzahlungsbetrag wurde auf $100\,000\,GE$ festgelegt. Das Unternehmen verpflichtete sich, während der fünfjährigen Kreditlaufzeit jährlich Zinsen in Höhe von 6% auf den Rückzahlungsbetrag an das Kreditinstitut zu zahlen.
d. Des Weiteren wurden am 1.1.20X1 Maschinen im Wert von $150\,000\,GE$ eingekauft, die von den Mitarbeitern für die Zusammensetzung der Bausätze benötigt werden. Für diese Maschinen wurde eine Nutzungsdauer von 3 Jahren unterstellt, während derer die Maschinen gleichmäßig an Wert verlieren.
e. Weil das Unternehmen seine neue Geschäftsidee auch einer breiten Öffentlichkeit verkünden will, hat es für das Erzeugnis A eine groß angelegte Werbekampagne im Januar 20X1 durchgeführt, die Ausgaben in Höhe von $14\,000\,GE$ verursacht hat.
f. Am 31.12.20X1 war es dem Unternehmen schließlich gelungen von den 10 000 hergestellten Computern 7 500 Stück zum Preis von $1\,000\,GE$ je Stück zu verkaufen.

Teilaufgaben

1. Nehmen Sie an, das Unternehmen bediene sich für die Zurechnung von Kosten zu Erzeugnissen eines Finalprinzips in der Form des Kosteneinwirkungsprinzips! Erstellen Sie in Kontoform eine Einkommensrechnung auf Basis von Erlösen und Kosten für den Zeitraum 1.1.20X1 bis 31.12.20X1 für das Unternehmen nach dem so genannten Gesamtkostenverfahren!

2. Nehmen Sie an, das Unternehmen bediene sich für die Zurechnung von Kosten zu Erzeugnissen eines Finalprinzips in der Form des Kosteneinwirkungsprinzips! Erstellen Sie in Kontoform eine Einkommensrechnung auf Basis von Erlösen und Kosten für den Zeitraum 1.1.20X1 bis 31.12.20X1 für das Unternehmen nach dem so genannten Umsatzkostenverfahren!

3. Wie verändert sich das Einkommen im Zeitraum 1.1.20X1 bis 31.12.20X1, wenn das Unternehmen für die Zurechnung von Kosten zu Erzeugnissen ein Marginalprinzip verwendet? Begründen Sie kurz Ihre Antwort!

Lösung der Teilaufgaben

1. Die zugehörige Einkommensrechnung weist unter anderem Umsatzerlöse von $7\,500\,000\,GE$, eine Lagerbestandsmehrung von $1\,387\,500\,GE$ und einen Gewinn von $3\,307\,500\,GE$ aus.

2. Die zugehörige Einkommensrechnung weist unter anderem Umsatzerlöse von $7\,500\,000\,GE$, Herstellungskosten verkaufter Erzeugnisse von $4\,162\,500\,GE$ und einen Gewinn von $3\,307\,500$ aus.

3. Die Verwendung des Marginalprinzips führt zu einer Einkommensminderung um $12\,500\,GE$.

Kapitel 3

Trägerbezogene Kalkulation

Lernziele

Sie sollen in diesem Kapitel lernen,
- dass man einem Träger Erlös und Kosten zurechnen kann,
- wie die traditionelle Trägerrechnung aussieht und
- wie die Trägerrechnung in speziellen Situationen aussehen kann.

Dabei wird jedesmal sowohl auf die Zurechnung von Erlös als auch auf die Zurechnung von Kosten hingewiesen. Ferner wird deutlich gemacht, inwieweit das jeweilige Zurechnungsverfahren dem Anwender Ermessensspielräume bietet.

Überblick

Der Begriff der Trägerrechnung beruht auf dem Gedanken, die Kalkulationsobjekte seien Leistungseinheiten, z.B. Erzeugnisse oder Dienstleistungen, die bei ihrem Verkauf die durch sie entstandenen *Kosten* »tragen« sollen. Zum Absatz bestimmte Erzeugnisse oder gegenüber einem Kunden zu erbringende Dienstleistungen beispielsweise werden daher als Kostenträger bezeichnet. Da Träger *Erlös* bringen sollen, findet man gelegentlich den Ausdruck Erlösbringer. Wir verzichten auf diesen Ausdruck.

Trägerrechnungen lassen sich sehr unterschiedlich gestalten. Dementsprechend existieren in der Literatur und in der Praxis viele Verfahren. Oftmals orientieren sich diese an Bedingungen, die durch das Unternehmen oder die Fertigungsverfahren vorgegeben sind. Die Verfahren können sowohl für die Ermittlung der durchschnittlichen *Kosten* je Leistungseinheit als auch zur Ermittlung des durchschnittlichen *Erlöses* je Leistungseinheit angewendet werden.

Mit der Wahl des Kalkulationsverfahrens bestimmt man zugleich, wie das Rechnungswesen aufgebaut sein sollte. Aus unterschiedlichen Gestaltungen des Aufbaus wiederum ergeben sich unterschiedliche Möglichkeiten zur Erstellung einer Einkommensrechnung für den Abrechnungszeitraum.

Im Folgenden wird ein Überblick über häufig genannte Kalkulationsverfahren und über die jeweils möglichen Verfahren der Einkommensrechnung gegeben. Es schließt sich eine Darstellung der formalen Vereinfachungsmöglichkeiten bei zusammengesetzten Erzeugnissen an.

3.1 Inhaltliche und begriffliche Grundlagen

Die Kalkulationsverfahren lassen sich meist auf Erlöse und auf Kosten anwenden. Wir beziehen den Begriff im vorliegenden Kapitel auf *Träger*, weil wir meinen, dass solchen Objekten, den Trägern, i.d.R. sowohl Erlöse als auch Kosten zugerechnet werden. Synonym dazu verwenden wir auch den Begriff *Kostenträger*. Wir beschreiben Träger unter dem Gesichtspunkt, die Unternehmertätigkeit im Zusammenhang mit der Produktion und dem Absatz von Erzeugnissen und Dienstleistungen unter dem Einkommensaspekt zu unterstützen. Daher könne wir auf den vereinzelt verwendeten Begriff des *Erlösträgers* verzichten.

Ansätze zur Behandlung von Erlösen und Kosten in der Literatur

Die Probleme, die in der Fachliteratur im Zusammenhang mit Trägern angesprochen werden, hängen davon ab, welche Annahmen man über die Marktsituation macht. Drei Situationen lassen sich unterscheiden.

Unterschiedliche Marktsituationen als Ausgangspunkt

Insbesondere in der älteren Literatur zum internen Rechnungswesen wird oft angenommen, die Preise von Gütern und damit die *Erlöse* seien bekannt und vorgegeben, die *Kosten* der Güter dagegen teilweise unbekannt und zu ermitteln. Als Konsequenz genügt es, sich mit den *Kosten* zu befassen. Die Unterstützung der Unternehmertätigkeit besteht dann darin, die für einen Träger bei dessen Produktion in der Vergangenheit angefallenen *Kosten* zu ermitteln bzw. die *Kosten* eines Kostenträgers zu schätzen, der erst in Zukunft produziert wird. Dabei können sich Probleme ergeben, wenn die *Kosten* für eine Leistungseinheit nicht einzeln messbar sind. Der sich dann anschließende Vergleich mit Erlösen bereitet formal keine Schwierigkeiten mehr, kann aber unterschiedlich aussagefähig sein.

Gegebene Erlöse je Leistungseinheit, gesuchte Kosten je Leistungseinheit

Die Notwendigkeit, sich mit *Erlösen* näher auseinander zu setzen, wird deutlich, wenn man unterstellt, die *Kosten* von Leistungseinheiten seien bekannt, vorgegeben oder ermittelbar und es gehe darum, mit einem Preis oder einer Preisuntergrenze den *Erlös* oder die Erlösgrenze zu bestimmen, ab der sich die Herstellung und der Vertrieb der Leistungseinheit (nicht mehr) lohnt. In diesem Fall besteht die Unterstützung der Unternehmertätigkeit darin, die für die Planung und Abrechnung von Einkommen notwendigen Erlösdaten zu liefern.

Gegebene Kosten je Leistunseinheit, gesuchte Erlöse oder Erlösgrenzen

In der Realität herrscht wahrscheinlich ein Zustand, in dem weder *Erlöse* noch *Kosten* bekannt sind. Dann muss man beide Größen zusammen behandeln.

Weder Erlöse noch Kosten bekannt

Besondere Probleme entstehen, wenn *Erlöse* und *Kosten* nicht für jede Leistungseinheit einzeln gemessen werden können. Das ist beispielsweise der Fall, wenn man Bündel von Leistungen mit demselben Einsatz von Produktionsfaktoren herstellt oder zu einem einheitlichen Preis verkauft. Im Extremfall gibt es für einzelne Komponenten des Leistungsbündels

Komplikation der Analyse bei Herstellung oder Verkauf von Leistungsbündeln

nur noch *Gemeinerlöse* oder *Gemeinkosten*. Man spricht dann auch von einer *Kuppelproduktion* und von *Kuppelerzeugnissen* mit *Kuppelerlösen* oder *Kuppelkosten*. Sind solche Bündelungseffekte vergleichsweise klein, werden sie im Rahmen der Trägerrechnung nach Möglichkeit vernachlässigt.

Schwerpunkt der Darstellungen

Der Schwerpunkt der folgenden Ausführungen liegt auf der Darstellung der mit der Ermittlung und Zurechnung von *Kosten* zu Leistungseinheiten verbundenen Probleme. So weit wie möglich wird zusätzlich auf die Probleme der Behandlung von *Erlösen* in Erlös-Kosten-Rechnungen eingegangen.

Langfristig nicht negatives Einkommen oder positive Eigenkapitaltransfers als Voraussetzung für Unternehmensbestand

Ein Unternehmen kann auf Dauer nur existieren, wenn das Einkommen während der Abrechnungszeiträume nicht negativ ist oder wenn genügend Eigenkapitaltransfers in das Unternehmen gelangen. Für nicht negatives Einkommen eines Abrechnungszeitraums müssen die *Erlöse* mindestens so hoch sein wie die *Kosten*. Die *Kosten* eines Abrechnungszeitraums setzen sich aus den *Kosten* für die verkauften Erzeugnisse und Dienstleistungen sowie aus den restlichen *Kosten* zusammen, die dem Unternehmen in diesem Zeitraum entstehen. Eigenkapitaltransfers werden auf Dauer nur ins Unternehmen gelangen, wenn den Eigenkapitalgebern durch positives Einkommen eine rentierliche Anlage signalisiert wird oder wenn es sich um einen Zuschussbetrieb handelt, in den beispielsweise aus sozialen Gründen bewusst Eigenkapital transferiert wird. Als Beispiele können viele Unternehmen der Öffentlichen Hand wie Verkehrsbetriebe angeführt werden.

Kostenträger: Begriff zur Kennzeichnung absatzfähiger Leistungen, deren Verkaufspreise die zugehörigen Kosten decken sollen

Positives Einkommen wird erzielt, wenn man nur dann Güter und Dienstleistungen erstellt und verkauft, wenn deren *Erlöse* mindestens deren *Kosten* decken. Die Vorstellung, jede zum Absatz bestimmte Erzeugnis- oder Dienstleistungseinheit solle mit ihren *Erlösen* die *Kosten* »tragen« können, hat zum Begriff des *Kostenträgers* geführt. Zur Veranschaulichung werden Kostenträger häufig mit Erzeugnissen gleichgesetzt. Der Begriff ist aber weiter. Er kann beispielsweise auch Erzeugnisgruppen, Aufträge, Dienstleistungen oder Kunden umfassen. Die Verfahren zur Kalkulation der *Kosten* von Kostenträgern werden dennoch im Folgenden meist anhand von Erzeugnissen veranschaulicht. Eine an Kostenträgern orientierte Einkommensrechnung stellt die *Erlöse* der Kostenträger deren *Kosten* gegenüber.

Herstellungskosten je Leistungseinheit: eine Information für viele Zwecke

Wenn der Unternehmer weiß, welcher *Erlös* für eine Leistungseinheit am Markt erzielt werden kann und mit welchen *Kosten* die Herstellung dieser Leistungseinheit verbunden ist, dann kann er den Beitrag dieser Leistungseinheit zum Einkommen bestimmen. Die *Kosten* jeder einzelnen Leistungseinheit werden auch benötigt, wenn das Einkommen für einen Abrechnungszeitraum ermittelt werden soll, in dem die hergestellte Menge an Leistungseinheiten von der abgesetzten Menge abweicht. Kennt der Unternehmer die Herstellungskosten einer einzigen Leistungseinheit, so kann er sich auch überlegen, welchen Stückpreis er beim Verkauf derselben mindestens erzielen muss, um dabei einen positiven Beitrag zum Einkommen des Abrechnungszeitraums zu erzeugen. Die Kosten einer einzigen Leistungseinheit müssen auch bekannt sein, wenn man die Preisgrenze ermitteln möchte, ab der die *Erlöse* aus dem Verkauf von Leistungseinheiten in einem Abrechnungszeitraum die zugehörigen *Kosten* der verkauften Leistungseinheiten sowie die restlichen *Kosten* des Unternehmens übersteigen.

Zur Ermittlung der *Erlöse* und *Kosten* einer einzigen Leistungseinheit werden in der Literatur verschiedene Verfahren vorgestellt, die auf unterschiedliche Fertigungs- und Absatzbedingungen zugeschnitten sind, von unterschiedlichen organisatorischen Voraussetzungen ausgehen und daher unterschiedliche Eingangsinformationen benötigen: die auftragsbezogene und die auftragsunabhängige Kalkulation.

Auftragsbezogene oder auftragsunabhängige Kalkulation

Unterscheidet sich jede Leistungseinheit von der nächsten, wie es in Handwerksbetrieben oder etwa Autoreparaturwerkstätten oft der Fall ist, so sind für jede einzelne Leistungseinheit Aufzeichnungen über die in Anspruch genommenen Produktionsfaktoren und deren *Kosten* vorzunehmen. In solchen Fällen benötigt man eine auftragsbezogene Kalkulation und Abrechnung. Ergeben sich auch die *Erlöse* aus den für die Herstellung einer Leistungseinheit eingesetzten Produktionsfaktoren, so ist eine kostenträgerbezogene detaillierte Einkommensrechnung möglich. In der englischsprachigen Literatur hat sich für eine solche Kalkulation der *Kosten* einer Leistungseinheit (costing) die Bezeichnung *job order costing* herausgebildet.

Auftragsabhängige Kalkulation: job order costing

Wird dagegen nur eine einzige Art von Leistungseinheiten hergestellt, so brauchen die Kalkulation und die Abrechnung nicht mehr einzeln für jede erstellte Leistungseinheit vorgenommen zu werden. Es reicht bei einer solchen auftragsunabhängigen Fertigung vielmehr aus, die produzierte und die abgesetzten Mengen zu messen, um daraus die *Erlöse* und die *Kosten* der abgesetzten oder der hergestellten Mengen zu ermitteln, die während eines Zeitraums angefallen sind. In der englischsprachigen Literatur spricht man von der Kalkulation der *Kosten* eines Prozesses, vom *process costing*. Die durchschnittlichen *Kosten* einer einzelnen Erzeugniseinheit lassen sich dann rechnerisch ermitteln, indem man die gesamten *Kosten* des Prozesses auf die insgesamt hergestellten Leistungseinheiten bezieht. Eine an Kostenträgern orientierte Einkommensrechnung lässt sich anschließend durchführen.

Auftragsunabhängige Kalkulation: process costing

In der Regel möchte man nicht nur pauschal den *Erlös* und die zugehörigen *Kosten* einer einzigen Leistungseinheit bestimmen. Man interessiert sich auch jeweils für die Zusammensetzung der Kosten sowie für eine einkommensorientierte Gegenüberstellung von *Erlös* und *Kosten* für jede Phase des mit der Leistungseinheit verbundenen Wertschöpfungsprozesses. So kann es interessant sein zu erfahren, welche Entwicklungskosten,

Aufspaltung von Erlös und Kosten

welche Beschaffungskosten, welche Fertigungskosten oder welche Vertriebskosten mit einer Leistungsart oder einer Leistungseinheit verbunden sind. Bei einer Einkommensrechnung, in der Herstellungskosten anders behandelt werden als Vertriebskosten, ist es sogar notwendig, die *Kosten* der Herstellung eines Erzeugnisses von den *Kosten* seines Vertriebs zu trennen. Weil eine unterschiedliche Behandlung dieser Kosten für Kalkulationszwecke und Preisgrenzenüberlegungen keine Rolle spielt, verwendet man neben dem Begriff der *Herstellungskosten* denjenigen der *Selbstkosten*. Während man den *Herstellungskosten* einer Leistungseinheit nur diejenigen *Kosten* zurechnet, die bei der Herstellung der Leistungseinheit anfallen und aktivierungsfähig sind, umfassen die *Selbstkosten* auch alle über die Herstellungskosten hinausgehenden *Kosten* der Leistungseinheit, beispielsweise auch die Entwicklungs- und die Vertriebskosten dieser Leistungseinheit, die üblicherweise in der Einkommensrechnung des Abrechnungszeitraums verrechnet werden, in dem sie anfallen.

Kalkulationsverfahren

Eine andere Art der Aufspaltung von *Erlös* und *Kosten* orientiert sich nicht am Kostenträger und den Wertschöpfungsphasen, sondern an den Größen, welche *Erlös* und *Kosten* beeinflussen. Bekannte Kalkulationsverfahren sind die für die Massenfertigung geeignete Divisionskalkulation, die ebenfalls für die Einzelfertigung geeignete Zuschlagskalkulation sowie die für die Sortenfertigung taugliche Äquivalenzziffernrechnung. Für die Kalkulation und Abrechnung bei Fertigung mehrerer Sorten von Leistungseinheiten hat sich auch das so genannte *activity based costing* durchgesetzt. In Deutschland wird dafür der Begriff der *Prozesskostenrechnung* verwendet – nicht zu verwechseln mit dem oben beschriebenen *process costing*. Bei Erzeugung mehrerer unterschiedlicher, aber absatzfähiger Leistungselemente im Rahmen eines einzigen Produktionsprozesses, bei so genannter Kuppelproduktion, sind die Marktwert- sowie die Restwertrechnung zu nennen. Ferner wurden formale Verfahren zur Kalkulation der *Erlöse* und *Kosten* solcher Leistungseinheiten entwickelt, die sich aus Einzel- und Zwischenkomponenten zusammensetzen. Die Kalkulationsverfahren lassen sich für die Ermittlung der *Kosten* je Leistungseinheit ebenso einsetzen wie für die Ermittlung des *Erlöses* je Leistungseinheit.

Behandlung der Gemeinkosten von Leistungseinheiten als Ausgestaltungsproblem

Bei sämtlichen Kalkulationsverfahren stellt sich das Problem, wie man *Erlös* und *Kosten* behandelt, die nicht einzeln für jede Leistungseinheit gemessen werden können. Entscheidet man sich bei dieser Frage für die Verwendung eines *Finalprinzips*, indem man beispielsweise den Erzeugnissen *Erlös* oder *Kosten* anteilig auf der Basis von Schlüsselgrößen zurechnet, so hängen die *Kosten* je Erzeugniseinheit nicht mehr nur von den eingesetzten Produktionsfaktormengen ab. Der *Erlös* und die *Kosten* sind dann auch von der Wahl der konkreten Ausgestaltung des *Finalprinzips* bestimmt, die sich in der Festlegung von Schlüsselgrößen äußert. Verteilt man beispielsweise die *Kosten* eines Lagers (z.B. Raummiete für das Lager und Lohn für den Lageristen), in dem Kunststoff- und Metallrohre liegen, proportional zum Volumen oder zur Länge der gelagerten Rohre auf die Rohre, so ergibt sich jeweils etwas anderes als bei einer Verteilung, die proportional zum Gewicht der gelagerten Rohre vorgenommen worden wäre. Eine ähnliche Überlegung wäre auf den *Erlös* für den Verkauf eines Güterbündels anzuwenden, wie es kürzlich von einer Warenhauskette mit dem Angebot eines Personenkraftwagens zusammen mit einem Laptop und einem Motorroller zu einem einzigen einheitlichen Preis offeriert wurde. Der *Erlös* je Komponente des Bündels lässt sich nicht ermitteln. Es bleiben nur die Verfahren, die auch im Zusammenhang mit der Verteilung von Gemeinkosten auf Leistungseinheiten angewendet werden.

Mit dem *Erlös* und den *Kosten* je Leistungseinheit kann noch ein weiteres Problem verbunden sein. Wenn *Erlös* oder *Kosten* eines Kostenträgers nicht nur zur nachträglichen Einkommensermittlung oder Lagerbestandsbewertung, sondern auch zu laufenden Produktions- und Absatzentscheidungen herangezogen werden, kann es zu einer Einschränkung der Vergleichbarkeit der Erlös- und Kostenziffern im Zeitablauf kommen. Haben sich gegenüber einem vergangenen Abrechnungszeitraum die Werte der Schlüsselgrößen für verschiedene Erzeugnisse geändert, so hat man bezogen auf die neue Schlüsselgrößenmenge eine andere Verteilung von nur indirekt zurechenbaren *Erlösen* und *Kosten* vorgenommen, als tatsächlich in den historischen *Erlösen* oder *Kosten* je Leistungseinheit zum Ausdruck kommt. Bezogen auf das Lagerbeispiel bedeutet das höhere Lagerkosten je Einheit des Kalkulationsobjektes, wenn bei gleich hohen Lagerkosten im Abrechnungszeitraum das Volumen, die Länge oder das Gewicht der insgesamt gelagerten Güter abnimmt. Es bedeutet auch niedrigere Lagerkosten, wenn die Länge oder das Gewicht der gesamten Güter zunimmt. Dies kann die Vergleichbarkeit des *Erlöses* oder der *Kosten* gleicher Kalkulationsobjekte über verschiedene Abrechnungszeiträume hinweg beeinträchtigen und zu Fehlentscheidungen führen. Das Problem wird als das *Problem der Proportionalisierung beschäftigungsfixer Kosten* bezeichnet.

Aussagegrenzen der Kosten je Leistungseinheit bei Einbezug von Gemeinkosten

Die Einkommensrechnung für den Abrechnungszeitraum besteht im Prinzip aus dem Vergleich der Erlöse und der Kosten, wobei jeweils zwischen den Erlösen und den Kosten, die aus dem Verkauf erwachsen, und den restlichen Erlösen und Kosten zu unterscheiden ist.

Zeitraumbezogene Einkommensrechnungen

3.2 Traditionelle Trägerrechnungen

Als traditionelle Kostenträgerrechnungen werden im Folgenden die Verfahren beschrieben, die sich als Divisionskalkulation, als Zuschlagsrechnung und als Äquivalenzziffernrechnung kennzeichnen lassen. Bei jedem der Verfahren unterscheiden wir noch weitere Unterfälle.

3.2.1 Kalkulation mit Hilfe der Divisionsrechnung

Grundlagen

Einfache Divisionskalkulation

Die Divisionsrechnung beruht auf der Idee, ein für mehrere Leistungseinheiten anfallender Erlös- oder Kostenbetrag B könne gleichmäßig auf die X erzeugten oder abgesetzten Leistungseinheiten verteilt werden. Fertigt das kalkulierende Unternehmen lediglich eine einzige Art von Leistungseinheiten auf nur einer einzigen Fertigungsstufe an, so kann die Berechnung des auf eine Leistungseinheit durchschnittlich entfallenden Betrages b mit der Division

$$b = \frac{B}{X}$$

erfolgen. Das skizzierte Vorgehen wird als *einfache Divisionskalkulation* bezeichnet. Möchte man – aus welchem Grund auch immer – das mit jeder in einem Abrechnungszeitraum abgesetzten Leistungseinheit durchschnittlich erzielte Einkommen ermitteln, so hat man sowohl *Erlöse* als auch *Kosten* der abgesetzten Leistungseinheiten des Abrechnungszeitraums jeweils durch die abgesetzte Menge zu dividieren. Ein solches Vorgehen kann interessant sein, wenn die mit den einzelnen Leistungseinheiten erzielten *Erlöse* wegen Mengenrabatten, Preisnachlässen und ähnlichen Abzügen oder wegen teilweise mengenunabhängiger Preisgestaltung schwanken. Ähnliches gilt für die Kostenseite: Tatsächlich kann und wird es so sein, dass für die einzelnen Leistungseinheiten unterschiedlich hohe *Kosten* angefallen sind.

Zugehörige Einkommensrechnung

Das Verfahren ermöglicht eine sehr einfache zeitraumbezogene Einkommensrechnung, die durch das Schema der Abbildung 3.1 beschrieben wird.

Abbildung 3.1: Zeitraumbezogene Einkommensrechnung bei einfacher einstufiger Divisionskalkulation

	Zeitraumbezogene Einkommensrechnung
	Erlöse aus dem Verkauf der Erzeugnisse
–	Kosten aus dem Verkauf der Erzeugnisse
+	Restliche Erlöse des Abrechnungszeitraums
–	Restliche Kosten des Abrechnungszeitraums
=	Einkommen des Abrechnungszeitraums

Mehrfache Divisionskalkulation

Das Berechnungsschema wird sowohl komplexer, wenn das Unternehmen mehrere Arten von Leistungseinheiten in jeweils unterschiedlicher Menge fertigt und absetzt, als auch, wenn mehr als eine einzige Fertigungsstufe in jeweils unterschiedlichem Ausmaß betroffen ist. Für den Fall von mehreren verschiedenen Arten von Leistungseinheiten kann man das Verfahren der einfachen Divisionskalkulation mehrfach nebeneinander anwenden. Dazu müssen allerdings die benötigten Rechengrößen, Zähler und Nenner, für jede Art von Leistungseinheiten getrennt ermittelt werden können. Derart mehrere voneinander unabhängige einfache Divisionskalkulationen durchzuführen, bezeichnet man als *mehrfache Divisionskalkulation*. Wenn die *Erlöse (Kosten)* der m Arten von Leistungseinheiten voneinander unabhängig sind und jeweils ermittelt werden können, nimmt man so m verschiedene Kalkulationen vor, eine für jede Art i von m verschiedenen Arten:

$$b_i = \frac{B_i}{X_i} \qquad i = 1, 2, ..., m$$

Die Einkommensrechnung, die sich aus den Daten des Verfahrens bilden lässt, hätte bei nur zwei Erzeugnissen X und Y das Aussehen der Abbildung 3.2.

Zugehörige Einkommensrechnung

Zeitraumbezogene Einkommensrechnung
Erlöse aus dem Verkauf der Erzeugnisse X
−   Kosten aus dem Verkauf der Erzeugnisse X
+   Erlöse aus dem Verkauf der Erzeugnisse Y
−   Kosten aus dem Verkauf der Erzeugnisse Y
+   Restliche Erlöse des Abrechnungszeitraums
−   Restliche Kosten des Abrechnungszeitraums
=   Einkommen des Abrechnungszeitraums

Abbildung 3.2: Zeitraumbezogene Einkommensrechnung bei zweifacher einstufiger Divisionskalkulation

Müssen bei der Fertigung $j = 1, 2, ..., n$ Fertigungsstufen durchlaufen werden, so kann das Unternehmen für jede Stufe eine gesonderte Divisionskalkulation durchführen. Das Verfahren wird in seiner einfachen Form als *mehrstufige Divisionskalkulation* bezeichnet. Je nachdem, ob sich die Rechnung auf eine einzige oder auf mehrere Arten von Leistungseinheiten bezieht, kann man von einer mehrstufigen einfachen oder mehrstufigen mehrfachen Divisionskalkulation sprechen.

Einfache Formen der mehrstufigen Divisionskalkulation

Stufenweise Rechnung bei gleicher Leistungsmessung

Ermittelt man die *Erlöse* oder *Kosten* einer Leistungseinheit durch Zusammenfassen der auf die Leistungseinheit entfallenden *Erlöse* oder *Kosten* derjenigen Fertigungsstufen, welche die Leistungseinheit durchlaufen hat, so spricht man von einer *addierenden mehrstufigen mehrfachen Divisionskalkulation*. Für den Fall von m voneinander unabhängigen Arten von Leistungseinheiten mit jeweils ermittelbaren Stufenerlösen oder Stufenkosten und n Stufen besteht die Kalkulation der Stufenbeträge s_{ij} aus

Addierende mehrstufige mehrfache Divisionskalkulation

$$s_{ij} = \frac{B_{ij}}{X_{ij}} \qquad i = 1, 2, ..., m \qquad j = 1, 2, ..., n.$$

Stufenweise gleiche Messung der Leistungen

Misst man die Leistungsmenge auf allen Stufen auf jeweils die gleiche Art, z.B. durch die Menge der bearbeiteten Kostenträger, so erhält man die kumulierten Beträge je Leistungseinheit durch Zusammenfassung der Stufenbeträge über die Stufen hinweg:

$$b_i = \sum_{j=1}^{n} s_{ij} \qquad i = 1, 2, ..., m.$$

Im Rahmen einer Erlös- oder Kostenkalkulation erhält man je nach Definition und Auswahl der zu addierenden Stufenerlöse oder Stufenkosten die Erlöse oder Herstellungskosten bzw. die Selbstkosten einer einzelnen Kostenträgereinheit.

Durchwälzende mehrstufige mehrfache Divisionskalkulation

Man gelangt zum gleichen Ergebnis, wenn man der Leistungseinheit auf jeder Stufe die *Erlöse* oder *Kosten* dieser Stufe sowie die kumulierten *Erlöse* oder *Kosten* derjenigen Stufen zurechnet, welche die Leistungseinheit zuvor durchlaufen hat. Unter der Annahme gleicher Leistungsmessung auf allen Stufen spricht man dann von einer *durchwälzenden mehrstufigen mehrfachen Divisionskalkulation*. Die kumulierten Stufenbeträge t_{ij} auf Stufe j ergeben sich dann aus den unkumulierten Stufenbeträgen s_{ij} als

$$t_{ij} = s_{ij} + \sum_{l=1}^{j-1} s_{il} \qquad i = 1, 2, ..., m \qquad j = 1, 2, ..., n.$$

Umfassen die Stufen genau die n Stufen des Absatzes oder der der Herstellung, so erhält man die *Erlöse* bzw. die *Kosten* b_i der einzelnen Leistungseinheiten i aller Herstellungsstufen als

$$b_i = t_{in} \qquad i = 1, 2, ..., m.$$

Umfassen die einbezogenen Stufen alle n Stufen des Unternehmens, so erhält man bei *addierender mehrstufiger Divisionskalkulation* durch die Summe der Stufenbeträge die jeweiligen durchschnittlichen *Erlöse* bzw. die durchschnittlichen *Kosten* je Leistungseinheit; bei *durchwälzender mehrstufiger Divisionskalkulation* erhält man den gleichen Betrag auf der letzten Stufe.

Zugehörige Einkommensrechnung

Für den Fall einer einfachen mehrstufigen Divisionskalkulation mit zwei Stufen und gleicher Leistungsmessung könnte man die Einkommensrechnung der Abbildung 3.3 anfertigen.

3.2 Traditionelle Trägerrechnungen

Zeitraumbezogene Einkommensrechnung	
	Erlöse aus dem Verkauf der Erzeugnisse
−	Kosten aus dem Verkauf der Erzeugnisse auf der Stufe 1
−	Kosten aus dem Verkauf der Erzeugnisse auf der Stufe 2
+	Restliche Erlöse des Abrechnungszeitraums
−	Restliche Kosten des Abrechnungszeitraums
=	Einkommen des Abrechnungszeitraums

Abbildung 3.3: Zeitraumbezogene Einkommensrechnung bei einfacher zweistufiger Divisionskalkulation

Die Vorgehensweise einer Divisionskalkulation mit stufenweise gleicher Leistungsmessung sei im Folgenden an einem Beispiel erläutert, in dem es um die Kalkulation von Herstellungskosten im Rahmen eines mehrstufigen Produktionsprozesses geht.

Sachverhalt eines Beispiels

Eine Zementfabrik umfasse sechs Fertigungsstufen sowie eine Verwaltungs- und eine Vertriebsstufe. Die Ausbringungsmenge und die Kosten der einzelnen Stufen für einen abgelaufenen Abrechnungszeitraum sind in Abbildung 3.4 angegeben. Bei den Differenzen zwischen den Leistungen jeweils benachbarter Stufen handelt es sich um Lagerbestände.

Fertigungsstufe	Kosten in GE	Leistung in t
Steinbruch	400	100
Transport	120	96
Rohmühle	570	95
Presse	564	94
Brennerei	1350	90
Zementmühle	534	89
Verwaltung der Herstellung	85	85
Vertrieb	240	80

Abbildung 3.4: Kosten und Leistungen auf den einzelnen Fertigungsstufen

Problemstellungen

Wir werden uns anhand des Beispiels mit drei Problemen befassen:
- mit der Ermittlung der Herstellungs- und Selbstkosten je Leistungseinheit,
- mit der Ermittlung der für eine Einkommensrechnung notwendigen Informationen sowie
- mit der Ermittlung der für die Bestandsbewertung in einer Bilanz notwendigen Daten.

Vertiefung der Ausführungen anhand des Beispiels

Grundlagen der Problemlösung

Lösungsidee

Das Problem lässt sich wegen der Datenlage am leichtesten mit Hilfe der mehrstufigen einfachen Divisionskalkulation lösen, die als addierende oder durchwälzende Variante bekannt ist. Wir beschreiben beide Lösungswege. Zunächst werden die Fertigungsstufen unabhängig voneinander betrachtet. Für jede Fertigungsstufe, also mehrstufig, berechnet man die *Kosten* je Outputeinheit der Stufe.

Entscheidung für ein Zurechnungsprinzip

Welche *Kosten* auf den einzelnen Fertigungsstufen in die Berechnung einbezogen werden, hängt davon ab, nach welchem Zurechnungsprinzip das Unternehmen anfallende Kostenarten Kostenträgern zurechnet. Da das Beispiel keine Angaben darüber enthält, woraus sich die *Kosten* der einzelnen Fertigungsstufen zusammensetzen und auch nicht gesagt wird, ob die *Kosten* der Fertigungsstufen unter der Annahme des Marginalprinzips oder unter der Annahme eines Finalprinzips ermittelt wurden, sind für die weitere Lösung Annahmen zu treffen: Für die Lösung wird unterstellt, in den *Kosten* der einzelnen Fertigungsstufen seien *Kosten* enthalten, deren Höhe unabhängig von der Produktionsmenge sei. Folglich ist ein Finalprinzip unterstellt. Wir verwenden ein Finalprinzip in der Form des Kosteneinwirkungsprinzips.

Ermittlung der Herstellungskosten und der Selbstkosten je hergestellter Leistungseinheit

Ermittlung der Selbstkosten einer Leistungseinheit

Nach dem Finalprinzip in der Form des Kosteneinwirkungsprinzips können dem Kostenträger *eine Tonne Zement* alle Kostenelemente anteilig zugerechnet werden, ohne die das Kalkulationsobjekt nicht hätte erzeugt und verkauft werden können. Die Summe all dieser *Kosten* wird als Selbstkosten des Kostenträgers bezeichnet. Zu den Selbstkosten zählen auch die *Kosten* derjenigen Fertigungsstufen, die nichts mit der Herstellung zu tun haben, hier also die *Kosten* des Vertriebs. Die Herstellungskosten umfassen dagegen nur die *Kosten* derjenigen Stufen, die zur Herstellung der Erzeugnisse beigetragen haben. Unterstellt man, dass die Verwaltungskosten letztlich auch der Herstellung dienen, dann kann man alle *Kosten* außer den Vertriebskosten als Herstellungskosten ansehen.

Schritt 1: Ermittlung der Herstellungskosten je Tonne für jede Stufe

Da sich die Angaben über die *Kosten* der Fertigungsstufen immer auf die jeweilige Outputmenge der Stufen beziehen und diese von Stufe zu Stufe variieren, sind zunächst auf jeder Stufe die Kosten je Tonne (t) Output zu berechnen. Dazu werden jeweils die Fertigungskosten einer Stufe j durch die Outputmenge der Stufe dividiert:

$$\text{Kosten je Stück auf Stufe } j = \frac{\text{gesamte Kosten der Stufe } j}{\text{gesamter Output der Stufe } j}$$

Die Berechnung der Herstellungskosten je t Output sowie der entsprechenden Selbstkosten kann auf zwei verschiedene Arten erfolgen. Zum einen können sie im Wege der durchwälzenden, mehrstufigen Divisionskalkulation berechnet werden, zum anderen im Wege der addierenden, mehrstufigen Divisionskalkulation. Zu den Herstellungskosten zählen alle *Kosten* bis zur siebten Fertigungsstufe. Bei der Ermittlung der Selbstkosten sind zusätzlich die *Kosten* der achten Stufe zu berücksichtigen. Die sich ergebenden Lösungen sind in Abbildung 3.5 dargestellt.

Schritt 2: Addierendes oder durchwälzendes Vorgehen

Fertigungsstufe j	Kosten in GE	Leistung in t	Kosten je t auf Stufe j in GE (addierend)	Kosten je t bis zur Stufe j in GE (durchwälzend)
1. Steinbruch	400	100	4,00	4,00
2. Transport	120	96	1,25	4,00 + 1,25 = 5,25
3. Rohmühle	570	95	6,00	5,25 + 6,00 = 11,25
4. Presse	564	94	6,00	11,25 + 6,00 = 17,25
5. Brennerei	1350	90	15,00	17,25 + 15,00 = 32,25
6. Zementmühle	534	89	6,00	32,25 + 6,00 = 38,25
7. Verwaltung der Herstellung	85	85	1,00	38,25 + 1,00 = 39,25
Herstellungskosten			39,25	
8. Vertrieb	240	80	3,00	39,25 + 3,00 = 42,25
Selbstkosten			42,25	

Abbildung 3.5: Berechnung der Herstellungskosten und der Selbstkosten bei mehrstufiger Divisionskalkulation auf zweifache Weise bei Unterstellung eines Finalprinzips in der Form des Kosteneinwirkungsprinzips

Um die Selbstkosten je t Fertigzement zu erhalten, muss man bei der addierenden, mehrstufigen Divisionskalkulation diejenigen *Kosten* je t addieren, die sich auf jeder durchlaufenen Fertigungsstufe ergeben haben. Bei der durchwälzenden, mehrstufigen Divisionskalkulation ergeben sich die Selbstkosten je t des Fertigzements bereits durch die Berechnung der *Kosten* je t auf der letzten Fertigungsstufe. In diesen *Kosten* sind schon alle *Kosten* enthalten, die auf vorher durchlaufenen Fertigungsstufen angefallen sind. Die Selbstkosten belaufen sich somit auf 42,25 *GE/t*. Die Herstellungskosten betragen 39,25 *GE/t*.

Ergebnis

Konsequenz für die Einkommensrechnung

Die Herstellungskosten je Leistungseinheit bilden die Grundlage für die Einkommensrechnung. Für diese sind die Herstellungskosten der verkauften Leistungseinheiten zu bestimmen. Das Beispiel gibt keine Auskunft darüber, welche Mengen verkauft wurden. Wir unterstellen daher, dass diejenige Leistungsmenge, die in die Fertigungsstufe Vertrieb gelangt ist,

Bestimmung der für die Einkommensrechnung notwendigen Informationen

tatsächlich auch verkauft wird. Dann werden $80\,t$ des Fertigzements am Markt abgesetzt. Dies bedeutet, dass $20\,t$ der ursprünglich $100\,t$ der in der Stufe *Steinbruch* erzeugten Leistung in verschiedenen Fertigungsstufen auf Lager liegen.

Selbstkosten der verkauften Erzeugnisse

Die Selbstkosten SK der verkauften Erzeugnisse ergeben sich aus der Multiplikation der Selbstkosten je t Fertigzement ($42{,}25$ GE/t) mit der verkauften Menge ($80\,t$):

$$SK = 42{,}25\,GE/t \cdot 80\,t = 3\,380{,}00\,GE$$

Herstellungskosten der verkauften Erzeugnisse

In den Selbstkosten sind Kostenelemente enthalten, die nichts mit dem Prozess der Herstellung zu tun haben. Dazu gehören die Vertriebskosten. Bei der Ermittlung der Herstellungskosten sind alle *Kosten*, die nicht im Zusammenhang mit der Herstellung angefallen sind, zu vernachlässigen. Als Herstellungskosten HK sind die *Kosten* anzusetzen, die bis einschließlich zur siebten Fertigungsstufe angefallen sind:

$$HK = 39{,}25\,GE/t \cdot 80\,t = 3\,140{,}00\,GE$$

Berücksichtigung von Herstellungskosten u.U. in anderem Abrechnungszeitraum als Vertriebskosten

Die Vertriebskosten werden üblicherweise in der Einkommensrechnung desjenigen Abrechnungszeitraums als *Kosten* angesetzt, in welcher die Vertriebsaktivität stattgefunden hat. Die Herstellungskosten der verkauften Erzeugnisse stehen gemäß Marktleistungsabgabeeinkommenskonzept in demjenigen Abrechnungszeitraum in der Einkommensrechnung, in dem die Leistungseinheiten verkauft werden.

Man kann sich das leicht durch Aufstellen einer Einkommenrechnung veranschaulichen.

Konsequenz für die Bestandsbewertung

Ermittlung der Herstellungskosten der Lagerbestände

Da nicht alle Leistungseinheiten verkauft wurden, ist der Herstellungswert der Lagerbestände für die Bilanz zu ermitteln. Es kann sich bei den Lagerbeständen um unfertige und um fertige Leistungseinheiten handeln. Um dies zu berücksichtigen, bietet es sich an, den Lagerbestandszugang an Leistungseinheiten jeder Stufe mit den *Kosten* zu bewerten, die in die jeweiligen Leistungseinheiten bis zu dieser Stufe eingegangen sind. Man bewertet den Lagerbestand demnach mit den jeweiligen kumulierten Stufenkosten. Die *Kosten* des Vertriebs, der letzten Stufe, bleiben bei der Berechnung unberücksichtigt, weil Lagerbestände üblicherweise mit ihren Herstellungskosten und nicht mit ihren Selbstkosten bewertet werden. Der mengenmäßige Lagerbestandszugang einer Stufe ergibt sich aus der Differenz der Tonnen des jeweiligen Erzeugnisses, die in die Fertigungsstufe hineingehen, und denen, welche die Stufe wieder verlassen. Die Lösung des Problems ergibt sich aus Abbildung 3.6, Seite 149. Dort wird ersichtlich, um welchen Betrag der Lagerbestand jeder einzelnen Fertigungsstufe zugenommen hat. Zusätzlich ergibt sich durch Addition in der letzten Spalte der Wert des gesamten Lagerbestandszuganges des Unternehmens.

3.2 Traditionelle Trägerrechnungen

Fertigungsstufe	Lagerzugang in t	*	Stückkosten der Stufe in GE/t	=	Lagerbestandszugang in GE
1. Steinbruch	4	*	(4)	=	16,00
2. Transport	1	*	(4 + 1,25)	=	5,25
3. Rohmühle	1	*	(4 + 1,25 + 6)	=	11,25
4. Presse	4	*	(4 + 1,25 + 6 + 6)	=	69,00
5. Brennerei	1	*	(4 + 1,25 + 6 + 6 + 15)	=	32,25
6. Zementmühle	4	*	(4 + 1,25 + 6 + 6 + 15 + 6)	=	153,00
7. Verwaltung Herstellung	5	*	(4 + 1,25 + 6 + 6 + 15 + 6 + 1)	=	196,25
Summe					483,00

Abbildung 3.6: Berechnung des mengen- und wertmäßigen Lagerbestandszugangs

Durch Aufstellen einer Bilanz lässt sich das leicht veranschaulichen.

Stufenweise Rechnung bei unterschiedlicher Leistungsmessung

Für die stufenweise Divisionskalkulation mit jeweils unterschiedlicher Leistungsmessung hat sich in der englischsprachigen Literatur die Bezeichnung *activity based costing* herausgebildet; im Deutschen verwendet man seit einigen Jahren die Bezeichnung *Prozesskostenrechnung*.

Stufenweise unterschiedliche Leistungsmessung: Prozesskostenrechnung

Man spricht hier nicht mehr von Stufen, sondern von (Teil-)Prozessen. Dem Verfahren liegt im Falle mehrerer Teilprozesse und mehrerer Kostenträger somit die Vorstellung zu Grunde, die unterschiedlichen Arten von Kostenträgern durchliefen jeweils unterschiedliche Teilprozesse und seien mit den anteiligen *Erlösen* oder *Kosten* derjenigen Teilprozesse zu bewerten, die sie durchlaufen haben. Man stelle sich etwa eine Menge unterschiedlicher Erzeugnisarten vor, deren Selbstkosten zu einem Teil (von Erzeugnisart zu Erzeugnisart unterschiedlich) mit der Menge variieren, zu einem anderen Teil mit der Zahl der im Rahmen der Herstellung angefallenen Beschaffungsvorgänge und zu einem weiteren Teil mit der Zahl der Verkaufsvorgänge. Die Teilprozesse, im Beispiel also Beschaffung, Produktion und Absatz, sollten eindeutig voneinander abgegrenzt und ihre *Erlöse* oder *Kosten* eindeutig bestimmbar sein. Für jede von q unterschiedlichen Arten der Leistungsmessung erhält man für die Messart k aus dem bekannten Betrag B_k und der Leistungsmenge Y_k den durchschnittlichen Betrag je Leistungseinheit u_k als

Kalkulation bei Prozesskostenrechnung

$$u_k = \frac{B_k}{Y_k} \qquad k = 1, 2, ..., q.$$

Bezogen auf das Beispiel würde man die $q = 3$ Kostenblöcke B_k, die *mengenabhängigen Kosten* B_1, die *beschaffungsabhängigen Kosten* B_2 und *verkaufsabhängigen Kosten* B_3, sowie die jeweiligen Leistungsmessungen Y_k die *Menge der hergestellten Einheiten, Zahl der Beschaffungsvorgänge* und *Zahl der Verkaufsvorgänge* unterscheiden. Bei Division der Kostenblöcke durch die jeweilige Leistungsmenge ergeben sich die durchschnittlichen *Kosten* u_k der jeweiligen Leistungsmessart k.

Vereinfachungen Zur Vereinfachung der Rechnung lassen sich alle Teilprozesse, deren Leistung auf die gleiche Art und im gleichen Umfang gemessen werden, gedanklich zusammenfassen: Die Summe der *Erlöse* oder *Kosten* aller Teilprozesse, deren Leistungen jeweils auf die gleiche Art gemessen werden, kann man dann addieren und durch die Leistungsmenge der Teilprozesse dividieren.

Formeln Die Beziehung zu den m Kostenträgern wird über die Menge der Leistungseinheiten hergestellt, die der Kostenträger i von der Leistungsmessart k in Anspruch nimmt. Man bezeichnet diese Menge mit X_{ij} so, dass sich die Leistungsmenge der Messart k ergibt als

$$Y_k = \sum_{i=1}^{m} X_{ik} \qquad k = 1, 2, ..., q \, .$$

Bezogen auf das Beispiel würde man für jede Leistungsmessart ermitteln, wie viele Leistungseinheiten von den einzelnen Kostenträgerarten in Anspruch genommen werden, z.B. wie viele Beschaffungsvorgänge für die Kostenträgerart i angefallen sind. Die Summe der Beschaffungsvorgänge über alle Kostenträger muss der Zahl der insgesamt durchgeführten Beschaffungsvorgänge entsprechen. Für die anderen Leistungsarten gilt das Gleiche analog.

Prozessorientierte Kalkulation Die *Kosten* eines Kostenträgers ergeben sich dann aus der Summe der *Kosten* der einzelnen in Anspruch genommenen Leistungseinheiten. Diese Summe der auf einen Kostenträger entfallenden Beträge b_i lässt sich ermitteln aus

$$b_i = \sum_{k=1}^{q} u_k \cdot X_{ik} \qquad i = 1, 2, ..., m \, .$$

Erkennbarkeit von Kostentreibern Die jeweils unterschiedlich gemessenen Leistungsarten werden in der Kostenrechnungsliteratur als *Kostentreiber* bezeichnet. An den Formeln ist leicht zu erkennen, dass es sich bei einer prozessorientierten Kalkulation nicht um eine grundlegend neue Art der Kalkulation handelt, sondern lediglich um die spezielle Form einer Divisionskalkulation. Strukturell fällt diese Form der Divisionskalkulation mit der Zuschlagskalkulation zusammen, die im Folgenden noch behandelt wird.

3.2 Traditionelle Trägerrechnungen

Für den Fall einer einfachen Divisionskalkulation mit drei Prozessen und mit jeweils unterschiedlicher Leistungsmessung ergäbe sich die Einkommensrechnung der Abbildung 3.7.

Zugehörige Einkommensrechnung

Zeitraumbezogene Einkommensrechnung
Erlöse aus dem Verkauf der Erzeugnisse
− Kosten aus dem Verkauf der Erzeugnisse, entstanden im Prozess 1
− Kosten aus dem Verkauf der Erzeugnisse, entstanden im Prozess 2
− Kosten aus dem Verkauf der Erzeugnisse, entstanden im Prozess 3
+ Restliche Erlöse des Abrechnungszeitraums
− Restliche Kosten des Abrechnungszeitraums
= Einkommen des Abrechnungszeitraums

Abbildung 3.7: Zeitraumbezogene Einkommensrechnung bei einfacher Divisionskalkulation mit drei unterschiedlichen Leistungsmessungen

Das Verfahren der prozessorientierten Kalkulation erweist sich in Unternehmen als vorteilhaft, deren Erzeugnisarten die Teilprozesse der Produktion unterschiedlich durchlaufen. Es sollte immer dann auf die Gemeinerlöse bzw. Gemeinkosten bezüglich der Kostenträger angewendet werden, wenn eine Vielfalt in der Fertigung eingetreten ist. Vielfalt liegt dann vor, wenn Unterschiede, z.B. in Ausstoßmengen, Losgrößen, Art der Produkte, Produktausstattung hinsichtlich Material, Zusatzteilen etc., in Design, Qualitätserfordernissen oder Auswahl der Zulieferer vorliegen. Es können auch Unterschiede bezüglich anderer Einflussgrößen bestehen, die zu der Vermutung Anlass geben, dass die *Erlöse* oder *Kosten* von scheinbar ähnlichen Fertigungsdurchläufen stark voneinander abweichen.

Anwendungsempfehlungen für prozessorientierte Rechnungen

Bei der Zusammenfassung von unterschiedlichen, in ihrer Wirkung auf die *Erlöse* oder *Kosten* eines Kostenträgers ähnlichen Leistungsmessarten wird man häufig die gleichen Gruppen von Erlös- oder Kostentreibern bilden. So sind durch Vorhandensein eines bestimmten Maschinenparks entstehende *Kosten* wie Abschreibungen, Wartungskosten, *Kosten* für Großreparaturen und u.U. auch Personalkosten in wesentlichen Teilen vom Umfang der tatsächlichen Nutzung unabhängig. Produktbezogene Tätigkeiten, wie notwendige Umkonstruktion, Anpassung an neue Normen, Verbesserung der Qualität, neues Design etc. sind erforderlich, solange die Produkte im Fertigungsprogramm verbleiben; sie sind wiederum unabhängig von der erzeugten Menge. Schließlich gibt es auftragsabhängige *Kosten*, wie das Einrichten von Maschinen, wenn Rüstzeiten jeweils für einen Auftrag anfallen. Sie sind u.U. abhängig von der Bestellmenge; denn Vorrichtungen sind oft auftragsspezifisch und Reinigungsvorgänge sind jeweils nach Abschluss des Auftrages durchzuführen. Häufiger Auftragswechsel erhöht damit Frequenz und Anteil dieser Tätigkeiten, ohne die erzeugte Produktmenge zu vergrößern. Viele dieser Kosten fallen außerdem

Anwendungsbeispiele prozessorientierter Rechnungen

an, ohne von der Auftragsstruktur eines laufenden Geschäftsjahres direkt abhängig zu sein; sie sind vielmehr vorgeplant, um die Betriebsbereitschaft zu sichern. Andere wiederum sind rein auftragsabhängig. Zur Ermittlung der *Kosten* eines Kalkulationsobjektes sollten sie deshalb entsprechend ihrer Nutzung mit Schlüsseln auf die Einzelaufträge verrechnet werden, wenn man einem Finalprinzip folgt. Allerdings verbleibt noch ein wesentlicher Anteil an *Kosten* für die direkte Auftragsabwicklung, zum Beispiel die *Kosten* der reinen Fertigungszeit, des Fertigungs- und Hilfsmaterials. Dabei handelt es sich jedoch um *Kosten*, die einem Kostenträger üblicherweise als Einzelkosten zugerechnet werden.

Die Vorgehensweise einer Divisionskalkulation mit stufenweise unterschiedlicher Leistungsmessung (»Prozesskostenrechnung«) sei im Folgenden an einem Beispiel erläutert.

Sachverhalt eines Beispiels

In einem Unternehmen, das im Abrechnungszeitraum 20X1 die drei Erzeugnisarten A, B und C hergestellt hat, liefert eine Analyse der Produktionsprozesse für den Abrechnungszeitraum 20X1 folgende Daten:

- Es fielen für jede der drei Erzeugnisarten Lohn- und Materialeinzelkosten an, die insgesamt $150\,GE$ je Erzeugnisarteinheit betrugen.
- In einem Prozess 1 entstanden zusätzlich Gemeinkosten in Höhe von $10\,000\,GE$, die mit der Anzahl der Maschinenstunden variierten.
- In einem Prozess 2 entstanden zusätzlich Gemeinkosten in Höhe von $20\,000\,GE$, die mit der Anzahl der eingesetzten Hilfskräfte variierten.
- Schließlich fielen im Rahmen des Vertriebsprozesses der Erzeugnisse insgesamt $5\,000\,GE$ an, die mit der Anzahl der Verkaufsvorgänge variierten.

Die bezüglich der Bezugsgrößen der Prozesse zusammengetragenen Daten sind der Abbildung 3.8 ebenso zu entnehmen wie die hergestellte Menge je Erzeugnisart im Abrechnungszeitraum 20X1:

	Erzeugnisarten			Summe
	A	B	C	
Anzahl hergestellter Erzeugnisse	100	250	30	380
Prozess 1 (Anzahl der Maschinenstunden)	50	35	15	100
Prozess 2 (Anzahl der Hilfskräfte)	18	10	12	40
Prozess 3 (Anzahl der Verkaufsvorgänge)	17	23	10	50

Abbildung 3.8: Angaben zu Herstellungsmenge und Bezugsgößen der Prozesse

Problemstellung

Wir werden uns anhand des Beispiels verdeutlichen,

- welchen Einfluss das gewählte Zurechnungsprinzip auf die Erstellung einer Divisionsrechnung mit stufenweise unterschiedlicher Leistungsmessung (Prozesskostenrechnung) hat, wenn die Berechnung der Herstellungskosten der Erzeugnisarten A, B und C angestrebt wird.

- wie man mittels einer Divisionsrechnung mit stufenweise unterschiedlicher Leistungsmessung (Prozesskostenrechnung) die Herstellungskosten je Stück der Erzeugnisarten A, B und C berechnen kann.

Vertiefung der Ausführungen anhand des Beispiels

Grundlagen der Problemlösung

Der Prozesskostenrechnung liegt folgende Idee zu Grunde: Die zu kalkulierenden Erzeugnisarten durchliefen unterschiedliche (Teil-)Prozesse. Deswegen sind die einzelnen Erzeugnisarten mit den anteiligen *Kosten* derjenigen Teilprozesse zu bewerten, die von den Erzeugnisarten in Anspruch genommen werden. Man verwendet im Rahmen einer Prozesskostenrechnung für die von den Erzeugnisarten durchlaufenen bzw. in Anspruch genommenen Stufen den Begriff (Teil-)Prozess bzw. Aktivität. Die Arten der Leistungsmessung für die verschiedenen (Teil-)Prozesse können durchaus unterschiedlich sein. Dies ist der Grund dafür, dass man die Prozesskostenrechnung als eine stufenweise Divisionsrechnung mit jeweils unterschiedlicher Leistungsmessung auffassen kann.

Prozesskostenrechnung als Divisionsrechnung mit stufenweise unterschiedlicher Leistungsmessung

Die prozessorientierte Ermittlung der Herstellungskosten der Erzeugnisarten A, B und C erfordert es, zunächst für jeden Prozess bzw. für jede Aktivität eine Bezugsgröße zu definieren, die sich vermutlich proportional zu den *Kosten* des jeweiligen Prozesses verhält. Auf diesem Wege erhält man für jede Aktivität eine (jeweils andere) Art der Leistungsmessung. Die jeweils unterschiedlich gemessenen Leistungsarten werden in der Kostenrechnungsliteratur als *Kostentreiber* bezeichnet. Im Beispiel liegen drei verschiedene Prozesse und damit drei verschiedene Kostentreiber vor: die Anzahl der Maschinenstunden für die Materialgemeinkosten der Erzeugnisarten, die Anzahl eingesetzter Hilfskräfte für die Lohngemeinkosten der Erzeugnisarten und die Anzahl der Verkaufsvorgänge für die Vertriebsgemeinkosten der Erzeugnisarten.

Festlegung der Bezugsgöße; Identifikation der Kostentreiber

Einfluss des gewählten Zurechnungsprinzips auf die Durchführung der Prozesskostenrechnung

Man hat bei der Zurechnung von *Kosten* zu Kalkulationsobjekten grundsätzlich die Wahl zwischen zwei Arten von Zurechnungsprinzipien. Man kann das *Marginalprinzip* oder eine Form eines *Finalprinzips* wählen.

Einfluss des Marginalprinzips

Wählt man als Prinzip zur Zurechnung von *Kosten* zu den einzelnen Erzeugnisarten das *Marginalprinzip*, so sind bei der Berechnung der Herstellungskosten der drei Erzeugnisarten lediglich deren Einzelkosten zu beachten. Im Beispiel werden diese für jede der drei Erzeugnisarten A, B und C mit jeweils insgesamt $150\,GE$ je Stück angegeben. Eine weitergehende Anwendung der Prozesskostenrechnung ist nicht erforderlich, weil sich die Einzelkosten der Erzeugnisarten per definitionem den Erzeugnisarten direkt zurechnen lassen, so dass die Notwendigkeit einer Verteilung dieser Kostenarten mit Hilfe einer Prozesskostenrechnung oder mit Hilfe eines anderen Verfahrens entfällt.

Einfluss des Kosteneinwirkungsprinzips

Wählt man hingegen als Prinzip zur Zurechnung von *Kosten* zu den einzelnen Erzeugnisarten ein *Finalprinzip*, so kann man aus verschiedenen *Finalprinzipien* auswählen. Wir wollen die folgende Betrachtung auf Basis des Kosteneinwirkungsprinzips durchführen. Demnach sind in die Berechnung der Herstellungskosten der drei Erzeugnisarten neben deren Einzelkosten auch alle diejenigen Gemeinkosten der Erzeugnisarten einzubeziehen, ohne welche die Herstellung der Erzeugnisarten nicht möglich gewesen wären. Zu diesen Gemeinkosten zählen im Beispiel die *Kosten* der Prozesse 1 und 2. Die Gemeinkosten der Erzeugnisarten, die im Zusammenhang mit Vertriebsaktivitäten angefallen sind, gehören nicht zu den zurechenbaren Kostenarten, weil diese nicht im Zusammenhang mit der Herstellung angefallen sind. Die *Kosten* des Vertriebsprozesses wären Bestandteil der Selbstkosten der drei Erzeugnisarten, sofern für eine solche Berechnung ebenfalls als Zurechnungsprinzip ein Kosteneinwirkungsprinzip gewählt würde.

Berechnung der Herstellungskosten der drei Erzeugnisarten

Herstellungskosten bei Verwendung des Marginalprinzips

Bei Verwendung des *Marginalprinzips* sind, wie oben beschrieben, lediglich die Einzelkosten der Erzeugnisarten in die Berechnung mit einzubeziehen. Da die Einzelkosten für alle drei Erzeugnisarten A, B und C identisch sind, ergeben sich für die Erzeugnisarten identische Herstellungskosten in Höhe von jeweils $150\,GE$ je Einheit.

Herstellungskosten bei Verwendung des Kosteneinwirkungsprinzips

Über die Einzelkosten der Erzeugnisarten hinaus sind bei Verwendung des *Kosteneinwirkungsprinzips* den drei Erzeugnisarten auch die Kosten der Prozesse 1 und 2 zuzurechnen. Bei der Verteilung jener Gemeinkostenarten auf die Erzeugnisarten liegt es auf Grund der Datenlage nahe, die Prozesskostenrechnung zu verwenden. Für die *Kosten* des Prozesses 1 in Höhe von $10000\,GE$ bietet sich als Bezugsgröße die Anzahl an Maschinenstunden an. Mit jeder der 100 Maschinenstunden (Mh) sind demnach im Durchschnitt *Kosten* in Höhe von

$$10000\,GE / 100\,Mh = 100\,GE/Mh$$

3.2 Traditionelle Trägerrechnungen

verbunden. Für die *Kosten* des Prozesses 2 in Höhe von $20\,000\,GE$ bietet sich eine Verrechnung proportional zur Anzahl der für die Fertigung der drei Erzeugnisarten eingesetzten Hilfskräfte (*Hk*) an. Somit entfallen auf jede eingesetzte Hilfskraft im Durchschnitt Kosten in Höhe von

$$20\,000\,GE / 40\,Hk = 500\,GE/Hk \,.$$

Auf Basis dieser Überlegungen ist es möglich, die angefallenen Gemeinkosten der Erzeugnisarten – wie in Abbildung 3.9 gezeigt – auf die Erzeugnisarten zu verteilen.

			Erzeugnisart		
			A	B	C
	Kosten des Prozesses 1	Maschinenstunden	50	35	15
		* anteilige Gemeinkosten je Mh in *GE*	100	100	100
		= anteilige Gemeinkosten in *GE*	5 000	3 500	1 500
+	Kosten des Prozesses 2	Hilfskräfte	18	10	12
		* anteilige Gemeinkosten je Hilfskraft in *GE*	500	500	500
		= anteilige Gemeinkosten in *GE*	9 000	5 000	6 000
=	gesamte anteilige Gemeinkosten in *GE*		14 000	8 500	7 500
:	Anzahl hergestellter Erzeugnisse		100	250	30
=	anteilige Gemeinkosten je Einheit in *GE*		140	34	250

Abbildung 3.9: Ermittlung der anteiligen Gemeinkosten je Erzeugnisarteinheit

Da die Herstellungskosten je Erzeugnisarteinheit auf Basis eines Kosteneinwirkungsprinzips kalkuliert werden sollen, sind – wie oben bereits beschrieben – die soeben ermittelten Gemeinkosten je Einheit zu den Einzelkosten je Erzeugnisarteinheit zu addieren. Somit ergeben sich die Herstellungskosten je Erzeugnisarteinheit wie in Abbildung 3.10.

Herstellungskosten = Einzelkosten + Gemeinkosten (ohne Vertrieb)

		Erzeugnisart		
		A	B	C
	anteilige Gemeinkosten je Einheit in *GE*	140	34	250
+	Einzelkosten je Einheit in *GE*	150	150	150
=	Herstellungskosten je Einheit in *GE*	290	184	400

Abbildung 3.10: Ermittlung der Herstellungskosten je Erzeugnisarteinheit auf Basis des Kosteneinwirkungsprinzips der Kostenzurechnung

Zusammenfassende Beurteilung der Divisionsrechnung

Anwendungsbereiche für Divisionsrechnungen zur Ermittlung von Erlösen und Kosten von Leistungseinheiten

Es fällt nicht schwer, sich die Durchführung einer Divisionskalkulation für die Ermittlung der durchschnittlichen *Kosten* einer Leistungseinheit vorzustellen. Ungewöhnlich ist es dagegen, hierbei an *Erlöse* zu denken. Typische Situationen, in denen sich eine Divisionskalkulation für *Erlöse* jedoch aufdrängt, liegen vor, wenn unterschiedlich hohe Rabatte auf Listenpreise gewährt oder Pauschalpreise berechnet werden. Mengen- oder Kundenrabatte, auch gegen Entrichtung eines einmaligen oder wiederkehrenden Entgelts, wie es etwa bei der Bahnkarte der Fall ist, begründen derartige Sachverhalte. Je größer und häufiger solche Abweichungen vom Listenpreis sind, desto mehr leidet die Aussagefähigkeit der Durchschnittsgröße. Im Folgenden konzentrieren wir uns lediglich auf die Ermittlung der durchschnittlichen *Kosten* von Leistungseinheiten; dies auf die Ermittlung durchschnittlicher *Erlöse* anzuwenden, sollte dem interessierten Leser ohne weitere Schwierigkeiten möglich sein.

Einfluss des Zurechnungsprinzips auf den Aussagegehalt der Durchschnittsgrößen von Divisionsrechnungen

Je nachdem, ob man die durchschnittlichen *Erlöse* oder die durchschnittlichen *Kosten* je Leistungseinheit nach dem *Marginalprinzip* oder nach einem *Finalprinzip* bestimmt, ändert sich der Aussagegehalt der Rechengrößen je Leistungseinheit – dies gilt unabhängig davon, um welche Art der Kalkulation es sich handelt. Die Verwendung des *Marginalprinzips* erfordert, dass die *Erlöse* oder die *Kosten* getrennt danach erfasst werden, ob man sie einzeln messen kann oder nicht. In Zeitraumrechnungen variieren die beschäftigungsvariablen Beträge, wohingegen die beschäftigungsfixen konstant bleiben. Bei mehrfachem oder mehrstufigem Vorgehen ist es sinnvoll, die Outputmenge jeweils unterschiedlich zu messen: für jeden Erzeugnistyp und für jede Stufe durch die im Abrechnungszeitraum jeweils hergestellten Zwischenerzeugnisse. In den oben dargestellten zeitraumbezogenen Einkommensrechnungen ändert sich die Höhe der einzelnen Posten immer mit dem Zurechnungsprinzip. Bei Verwendung eines Marginalprinzips sind die Kosten aus dem Verkauf von Erzeugnissen im Regelfall kleiner und die restlichen Kosten größer als beim Finalprinzip.

Messung der Leistung

In der Regel werden auf jeder Stufe unterschiedliche Leistungen erbracht und abgesetzt. Bei der Messung der jeweiligen Mengen an Leistungen ist es denkbar, dass man jeweils die gleiche oder unterschiedliche Maßgrößen verwendet.

3.2.2 Kalkulation mit Hilfe der Zuschlagsrechnung

Grundlage der Zuschlagsrechnung ist die Idee, man möge einem Kostenträger i die eindeutig messbaren Rechengrößen be_i zurechnen und zusätzlich einen Zuschlag vornehmen, um die für diesen Kostenträger nicht messbaren Rechengrößen, die man ihm dennoch zurechnen möchte, zu berücksichtigen. Für den Fall von *Erlösen* bedeutet dies, einem Kostenträger seine Einzelerlöse und eventuell einen weiteren Betrag zuzurechnen, der sich als Zuschlag auf die Einzelerlöse berechnet; bei den Kosten werden einem Kostenträger die Einzelkosten und eventuell darüber hinaus ein weiterer Betrag zugerechnet, der als Zuschlag auf die Einzelkosten bestimmt wird. Für die Durchführung einer Zuschlagskalkulation ist es daher erforderlich, dass die Rechengrößen von Leistungseinheiten in Komponenten zerlegbar sind, die getrennt danach erfasst werden, ob sie für jede einzelne Leistungseinheit einzeln gemessen werden können (Einzelerlöse oder Einzelkosten in Bezug auf die Leistungseinheit) oder ob dies nicht der Fall ist (Gemeinerlöse oder Gemeinkosten in Bezug auf die Leistungseinheit). Die *Erlöse* oder *Kosten* einer Leistungseinheit werden dann aus den Einzelerlösen oder Einzelkosten dieser Leistungseinheit zuzüglich eines Zuschlags wegen der Gemeinerlöse oder Gemeinkosten derselben Leistungseinheit ermittelt. Weil sich für alle Kostenträger Einzelkosten ermitteln lassen, ist das Verfahren zumindest bei der Zurechnung von Kosten für beliebig viele, auch unterschiedliche Kostenträger ohne viel Mühe anwendbar.

Grundlagen der Zuschlagsrechnung

Formal kann man eine Zuschlagskalkulation auf verschiedene Arten durchführen. Allen Arten gemeinsam ist, dass einer oder mehrere Zuschlagssätze zu bilden sind. Eine einfache Form besteht darin, sämtliche Gemeinerlöse oder Gemeinkosten proportional zu einer einzigen Zuschlagsbasis, beispielsweise zu den Einzelerlösen oder Einzelkosten, zu verrechnen. Man verwendet dann jeweils einen einzigen Zuschlagssatz und eine einzige Zuschlagsbasis. Bei komplizierteren Formen werden die Gemeinerlöse oder Gemeinkosten in mehrere Gruppen aufgeteilt und für jede Gruppe eine eigene Zuschlagsbasis verwendet. Es ergibt sich dann für jede Gruppe von Gemeinerlösen oder Gemeinkosten jeweils ein eigener Zuschlagssatz, der sich jeweils auf eine andere Zuschlagsbasis beziehen kann. Verrechnet man die angefallenen Gemeinerlöse oder Gemeinkosten nur jeweils auf Basis einer einzigen Zuschlagsbasis, spricht man von der *kumulativen Zuschlagskalkulation*. Werden jeweils verschiedene Zuschlagsbasen zur Verrechnung der Gemeinerlöse und Gemeinkosten verwendet, bezeichnet man dies als *elektive Zuschlagskalkulation*. Als Zuschlagsbasen können sowohl Wert- als auch Mengengrößen gewählt werden.

Arten von Zuschlagsrechnungen

Kumulative Zuschlagskalkulation mit mengenbasiertem und wertbasiertem Zuschlag

Bei der kumulativen Zuschlagskalkulation teilt man den gesamten während eines Abrechnungszeitraums angefallenen und den Leistungseinheiten zuzurechnenden Betrag B auf, und zwar so in den bezüglich einzelner Leistungseinheiten messbaren Teil BE und in den bezüglich der einzelnen Leistungseinheiten nicht messbaren Teil BG, dass

$$B = BE + BG$$

gilt. Bezeichnet man die Menge der Leistungseinheiten mit X, so ergibt sich der Zuschlagssatz z_M als mengenbasierter Zuschlag z.B. aus

$$z_M = \frac{BG}{X}$$

und die Kalkulation b_i eines einzelnen Kostenträgers i mit den einzeln zurechenbaren Beträgen be_i als

$$b_i = be_i + z_M \cdot X_i \qquad i = 1,...,m.$$

Bei Ermittlung eines wertbasierten Zuschlags, z.B. aus

$$z_W = \frac{BG}{BE}$$

erhält man die Kalkulation b_i eines einzelnen Kostenträgers i mit den einzeln zurechenbaren Beträgen be_i aus

$$b_i = be_i + z_W \cdot be_i \qquad i = 1,...,m.$$

Zugehörige Einkommensrechnung

Bei einfacher kumulativer Zuschlagsrechnung und Zuschlag nur für die Kosten ergibt sich die zeitbezogene Einkommensrechnung der Abbildung 3.11.

Abbildung 3.11: Zeitraumbezogene Einkommensrechnung bei einfacher kumulativer Zuschlagsrechnung

Zeitraumbezogene Einkommensrechnung	
	Erlöse aus dem Verkauf der Erzeugnisse
–	Summe der Einzelkosten aus dem Verkauf der Erzeugnisse
–	Summe der Gemeinkosten aus dem Verkauf der Erzeugnisse, die als Zuschlag verrechnet wurden
+	Restliche Erlöse des Abrechnungszeitraums
–	Restliche Kosten des Abrechnungszeitraums
=	Einkommen des Abrechnungszeitraums

Elektive Zuschlagskalkulation mit wertbasiertem Zuschlag

Bei der elektiven Zuschlagskalkulation zerlegt man die Größen BE und BG in einzelne Komponenten. Unterscheidet man r verschiedene Komponenten BEK_l und BGK_l derart, dass

$$BE = \sum_{l=1}^{r} BEK_l \qquad \text{und} \qquad BG = \sum_{l=1}^{r} BGK_l,$$

3.2 Traditionelle Trägerrechnungen

so lassen sich r verschiedene wertbasierte Zuschlagssätze ermitteln:

$$z_{Wl} = \frac{BGK_l}{BEK_l} \qquad l = 1, ..., r.$$

Die Kalkulation der Kostenträger i kann dann unter Verwendung der gerade beschriebenen Terminologie entsprechend der Formel

$$b_i = \sum_{l=1}^{r} be_{il} + \sum_{l=1}^{r} z_{Wl} \cdot be_{il} \qquad \text{mit} \quad be_{il} = \frac{BE_{il}}{X_{il}}, i = 1,...,m$$

erfolgen.

Analoge Überlegungen kann man für die Bestimmung mengenbasierter Zuschlagssätze z_{Ml} anstellen. Als Zuschlagsbasen verwendet man dann r verschiedene Mengen von Leistungseinheiten X_l. Analog zu oben ergeben sich r verschiedene mengenbasierte Zuschlagssätze z_{Ml} zu

Elektive Zuschlagskalkulation mit mengenbasiertem Zuschlag

$$z_{Ml} = \frac{BGK_l}{X_l} \qquad l = 1, ..., r.$$

Die Kalkulation der Kostenträger i kann dann wiederum unter Verwendung der gerade beschriebenen Terminologie entsprechend der Formel

$$b_i = \sum_{l=1}^{r} be_{il} + \sum_{l=1}^{r} z_{Ml} \cdot X_{il} \qquad i = 1,...,m$$

erfolgen.

Die zeitraumbezogene Einkommensrechnung könnte bei zwei Zuschlägen für die Verrechnung von Gemeinkosten das Aussehen der Abbildung 3.12 annehmen.

Zugehörige Einkommensrechnung

Abbildung 3.12: Zeitraumbezogene Einkommensrechnung bei einfacher zweistufiger Zuschlagsrechnung

	Zeitraumbezogene Einkommensrechnung
	Erlöse aus dem Verkauf der Erzeugnisse
−	Summe der Einzelkosten aus dem Verkauf der Erzeugnisse
−	Summe der Gemeinkosten aus dem Verkauf der Erzeugnisse, die als Zuschlag 1 verrechnet wurden
−	Summe der Gemeinkosten aus dem Verkauf der Erzeugnisse, die als Zuschlag 2 verrechnet wurden
+	Restliche Erlöse des Abrechnungszeitraums
−	Restliche Kosten des Abrechnungszeitraums
=	Einkommen des Abrechnungszeitraums

Prozesskostenrechnung als Ausprägung einer elektiven Zuschlagskalkulation

Bei einer elektiven Zuschlagskalkulation ist es allerdings auch denkbar, dass man die verschiedenen Komponenten BGK_l nicht alle zugleich entweder auf Basis einer Wert- oder einer Mengengröße verteilen möchte. Dies wird immer dann der Fall sein, wenn die verschiedenen Komponenten BGK_l jeweils auf unterschiedliche Aktivitäten zurückzuführen sind und dementsprechend mit unterschiedlichen Kostentreibern variieren. Die unterschiedlichen Kostentreiber erfordern unterschiedliche Arten der Leistungsmessung. So können etwa bestimmte Komponenten der Gemeinkosten der Kostenträger mit Wertgrößen, andere Komponenten jedoch mit Mengengrößen variieren. Allgemein gesprochen würden in diesem Fall r voneinander verschiedene Leistungsmessarten Y_l als Zuschlagsbasen für die r verschiedenen Komponenten BGK_l fungieren. Bei dieser Form der elektiven Zuschlagskalkulation würden sich die Zuschlagssätze z_l wie folgt ergeben:

$$z_l = \frac{BGK_l}{Y_l} \qquad l = 1, ..., r.$$

Die Berechnung der gesamten *Kosten* der Kostenträger würde bei Verwendung der oben beschriebenen Terminologie der Darstellung oben sehr ähnlich sehen:

$$b_i = \sum_{l=1}^{r} be_{il} + \sum_{l=1}^{r} z_l \cdot Y_{il}.$$

Bei dieser Form der elektiven Zuschlagskalkulation, bei der die Kalkulation der Kosten der Kostenträger gleichzeitig mit unterschiedlichen Leistungsmessarten vorgenommen wird, könnte man – analog zu der Unterteilung bei der Divisionsrechnung – ebenfalls von einer Form der prozessorientierten Kalkulation sprechen. Bei den Aktivitäten, mit denen die Komponenten der Gemeinkosten variieren, handelt es sich um die von dem jeweiligen Kostenträger in Anspruch genommenen Prozesse.

Aussagegehalt von Zuschlagsrechnungen

Materiell hängt der Aussagegehalt einer Zuschlagskalkulation davon ab, ob die Gemeinerlöse oder die Gemeinkosten sich proportional zu der jeweiligen Zuschlagsbasis verhalten oder nicht. Tun sie es nicht, so verwendet man implizit ein *Finalprinzip* zur Zurechnung der Gemeinerlöse oder der Gemeinkosten auf die Erzeugnisse. Man muss dann alle Nachteile in Kauf nehmen, die mit der Verwendung eines *Finalprinzips* verbunden sind: die Willkür bei der Wahl der Bezugsgröße, nach der die Zurechnung erfolgt, sowie die Probleme aus der fälschlichen *Proportionalisierung fixer Erlöse oder fixer Kosten*.

Sachverhalt eines Beispiels

Bei der Herstellung von Erzeugnissen in einem vergangenen Abrechnungszeitraum 20X1 wurden in einem Unternehmen die in Abbildung 3.13 aufgezeichneten Produktionsfaktoren eingesetzt.

Produktionsfaktoren	Kosten
Fertigungsmaterial:	Einzelkosten von Erzeugnissen: 4000 kg zu je 7 GE/kg
Fertigungslohn:	Einzelkosten von Erzeugnissen: 800 $Std.$ zu je 10 $GE/Stunde$.
weitere Produktionsfaktoren:	Gemeinkosten von Erzeugnissen: 12000 GE

Abbildung 3.13: Daten über eingesetzte Produktionsfaktoren und Kosten für das Beispiel

Die Gemeinkosten der Erzeugnisse in Höhe von 12000 GE lassen sich auf zwei verschiedene Prozesse aufteilen. Für den Prozess 1 ist die Bezugsgröße die Ausbringungsmenge (stückabhängige Aktivitäten), für den Prozess 2 ist es die Anzahl eingesetzter Arbeitsstunden (stundenabhängige Aktivitäten). Die Aufteilung der Gemeinkosten auf die beiden Prozesse ist Abbildung 3.14 zu entnehmen. Die Herstellung des Erzeugnisses A erfordert den Einsatz von 5 kg Fertigungsmaterial und einer Lohnstunde.

Prozess	Gemeinkosten
Prozess 1: stückabhängige Aktivitäten	8000 GE
Prozess 2: stundenabhängige Aktivitäten	4000 GE

Abbildung 3.14: Daten über Aufteilung der Gemeinkosten der Erzeugnisse auf die zwei Prozesse

Problemstellungen

Wir befassen uns anhand des Beispiels mit den Fragen,

- wie man mit Hilfe einer kumulativen Zuschlagsrechnung die Herstellungskosten für eine Einheit des Erzeugnisses A gemäß einem Finalprinzip bestimmen kann. Dazu werden wir zunächst die verschiedenen Möglichkeiten zur Zuschlagsbildung vorführen, um sie anschließend zu beurteilen.

- wie man mit Hilfe einer elektiven Zuschlagsrechnung in der Ausprägung einer prozessorientierten Kalkulation die Herstellungskosten für eine Einheit des Erzeugnisses A gemäß einem Finalprinzip bestimmen kann.

Vertiefung der Ausführungen anhand des Beispiels

Grundlagen der Problemlösung

Bei der Zuschlagskalkulation wird ein Zuschlag zu den Einzelkosten eines Kostenträgers berechnet, um damit dessen Gemeinkosten zu berücksichtigen. Die Grundlage für die Zuschlagsberechnung können Wertgrößen,

Lösungsidee

z.B. die Einzelkosten oder Teile derselben, oder Mengengrößen bilden, beispielsweise die Materialmenge oder die Fertigungszeit.

Kumulative Zuschlagskalkulation

Bei der kumulativen Zuschlagskalkulation wird im erstgenannten Fall der Zuschlagssatz gebildet, indem man für einen Abrechnungszeitraum die Gemeinkosten bezüglich des zu kalkulierenden Kostenträgers auf die Einzelkosten der während dieses Zeitraums gefertigten Kostenträger bezieht. Bei der letztgenannten Art der Zuschlagsberechnung bezieht man die Gemeinkosten der Kostenträger des Zeitraums auf die für den Zeitraum relevante Mengengröße. Die Problemstellung lässt formal fünf Zuschlagsarten zu:

- Zuschlag wegen der Gemeinkosten der Kostenträger proportional zu den Fertigungsmaterialkosten,
- Zuschlag wegen der Gemeinkosten der Kostenträger proportional zu den Fertigungslohnkosten,
- Zuschlag wegen der Gemeinkosten der Kostenträger proportional zur Summe aus Fertigungsmaterial- und Fertigungslohnkosten,
- Zuschlag wegen der Gemeinkosten der Kostenträger proportional zum Fertigungsmaterialverbrauch und den
- Zuschlag wegen der Gemeinkosten der Kostenträger proportional zu den Fertigungslohnstunden.

Die Herstellungskosten einer Erzeugniseinheit gemäß einem *Finalprinzip* der Kostenzurechnung ergeben sich aus der Summe der Einzelkosten dieser Erzeugniseinheit und des Zuschlages. Dieser wird üblicherweise durch Multiplikation der jeweiligen Einzelkosten bzw. der jeweiligen Mengengröße mit einem Zuschlagssatz ermittelt.

Elektive Zuschlagskalkulation

Bei der elektiven Zuschlagskalkulation bestimmt man für verschiedene Gruppen von Gemeinkosten der Erzeugnisse jeweils eine andere Zuschlagsbasis. Die Zuschlagsbasen können sowohl Mengen- als auch Wertgrößen sein. Kommen verschiedene Größenkategorien bei der elektiven Zuschlagskalkulation zum Einsatz, kann man auf Grund der gleichzeitig verwendeten unterschiedlichen Leistungsmessarten von einer prozessorientierten Kalkulation sprechen. Die Herstellungskosten der Erzeugnisse gemäß eines Finalprinzips der Kostenzurechnung berechnen sich auch in diesem Fall aus den Einzelkosten der Erzeugnisse zuzüglich eines Zuschlages.

Formen der kumulativen Zuschlagskalkulation

Zuschlagskalkulation mit Fertigungsmaterialkosten als Zuschlagsbasis

Eine Art des Zuschlags lässt sich auf Basis der Fertigungsmaterialeinzelkosten ermitteln. Der Zuschlagssatz z auf Basis dieser Kosten ergibt sich, indem man die gesamten Gemeinkosten der Erzeugnisse des Abrechnungszeitraums in Höhe von $12\,000\,GE$ durch die Fertigungsmaterialeinzelkosten des Abrechnungszeitraums in Höhe von $28\,000\,GE$ dividiert:

$$z_{Materialkosten} = \frac{12000\,GE}{28000\,GE} = 0{,}4286\,.$$

Die Herstellungskosten einer Erzeugniseinheit ergeben sich aus der Summe der Fertigungsmaterialeinzelkosten und Fertigungslohneinzelkosten einer Erzeugniseinheit sowie dem Zuschlag $z_{Materialkosten}$ auf die Fertigungsmaterialeinzelkosten. Die Rechnung gestaltet sich wie folgt:

$$HK_{z_{Materialkosten}} = 5kg \cdot 7\frac{GE}{kg} + 1h \cdot 10\frac{GE}{h}$$

$$+ 0{,}4286 \cdot \left(5kg \cdot 7\frac{GE}{kg}\right)$$

$$HK_{z_{Materialkosten}} = 60{,}0\,GE$$

Die Lösung des Problems auf Basis der Fertigungslohneinzelkosten gleicht formal dem gerade Beschriebenen. Die Herstellungskosten je Erzeugniseinheit berechnen sich nach demselben Schema. Der einzige Unterschied ergibt sich aus der anderen Zuschlagsbasis. Als solche wird hier der Fertigungslohn herangezogen. Dieser ergibt sich aus der Multiplikation der benötigten Fertigungsstunden mit den Lohnkosten je Stunde zu $8000\,GE$. Der Zuschlagsatz $z_{Lohnkosten}$ auf die Fertigungslohneinzelkosten ergibt sich dementsprechend wie folgt:

Zuschlagskalkulation mit Fertigungslohn als Zuschlagsbasis

$$z_{Lohnkosten} = \frac{12000\,GE}{8000\,GE} = 1{,}5$$

Die Herstellungskosten einer Erzeugniseinheit ergeben sich aus der Summe der Fertigungsmaterialeinzelkosten und der Fertigungslohneinzelkosten einer Erzeugniseinheit sowie dem Zuschlag $z_{Lohnkosten}$ auf die Fertigungslohnkosten. Die Rechnung gestaltet sich wie folgt:

$$HK_{z_{Lohnkosten}} = 5kg \cdot 7\frac{GE}{kg} + 1h \cdot 10\frac{GE}{h}$$

$$+ 1{,}5 \cdot \left(1h \cdot 10\frac{GE}{h}\right)$$

$$HK_{z_{Lohnkosten}} = 60{,}0\,GE$$

Als Zuschlagsbasis werden nun die Fertigungskosten, die Summe der Fertigungsmaterialeinzel- und der Fertigungslohneinzelkosten verwendet. Diese Summe beträgt $36000\,GE$. Der Zuschlagsatz $z_{Fertigungskosten}$ auf die Summe der Fertigungsmaterial- und Fertigungslohnkosten berechnet sich dementsprechend wie folgt:

Zuschlagskalkulation mit Summe der Fertigungsmaterial- und Fertigungslohnkosten als Zuschlagsbasis

$$z_{Fertigungskosten} = \frac{12000\,GE}{36000\,GE} = 0{,}3333$$

Die Herstellungskosten einer Erzeugniseinheit ergeben sich aus der Summe der Fertigungsmaterialeinzelkosten und der Fertigungslohneinzelkosten einer Erzeugniseinheit sowie dem Zuschlag $z_{Fertigungskosten}$ auf die Summe der beiden. Die Rechnung gestaltet sich wie folgt:

$$HK_{z_{Fertigungskosten}} = 5kg \cdot 7\frac{GE}{kg} + 1h \cdot 10\frac{GE}{h}$$

$$+0{,}3333 \cdot \left(5kg \cdot 7\frac{GE}{kg} + 1h \cdot 10\frac{GE}{h}\right)$$

$$HK_{z_{Fertigungskosten}} = 60{,}0 GE$$

Zuschlagskalkulation mit Fertigungsmaterialverbrauch als Zuschlagsbasis

Als Zuschlagsbasis wird nun der Verbrauch an Fertigungsmaterial verwendet. Dabei handelt es sich um eine physikalisch messbare Größe. Der Zuschlagssatz $z_{Materialmenge}$ berechnet sich dementsprechend wie folgt:

$$z_{Materialmenge} = \frac{12000 GE}{4000 kg} = 3\frac{GE}{kg}$$

Die Herstellungskosten einer Erzeugniseinheit ergeben sich aus der Summe von Fertigungsmaterialeinzel- und Fertigungslohneinzelkosten einer Erzeugniseinheit sowie dem Zuschlag $z_{Materialmenge}$ auf den Fertigungsmaterialverbrauch. Die Rechnung gestaltet sich wie folgt:

$$HK_{z_{Materialmenge}} = 5kg \cdot 7\frac{GE}{kg} + 1h \cdot 10\frac{GE}{h}$$

$$+5kg \cdot 3\frac{GE}{kg}$$

$$HK_{z_{Materialmenge}} = 60{,}0 GE$$

Zuschlagskalkulation mit Fertigungslohnstunden als Zuschlagsbasis

Als Zuschlagsbasis wird jetzt der Bedarf an Fertigungsstunden verwendet. Dabei handelt es sich um eine physikalisch messbare Größe. Der Zuschlagssatz $z_{Lohnstunden}$ berechnet sich dementsprechend wie folgt:

$$z_{Lohnstunden} = \frac{12000 GE}{800 h} = 15\frac{GE}{h}$$

Die Herstellungskosten einer Erzeugniseinheit ergeben sich aus der Summe von Fertigungsmaterialeinzel- und Fertigungslohneinzelkosten einer Erzeugniseinheit sowie dem Zuschlag $z_{Lohnstunden}$ auf den Fertigungsstundenbedarf. Die Rechnung gestaltet sich wie folgt:

$$HK_{z_{Lohnstunden}} = 5kg \cdot 7\frac{GE}{kg} + 1h \cdot 10\frac{GE}{h}$$

$$+1h \cdot 15\frac{GE}{h}$$

$$HK_{z_{Lohnstunden}} = 60{,}0 GE$$

Die kumulative Zuschlagskalkulation lässt sich rechnerisch relativ einfach durchführen. Die Zurechnung von Gemeinkosten eines Kalkulationsobjektes zu diesem ist jedoch immer willkürlich, weil man keine ursächliche Beziehung zwischen den angefallenen Gemeinkosten und dem Kalkulationsobjekt herstellen kann. Somit ist jede Wahl einer Zuschlagsbasis willkürlich.

Beurteilung der kumulativen Zuschlagskalkulation

Anstelle der kumulativen Zuschlagskalkulation mit nur einer einzigen Zuschlagsbasis kann man versuchen, sich bei der Zurechnung der Gemeinkosten der elektiven Zuschlagskalkulation zu bedienen. Im vorliegenden Beispiel lassen sich die gesamten Gemeinkosten in Höhe von $12\,000\,GE$ in Kosten für einen Prozess 1 ($8\,000\,GE$) und in Kosten für einen Prozess 2 ($4\,000\,GE$) aufteilen. Für jeden der beiden Prozesse ist es notwendig, eine Bezugsgröße bzw. einen Kostentreiber zu identifizieren, mit der bzw. dem die *Kosten* variieren.

Elektive Zuschlagskalkulation

Bei dem Prozess 1 handelt es sich um stückabhängige Aktivitäten, die mit der Ausbringungsmenge variieren. Gemäß der Aufgabenstellung wurden $4\,000\,kg$ Fertigungsmaterial im Abrechnungszeitraum 20X1 verbraucht; zudem werden für jede Erzeugniseinheit von A $5\,kg$ Fertigungsmaterial benötigt. Das bedeutet, dass die Ausbringungsmenge bei insgesamt 800 Erzeugnissen A liegt. Der Zuschlagssatz z_1 zur Berücksichtigung der Gemeinkosten der Erzeugnisse in Höhe von $8\,000\,GE$, die auf den Prozess 1 entfallen, lässt sich dementsprechend berechnen zu

Erster Zuschlag

$$z_1 = \frac{8000\,GE}{800\,Stück} = 10\,\frac{GE}{Stück}.$$

Bei dem Prozess 2 handelt es sich um stundenabhängige Aktivitäten, die mit der Anzahl eingesetzter Arbeitsstunden variieren. Gemäß der Aufgabenstellung wurden für 800 Stunden Fertigungslöhne im Abrechnungszeitraum 20X1 gezahlt und die Fertigung eines Erzeugnisses A bedarf des Einsatzes einer Lohnstunde. Der Zuschlagssatz z_2 zur Berücksichtigung der Gemeinkosten der Erzeugnisse in Höhe von $4\,000\,GE$, die auf den Prozess 2 entfallen, lässt sich dementsprechend berechnen zu

Zweiter Zuschlag

$$z_2 = \frac{4000\,GE}{800\,Stunden} = 5\,\frac{GE}{Stunde}.$$

Da im Beispiel die Herstellungskosten je Einheit von Erzeunis A ermittelt werden sollen, ist der ermittelte Zuschlagssatz z_2 noch über den Lohnsatz in eine Geldgröße zu überführen. Demnach sind jedem Erzeugnis A für die Inanspruchnahme des Prozesses 2

$$5\,\frac{GE}{Stunde} \cdot 1\,\frac{Stunde}{Stück} = 5\,\frac{GE}{Stück}$$

zuzuschlagen.

Berechnung der Herstellungskosten einer Einheit

Nach Abschluss dieser Überlegungen ist man nun in der Lage, die Herstellungskosten (HK) einer Einheit des Erzeugnisses A zu berechnen. Sie ergeben sich bei Verwendung eines Marginalprinzips aus der Summe der Einzelkosten einer Erzeugniseinheit. Bei Finalprinzip ist die Summe aus den Einzelkosten einer Einheit von Erzeugnis A um zwei Zuschläge für anfallende Gemeinkosten eines Erzeugnisses A zu ergänzen

$$HK = 5kg \cdot 7\frac{GE}{kg} + 1h \cdot 10\frac{GE}{Stunde} + 10GE + 5GE = 60GE.$$

Problematik der Rechnungen

Die Anwendung der unterschiedlichen Zuschlagsbasen führte im vorliegenden Fall immer zu den gleichen Herstellungskosten je Leistungseinheit. Das lag daran, dass unsere Ausgangsdaten eine plausible Situation beschrieben haben. Die Summe der als Einzelkosten in der Einkommensrechnung bezeichneten Beträge entsprach genau demjenigen Betrag, der für die Fertigung anfiel. Ist dies nicht der Fall und werden die Beträge der Einkommensrechnung zur Zuschlagsrechnung verwendet, so stimmen die Ergebnisse der Rechnungen mit unterschiedlichen Zuschlagsgrundlagen nicht mehr überein.

Zusammenfassende Beurteilung der Zuschlagsrechnung

Beurteilung der elektiven Zuschlagskalkulation

Man unterteilt im Fall der elektiven Zuschlagskalkulation die angefallenen Gemeinkosten in verschiedene Gruppen und verwendet für jede Gruppe von Gemeinkosten eine möglichst *adäquate* Zuschlagsbasis. Dieses Vorgehen würde die Willkür bei der Zurechnung immer dann verhindern, wenn die Gemeinkosten sich innerhalb jeder Gruppe proportional zu den jeweiligen Zuschlagsbasen verhalten. Die Willkür wäre unverändert, wenn die Gemeinkosten weiterhin nur nach einem *Finalprinzip* zugerechnet werden könnten.

Generelle Problematik einer Zuschlagskalkulation

Wenn die Höhe der Gemeinkosten des Abrechnungszeitraums proportional mit der Höhe der Fertigungsmaterialkosten des Abrechnungszeitraums zusammenhängt, kann man die Gemeinkosten sofort mit den Fertigungsmaterialkosten zusammenfassen und auf einen der beiden Zuschläge verzichten. Ist die Bedingung nicht erfüllt, so hat man implizit ein *Finalprinzip* für die Zurechnung der Gemeinkosten verwendet. Dann sollte man sich der Aussagebeschränkungen bewusst sein, die mit der Anwendung von *Finalprinzipien* verbunden sind.

3.2.3 Kalkulation mit Hilfe der Äquivalenzziffernrechnung

Grundlagen der Äquivalenzziffernrechnung

Die Äquivalenzziffernrechnung beruht auf dem Gedanken, man könne *Erlös* oder *Kosten* einer Leistungseinheit i unter bestimmten Bedingungen als ein Vielfaches des *Erlöses* oder der *Kosten* einer Referenzleistungseinheit $i*$ angeben. Äquivalenzziffern geben an, das Wievielfache des *Erlöses* oder der *Kosten* der Referenzleistungseinheit b_{i*} dem *Erlös* oder den *Kosten* der zu kalkulierenden Leistungseinheit äquivalent sind. Die Äquivalenzziffer a_i für die Leistungseinheit i ergibt sich als

$$a_i = \frac{b_i}{b_{i*}} \qquad i = 1, 2, ..., m.$$

Die Rechnung stellt auf den Fall ab, dass *Erlös* oder *Kosten* der Referenzleistungseinheit und die Äquivalenzziffer bekannt sind. Die Referenzleistungseinheit wird häufig als Standardleistungseinheit bezeichnet. Ihr *Erlös* oder ihre *Kosten* sind mit Hilfe eines der oben besprochenen Kalkulationsverfahren zu ermitteln. Die Äquivalenzziffern mögen beispielsweise aus früheren genauen Kalkulationen bekannt sein. Die Rechnung lautet dann:

$$b_i = a_i b_{i*} \qquad i = 1, 2, ..., m$$

Anwendungssituationen für die Äquivalenzziffernrechnung

Das Verfahren ist dann zur Anwendung prädestiniert, wenn sich im Zeitablauf Änderungen von *Erlös* oder *Kosten* ohne Auswirkungen auf die Äquivalenzziffern ergeben. Es genügt, *Erlös* oder *Kosten* der Referenzleistungseinheit detailliert neu zu ermitteln; die der anderen Leistungseinheiten lassen sich ohne große Mühe mit Hilfe der Äquivalenzziffern bestimmen.

Auch für Einkommensrechnung geeignet

Die Äquivalenzziffernrechnung eignet sich auch für die Darstellung einer zeitraumbezogenen Einkommensrechnung. Allerdings ergeben sich keine neuen Erkenntnisse, so dass die entsprechende Erstellung dem geneigten Leser überlassen bleibt.

Ermittlung der Äquivalenzziffer als Problem

Das Problem der Äquivalenzziffernkalkulation besteht in der Ermittlung der Äquivalenzziffern. Diese kann stark ermessensbelegt sein; denn hiermit wird letztlich festgelegt, wie der gesamte *Erlös* aus dem Absatz oder die gesamten *Kosten* für die abgesetzte Menge mehrerer Arten von Leistungseinheiten auf diese Arten aufgeteilt werden. Das Verfahren kann daher auch als Schätzverfahren für die Ermittlung der Daten für eine mehrfache Divisionskalkulation oder eine mehrfache Zuschlagsrechnung herangezogen werden. Dazu wird man die Gesamtbeträge an *Erlös* oder *Kosten* für sämtliche Leistungseinheiten mit Hilfe der Äquivalenzziffern auf die einzelnen Arten von Leistungseinheiten aufteilen. Eine Äquivalenzziffernkalkulation bietet sich vor allem an, wenn die Bestimmung der Äquivalenzziffern einfach und plausibel ist. Dies ist i.d.R. der Fall, wenn die Erzeugnisse sich ähnlich sind, wenn diese sich beispielsweise nur

Einfluss des Zurechnungsprinzips auf den Aussagegehalt

durch die verwendeten Materialien oder durch ihre Größe voneinander unterscheiden.

Enthalten die *Erlöse* oder die *Kosten* Bestandteile, die für eine einzelne Erzeugniseinheit nicht gemessen werden können, so impliziert eine Äquivalenzziffernkalkulation die Anwendung eines *Finalprinzips*, andernfalls die des *Marginalprinzips*.

Die mit der Durchführung einer Äquivalenzziffernrechnung verbundenen Probleme seien am folgenden Beispiel erläutert, in dem eine Äquivalenzziffernrechnung angewendet wird, die auf einer Divisionskalkulation beruht.

Sachverhalt eines Beispiels

Eine Schokoladenfabrik hat während eines abgelaufenen Abrechnungszeitraums drei Sorten Pralinen hergestellt und verkauft. Die Pralinensorten unterscheiden sich hinsichtlich der Rohstoffe, der Zutaten und des Zeitbedarfs für die Herstellung sowie hinsichtlich der Lagerung. Wegen unterschiedlicher Nachfrageerwartungen für die verschiedenen Sorten wurden jeweils unterschiedliche Mengen hergestellt.

Die Kosten der Herstellung der Produktionsmenge haben sich auf $5\,500\,000\,GE$ belaufen. Darin enthalten waren Kosten in Höhe von $5\,000\,000\,GE$, die für jede Pralinenpackung einzeln hätten gemessen werden können. Weil man diese Messung nicht vorgenommen hat, werden die Kosten je Pralinenpackung geschätzt. Auf Grund der Kenntnis der Rohstoffkosten, des Bedarfs an Fertigungszeit und der Lagerdauer gelangt man zu der Vermutung, dass die Sorte A 25% mehr Kosten »verursacht« als die Sorte C und dass B 10% weniger Kosten »verursacht« als A. Als Standardleistungseinheit diene das Produkt C. Dies drückt man im Unternehmen durch die Äquivalenzziffern von A:B:C=1,25:1,125:1,0 aus. Die Situation ist aus Abbildung 3.15 ersichtlich.

Pralinensorte	Rohstoffkosten (*GE* je Packung)	Zeitbedarf (*Min.* je Packung)	Lagerzeit (*Tage* je Packung)	Produktionsmenge (*Packungen*)	Äquivalenzziffern
A	5,0	10	30	100000	1,250
B	4,5	6	35	300000	1,125
C	3,0	2	40	700000	1,000

Abbildung 3.15: Ausgangsdaten und Äquivalenzziffern des Beispiels

Problemstellungen

Wir verwenden das Beispiel dazu,

- das Zustandekommen der Äquivalenzziffern für die Produkte A, B und C aus den Kostenrelationen zu erklären,
- für das Marginal- sowie für ein Finalprinzip zu zeigen, wie man die Herstellungskosten einer Einheit jeder Pralinensorte mit Hilfe von Äquivalenzziffern ermitteln kann, und
- schließlich für jede der drei Pralinensorten die im Abrechnungszeitraum angefallenen Herstellungskosten zu ermitteln, wiederum sowohl nach dem Marginal- als auch nach einem Finalprinzip.

Vertiefung der Ausführungen anhand des Beispiels

Grundlagen der Lösung

Der Äquivalenzziffernrechnung liegt die Idee zugrunde, man fertige und verkaufe einen einzigen Kostenträgertyp, der als Referenz für die anderen Kostenträger diene und dessen *Erlöse* und *Kosten* in einer festen Relation zu den *Erlösen* und *Kosten* der anderen Kostenträger stehe. Die Relation wird durch die Äquivalenzziffern zum Ausdruck gebracht. Dem Referenz-Kostenträger, auch Standard-Leistungseinheit genannt, wird die Äquivalenzziffer 1,0 zugeordnet. Mit Hilfe der Äquivalenzziffern der anderen Kostenträger lassen sich deren tatsächliche Absatzmengen in fiktive Absatzmengen des Referenz-Kostenträgers umrechnen. Das ist dann die Grundlage für eine Divisionskalkulation zur Ermittlung der *Erlöse* und der *Kosten* je Einheit des Referenz-Kostenträgers. Durch Multiplikation dieser *Erlöse* und *Kosten* mit den Äquivalenzziffern lassen sich nun die *Erlöse* und die *Kosten* je Einheit der anderen Kostenträger schätzen.	Lösungsidee
Die Äquivalenzziffernrechnung stellt für die Kalkulation der *Kosten* einer Packung Pralinen ein Vereinfachungsverfahren dar, das bezüglich der 5 000 000 GE ungenau ist, die auch für jede Pralinenpackung einzeln hätten gemessen werden können. Im Unternehmen liegen die Informationen vor, wie sich dieser Kostenblock zusammensetzt. Eigentlich könnte man die Rohstoffkosten, die Lohnkosten und Lagerkosten getrennt für die einzelnen Pralinensorten ermitteln. Dann wäre es möglich, die *Kosten* je Packung Pralinen genauer zu ermitteln. Eine Erklärung für die Anwendung der Äquivalenzziffernrechnung kann darin gesehen werden, dass man die mit einer genaueren Rechnung verbundenen Mühen scheut. Das kann durchaus sinnvoll sein, wenn die zusätzlichen *Kosten* der genauen Erfassung den zusätzlichen Nutzen der höheren Genauigkeit übersteigen.	Anwendungs-voraussetzungen

Zustandekommen der Äquivalenzziffern

Schritt 1: Ermittlung der Äquivalenzziffern für die Erzeugnisse A, B und C aus Kostenrelationen

Der erste Schritt einer Äquivalenzziffernrechnung besteht in der Bestimmung der Äquivalenzziffern. Man vermutet, dass Sorte A 25% mehr Kosten »verursacht« als Sorte C und dass Sorte B 10% weniger Kosten als Sorte als A verursacht. Daraus lassen sich die Äquivalenzziffern herleiten; allerdings ist zu bedenken, dass der Schätzer ein großes Ermessen besitzt. Das Referenz-Erzeugnis mit der Äquivalenzziffer 1,0 ist mit Pralinensorte C vorgegeben. Ordnet man dieser Sorte die Äquivalenzziffer 1,0 zu, so erhält man die in Abbildung 3.16 angegebenen Äquivalenzziffern.

Abbildung 3.16: Äquivalenzziffernrechnung Schritt 1: Bestimmung der Äquivalenzziffern aus Kostenrelationen

Erzeugnis	Relation untereinander	Äquivalenzziffern (Relation zu C)
A	A:C (1,25:1,0=)1,25	1,250
B	B:A (0,90:1,0=)0,90	1,125
C	1,00	1,000

Ermittlung der Herstellungskosten je Packung

Schritt 2: Ermittlung der Kosten je Pralinenpackung bei Marginal- und bei Finalprinzip

Zur Ermittlung der Packungskosten je Pralinensorte im Rahmen einer Äquivalenzziffernrechnung sind nach der Bestimmung der Äquivalenzziffern einige weitere Schritte zu unternehmen. Der zweite Schritt besteht in der Umrechnung der Produktionsmengen der einzelnen Sorten in eine fiktive Menge an Referenz-Erzeugnissen. Dazu werden die tatsächlichen Produktionsmengen der Sorten A und B mit Hilfe der Äquivalenzziffern in fiktive Produktionsmengen der Sorte C umgerechnet. Abbildung 3.17 enthält die entsprechenden Zahlen.

Abbildung 3.17: Äquivalenzziffernrechnung Schritt 2: Umrechnung der tatsächlichen Mengen in Mengen des Referenz-Kostenträgers

Pralinensorte	tatsächliche Produktionsmenge	Äquivalenzziffern	(fiktive) Produktionsmenge, ausgedrückt in Einheiten von C
A	100000	1,250	125000
B	300000	1,125	337500
C	700000	1,000	700000
Summe			1162500

Schritt 3: Ermittlung der Kosten je Einheit des Standarderzeugnisses

Nun kann man in einem dritten Schritt eine Divisionskalkulation anschließen, indem man die Kosten der Herstellung der gesamten Produktionsmenge durch die fiktive Produktionsmenge der Sorte C dividiert. Bei Unterstellung eines *Marginalprinzips* dienen nur die mit der Produktionsmenge variierenden Kosten als Zähler des Quotienten. Diese belaufen sich auf $5\,000\,000\,GE$. Bei Unterstellung des *Finalprinzips* werden die gesamten $5\,500\,000\,GE$ angesetzt. Man erhält die in Abbildung 3.18, Seite 171, angegebenen Zahlen: Auf eine Packung der Pralinensorte C entfallen

4,301 GE bei Unterstellung des Marginalprinzips und 4,731 GE bei Unterstellung des Finalprinzips.

		Marginalprinzip	Finalprinzip
	Herstellungskosten der Produktionsmenge in GE	5 000 000	5 500 000
:	Produktionsmenge ausgedrückt in Einheiten von C	1 162 500	1 162 500
=	Herstellungskosten je Einheit C in GE	4,301	4,731

Abbildung 3.18: Äquivalenzziffernrechnung Schritt 3: Divisionskalkulation für den Referenz-Kostenträger

Der vierte Schritt besteht darin, aus den Herstellungskosten für eine Packung der Pralinensorte C die Herstellungskosten der Pralinensorten A und B zu ermitteln. Dazu genügt es, die Herstellungskosten der Pralinensorte C mit den jeweiligen Äquivalenzziffern zu multiplizieren. Abbildung 3.19 enthält die Ergebnisse.

Schritt 4: Ermittlung der Herstellungskosten für die Sorten A und B

		Marginalprinzip		Finalprinzip	
Pralinensorte	Äquivalenzziffern	Kosten je Packung der Referenz-Pralinensorte in GE	Kosten je Packung der Pralinensorte in GE	Kosten je Packung der Referenz-Pralinensorte in GE	Kosten je Packung der Pralinensorte in GE
A	1,250		1,250*4,301=5,376		1,250*4,731=5,914
B	1,125		1,125*4,301=4,839		1,125*4,731=5,322
C	1,000	4,301	1,000*4,301=4,301	4,731	1,000*4,731=4,731

Abbildung 3.19: Äquivalenzziffernrechnung Schritt 4: Umrechnung der Kosten je Referenz-Kostenträger in die Kosten der anderen Kostenträger

Herstellungskosten im Abrechnungszeitraum

Die Herstellungskosten des Abrechnungszeitraums lassen sich nach den Pralinensorten aufteilen, wenn man die jeweiligen Absatzmengen und Äquivalenzziffern der einzelnen Pralinensorten kennt. Dazu werden für jede Pralinensorte die Herstellungskosten je Packung mit der tatsächlichen Produktionsmenge multipliziert. Das kann man als den fünften Schritt einer Äquivalenzziffernrechnung auffassen. In Abbildung 3.20, Seite 172, sind die Ergebnisse der entsprechenden Rechnung angegeben.

Schritt 5: Ermittlung der Herstellungskosten des Abrechnungszeitraums für jede der drei Pralinensorten

		Marginalprinzip		Finalprinzip	
Pralinensorte	Produktions-menge	Kosten je Packung in *GE*	Kosten der Produktions-menge in *GE*	Kosten je Packung in *GE*	Kosten der Produktions-menge in *GE*
A	100 000	5,376	537 600	5,914	591 400
B	300 000	4,839	1 451 700	5,322	1 596 600
C	700 000	4,301	3 010 700	4,731	3 311 700
Summe			5 000 000		5 499 700
Rundungsfehler					300
Gesamtsumme					5 500 000

Abbildung 3.20: Äquivalenzziffernrechnung Schritt 5: Aufteilung der Herstellungskosten des Abrechnungszeitraums auf die Pralinensorten

3.3 Trägerrechnungen in anderen Situationen

In den folgenden Abschnitten werden die Kalkulation von Leistungsbündeln, die Kalkulation zusammengesetzter Erzeugnisse dargestellt.

3.3.1 Kalkulation absatzfähiger Elemente eines Leistungsbündels

Problem der Zurechnung von Beträgen zu einzelnen Elementen eines Leistungsbündels

Produktionsvorgänge sind i.A. dadurch gekennzeichnet, dass mit einem Produktionsvorgang Leistungseinheiten entstehen, die wiederum jeweils aus mehreren absatzfähigen Elementen bestehen können. Man denke nur an Erzeugnisse und den bei ihrer Herstellung entstandenen Abfall oder an chemische Prozesse, in deren Verlauf aus dem gleichen Input Leistungseinheiten entstehen, die jeweils aus einem Bündel getrennt veräußerbarer Outputelemente bestehen. Man hat es dann mit verbundenen Produktionsvorgängen zu tun, mit der so genannten *Kuppelproduktion*. Im Rahmen von Absatzvorgängen entsteht das Phänomen, wenn Bündel von Erzeugnissen oder Dienstleistungen zu einem einheitlichen Preis verkauft werden. Man kann dann nicht mehr feststellen, welche Komponente des Bündels welchen Preis erbracht hat. Die Ermittlung der *Erlöse* oder der *Kosten* des gesamten Bündels der mit einem Prozess entstandenen oder verkauften Einheiten bereitet keine besonderen Probleme: Man braucht nur die *Erlöse* oder die *Kosten* des Prozesses auf die erzeugten oder abgesetzten Bündel nach einem der vorgenannten Kalkulationsverfahren zu verrechnen. Problematisch ist es dagegen, die *Erlöse* oder *Kosten* einzelner Elemente des Bündels ermitteln zu wollen. Dazu kann nur ein *Finalprinzip* mit seinen Problemen unterstellt werden, weil nach einem *Marginalprinzip* überhaupt keine Zurechnung stattfinden würde.

In der Literatur wird die Zurechnung von Beträgen auf die Elemente eines Leistungsbündels nur im Zusammenhang mit der Ermittlung der *Kosten für Kuppelprodukte* beschrieben. Dabei werden zwei Typen von Zurechnungen vorgeschlagen: (1) eine Verteilung der *Kosten* des Prozesses auf die absatzfähigen Elemente proportional zu den Marktwerten dieser Elemente oder (2) eine Zurechnung der *Kosten* des Prozesses zu einem Hauptelement bei gleichzeitigem Abzug der *Erlöse* aus dem Verkauf der Nebenelemente von den *Kosten* des Prozesses. Bei der letztgenannten Variante schränkt man die Kalkulation auf das Hauptelement des Herstellungsprozesses ein. Bei der ersten Zurechnungsart spricht man von der *Marktwertmethode*, bei der zweiten von der *Restwertmethode*. Bei der Kalkulation der Elemente von Leistungsbündeln kann es vorkommen, dass für einzelne Elemente nach Durchlaufen des Kuppelproduktionsprozesses noch *Kosten* für Weiterverarbeitung o. Ä. anfallen. In diesen Fällen sind die Marktwerte der Elemente um die anfallenden weiteren *Kosten* zu korrigieren. Die korrigierten Marktwerte kann man als *Nettoerlöse* bezeichnen.

In der Literatur beschriebene Verfahren zur Verrechnung von Beträgen auf Komponenten von Leistungsbündeln

Für den Fall einer Produktion von zwei absatzfähigen Erzeugnisteilen im Rahmen eines einzigen Produktionsprozesses und der Anwendung der Marktwertmethode würde man eine Einkommensrechnung der Abbildung 3.21 angeben. Dagegen erhielte man bei Verwendung der Restwertmethode die Einkommensrechnung der Abbildung 3.22, Seite 174.

Zeitraumbezogene Einkommensrechnung	
	Erlöse aus dem Verkauf der Erzeugnisteile X
−	Marktwertanteilige Kosten aus dem Verkauf der Erzeugnisteile X
+	Erlöse aus dem Verkauf der Erzeugnisteile Y
−	Marktwertanteilige Kosten aus dem Verkauf der Erzeugnisteile Y
+	Restliche Erlöse des Abrechnungszeitraums
−	Restliche Kosten des Abrechnungszeitraums
=	Einkommen des Abrechnungszeitraums

Abbildung 3.21: Zeitraumbezogene Einkommensrechnung bei Kuppelproduktion und Marktwertmethode

Typische Fälle, in denen man daran denken könnte, derartige Verfahren im Zusammenhang mit *Erlösen* einzusetzen, sind beispielsweise das Zeitungsabonnement und das Theaterabonnement, bei denen jeweils ein Pauschalpreis für ein Bündel von Leistungen gezahlt wird.

Typische Fälle von Erlösbündeln

Abbildung 3.22:
Zeitraumbezogene Einkommensrechnung bei Kuppelproduktion und Restwertmethode

Zeitraumbezogene Einkommensrechnung
Erlöse aus dem Verkauf der Haupterzeugnisteile
− Kosten aus dem Verkauf aller Erzeugnisteile
+ Erlöse aus dem Verkauf der Nebenerzeugnisteile
+ Restliche Erlöse des Abrechnungszeitraums
− Restliche Kosten des Abrechnungszeitraums
= Einkommen des Abrechnungszeitraums

Die Ausführungen zur Kalkulation von Kuppelleistungen seien an einem Beispiel vertieft.

Sachverhalt eines Beispiels

In einem Gaswerk werden in einem Abrechnungszeitraum 35 800 000 m^3 Gas erzeugt. Gleichzeitig fallen noch unvermeidbar 68 t Koks, 3 600 t Teer und 120 t Benzol bei der Gaserzeugung an. Die Gesamtkosten dieses Kuppelproduktionsprozesses betragen 8,3 Mio. GE. Für die Nebenprodukte entstehen zusätzlich Weiterverarbeitungskosten, und zwar bei Koks 10 GE/t, bei Teer 20 GE/t und bei Benzol 80 GE/t. Die Verkaufspreise betragen für Gas 0,25 GE/m^3, für Koks 90 GE/t, für Teer 95 GE/t und für Benzol 750 GE/t.

Problemstellungen

Wir befassen uns in diesem Beispiel mit der Ermittlung von Herstellungskosten, wie sie sich nach der Marktwertrechnung und nach der Restwertrechnung für jeweils eine Absatzeinheit ergeben. Anschließend erläutern wir das spezielle Problem, das sich bei der Kalkulation von Kuppelprodukten mit der Restwertrechnung ergibt.

Vertiefung der Ausführungen anhand des Beispiels

Grundlagen der Problemlösung

Lösungsidee   Für die Ermittlung der Herstellungskosten der aus einem Kuppelproduktionsprozess hervorgegangenen Erzeugniselemente werden in der Literatur zwei Zurechnungsarten beschrieben. Die eine Art besteht darin, die *Kosten* des Herstellungsprozesses proportional zu den am Markt erzielbaren Nettoerlösen der Erzeugniselemente auf die Erzeugniselemente zu verteilen (Marktwertrechnung). Die andere Zurechnungsart verlangt, eine Art von Erzeugniselementen als Haupterzeugnis und die anderen als Nebenerzeugnisse zu definieren und dem Haupterzeugnis dann die gesamten *Kosten* des Prozesses abzüglich der Nettoerlöse aus dem Verkauf der Nebenerzeugnisse zuzurechnen (Restwertrechnung). Bei diesem Verfahren kann man die *Kosten* von Nebenerzeugnissen nicht ermitteln. Die Nettoerlöse ergeben sich jeweils, wenn man von den möglichen Umsatzerlösen eines jeden Erzeugniselementes dessen bis zum Verkauf noch anfallende *Kosten* subtrahiert.

Berechnung der Herstellungskosten von Elementen eines Erzeugnisbündels nach der Marktwertrechnung

Die Bestimmung der Herstellungskosten der Elemente eines Erzeugnisbündels während eines Abrechnungszeitraums setzt nach der Marktwertrechnung die Kenntnis der Nettoerlöse der einzelnen Erzeugniselemente voraus. Die *Kosten* des gesamten Prozesses werden entsprechend dem Anteil des Nettoerlöses eines jeden Erzeugniselements am gesamten Nettoerlös auf die einzelnen Erzeugniselemente verteilt. Das Ergebnis der Nettoerlös- und Anteilsberechnung ist Abbildung 3.23 zu entnehmen.

Schritt 1: Verteilung der Kosten des Erzeugnisbündels auf die Erzeugniselemente

	Erzeugniselemente				Summe
	Gas (m^3)	Koks (t)	Teer (t)	Benzol (t)	
Verkaufspreis je Einheit in *GE*	0,25	90	95	750	
* produzierte Menge	35 800 000	68	3 600	120	
= Umsatzerlöse in *GE*	8 950 000	6 120	342 000	90 000	9 388 120
− bis zum Verkauf noch anfallende Kosten (Weiterverarbeitung) in *GE*	-	680	72 000	9 600	82 280
= Nettoerlös des Abrechnungszeitraums in *GE*	8 950 000	5 440	270 000	80 400	9 305 840
Anteil am gesamten Nettoerlös des Abrechnungszeitraums	96,18 %	0,06 %	2,90 %	0,86 %	100,00 %

Abbildung 3.23: Herstellungskostenermittlung von Erzeugniselementen, Marktwertrechnung, Schritt 1: Ermittlung der Nettoerlösanteile der einzelnen Erzeugniselemente

In einem nächsten Schritt, der in Abbildung 3.24, Seite 176, dargestellt ist, erfolgt die Zurechnung der gesamten *Kosten* des Prozesses zu den Erzeugniselementen sowie die Ermittlung der Herstellungskosten in *GE* als Summe der anteiligen Gesamtkosten und der noch bis zum Verkauf anfallenden *Kosten*. Dabei ist zu beachten, dass die anteiligen *Kosten* des gesamten Prozesses sich aus der Multiplikation des Anteils eines jeden Erzeugnisses am gesamten Nettoerlös mit den insgesamt für die Elemente des Erzeugnisbündels angefallenen *Kosten* des Prozesses ergeben.

Schritt 2: Ermittlung der Herstellungskosten je Erzeugniselement

	Erzeugniselemente				Summe
	Gas (m^3)	Koks (t)	Teer (t)	Benzol (t)	
Kosten des Herstellungsprozesses in GE					8 300 000
* Anteil am gesamten Nettoerlös	96,18 %	0,06 %	2,90 %	0,86 %	100,00 %
= anteilige Kosten des gesamten Prozesses in GE	7 982 940	4 980	240 700	71 380	8 300 000
: Menge hergestellter Erzeugniselemente	35 800 000	68	3 600	120	
= anteilige Kosten des Prozesses je Einheit in GE	0,223	73,24	66,86	594,83	
+ bis zum Verkauf noch anfallende Kosten je Einheit (Weiterverarbeitung) in GE		10	20	80	
= vorläufige Herstellungskosten je Einheit in GE	0,223	83,24	86,86	674,83	

Abbildung 3.24: Herstellungskostenermittlung von Erzeugniselementen, Marktwertrechnung, Schritt 2: Verteilung der Kosten des gesamten Prozesses und Ermittlung der vorläufigen Herstellungskosten je Einheit der Erzeugniselemente

Berechnung der Herstellungskosten nach der Restwertmethode

Herstellungskosten für Gas

Die Bestimmung der Herstellungskosten des erzeugten Gases nach der Restwertmethode setzt die Kenntnis voraus, welche Art von Erzeugniselementen als Hauptelement und welche Art als Nebenelemente betrachtet werden. Zusätzlich müssen die Nettoerlöse der Nebenelemente bekannt sein. Zieht man diese Nettoerlöse von den für den Produktionsprozess angefallenen *Kosten* ab, erhält man gemäß der Idee der Restwertmethode die *Kosten* des Hauptelementes. Möchte man zusätzlich die *Kosten* für eine Einheit des Hauptelementes bestimmen, sind die für das Hauptelement angefallenen *Kosten* durch dessen Menge zu dividieren. Betrachtet man das Gas als das Hauptelement des Erzeugnisses, so ergibt sich die Lösung aus Abbildung 3.25. Als Kosten für eine Einheit Gas (1 m^3) erhält man 7 944 160 GE : 35 800 000 m^3 = 0,2219 GE/m^3.

Abbildung 3.25: Berechnung der Kosten der Gasproduktion im Abrechnungszeitraum nach der Restwertmethode

Kosten bzw. Erlöse		Betrag
Kosten des Kuppelprozesses		8 300 000 GE
− Nettoerlös Koks	68 t * 90 GE/t - 680 GE	5 440 GE
− Nettoerlös Teer	3 600 t * 95 GE/t - 72 000 GE	270 000 GE
− Nettoerlös Benzol	120 t * 750 GE/t - 9 600 GE	80 400 GE
= Herstellungskosten der Gasmenge		7 944 160 GE

Für die Bestimmung der Herstellungskosten für Koks, Teer und Benzol nach der Restwertmethode ist alternativ zu unterstellen, dass Koks, Teer oder Benzol jeweils als Hauptelemente anzusehen sind. Zusätzlich müssen die Nettoerlöse der Nebenelemente bekannt sein. Zieht man diese Nettoerlöse von den für den Produktionsprozess angefallenen *Kosten* ab, erhält man gemäß der Idee der Restwertmethode die *Kosten* des Hauptelementes. Möchte man zusätzlich die *Kosten* für eine Einheit des Hauptelementes bestimmen, sind die für das Hauptelement angefallenen *Kosten* durch dessen Menge zu dividieren. Dementsprechend ergibt sich die Lösung für Koks aus Abbildung 3.26. Die *Kosten* für $1\,t$ Koks belaufen sich auf $-1\,000\,400\,GE : 68\,t = -14\,711{,}76\,GE/t$. Dieses Ergebnis ist nicht interpretierbar. Die Ursache liegt darin, dass die Restwertrechnung nur sinnvoll erscheint, wenn nach Abzug der *Erlöse* aus dem Verkauf von Nebenelementen noch *Kosten* übrig bleiben, die dem Hauptelement zugerechnet werden. Das ist aber weder bei Koks, noch bei Teer, noch bei Benzol der Fall. Aus diesem Grund wird die Berechnung hier abgebrochen.

Herstellungskosten für Koks

Kosten bzw. Erlös		Betrag
Kosten des Kuppelprozesses		$8\,300\,000\,GE$
− Nettoerlös Gas	$35\,800\,000\,m^3 * 0{,}25\,GE/m^3$	$8\,950\,000\,GE$
− Nettoerlös Teer	$3\,600\,t * 95\,GE/t - 72\,000\,GE$	$270\,000\,GE$
− Nettoerlös Benzol	$120\,t * 750\,GE/t - 9\,600\,GE$	$80\,400\,GE$
= gesamte Kosten für Koks		$-1\,000\,400\,GE$

Abbildung 3.26: Berechnung der Kosten der gesamten Koksproduktion nach der Restwertmethode

Beurteilung der Kalkulation von Kuppelprodukten nach der Restwertrechnung

Das Problem, das mit der Kalkulation von Kuppelprodukten gelöst werden soll, liegt in der Identifikation der *Kosten* der einzelnen Erzeugniselemente. Dadurch, dass bei einem einzigen Produktionsvorgang gleichzeitig und unvermeidbar mehrere Elemente eines Erzeugnisbündels entstehen, besteht keine Möglichkeit zur Messung der *Kosten* jedes einzelnen Erzeugniselementes. Es ist deswegen nur möglich, eine Zurechnung von *Kosten* zu Erzeugniselementen nach dem *Finalprinzip* vorzunehmen oder eine Kalkulation zu unterlassen. Eine Zurechnung sollte dem Zweck entsprechen, den man mit der Kalkulation verfolgt. Bei jeder Zurechnung von *Erlösen* oder *Kosten* auf Kuppelprodukte ist man dem Ermessen desjenigen ausgesetzt, der die Zurechnung vornimmt. Während bei der Kalkulation der *Kosten* der Gasmenge mit Hilfe der Restwertrechnung (Teilproblem 2) kaum Bedenken aufkommen, erweist sich die Problematik des Verfahrens für die Ermittlung der *Kosten* von Koks (Teilproblem 3) als fatal. Die Ergebnisse sind nicht mehr interpretierbar. Fraglich ist dann, ob es ausreicht, die Methode der Restwertrechnung auf die Kalkulation der *Kosten* von so genannten Hauptprodukten zu beschränken oder ob die Bedenken genereller Art sind.

Nicht sinnvoll interpretierbare Ergebnisse für Nebenerzeugnisse

3.3.2 Kalkulation zusammengesetzter Leistungseinheiten

Zusammengesetzte Leistungseinheiten

Bei der Herstellung oder dem Absatz von Leistungen kommt es oft vor, dass die zu kalkulierenden Leistungen sich aus mehreren Elementen zusammensetzen, deren messbare *Erlöse* oder *Kosten* man jeweils kennt. Für den Fall der Herstellung von Erzeugnissen würde man von Einzelteilen und unfertigen Erzeugnissen (Zwischenerzeugnissen) sprechen, die zum Enderzeugnis zusammengesetzt werden. Dabei können Zwischenerzeugnisse wiederum aus Einzelteilen und anderen Zwischenerzeugnissen bestehen. Aus Gründen der Anschaulichkeit beziehen sich die folgenden Ausführungen auf die Kosten von Erzeugnissen.

Vorgehen bei der Kalkulation zusammengesetzter Leistungseinheiten

Bei der Kalkulation der Enderzeugnisse geht man in der Regel so vor, dass man zunächst die Einzelteile und Zwischenerzeugnisse, aus denen das Enderzeugnis besteht, isoliert kalkuliert. Dazu können die oben bereits beschriebenen Kalkulationsverfahren verwendet werden. Im Anschluss daran ist es möglich, aus den *Erlösen* und *Kosten*, die aus letztgenannter Kalkulation stammen, mittels Stücklisten diejenigen *Erlöse* und *Kosten* zu bestimmen, die den Enderzeugnissen zuzurechnen sind. Unter einer Stückliste versteht man ein Verzeichnis, das die Zusammensetzung von Erzeugnissen aus Einzelteilen und anderen (Zwischen-)Erzeugnissen zeigt. Für die Kalkulation zusammengesetzter Erzeugnisse bietet es sich an, auf formale Verfahren der Matrizen- und Vektorenrechnung zurückzugreifen, mit denen man die Zusammenfassung der *Erlöse* oder der *Kosten* derjenigen Komponenten leicht vornehmen kann, aus denen sich das Enderzeugnis zusammensetzt. Ein Beispiel mag dies veranschaulichen.

Stückliste

Formal ausgedrückt – wir verwenden hier Symbole und Indizes, die mit den oben verwendeten nichts zu tun haben – lässt sich einer Stückliste die Information entnehmen, welche Mengen m_i von Einzelteilen und Zwischenerzeugnissen i für die Herstellung einer bestimmten Menge u_j der (Zwischen-)Erzeugnisse j benötigt werden. Dabei versteht man die Menge m_i als den Gesamtbedarf an Einzelteilen und (Zwischen-)Erzeugnissen und die Menge u_j als den Primärbedarf an (Zwischen-)Erzeugnissen.

Gesamtbedarf = Direktbedarf + Sekundärbedarf

Der Gesamtbedarf an Teilen – auch Bruttobedarf genannt – ergibt sich aus derjenigen Menge an Einzelteilen und Erzeugnissen, die man als solche benötigt (Direktbedarf, Primärbedarf u_j), sowie aus derjenigen Menge, die im Rahmen der Zusammensetzung zu (Zwischen-)Erzeugnissen zusätzlich gebraucht wird, um den Gesamtbedarf zu befriedigen. So setzt sich beispielsweise bei einem Autoproduzenten der Bedarf an Motoren aus den Motoren zusammen, die er als Motoren oder Austauschmotoren verkauft, sowie aus den Motoren, die er in seine Fahrzeuge einbaut. Abstrakt formuliert ergibt sich der Gesamtbedarf an Teilen der Art 1 (m_1) aus der Menge der direkt benötigten Teile der Art 1 (u_1) sowie aus denjenigen Mengen der Teile der Art 1, die für die Fertigung der Teile der Art 2, der

Teile der Art 3, usw. benötigt werden. Diese letztgenannte Information ergibt sich aus der Stückliste. Beschreibt man die Gesamtheit aller Stücklisten als eine Tabelle, deren Elemente a_{ij} angeben, welche Menge der Teile i für eine Einheit des Teiles j benötigt werden, dann lässt sich der Gesamtbedarf an Teilen der Art 1 bei n möglichen Teilen schreiben als:

$$m_1 = u_1 + a_{11}m_1 + a_{12}m_2 + \ldots + a_{1n}m_n$$

Für die Teile der Art 2 bis n lässt sich schreiben:

$$m_2 = u_2 + a_{21}m_1 + a_{22}m_2 + \ldots + a_{2n}m_n$$

.

.

$$m_n = u_n + a_{n1}m_1 + a_{n2}m_2 + \ldots + a_{nn}m_n$$

Zur formalen Darstellung der Zusammenhänge bietet sich die Matrixschreibweise an. Der Vektor m steht für den Gesamtbedarf an Erzeugnissen und Einzelteilen, der Vektor u für den Primärbedarf, und die Matrix A stellt die so genannte Direktbedarfsmatrix dar. Der Gesamtbedarf an Einzelteilen und Erzeugnissen ergibt sich aus der Gleichung

Zwei Möglichkeiten zur Ermittlung des Gesamtbedarfs

$$m = u + Am$$

durch äquivalente Umformungen:

$$m = (E - A)^{-1}u,$$

wobei E die Einheitsmatrix symbolisiert. Die Ermittlung des Vektors m bedarf in diesem Lösungsansatz einer Inversion der Matrix $(E-A)$. Die Inversion einer Matrix bedeutet einen relativ zeitintensiven Vorgang, der für die im vorliegenden Kapitel diskutierten Problemstellungen jedoch nicht in Kauf genommen werden muss. Unter bestimmten Bedingungen – und diese sind hier regelmäßig erfüllt – kann man den Vektor m auch auf andere Weise berechnen.

Zur alternativen Lösung ist lediglich die Ausgangsgleichung anders umzuformen. Aus der Gleichung

Alternative Lösung

$$m = u + Am$$

kann man durch äquivalente Umformung zu folgendem Ausdruck gelangen:

$$(E - A)m = u.$$

Dieser Ausdruck ist in den behandelten Problemen des Kapitels grundsätzlich durch ein Einsetzungsverfahren lösbar, da sich sowohl $(E-A)$ als auch u zumindest mittelbar aus den Problemstellungen ergeben.

Gesamtbedarf als Grundlage der Kostenermittlung

Der Gesamtbedarf m an Einzelteilen und Erzeugnissen ist deswegen von Interesse, weil man mit dessen Hilfe zum Beispiel die Kosten eines Auftrages berechnen kann. Sind die Stückkosten derjenigen Einzelteile und Erzeugnisse bekannt, die für die Bearbeitung eines Auftrages eingesetzt werden müssen, so kann man durch eine Multiplikation des Gesamtbedarfsvektors m mit dem Vektor k der Stückkosten der Einzelteile und Erzeugnisse die Gesamtkosten K eines Auftrages berechnen:

$$K = k \cdot m.$$

Sachverhalt eines Beispiels

Ein Unternehmen fertigt und verkauft in einem Abrechnungszeitraum das Erzeugnis B. Dieses Erzeugnis setzt sich aus selbstgefertigten Zwischenprodukten Z_1 und Z_2 sowie aus den Einzelteilen T_1 und T_2 zusammen. Die Kosten je Einheit der T_1-Teile betragen 50 GE; die der T_2-Teile belaufen sich auf 100 GE.

Eine Erzeugniseinheit B wird zusammengesetzt aus 3 Stück T_1-Teilen, 2 Stück T_2-Teilen, einem Stück Z_1-Zwischenprodukt und 2 Stück Z_2-Zwischenprodukten. Für die Zusammensetzung zu einer Einheit B entstehen Lohnkosten in Höhe von 20 GE.

Das Zwischenprodukt Z_1 setzt sich zusammen aus 5 Stück T_1-Teilen und 2 Stück T_2-Teilen. Das Zwischenprodukt Z_2 besteht aus 4 Stück T_2-Teilen und 2 Stück Z_1-Zwischenprodukten.

Für das Zusammensetzen einer Einheit des Zwischenproduktes Z_1 entstehen Lohnkosten in Höhe von 10 GE, für eine Einheit Z_2 solche in Höhe von 5 GE.

Problemstellungen

Wir gehen im Folgenden den Fragen nach,

- wie hoch der Bedarf an Einzelteilen und Zwischenprodukten für einen Auftrag über 1 000 Stück B und 500 Stück Z_2 ist und
- welche Kosten für einen Auftrag über 1 000 Stück B und 500 Stück Z_2 entstehen.

Vertiefung der Ausführungen anhand des Beispiels

Grundlagen der Lösung

Lösungsidee

Die *Kosten* von Erzeugnissen, die aus Einzelteilen und Zwischenerzeugnissen hergestellt werden, lassen sich leicht ermitteln, wenn man die *Kosten* der Einzelteile und Zwischenerzeugnisse sowie die *Kosten* der Zusammensetzung zu (Zwischen-)Erzeugnissen kennt und über eine Stückliste verfügt.

Bestimmung des Gesamtbedarfs an Einzelteilen und Erzeugnissen

Zur Bestimmung des Bruttobedarfes an Einzelteilen und Erzeugnissen, der durch den Vektor m dargestellt wird, muss zunächst die Direktbedarfsmatrix A erstellt werden. Aus ihr ist abzulesen, aus welchen Bestandteilen die jeweiligen Erzeugnisse bestehen (Stückliste). Im Folgenden geben die Spalten an, woraus sich das jeweils in der Kopfzeile genannte Teil zusammensetzt. Aus dem Aufgabentext erhält man die für Abbildung 3.27 benötigten Informationen.

Ermittlung der Direktbedarfsmatrix

		\multicolumn{5}{c}{Für eine Einheit von...}
		T_1	T_2	Z_1	Z_2	B
	T_1	0	0	5	0	3
	T_2	0	0	2	4	2
...werden benötigt...	Z_1	0	0	0	2	1
	Z_2	0	0	0	0	2
	B	0	0	0	0	0

Abbildung 3.27: Stücklisteninformation

Die der Abbildung 3.27 entsprechende Direktbedarfsmatrix A lautet:

$$A = \begin{bmatrix} 0 & 0 & 5 & 0 & 3 \\ 0 & 0 & 2 & 4 & 2 \\ 0 & 0 & 0 & 2 & 1 \\ 0 & 0 & 0 & 0 & 2 \\ 0 & 0 & 0 & 0 & 0 \end{bmatrix}.$$

Subtrahiert man die Direktbedarfsmatrix A von der Einheitsmatrix E, so erhält man die Matrix $(E-A)$ mittelbar aus der Aufgabenstellung:

Ermittlung von (E–A)

$$(E - A) = \begin{bmatrix} 1 & 0 & -5 & 0 & -3 \\ 0 & 1 & -2 & -4 & -2 \\ 0 & 0 & 1 & -2 & -1 \\ 0 & 0 & 0 & 1 & -2 \\ 0 & 0 & 0 & 0 & 1 \end{bmatrix}$$

Den Primärbedarfsvektor u erhält man ebenfalls aus der Aufgabenstellung durch die Information, dass 500 Stück Z_2 und 1000 Stück B gefertigt werden sollen. Er ergibt sich zu

Ermittlung des Primärbedarfsvektors

$$u = \begin{bmatrix} 0 \\ 0 \\ 0 \\ 500 \\ 1000 \end{bmatrix}.$$

Ermittlung des Gesamtbedarfs

Um letztlich den Gesamtbedarf an Einzelteilen und Erzeugnissen bestimmen zu können, hat man nun zwei Möglichkeiten. Bei der ersten Möglichkeit ist es notwendig, die Matrix $(E - A)$ zu invertieren. Bei der zweiten Möglichkeit ermittelt man den Gesamtbedarf mit Hilfe eines Einsetzungsverfahrens. Die zweite Möglichkeit ist diejenige, die mit dem geringeren zeitlichen Aufwand verbunden ist.

Erste Möglichkeit zur Ermittlung des Gesamtbedarfs

Die erste Möglichkeit für die Bestimmung des Gesamtbedarfes sei zunächst dargestellt. Die Inversion der Matrix $(E - A)$ hat die Matrix $(E - A)^{-1}$ zum Ergebnis.

$$(E - A)^{-1} = \begin{bmatrix} 1 & 0 & 5 & 10 & 28 \\ 0 & 1 & 2 & 8 & 20 \\ 0 & 0 & 1 & 2 & 5 \\ 0 & 0 & 0 & 1 & 2 \\ 0 & 0 & 0 & 0 & 1 \end{bmatrix}$$

Der Gesamtbedarf m für einen Auftrag über 500 Stück Z_2 und 1000 Stück B errechnet sich nun aus folgender Multiplikation:

$$m = \begin{bmatrix} 1 & 0 & 5 & 10 & 28 \\ 0 & 1 & 2 & 8 & 20 \\ 0 & 0 & 1 & 2 & 5 \\ 0 & 0 & 0 & 1 & 2 \\ 0 & 0 & 0 & 0 & 1 \end{bmatrix} \cdot \begin{bmatrix} 0 \\ 0 \\ 0 \\ 500 \\ 1000 \end{bmatrix} = \begin{bmatrix} 33000 \\ 24000 \\ 6000 \\ 2500 \\ 1000 \end{bmatrix}$$

Als Gesamtbedarf ergibt sich für T_1 eine Menge von 33000 Stück, für T_2 von 24000 Stück, für Z_1 von 6000 Stück, für Z_2 von 2500 Stück und für B eine Menge von 1000 Stück.

Zweite Möglichkeit zur Ermittlung des Gesamtbedarfs

Die zweite Möglichkeit, den Gesamtbedarf an Einzelteilen und Erzeugnissen zu bestimmen, basiert auf der Umformung der Ausgangsgleichung zum Ausdruck

$$(E - A)m = u.$$

Vergegenwärtigt man sich, welche einzelnen Gleichungen durch diese Matrixschreibweise repräsentiert werden, liegt die Ermittlung des Gesamtbedarfes auf der Hand. Aus den oben bereits ermittelten Matrizen $(E - A)$ und u ergeben sich die einzelnen Gleichungen für das Beispiel zu:

$$1T_1 + 0T_2 - 5Z_1 + 0Z_2 - 3B = 0$$
$$0T_1 + 1T_2 - 2Z_1 - 4Z_2 - 2B = 0$$
$$0T_1 + 0T_2 + 1Z_1 - 2Z_2 - 1B = 0$$
$$0T_1 + 0T_2 + 0Z_1 + 1Z_2 - 2B = 500$$
$$0T_1 + 0T_2 + 0Z_1 + 0Z_2 + 1B = 1000 \, .$$

Diese Gleichungen kann man mit Hilfe eines Einsetzungsverfahrens auflösen. Aus der letzten Gleichung ist bereits der Wert für B mit 1000 ablesbar. Setzt man diesen Wert nun in die vorletzte Gleichung ein und formt diese Gleichung äquivalent um, erhält man den Wert für Z_2:

$$Z_2 = 500 + 2 \cdot 1000 = 2500 \, .$$

So kann man durch sukzessives Einsetzen der bereits bekannten Werte in die jeweils vorherigen Gleichungen letztlich den Gesamtbedarf m ermitteln. Dieser ergibt sich – wie schon oben ermittelt – zu

$$m = \begin{bmatrix} 33000 \\ 24000 \\ 6000 \\ 2500 \\ 1000 \end{bmatrix} .$$

Ermittlung der Kosten des Auftrages

Im vorliegenden Fall existieren bei dem beschriebenen Unternehmen keine Gemeinkosten von Erzeugnissen; alle entstehenden *Kosten* sind den jeweiligen Einzelteilen oder Erzeugnissen direkt zuzurechnen. Bei den anfallenden *Kosten* handelt es sich also ausschließlich um die Einzelkosten der Erzeugnisse. Demzufolge macht es keinen Unterschied, ob für die Zurechnung der *Kosten* zu dem Auftrag ein *Marginal-* oder ein *Finalprinzip* als Kostenzurechnungsprinzip verwendet wird.

Indifferenz zwischen Marginal- und Finalprinzip im Beispiel

Um die Auftragskosten zu berechnen, kann auf den ermittelten Gesamtbedarf zurückgegriffen werden. Dieser muss lediglich noch mit den jeweiligen Stückkosten multipliziert werden. Die Stückkosten je Einzelteil oder Erzeugnis lassen sich ebenfalls als Vektor erfassen. Wählt man die gleiche Anordnung innerhalb des Vektors wie oben, erhält man den Vektor k der Kosten je Einheit:

Ermittlung der Kosten des Auftrags

$$k = \begin{bmatrix} 50 & 100 & 10 & 5 & 20 \end{bmatrix}$$

Die gesamten Kosten K des Auftrags ergeben sich aus der Rechnung $K = k \cdot m$:

$$K = \begin{bmatrix} 50 & 100 & 10 & 5 & 20 \end{bmatrix} \cdot \begin{bmatrix} 33000 \\ 24000 \\ 6000 \\ 2500 \\ 1000 \end{bmatrix} = 4142500.$$

Ein Auftrag über 500 Stück Z_2 und 1000 Stück B kostet das Unternehmen folglich $4142500\,GE$. Das Unternehmen wird den Auftrag demzufolge nur annehmen, wenn es durch ihn Erlöse erzielen kann, die mindestens $4142500\,GE$ betragen.

Exkurs: Inversion einer Matrix

Rechts neben die Matrix $(E-A)$ schreibe man die Einheitsmatrix. Nun versuche man durch Addition oder Subtraktion eines Vielfachen einer Zeile zu einer anderen Zeile die Matrix $(E-A)$ sowie die daneben geschriebene Einheitsmatrix so zu verändern, dass am Ende eine Einheitsmatrix auf der linken Seite steht. Die Matrix auf der rechten Seite stellt dann das Ergebnis der Inversion dar: $(E-A)^{-1}$. In der folgenden Musterlösung sind aus Gründen der Übersichtlichkeit die beiden Seiten – wie üblich – durch einen senkrechten Strich getrennt. An Stelle der beschriebenen Zeilenoperationen bei der gesamten Matrixinversion können auch Spaltenoperationen durchgeführt werden. Diese Möglichkeit wird im Folgenden jedoch nicht näher betrachtet.

Die Inversion der Matrix $(E-A)$ vollzieht sich bei Anwendung eines Additionsverfahrens wie folgt:

$$\left[\begin{array}{ccccc|ccccc} 1 & 0 & -5 & 0 & -3 & 1 & 0 & 0 & 0 & 0 \\ 0 & 1 & -2 & -4 & -2 & 0 & 1 & 0 & 0 & 0 \\ 0 & 0 & 1 & -2 & -1 & 0 & 0 & 1 & 0 & 0 \\ 0 & 0 & 0 & 1 & -2 & 0 & 0 & 0 & 1 & 0 \\ 0 & 0 & 0 & 0 & 1 & 0 & 0 & 0 & 0 & 1 \end{array}\right]$$

Addiert man das Fünffache der Zeile 3 zur Zeile 1 und das Zweifache der Zeile 3 zur Zeile 2, erhält man folgende Matrix:

$$\left[\begin{array}{ccccc|ccccc} 1 & 0 & 0 & -10 & -8 & 1 & 0 & 5 & 0 & 0 \\ 0 & 1 & 0 & -8 & -4 & 0 & 1 & 2 & 0 & 0 \\ 0 & 0 & 1 & -2 & -1 & 0 & 0 & 1 & 0 & 0 \\ 0 & 0 & 0 & 1 & -2 & 0 & 0 & 0 & 1 & 0 \\ 0 & 0 & 0 & 0 & 1 & 0 & 0 & 0 & 0 & 1 \end{array}\right]$$

Addiert man das Zehnfache der Zeile 4 zur Zeile 1, das Achtfache der Zeile 4 zur Zeile 2 und das Zweifache der Zeile 4 zur Zeile 3, erhält man folgende Matrix:

$$\begin{array}{ccccc|ccccc} 1 & 0 & 0 & 0 & -28 & 1 & 0 & 5 & 10 & 0 \\ 0 & 1 & 0 & 0 & -20 & 0 & 1 & 2 & 8 & 0 \\ 0 & 0 & 1 & 0 & -5 & 0 & 0 & 1 & 2 & 0 \\ 0 & 0 & 0 & 1 & -2 & 0 & 0 & 0 & 1 & 0 \\ 0 & 0 & 0 & 0 & 1 & 0 & 0 & 0 & 0 & 1 \end{array}$$

Addiert man das Achtundzwanzigfache der Zeile 5 zur Zeile 1, das Zwanzigfache der Zeile 5 zur Zeile 2, das Fünffache der Zeile 5 zur Zeile 3 und das Zweifache der Zeile 5 zur Zeile 4, erhält man folgende Matrix:

$$\begin{array}{ccccc|ccccc} 1 & 0 & 0 & 0 & 0 & 1 & 0 & 5 & 10 & 28 \\ 0 & 1 & 0 & 0 & 0 & 0 & 1 & 2 & 8 & 20 \\ 0 & 0 & 1 & 0 & 0 & 0 & 0 & 1 & 2 & 5 \\ 0 & 0 & 0 & 1 & 0 & 0 & 0 & 0 & 1 & 2 \\ 0 & 0 & 0 & 0 & 1 & 0 & 0 & 0 & 0 & 1 \end{array}$$

Die invertierte Matrix $(E - A)^{-1}$ ist nun in der rechten Hälfte der Matrix abzulesen.

3.4 Erfassungsprobleme

Die Beschaffung der Daten für die oben beschriebenen Rechnungen ist teilweise einfach, teilweise kompliziert. Wir unterstellen, die Buchführung sei so umfassend, dass man die benötigten Daten weitgehend daraus ablesen kann.

Buchführung als weitgehende Grundlage

Wir nehmen an, die Erfassung der Erlöse bereite keine Schwierigkeit und ergebe sich eindeutig aus der Buchführung.

Erlöserfassung

Bei der Erfassung der Kosten ist es einfach, alle Beträge zu erhalten, die nicht aus anderen Rechnungen als der kostenträgerbezogenen Kalkulation herrühren. Soweit die Kosten von Kostenträgern betroffen sind, ergeben sie sich ebenfalls aus den Daten der Buchführung. Für jede einzelne Kostenträgereinheit lassen sie sich entweder direkt oder nach Verteilung eines für viele Kostenträger angefallenen Betrages auf die einzelnen Kostenträger ermitteln. Ebenso leicht dürfte die Erfassung derjenigen Kosten sein, die sich nicht auf die Kostenträger beziehen.

Kosten, die nicht aus anderen Teilen der Kostenrechnung hervorgehen, aus Buchführung erfassen

Anpassung der Buchführung an die Bedürfnisse der Kostenträgerrechnung

Es ist klar, dass die Erfassung aus der Buchführung natürlich nur erfolgen kann, wenn dort Konten geführt werden, auf denen beispielsweise die für die kumulative Divisionskalkulation benötigten Daten gesammelt werden oder wenn die für eine Zuschlagsrechnung notwendigen direkten und indirekten Beträge auf gesonderten Konten gesammelt werden. Insofern würde die Struktur der Buchführung aus dem verwendeten Kostenrechnungssystem folgen.

Erfassung anderer Kosten wird an anderen Stellen des Buches beschrieben.

Schwierigkeiten bereitet dagegen die Erfassung derjenigen Kostenbestandteile, die sich aus anderen Teilen des internen Rechnungswesens als der absatzorientierten Kalkulation ergeben. Wie deren Erfassung erfolgt, beschreiben wir in den entsprechenden anderen Kapiteln.

Notwendige Datenerfassung in anderen Situationen

Die Erfassung der Daten, die in anderen Situationen benötigt werden, bereitet normalerweise keine Schwierigkeiten. Für die Leistungsbündelbetrachtung und die Restwertmethode gilt das oben Gesagte, für die Marktwertrechnung sind Marktwerte der absatzfähigen Erzeugnisteile zu erfassen. Bei den zusammengesetzten Erzeugnissen bedarf es einer Stückliste sowie weiterer Kostenrechnungsangaben, für welche die obigen Ausführungen gelten.

3.5 Zusammenfassung

Bei der kostenträgerbezogenen Kalkulation ging es hauptsächlich um die Ermittlung der Erlöse und Kosten von Erzeugnissen. Darüber hinaus wurden besondere Situationen genannt, in denen bestimmte Verfahren eingesetzt wurden, um die Kalkulation zu erleichtern oder genauer zu gestalten.

Die Verfahren der Divisions- und Zuschlagskalkulation sowie der Äquivalenzziffernrechnung wurden eingesetzt, um die Erlöse oder Kosten einzelner Leistungseinheiten wenigstens als Durchschnittswerte zu ermitteln. Durchschnittliche Erlöse einer Leistungseinheit ergaben sich beispielsweise, wenn man aus Verkaufserlösen während eines Zeitraums auf den durchschnittlichen Erlös je verkaufter Einheit schloss. Das war beispielsweise immer der Fall, wenn man mehrere unterschiedliche Erzeugniseinheiten gemeinsam zu einem einzigen Preis verkaufte. Für die Ermittlung der durchschnittlichen Kosten einer einzigen Leistungseinheit waren Sachverhalte leichter zu ersinnen.

Die drei Verfahren ließen sich jeweils für das gesamte Unternehmen oder nur für einzelne Unternehmensteile durchführen. Wir unterschieden zwischen einfachen und mehrfachen sowie zwischen einstufigen und mehrstufigen Rechnungen. Jede Rechnung, bei der wir nur einen einzigen Unternehmensteil untersuchten, wurde als einfach bezeichnet. Mehrere Stufen spielten eine Rolle, wenn wir den Herstellungsprozess in mehrere Stufen, Prozesse o. Ä. zerlegten.

Besondere Situationen lagen vor, wenn wir mit einem einzigen Produktionsprozess gleichzeitig mehrere einzeln absatzfähige Erzeugnisteile hervorbrachten. In so einem Fall gibt es nur Lösungen auf Basis des Finalprinzips. Mit einer anderen Situation hatten wir es zu tun, wenn wir berücksichtigten, dass viele Erzeugnisse sich aus anderen Erzeugnissen und Einzelteilen zusammensetzen, die man bereits kalkuliert hat. Existierten für solche zusammengesetzten Erzeugnisse Stücklisten, so konnte man durch Einsatz der Matrizenrechnung leicht ohne Einsatz besonderer Kostenrechnungsverfahren die Kosten des zusammengesetzten Erzeugnisses ermitteln.

Zur Verdeutlichung der Aussagen und Effekte hatten wir weitestgehend neben die stückbezogene Betrachtung jeweils das Schema derjenigen Einkommensrechnung gesetzt, die mit den jeweiligen Daten erstellbar gewesen wäre.

3.6 Übungsmaterial

3.6.1 Zusammenfassung des Kapitels mit Fragen und Antworten

Fragen	Antworten
Welche Vorstellung verbindet man mit Kostenträgern?	Die Vorstellung, dass die Erlöse erstellter und zum Absatz bestimmter Güter oder Dienstleistungen die mit der Herstellung und dem Verkauf verbundenen Kosten tragen sollen. Langfristig sollten die Erlöse eines Kostenträgers dessen Kosten übersteigen, so dass positives Einkommen entsteht.
Auf welcher Idee beruht die Divisionsrechnung?	Auf der Idee, man könne einen für mehrere hergestellte oder verkaufte Leistungseinheiten angefallenen Erlös- bzw. Kostenbetrag gleichmäßig auf diese Leistungseinheiten verteilen
Im Rahmen welcher Fertigungsform kann man zweckmäßig eine mehrfache mehrstufige Divisionskalkulation anwenden?	Im Rahmen der Massenfertigung verschiedener Arten von Leistungseinheiten (mehrfach) auf mehr als einer Fertigungsstufe (mehrstufig)
Auf welcher Idee beruht die Zuschlagsrechnung?	Auf der Idee, man möge einem Kostenträger die eindeutig messbaren Rechengrößen zurechnen und zusätzlich einen Zuschlag vornehmen, um die für diesen Kostenträger nicht messbaren Rechengrößen, die man ihm dennoch zurechnen möchte, zu berücksichtigen
Worin unterscheiden sich die kumulative und die elektive Zuschlagsrechnung technisch voneinander?	Bei der kumulativen Zuschlagsrechnung werden sämtliche Gemeinerlöse oder Gemeinkosten proportional zu einer einzigen Zuschlagsbasis verrechnet. Man verwendet einen einzigen Zuschlagssatz und eine einzige Zuschlagsbasis. Bei der elektiven Zuschlagsrechnung teilt man die Gemeinerlöse oder Gemeinkosten in mehrere Gruppen auf und verwendet für jede dieser Gruppen eine eigene Zuschlagsbasis.
Was versteht man unter einer »Prozesskostenrechnung«?	Eine Rechnung, in der man die Kosten eines Kostenträgers aus der Summe der anteiligen Kosten der Prozesse ermittelt, die der Kostenträger durchlaufen hat. Übliche »Prozesskostenrechnungen« lassen sich als Spezialfälle von Divisionsrechnungen auffassen.
Auf welcher Idee beruht die Äquivalenzziffernrechnung?	Auf der Idee, man könne Erlöse oder Kosten einer Leistungseinheit unter bestimmten Bedingungen als ein Vielfaches der Erlöse oder Kosten einer Referenzleistungseinheit angeben
Welchen Aussagegehalt besitzen Äquivalenzziffern?	Äquivalenzziffern geben an, das Wievielfache der Erlöse oder Kosten der Referenzleistungseinheit den Erlösen oder Kosten der zu kalkulierenden Leistungseinheit äquivalent ist.

Fragen	Antworten
Was kennzeichnet einen so genannten Kuppelproduktionsprozess?	Einen Prozess, bei dem in einem Produktionsvorgang ein Bündel von Leistungseinheiten entsteht, das aus mehreren absatzfähigen Elementen besteht
Welcher Kalkulationsform für Kuppelprodukte ist die Unterscheidung in Haupt- und Nebenelemente zuzuordnen?	Haupt- und Nebenelemente werden bei der so genannten Restwertrechnung unterschieden.
Was versteht man unter einer Stückliste?	Ein Verzeichnis, aus dem die Zusammensetzung von Erzeugnissen aus Einzelteilen und anderen (Zwischen-)Erzeugnissen hervorgeht
Was versteht man im Rahmen einer Kalkulation zusammengesetzter Erzeugnisse unter dem Gesamtbedarf (=Bruttobedarf) an Teilen?	Die Summe aus derjenigen Menge an Einzelteilen und (Zwischen-)Erzeugnissen, die man zum Absatz benötigt (Direktbedarf, Primärbedarf), zuzüglich derjenigen Menge, die man zur Herstellung der erstgenannten Menge benötigt

3.6.2 Verständniskontrolle

1. Grenzen Sie die Begriffe *job order costing* und *process costing* voneinander ab!

2. Erläutern Sie das Problem der Proportionalisierung fixer Kosten! Veranschaulichen Sie es durch ein Beispiel!

3. Wo ist die so genannte Prozesskostenrechnung bei der Verteilung von Erlösen und Kosten mittels einer Divisionsrechnung einzuordnen?

4. Auf welche Art und Weise unterscheidet sich die Ermittlung der Selbstkosten eines Erzeugnisses unter Anwendung der addierenden mehrstufigen Divisionskalkulation von einer Ermittlung unter Anwendung der durchwälzenden mehrstufigen Divisionskalkulation?

5. In welchem Fall stellt die elektive Zuschlagskalkulation eine bessere Kalkulationsform dar als die kumulative Zuschlagskalkulation?

6. Erläutern Sie, unter welchen Bedingungen die elektive Zuschlagskalkulation als eine prozessorientierte Kalkulation aufgefasst werden kann! Verdeutlichen Sie Ihre Ausführungen anhand eines selbst gewählten Beispiels!

7. Bei welchem Fertigungstyp sind Äquivalenzziffern aus welchem Grund besonders gut anwendbar? Erläutern Sie den Ablauf einer Äquivalenzziffernrechnung anhand eines Beispiels!

8. Welche Idee liegt der Marktwertrechnung zu Grunde? Skizzieren Sie kurz den aus dieser Idee resultierenden Ablauf der Marktwertrechnung!

9. Nehmen Sie Stellung zu folgender Aussage: *Die Restwertrechnung führt bei der Kalkulation des Hauptelementes eines Kuppelproduktionsprozesses generell zu einem bedenkenlos verwendbaren Ergebnis!*

10. Nehmen Sie Stellung zu folgender Aussage: *Die Kalkulation der einzelnen Elemente eines Leistungsbündels, die bei einem Kuppelproduktionsprozess entstehen, ist nur mit Hilfe eines Finalprinzips der Kostenzurechnung möglich!*

11. Grenzen Sie die Begriffe *Primärbedarf* und *Gesamtbedarf* im Kontext einer Kalkulation zusammengesetzter Erzeugnisse anhand eines selbst gewählten Beispiels voneinander ab!

12. Systematisieren Sie die verschiedenen Kalkulationsformen nach ihrer Eignung, die Kalkulation innerhalb verschiedener Fertigungsformen unterstützen zu können!

3.6.3 Aufgaben zum Selbststudium

Lernziel der Aufgaben

Die nachfolgenden Aufgaben dienen dem Training von häufig angewandten Verfahren bei der Kalkulation der Kosten von Kostenträgern. Zugleich sollte deutlich werden, mit welchen Vor- und Nachteilen die Anwendung der einzelnen Verfahren verbunden ist.

Divisionskalkulation bei Marginal- und Finalprinzip **Aufgabe 3.1**

Sachverhalt

Ein Unternehmen, das eine einzige Produktart herstellt und verkauft, weist in einem Abrechnungszeitraum die in Abbildung 3.28, nach Arten unterteilten Kosten auf, die auch in den vorhergehenden Abrechnungszeiträumen Gültigkeit besaßen. Die Unterteilung in Einzel- und Gemeinkosten bezieht sich dabei auf die gefertigten Produkte.

Kostenart	Betrag in GE
Materialkosten (Einzelkosten der Erzeugnisse)	200000
Fertigungslohnkosten (Einzelkosten der Erzeugnisse)	400000
Materialkosten (Gemeinkosten der Erzeugnisse)	100000
Fertigungskosten (Gemeinkosten der Erzeugnisse)	160000
Verwaltungskosten (Gemeinkosten der Erzeugnisse)	30000
Vertriebskosten (Gemeinkosten der Erzeugnisse)	40000

Abbildung 3.28: Informationen über Kostenarten

Teilaufgaben

1. Gehen Sie davon aus, dass 30000 Produkteinheiten hergestellt und verkauft wurden. Wie hoch wären die Herstellungskosten (exklusive der Verwaltungsgemeinkosten), wie hoch die Selbstkosten einer Produkteinheit? Unterstellen Sie zunächst die Anwendung eines Finalprinzips in Form des Kosteneinwirkungsprinzips und dann die Anwendung des Marginalprinzips.

2. Gehen Sie nun davon aus, dass 30000 Produkteinheiten hergestellt und 40000 Produkteinheiten verkauft wurden. Berechnen Sie die Herstellungskosten (inklusive der Verwaltungsgemeinkosten) und die Selbstkosten je hergestellter und je verkaufter Produkteinheit bei Anwendung eines Finalprinzips in Form des Kosteneinwirkungsprinzips.

3. Gehen Sie nun davon aus, dass die Produktart in drei verschiedenen Größen A, B und C hergestellt wird. Für das Einzelmaterial und die

Materialgemeinkosten sei ein Verbrauchsverhältnis von A:B:C=2:1:1, für die Fertigungslöhne und Fertigungsgemeinkosten ein Verhältnis von A:B:C = 4:3:1 ermittelt worden. Die Verwaltungs- und Vertriebsgemeinkosten seien im Verhältnis zum Umsatz zu verteilen. Des Weiteren seien die in Abbildung 3.29 dargestellten Produktions-, Absatz- und Preisdaten bekannt. Welches Stückeinkommen und welche Lagerbestandswerte ergeben sich bei Anwendung eines Finalprinzips in Form des Kosteneinwirkungsprinzips?

Abbildung 3.29: Informationen über Produktions-, Absatz- und Preisdaten

Produkt	Produktionsmenge	Absatzmenge	Preis je Einheit
A	15000 Stück	10000 Stück	40 GE
B	20000 Stück	20000 Stück	30 GE
C	30000 Stück	20000 Stück	20 GE

Lösung der Teilaufgaben

1. Bei Unterstellung eines Finalprinzips der Kostenzurechnung erhält man folgende Ergebnisse: Die Herstellungskosten (exklusive der Verwaltungsgemeinkosten) je Einheit berechnen sich zu 28,67 GE, die Selbstkosten je Einheit zu 31 GE. Bei Unterstellung eines Marginalprinzips der Kostenzurechnung erhält man folgende Ergebnisse: Die Herstellungskosten je Einheit berechnen sich zu 20 GE, die Selbstkosten je Einheit ebenfalls zu 20 GE.

2. Bei Unterstellung eines Finalprinzips der Kostenzurechnung erhält man folgende Ergebnisse: Die Herstellungskosten (inklusive der Verwaltungsgemeinkosten) je Einheit berechnen sich zu 29,67 GE, die Selbstkosten je Einheit zu 30,67 GE.

3. Bei Unterstellung eines Finalprinzips der Kostenzurechnung erhält man folgende Ergebnisse: Als Stückgewinne für die verschiedenen Größen A, B und C der Produktart ergeben sich 9,62 GE, 14,25 GE und 14,31 GE. Der zu Herstellungskosten bewertete Lagerbestand hat insgesamt einen Wert von 197400 GE.

Aufgabe 3.2 Mehrfache, mehrstufige Divisionskalkulation

Sachverhalt

Eine Töpferei stellt in einem Abrechnungszeitraum zwei verschiedene Erzeugnisse aus Ton her: Blumenkübel und Brottöpfe. Beide Erzeugnisse durchlaufen jeweils zwei Fertigungsstufen. Es sind die Informationen der Abbildung 3.30 bekannt. Die Differenz zwischen der Inputmenge der Stufe i und der Inputmenge der Stufe $i+1$ stellt eine Lagerbestandserhöhung der Stufe i dar. Diejenigen Erzeugnisse, die in die Vertriebsstufe gelangt sind, konnten am Markt abgesetzt werden.

Informationsart	Blumenkübel	Brottöpfe
Kosten auf Fertigungsstufe 1 in *GE*	120000	240000
Inputmenge auf Fertigungsstufe 1 in Stück	60000	80000
Kosten auf Fertigungsstufe 2 in *GE*	50000	150000
Inputmenge auf Fertigungsstufe 2 in Stück	50000	75000
Vertriebskosten in *GE*	20000	35000
Inputmenge auf Vertriebsstufe in Stück	40000	70000

Abbildung 3.30: Informationen über die Erzeugnisse der Töpferei

Teilaufgaben

1. Berechnen Sie für beide Erzeugnisse die Herstellungskosten je Stück!
2. Berechnen Sie für beide Erzeugnisse die Selbstkosten je Stück!
3. Berechnen Sie den gesamten wertmäßigen Lagerbestand auf der Fertigungsstufe 1!

Lösung der Teilaufgaben

1. Die Herstellungskosten je Stück betragen für die Blumenkübel $3\,GE$ und für die Brottöpfe $5\,GE$.
2. Die Selbstkosten je Stück betragen für die Blumenkübel $3,5\,GE$ und für die Brottöpfe $5,5\,GE$.
3. Der Lagerbestand auf der Fertigungsstufe 1 hat einen Wert von $35000\,GE$.

Prozessorientierte Kalkulation **Aufgabe 3.3**

Sachverhalt

Ein Unternehmen, das die vier Erzeugnisarten A, B, C und D herstellt, hat in einem Abrechnungszeitraum seine Produktionsprozesse analysiert. Es wurde festgestellt, dass mit jeder Erzeugnisart Einzelkosten je Stück in Höhe von $30\,GE$ verbunden sind. Des Weiteren ergab die Analyse, dass ein Teil der Gemeinkosten der Erzeugnisarten in Höhe von $437,5\,GE$ mit der Produktionsmenge variiert (stückabhängige Aktivitäten), ein anderer Teil in Höhe von $1742\,GE$ mit der Zahl der Aufträge zusammenhängt (auftragsabhängige Aktivitäten) und der restliche Teil in Höhe von $3288\,GE$ mit der Einkaufstätigkeit (produkterhaltende Aktivitäten). Abbildung 3.31 enthält die Daten des Abrechnungszeitraums, die bezüglich der Bezugsgrößen für die Gemeinkosten der Erzeugnisarten zusammengetragen wurden.

Abbildung 3.31:
Angaben zu Prozessen und Aktivitäten

	Erzeugnisart				Summe
	A	B	C	D	
Anzahl hergestellter Erzeugnisse	10	20	40	60	130
stückabhängige Aktivitäten: Maschinenstunden	5	10	15	20	50
auftragsabhängige Aktivitäten: Zahl der Aufträge	1	2	4	6	13
produkterhaltende Aktivitäten: Zahl der Bestellungen	3	5	7	9	24

Teilaufgaben

1. Ermitteln Sie die Herstellungskosten für jeweils eine Einheit der vier Erzeugnisarten A, B, C und D unter Beachtung der stückabhängigen, auftragsabhängigen und produkterhaltenden Aktivitäten! Nehmen Sie an, das Unternehmen verwende ein Finalprinzip der Kostenzurechnung in Form des Kosteneinwirkungsprinzips!

2. Wie unterscheiden sich Ihre Ergebnisse aus Teilaufgabe 1 von einer Kalkulation, in der unter sonst gleichen Bedingungen die Gemeinkosten proportional zu den benötigten Maschinenstunden auf die Produktarten verteilt werden?

3. Welche Herstellungskosten je Einheit der vier Erzeugnisarten A, B, C und D hätten sich im Rahmen einer prozessorientierten Kalkulation ergeben, wenn das Unternehmen für die Kostenzurechnung ein Marginalprinzip verwendet hätte?

Lösung der Teilaufgaben

1. Unter der Annahme der Anwendung eines Finalprinzips der Kostenzurechnung ergeben sich die Herstellungskosten für jeweils eine Einheit der vier Erzeugnisarten A, B, C und D in *GE* zu:

	Erzeugnisart			
	A	B	C	D
Herstellungskosten je Einheit	88,875	82,025	70,656	66,867

2. Die Herstellungskosten für jeweils eine Einheit der vier Erzeugnisarten A, B, C und D ergeben sich nun in *GE* zu:

	Erzeugnisart			
	A	B	C	D
Herstellungskosten je Einheit	84,675	84,675	71,006	66,450

3. Die Herstellungskosten je Erzeugnisarteinheit A, B, C und D hätten sich bei Anwendung eines Marginalprinzips auf jeweils 30 *GE* belaufen.

Prozessorientierte Kalkulation

Aufgabe 3.4

Sachverhalt

Ein Unternehmen stellt in einem Abrechnungszeitraum von Produkt A 10 Stück, von Produkt B 20 Stück und von Produkt C 25 Stück her. Innerhalb des Unternehmens durchlaufen die Produkte unterschiedliche Fertigungsstufen: Produkt A durchläuft nach der Fertigungsstufe 1 nur noch die Vertriebsstufe. Die Produkte B und C durchlaufen die Fertigungsstufen 1 und 2, bevor sie ebenfalls die Vertriebsstufe passieren. Das Unternehmen kann bei den auf den einzelnen Stufen anfallenden Kosten nicht zwischen Einzel- und Gemeinkosten der Produkte differenzieren, so dass lediglich die gesamten Kosten auf den einzelnen Stufen bekannt sind. Im Abrechnungszeitraum fallen auf der ersten Fertigungsstufe $25\,500\,GE$, auf der zweiten Fertigungsstufe $40\,000\,GE$ und auf der Vertriebsstufe weitere $21\,000\,GE$ an.

Teilaufgaben

1. Welches Kostenzurechnungsprinzip wird das Unternehmen wählen, wenn es die Selbstkosten der einzelnen Produktarten möglichst hoch kalkulieren will? Begründen Sie kurz Ihre Antwort!

2. Zur Kalkulation der Selbstkosten je Stück jeder Produktart will das Unternehmen eine einstufige mehrfache Divisionskalkulation verwenden. Die Unternehmensleitung will die gesamten Selbstkosten auf Basis der in den Fertigungsstufen zur Herstellung der oben genannten Stückzahlen benötigten Arbeitsstunden verteilen. Dazu hat die Unternehmensleitung die in Abbildung 3.32 dargestellten Daten erhoben. Führen Sie auf Basis dieser Daten die gewünschte Divisionskalkulation durch!

	Verteilungsbasis	Produktart A	B	C
Fertigungsstufen	Arbeitsstunden	95	134	111

Abbildung 3.32: Erfasste Arbeitsstunden für die Produkte A, B und C auf den Fertigungsstufen

3. Das Ergebnis aus Teilaufgabe 2 lässt die Unternehmensleitung an der Zweckmäßigkeit ihrer Entscheidung zur Verwendung einer einstufigen mehrfachen Divisionskalkulation zweifeln. Stattdessen will die Unternehmensleitung nun eine prozessorientierte Kalkulation der Selbstkosten je Produktarteinheit durchführen. Bei der dafür erforderlichen Analyse des Produktionsprozesses stellen sich auf den verschiedenen Stufen scheinbar geeignete Bezugsgrößen heraus. Die diesbezüglichen Daten sind Abbildung 3.33, Seite 196, zu entnehmen. Führen Sie auf Basis dieser Daten die gewünschte prozessorientierte Kalkulation durch!

Abbildung 3.33:
Daten zu Bezugsgrößen der prozessorientierten Kalkulation

		Produktart		
	Bezugsgröße	A	B	C
Fertigungsstufe 1	Arbeitsstunden	95	134	111
Fertigungsstufe 2	Anzahl der Rüstvorgänge	-	3	7
Vertriebsstufe	Verladedauer in Stunden	4	19	7

Lösung der Teilaufgaben

1. Die Antwort ist den entsprechenden Stellen des Lehrtextes zu entnehmen!

2. Die Selbstkosten je Stück der Produktarten A, B und C in *GE* ergeben sich bei Anwendung einer einstufigen mehrfachen Divisionskalkulation zu:

	Produktart		
	A	B	C
Selbstkosten je Stück	2416,914	1704,560	1129,589

3. Die Selbstkosten je Stück der Produktarten A, B und C in *GE* ergeben sich bei Anwendung einer prozessorientierten Kalkulation zu:

	Produktart		
	A	B	C
Selbstkosten je Stück	992,5	1767,5	1649,0

Aufgabe 3.5 Zuschlagskalkulation

Sachverhalt

Student S beschließt, ein Computergeschäft zu eröffnen. Dazu überlegt er sich, dass er neben Computern gehobener Ausstattung auch einen Standardcomputer anbieten möchte. In einem Großhandel wird Student S fündig und kauft 10 Bausätze für Qualitätsrechner zum Einzelpreis von 2000 *GE* und 20 Bausätze für Standardrechner zum Einzelpreis von 1000 *GE*. Für die Beschaffung, die Student S in Eigenregie durchführt, entstehen Kosten in Höhe von insgesamt 300 *GE*. Für den Vertrieb der Computer wurde mit einem Paketdienst ein Pauschalpreis von insgesamt 600 *GE* vereinbart. Bei der Kalkulation sollen den Computern möglichst viele der entstandenen Kosten zugerechnet werden!

Teilaufgaben

1. Ermitteln Sie die Selbstkosten je Qualitäts- und je Standardcomputer mit Hilfe einer Zuschlagskalkulation, bei der einmal eine Mengengröße und ein anderes Mal eine Wertgröße zur Verteilung der Gemeinkosten herangezogen wird! Gehen Sie davon aus, dass alle Computer als Bausätze weiterveräußert werden!

2. Student S entschließt sich, die Computerbausätze erst zusammenbauen zu lassen und dann zu veräußern. Dazu zahlt er einem Angestellten 50 *GE* für jeden zusammengesetzen Computer. Des Weiteren muss er einen Raum anmieten, in dem die Montage erfolgen kann. Die Miete für diesen Raum beträgt 900 *GE* je Abrechnungszeitraum. Ermitteln Sie mit Hilfe einer Zuschlagskalkulation die Selbstkosten für einen Qualitätscomputer und einen Standardcomputer! Geben Sie dabei den Zuschlag auf die Material- und auf die Fertigungskosten gesondert an, wenn
   a. die Gemeinkosten entsprechend der Stückzahl auf die Qualitäts- und Standardcomputer verteilt werden!
   b. die Gemeinkosten entsprechend der Materialkosten, welche aus der Eingangsrechnung ersichtlich sind, auf die Qualitäts- und Standardcomputer verteilt werden!

3. Wie sind die in Teilaufgabe 2 vorgenommenen Zurechnungen der Gemeinkosten zu den Qualitäts- und Standardcomputern zu beurteilen? Nehmen Sie kurz Stellung!

Lösung der Teilaufgaben

1. Die Berechnung der Selbstkosten führt zum Ergebnis der Abbildung 3.34.

	Mengengröße	Wertgröße
Selbstkosten der Standardcomputer in *GE*	1030,0	1022,5
Selbstkosten der Qualitätscomputer in *GE*	2030,0	2045,0

Abbildung 3.34: Selbstkosten der Computer

2. Die Ergebnisse lauten untergliedert nach den Teilen a und b:
   a) Standardcomputer: 1110 *GE*; Qualitätscomputer: 2110 *GE*.
   b) Standardcomputer: 1095 *GE*; Qualitätscomputer: 2140 *GE*.

3. Die Beantwortung ist in Anlehnung an die entsprechenden Stellen des Lehrtextes vorzunehmen.

Aufgabe 3.6 Zuschlagskalkulation

Sachverhalt

Durch das interne Rechnungswesen eines Unternehmens wurden bezüglich der Erzeugnisart A die in Abbildung 3.35 enthaltenen Daten zusammengetragen. Das Unternehmen verwendet bei der Kalkulation von Erzeugnissen ein Finalprinzip der Kostenzurechnung in Form des Kosteneinwirkungsprinzips.

Abbildung 3.35: Daten zur Kalkulation eines Erzeugnisses

Kostenart	Betrag
Materialeinzelkosten aller Erzeugnisse A	150000
Materialgemeinkosten aller Erzeugnisse A	45000
Fertigungseinzelkosten aller Erzeugnisse A	200000
Fertigungsgemeinkosten aller Erzeugnisse A	300000

Teilaufgaben

1. Ermitteln Sie mit Hilfe einer kumulativen Zuschlagskalkulation die Herstellungskosten einer Erzeugniseinheit der Art A! Dieser Einheit können Fertigungseinzelkosten in Höhe von $1200\,GE$ und Materialeinzelkosten in Höhe von $1000\,GE$ zugerechnet werden. Verwenden Sie einen wertbasierten Zuschlag!

2. Ermitteln Sie mit Hilfe einer elektiven Zuschlagskalkulation die Herstellungskosten einer Erzeugniseinheit der Art A! Dieser Einheit können Fertigungseinzelkosten in Höhe von $1200\,GE$ und Materialeinzelkosten in Höhe von $1000\,GE$ zugerechnet werden. Verwenden Sie geeignete wertbasierte Zuschläge!

3. Gehen Sie nun von folgenden Annahmen aus: (a) Die Materialgemeinkosten variieren mit den Materialeinzelkosten (Prozess 1) und (b) die Fertigungsgemeinkosten variieren mit der Anzahl der in der Fertigung eingesetzten Hilfskräftestunden. Für die Fertigung aller Erzeugnisse A wurden 2500 Stunden benötigt. Für die Fertigung eines Erzeugnisses A müssen 5 Hilfskraftstunden eingesetzt werden (Prozess 2). Ermitteln Sie mit Hilfe einer elektiven Zuschlagskalkulation in der Ausprägung einer prozessorientierten Kalkulation die Herstellungskosten einer Erzeugniseinheit der Art A! Dieser Einheit können Fertigungseinzelkosten in Höhe von $1200\,GE$ und Materialeinzelkosten in Höhe von $1000\,GE$ zugerechnet werden.

Lösung der Teilaufgaben

1. Mit Hilfe einer kumulativen Zuschlagskalkulation ergeben sich die Herstellungskosten einer Erzeugniseinheit der Art A zu $4368{,}54\,GE$.

2. Mit Hilfe einer elektiven Zuschlagskalkulation ergeben sich die Herstellungskosten einer Erzeugniseinheit der Art A zu $4300\,GE$.

3. Mit Hilfe einer elektiven Zuschlagskalkulation in der Ausprägung der prozessorientierten Kalkulation ergeben sich die Herstellungskosten einer Erzeugniseinheit der Art A zu $3100\,GE$.

Äquivalenzziffernrechnung

Aufgabe 3.7

Sachverhalt

Ein Unternehmen erzeugt Gipsfiguren, die internationale Musikstars darstellen. Der Absatzrenner ist das Modell »Jackso« (auch wenn es fast halbjährlich modifiziert werden muss!). Daneben sind die Modelle »Jon Bovi« und »Manonna« im aktuellen Sortiment. Die drei verschiedenen Figuren werden jeweils in zwei Fertigungsstufen hergestellt. Die Äquivalenzziffern a_i sind bekannt. Für Produktion und Absatz im Abrechnungszeitraum gelten die Daten der Abbildung 3.36; der Verwaltungsbereich werde nicht berücksichtigt. Die Differenzen zwischen den Mengen auf den einzelnen Stufen beruhen nur auf Lagerbestandsveränderungen.

	Stufe 1 (Formung)		Stufe 2 (Lackierung)		Stufe 3 (Absatz)	
	a_i	Menge (*Stück*)	a_i	Menge (*Stück*)	a_i	Menge (*Stück*)
Jackso	0,9	4000	1,0	3800	1,1	4100
Jon Bovi	1,4	3200	1,0	3400	1,2	3300
Manonna	1,3	1900	1,0	1500	1,7	1400
gesamte Kosten der jeweiligen Stufe in GE		42200		6090		19530

Abbildung 3.36: Informationen über die Daten je Modell auf den einzelnen Fertigungsstufen

Teilaufgaben

1. Führen Sie drei separate Äquivalenzziffernkalkulationen durch, die jeweils für jede der drei Stufen die Stückkosten je Einheitsprodukt liefern! Geben Sie für jede der drei Stufen sowohl die Stückzahl der Einheitsmenge als auch die Stückkosten je Einheitsprodukt an!

2. Ermitteln Sie die Herstellungskosten pro Stück für jedes der drei Modelle! Gehen Sie aus Vereinfachungsgründen davon aus, dass die Stückkosten je Einheitsprodukt der ersten Stufe $5\,GE$, die der zweiten Stufe $1\,GE$ und die der dritten Stufe $2\,GE$ betragen.

3. Ermitteln Sie die Selbstkosten pro Stück für jedes der drei Modelle! Gehen Sie aus Vereinfachungsgründen davon aus, dass die Stückkosten je Einheitsprodukt der ersten Stufe $5\,GE$, die der zweiten Stufe $1\,GE$ und die der dritten Stufe $2\,GE$ betragen.

4. Geben Sie den Wert der Lagerbestandsveränderungen in GE nach der ersten Stufe an! Gehen Sie aus Vereinfachungsgründen davon aus, dass die Stückkosten je Einheitsprodukt der ersten Stufe $5\,GE$, die der zweiten Stufe $1\,GE$ und die der dritten Stufe $2\,GE$ betragen.

5. Geben Sie den Wert der Lagerbestandsveränderungen in GE nach Durchlauf der zweiten Stufe an! Gehen Sie aus Vereinfachungsgründen davon aus, dass die Stückkosten je Einheitsprodukt der ersten Stufe $5\,GE$, die der zweiten Stufe $1\,GE$ und die der dritten Stufe $2\,GE$ betragen.

Lösung der Teilaufgaben

1. Die Ergebnisse der drei Äquivalenzziffernrechnungen lauten:

	Fertigungsstufe		
	Stufe 1	Stufe 2	Stufe 3
Einheitsmenge	10550	8700	10850
Kosten je Einheitsprodukt	4	0,7	1,8

2. Die Herstellungskosten je Stück für die drei Modelle berechnen sich zu:

	Erzeugnisart		
	Jackso	Jon Bovi	Manonna
Herstellungskosten je Stück in GE	5,5	8,0	7,5

3. Die Selbstkosten je Stück für die drei Modelle berechnen sich zu:

	Erzeugnisart		
	Jackso	Jon Bovi	Manonna
Selbstkosten je Stück in GE	7,7	10,4	10,9

4. Der Wert der Lagerbestandsveränderungen in GE für die drei Modelle nach der ersten Stufe berechnet sich jeweils zu:

	Erzeugnisart		
	Jackso	Jon Bovi	Manonna
Wert der Lagerbestandsveränderung in GE	+900	−1400	+2600

5. Der Wert der Lagerbestandsveränderungen in *GE* für die drei Modelle nach Durchlauf der zweiten Stufe berechnet sich jeweils zu:

	Erzeugnisart		
	Jackso	Jon Bovi	Manonna
Wert der Lagerbestandsveränderung in *GE*	−1650	+800	+750

Äquivalenzziffernrechnung

Aufgabe 3.8

Sachverhalt

Ein Unternehmen stellt Behälter in jeweils drei verschiedenen Größen aus Stahl, Messing und Kupfer her. Als Äquivalenzziffern gelten für die Stahlbehälter 1,5, für die Messingbehälter 1,2 und für die Kupferbehälter 1,0. Die Äquivalenzziffern für die unterschiedlichen Größen sind aus dem jeweiligen Durchmesser mit dem kleinsten Durchmesser als Basis herzuleiten. Im Abrechnungszeitraum wurden die in Abbildung 3.37 aufgeführten Mengeneinheiten hergestellt.

Durchmesser	Verwendetes Material		
	Stahl	Messing	Kupfer
16 cm	100 Stück	200 Stück	400 Stück
24 cm	300 Stück	150 Stück	50 Stück
32 cm	450 Stück	350 Stück	200 Stück

Abbildung 3.37: Hergestellte Menge der Behälter

Teilaufgaben

1. Ermitteln Sie diejenigen Äquivalenzziffern für die einzelnen Erzeugnisse, die neben dem Herstellungsmaterial die unterschiedlichen Durchmesser der verschiedenen Erzeugnisse berücksichtigen!

2. Wie hoch sind die Stückkosten jeder Erzeugnisart im Abrechnungszeitraum, wenn Kosten der Herstellung in Höhe von $88\,000\,GE$ nach der Äquivalenzziffernmethode auf die Erzeugnisse verteilt werden sollen?

Lösung der Teilaufgaben

1. Das Standard- bzw. Referenzprodukt ist der Kupferbehälter mit 16 cm Durchmesser. Die Äquivalenzziffern ergeben sich zu:

Durchmesser	Verwendetes Material		
	Stahl	Messing	Kupfer
16 cm	1,50	1,20	1,00
24 cm	2,25	1,80	1,50
32 cm	3,00	2,40	2,00

2. Die Stückkosten jeder Erzeugnisart in GE berechnen sich zu:

Durchmesser	Verwendetes Material		
	Stahl	Messing	Kupfer
16 cm	30	24	20
24 cm	45	36	30
32 cm	60	48	40

Aufgabe 3.9

Kalkulation von »Kuppelprodukten«

Sachverhalt

Im Abrechnungszeitraum entstanden in einer Erdölraffinerie neben 200000 Liter Heizöl als Kuppelprodukte 750000 Liter Benzin und 250000 Liter Dieselkraftstoff. Die gesamten Kosten für den Kuppelproduktionsprozess beliefen sich im Abrechnungszeitraum auf $450000\,GE$. Bis zum Verkauf fallen für Lagerung, Abfüllung usw. noch zusätzliche Kosten an, die der Herstellung zugerechnet werden können. Diese belaufen sich für Heizöl auf $30000\,GE$, für Benzin auf $40000\,GE$ und für Dieselkraftstoff auf $35000\,GE$.

Am Absatzmarkt kann das Unternehmen für Heizöl einen Preis in Höhe von $0{,}75\,GE/Liter$, für Benzin einen Preis in Höhe von $1{,}08\,GE/Liter$ und für Dieselkraftstoff einen Preis in Höhe von $1{,}20\,GE/Liter$ erzielen.

Teilaufgaben

1. Beschreiben Sie kurz, was Sie unter der Marktwertrechnung verstehen, von welcher Annahme man bei dieser Rechnung ausgeht und welche Konsequenz diese Annahme für die Verteilung der gesamten Kosten hat!

2. Berechnen Sie die Herstellungskosten je Liter für die drei Kuppelprodukte mit Hilfe der Marktwertrechnung!

3. Ein zweites Verfahren zur Verteilung der gesamten Kosten eines Kuppelproduktionsprozesses ist die so genannte Restwertmethode. Skizzieren Sie kurz die zugrunde liegende Annahme dieser Methode!

4. Berechnen Sie mit Hilfe der Restwertrechnung die Herstellungskosten der einzelnen Kuppelprodukte, indem Sie jedes Kuppelprodukt einmal als Hauptprodukt definieren! Beurteilen Sie kurz die Ergebnisse hinsichtlich deren Interpretationsfähigkeit!

5. Worin besteht das Hauptproblem bei der Kalkulation von Kuppelprodukten?

Lösung der Teilaufgaben

1. Die Lösung der Teilaufgabe ergibt sich aus den entsprechenden Stellen des Lehrtextes.

2. Die Berechnung der Herstellungskosten je Liter nach der Marktwertrechnung führt zu folgender Lösung:

	Erzeugnisart		
	Heizöl	Benzin	Diesel
Herstellungskosten je Liter nach Marktwertrechnung	0,3838	0,4533	0,5529

3. Die Lösung der Teilaufgabe ergibt sich aus den entsprechenden Stellen des Lehrtextes.

4. Die Berechnung der Herstellungskosten nach der Restwertrechnung führt zu folgender Lösung:

	Erzeugnisart		
	Heizöl	Benzin	Diesel
Kosten des Kuppelprozesses im Abrechnungszeitraum	−585000	65000	−440000
Zusätzliche Einzelkosten der Erzeugnisse im Abrechnungszeitraum	30000	40000	35000
Herstellungskosten im Abrechnungszeitraum	−555000	105000	−405000

Die Zahlen lassen sich nicht sinnvoll interpretieren. Weitere Rechnungen sind daher sinnlos.

5. Die Lösung der Teilaufgabe ergibt sich aus den entsprechenden Stellen des Lehrtextes.

Aufgabe 3.10 Kalkulation von Kuppelprodukten

Sachverhalt

In einer Erdölraffinerie entsteht bei der Herstellung von Benzin zusätzlich Dieselkraftstoff und Heizöl. Im Abrechnungszeitraum wurden insgesamt 500 000 *l* Benzin, 170 000 *l* Dieselkraftstoff und 110 000 *l* Heizöl produziert und veräußert. Die Gesamtkosten des Produktionsprozesses betrugen 300 000 *GE*.

Im Rahmen der Produktion mussten für die Weiterverarbeitung des Dieselkraftstoffes zusätzlich 10 000 *GE*, für die von Heizöl zusätzlich 15 000 *GE* ausgegeben werden.

Der Transport aller drei Produkte zum Einzelhändler wird von einem externen Unternehmen übernommen. Für jeden transportierten Liter werden 0,02 *GE* berechnet.

Die Marktpreise lagen im Abrechnungszeitraum für Benzin bei 1,22 *GE/l*, für Dieselkraftstoff bei 1,02 *GE/l* und für Heizöl bei 0,52 *GE/l*.

Teilaufgaben

1. Ermitteln Sie die Selbstkosten je Liter der drei Produkte mit Hilfe der Marktwertrechnung im Abrechnungszeitraum! (Hinweis: Runden Sie die (Zwischen-)Ergebnisse auf die zweite Nachkommastelle!)
2. Ermitteln Sie die Herstellungskosten je Liter Benzin mit Hilfe der Restwertrechnung im Abrechnungszeitraum! Gehen Sie davon aus, dass Benzin das Hauptelement der hergestellten Leistungseinheiten darstellt.

Lösung der Teilaufgaben

1. Die Selbstkosten je Liter in *GE* der drei Produkte im Abrechnungszeitraum lassen sich mit Hilfe der Marktwertrechnung wie folgt berechnen:

	Erzeugnisart		
	Benzin	Diesel	Heizöl
Selbstkosten je Liter	0,47	0,43	0,30

2. Die Herstellungskosten je Liter Benzin ergeben sich im Abrechnungszeitraum mit Hilfe der Restwertrechnung zu 0,2 *GE/l* zuzüglich der Einzelkosten. Die Zahlen lassen sich aber nicht sinnvoll interpretieren.

Kalkulation zusammengesetzter Erzeugnisse

Aufgabe 3.11

Sachverhalt

Ein Unternehmen erstellt ein Endprodukt X aus den Einzelteilen T_1 und T_2 sowie aus den Zwischenprodukten Z_1, Z_2 und Z_3. Die Zusammensetzung des Endproduktes und der Zwischenprodukte kann aus den in Abbildung 3.38 dargestellten analytischen Stücklisten entnommen werden.

Stückliste für X:	benötigte Teile		Stückliste für Z_1:	benötigte Teile	
	Art	Menge		Art	Menge
	T_1	3		T_1	5
	T_2	1		T_2	1
	Z_2	2			
	Z_3	1			

Stückliste für Z_2:	Art	Menge	Stückliste für Z_3:	Art	Menge
	T_1	1		T_1	4
	T_2	3		T_2	1
	Z_1	2		Z_1	3
				Z_2	1

Abbildung 3.38: Analytische Stücklisten für das Endprodukt und die Zwischenprodukte

Die Anschaffungsausgaben je Einheit T_1 betragen $100\,GE$ und je Einheit T_2 $150\,GE$. Für die Zusammensetzung der Zwischenprodukte ergeben sich Fertigungskosten in Höhe von $20\,GE$ je Einheit Z_1, $50\,GE$ je Einheit Z_2 und $40\,GE$ je Einheit Z_3. Die Fertigungskosten für eine Einheit des Endprodukts X belaufen sich auf $70\,GE$ je Einheit. Insgesamt verkauft das Unternehmen an einen Auftraggeber 300 Einheiten des Endproduktes X und 100 Einheiten des Zwischenproduktes Z_3.

Teilaufgaben

1. Erstellen Sie die Direktbedarfsmatrix A, den Stückkostenvektor k und den Primärbedarfsvektor u!

2. Ermitteln Sie die Kosten des Auftrages über 300 Einheiten des Endproduktes X und 100 Einheiten des Zwischenproduktes Z_3!

Lösung der Teilaufgaben

1. Der Primärbedarfsvektor u, die Direktbedarfsmatrix A und der Stückkostenvektor k ergeben sich wie folgt:

$$u = \begin{bmatrix} 0 \\ 0 \\ 0 \\ 0 \\ 100 \\ 300 \end{bmatrix},$$

$$A = \begin{bmatrix} 0 & 0 & 5 & 1 & 4 & 3 \\ 0 & 0 & 1 & 3 & 1 & 1 \\ 0 & 0 & 0 & 2 & 3 & 0 \\ 0 & 0 & 0 & 0 & 1 & 2 \\ 0 & 0 & 0 & 0 & 0 & 1 \\ 0 & 0 & 0 & 0 & 0 & 0 \end{bmatrix},$$

$$k = \begin{bmatrix} 100 & 150 & 20 & 50 & 40 & 70 \end{bmatrix}$$

2. Die Kosten des Auftrages über 300 Einheiten des Endproduktes X und 100 Einheiten des Zwischenproduktes Z_3 belaufen sich auf $3\,136\,000\,GE$.

Aufgabe 3.12 **Kalkulation zusammengesetzter Erzeugnisse**

Sachverhalt

Ein Unternehmen benötigt für die Fertigung eines Enderzeugnisses B vier Einzelteile T_1, fünf Einzelteile T_2 sowie sieben Einheiten des Zwischenerzeugnisses Z. Diese Zwischenerzeugnisse Z setzen sich jeweils aus zwei Einzelteilen T_1 und drei Einzelteilen T_2 zusammen.

Für ein Einzelteil T_1 fallen Anschaffungsausgaben in Höhe von $30\,GE$ je Stück an, für die Anschaffung eines Einzelteils T_2 Ausgaben in Höhe von $45\,GE$ je Stück. Bei der Zusammensetzung eines Zwischenerzeugnisses Z entstehen jeweils Lohnkosten in Höhe von $22\,GE$, bei der Zusammensetzung des Erzeugnisses B sind es derer $52\,GE$. Weitere Kosten für das Unternehmen fallen nicht an.

Teilaufgaben

1. Erstellen Sie die Direktbedarfsmatrix A und den Stückkostenvektor k!

2. Ein potenzieller Kunde benötigt 80 Zwischenerzeugnisse Z und 250 Erzeugnisse B. Er würde dem Unternehmen den Auftrag erteilen, wenn es einen Preis unterhalb von $550\,000\,GE$ dafür verlangen würde. Würde das Unternehmen den beschriebenen Auftrag erteilt bekommen, wenn es auf die Kosten des Auftrages einen Gewinnaufschlag von 10 % erhebt?

Lösung der Teilaufgaben

1. Die Direktbedarfsmatrix hat folgende Gestalt:

		Für eine Einheit von...			
		T_1	T_2	Z	B
	T_1	0	0	2	4
...werden benötigt...	T_2	0	0	3	5
	Z	0	0	0	7
	B	0	0	0	0

Der Stückkostenvektor k ergibt sich wie folgt: $k = [30\ 45\ 22\ 52]$.

2. Die Kosten eines Auftrages über 80 Zwischenerzeugnisse Z und 250 Erzeugnisse B belaufen sich auf $496\,360\,GE$. Selbst nach einem Gewinnaufschlag von 10 % sollte das Unternehmen den Auftrag erteilt bekommen.

Kapitel 4

Stellenbezogene Kalkulation

Lernziele

Sie sollen in diesem Kapitel lernen,

- was man in einem Unternehmen unter einer Stelle verstehen kann,
- warum man Unternehmen gedanklich in Stellen untergliedert,
- welche Anforderungen eine am Ziel der Unternehmenssteuerung orientierte Stellenbildung an das Rechnungswesen stellt,
- welche Anforderungen das Rechnungswesen zu erfüllen hat, wenn die Stellenbildung der oben beschriebenen Kostenträgerrechnung dienen soll,
- was sich hinter dem Begriff *Betriebsabrechnungsbogen* verbirgt,
- welche Probleme bei der Ermittlung primärer und sekundärer Stellenkosten entstehen und
- wie eine innerbetriebliche Verrechnung von Kosten auf der Basis von Leistungsflüssen abläuft.

Überblick

Stellenrechnungen durchzuführen erfordert die genaue Kenntnis des Unternehmens mit seinen Prozessen und Strukturen. Darüber hinaus müssen der Zweck der Rechnung und die Abstimmung mit anderen Teilen des Rechnungswesens bekannt sein. Man kann grob zwischen dem allgemeinen Zweck, die Möglichkeiten zur Unternehmenssteuerung zu verbessern, und dem speziellen Zweck unterscheiden, irgendwelche Kalkulationsverfahren zu unterstützen. Dabei kann es sowohl um die Erfassung von Kosten nach anderen als den oben bereits angesprochenen Kriterien von Kostenträgern gehen als auch um die Unterstützung von stellenorientierten Kostenträgerkalkulationen.

Stellenrechnungen, die dem erstgenannten Zweck dienen, haben hauptsächlich das Problem der Bewertung von Leistungsflüssen zwischen den Stellen zu lösen. In Rechnungen für den letztgenannten Zweck steht dagegen weniger die Bewertung von Leistungsflüssen als die verbrauchsorientierte Ermittlung von Stellenkosten und deren leistungsflussproportionale Verrechnung untereinander (Kostenverrechnung auf der Basis von innerbetrieblichen Leistungsflüssen) im Vordergrund.

Zum besseren Verständnis und zur besseren Einordnung der Aussagen in das System des Rechnungswesens geben wir, wenn immer es möglich erscheint, auch die Struktur einer zeitraumbezogenen Einkommensrechnung an.

4.1 Inhaltliche und begriffliche Grundlagen

Eine oft gewählte Vorgehensweise, das Unternehmensgeschehen gedanklich in Teile zu zerlegen, besteht in der Bildung so genannter *Stellen*. Durch die Verkleinerung des betrachteten Ausschnitts verspricht man sich, das Unternehmensgeschehen jeweils detaillierter betrachten und damit besser steuern zu können als es bei undifferenzierter Betrachtung der Fall ist. Soweit Zurechnungen von *Erlösen*, *Kosten* oder *Einkommen* zu anderen Kalkulationsobjekten als *Stellen* vorgenommen werden, kann man die eventuelle Willkür in der Zurechnung durch Einrichten zusätzlicher *Stellen* verringern.

Stellenbildung zur Verbesserung der Unternehmenssteuerung und Verringerung eventueller Zurechnungswillkür

Im Rahmen der Organisationslehre geht es bei der Stellenbildung um die Definition von so genannten Divisionen oder Zentren, denen die zentrale Unternehmensleitung normalerweise zugleich einen Teil ihrer Entscheidungskompetenzen überträgt. Je nach dem Ausmaß der Übertragung spricht man von einem *cost center*, einem *profit center* oder einem *investment center*. Beim *cost center* wird dem Divisionsleiter die Kompetenz übertragen, Kostenentscheidungen selbst zu treffen. Bei einem *profit center* darf er auf Basis der vorgegebenen Kapazitäten alle Entscheidungen treffen, die das Einkommen seiner Division betreffen. Im Rahmen eines *investment center* darf er darüber hinaus sogar Kapazitätsentscheidungen treffen, also über Investitionen entscheiden. Aus derartigen Stellenbildungen und den Funktionen, die dem Stellenleiter zugewiesen werden, ergibt sich, wie das Rechnungswesen der *Stelle* auszusehen hat. Daraus wiederum kann man die Anforderungen an das Rechnungswesen des gesamten Unternehmens herleiten. Besonderes Augenmerk wird im Zusammenhang mit der Divisionalisierung eines Unternehmens der Diskussion über die Bewertung eventueller Leistungsflüsse zwischen den *Stellen* gewidmet, der so genannten Transferpreisproblematik. Je nachdem, ob man die Leistungsflüsse hoch oder niedrig bewertet, entsteht nämlich entweder bei dem liefernden oder bei dem empfangenden Unternehmensteil mehr oder weniger *Einkommen*. Die Bildung von Divisionen und die Festlegung von Transferpreisen haben in Verbindung mit der Entscheidungsdelegation unmittelbare Auswirkungen auf das Rechnungswesen eines Unternehmens.

Stellenbildung im organisationstheoretischen Kontext

In vielen Arbeiten zur Erlös- und Kostenrechnung wird die Bildung von Kostenstellen zur Unterstützung von Rechnungen für Kostenträger diskutiert. Mit Kostenstellen bezweckt man in diesem Zusammenhang, *Kosten* eines Kostenträgers mit Hilfe einer vorgelagerten Zurechnung zu *Stellen* besser ermitteln und genauer zurechnen zu können, als es ohne eine stellenweise Betrachtung möglich ist. Da es um die Kalkulation von Kostenträgern geht, hängt die Bildung von Kostenstellen in diesem Zusammenhang eng mit der Wahl des Kalkulationsverfahrens zusammen, welches das Unternehmen zur Kalkulation der *Kosten* seiner Kostenträger verwendet.

Stellenbildung im Zusammenhang mit der Kostenträgerrechnung

4.2 Stellenrechnung zur divisionsorientierten Unternehmenssteuerung

4.2.1 Grundlagen

Anforderungen eines Divisionsleiters an das Rechnungswesen

Unter einer Division verstehen wir hier eine organisationstheoretisch begründete Stelle, deren Leiter von der Unternehmenszentrale mit einer gewissen Entscheidungsbefugnis und Verantwortung ausgestattet ist. Dementsprechend benötigt er ein Rechnungswesen, das ihm Informationen über die Einkommenskonsequenzen seiner Entscheidungen liefert. Je nach Umfang der übertragenen Entscheidungsbefugnis und Verantwortung hat das Rechnungswesen Erlöszahlen und Kostenzahlen für jede Division zu liefern. In der Regel erfolgt dies getrennt nach den Kostenträgern der jeweiligen Division.

Möglichkeiten zur Gewinnung divisionsbezogener Daten

Zur Gewinnung von divisionsbezogenen Informationen sind zwei Wege denkbar. Zum einen könnte jede Division und die Unternehmenszentrale ein ihren Anforderungen entsprechendes eigenes Rechnungswesen betreiben. Dies erschwert es, Erlös- und Kostendaten der Divisionen zu denen des Unternehmens zusammenzufassen. Zum anderen kann das Rechnungswesen der zentralen Unternehmensleitung eine Differenzierung nach Divisionen vorsehen. Im Folgenden diskutieren wir die zuletzt genannte gebräuchliche Variante, mit der man alle Probleme der divisionsorientierten Unternehmenssteuerung erfassen kann.

4.2.2 Komplikationen bei Verflechtungen zwischen den Divisionen

Keine besonderen Rechnungswesenprobleme beim Fehlen von Verflechtungen

Wenn zwischen einer bestimmten Division und der Zentrale oder zwischen dieser Division und anderen Divisionen weder Leistungs- noch Kapitalverflechtungen bestehen, entsprechen die Rechnungswesenprobleme aus Sicht der Division denen eines selbstständigen Unternehmens: Der Beitrag der Division zu *Erlös*, *Kosten* oder *Einkommen* des gesamten Unternehmens entspricht wegen der fehlenden Verflechtungen genau dem *Erlös*, den *Kosten* oder dem *Einkommen*, das die Division erzielt, weil Transaktionen nur mit anderen, fremden Unternehmen stattfinden.

Notwendigkeit von Verrechnungspreisen bei Existenz von Verflechtungen

In der Regel werden zwischen den Divisionen sowohl Kapitalverflechtungen vorliegen als auch Leistungsbeziehungen bestehen. *Erlöse*, *Kosten* und *Einkommen* einer Division hängen dann von den Verrechnungspreisen für den Transfer von Leistungen zwischen den Unternehmensteilen ab. In der

Literatur werden *Grenzkostenpreise*, *Grenzkosten-plus-Zuschlag-Preise* und *Marktpreise* als Verrechnungspreise diskutiert. Diese Arten von Verrechnungspreisen besitzen unterschiedliche Eigenschaften, die von Unternehmen auch dazu genutzt werden, um ihre Einkommen- und Gewerbesteuerlast zu beeinflussen. Überhaupt stellt die Steuerbetrachtung einen Aspekt dar, der im Rahmen der Unternehmensteuerung zu behandeln ist, hier aber unterbleiben muss.

4.2.3 Arten von Verrechnungspreisen und ihre Eigenschaften

Werden Leistungen zwischen Divisionen auf der Basis von *Grenzkosten* und damit unter Verwendung des *Marginalprinzips* verrechnet, so beschafft die empfangende Division die Leistungen zu den *Grenzkosten* der abgebenden Division; eventuelle *Gemeinkosten* dieser Leistungen belasten nicht die empfangende Division, sondern nur den Lieferanten. Fallen bei der Herstellung in der liefernden Division *Gemeinkosten* bezüglich der Leistungen an, so bezieht die empfangende Division die Leistungen günstiger als wenn sie die Leistungen selbst erstellt hätte. Die liefernde Division, die nur die *Grenzkosten* ihrer Leistungen erstattet bekommt, weist dementsprechend *Erlöse* nur in Höhe dieser *Grenzkosten* aus. Sind bei der Herstellung auch noch *Gemeinkosten* der Leistungen angefallen, so verbleiben diese bei der liefernden Division. Wenn keine besondere Vorkehrung zur Motivation der liefernden Division getroffen wird, dürfte deren Interesse an derartigen internen Lieferungen beschränkt sein. Werden Verrechnungspreise auf der Basis von Grenzkosten bestimmt, so kann positives Einkommen nur bei den Divisionen entstehen, die ihre Leistungen am Markt, an Unternehmensfremde, abgeben. Es kann allerdings unter bestimmten (nicht unproblematischen) Annahmen gezeigt werden, dass Verrechnungspreise auf der Basis von *Grenzkosten* dennoch eine für das gesamte Unternehmen einkommensoptimale Unternehmensteuerung gestatten.

Grenzkosten als Basis von Verrechnungspreisen

Anders verhält es sich hinsichtlich Unternehmensteuerung und Einkommensmessung, wenn die Leistungen zwischen den Divisionen zu *Grenzkosten zuzüglich eines Zuschlages* verrechnet werden. Durch den Zuschlag zu den Grenzkosten verschlechtert sich die Situation der empfangenden und verbessert sich die Situation der liefernden Division. Diejenige Instanz, die den Zuschlag festsetzt, bestimmt dadurch, wie einkommensstark welche Division aussieht. Die Zurechnung von *Einkommen* zu Divisionen gestaltet sich damit willkürlicher und ist deswegen weniger aussagefähig. Eine Möglichkeit, den Zuschlag auf die Grenzkosten zu bestimmen, besteht in der Anwendung des Finalprinzips. Weil aber der Beitrag einer Division zur Deckung der von der Absatzmenge unabhängigen, also mengenfixen *Kosten* nicht mehr ersichtlich ist, wird eine einkommensoptimale Unternehmensteuerung schwierig.

Grenzkosten plus Zuschlag als Basis von Verrechnungspreisen

Marktpreise (mit Zugangsrecht zum externen Markt) als Verrechnungspreise

Die Willkür, die mit *Grenzkosten plus Zuschlag*-Verrechnungspreisen verbunden ist, lässt sich vermeiden, wenn man die *Marktpreise* der Leistungen als Verrechnungspreise einsetzt und den Divisionsleitern gleichzeitig die Freiheit einräumt, die Leistungen der Division wahlweise an andere Divisionen oder an Unternehmensfremde auf dem externen Markt abzugeben. Die Division handelt dann wie ein selbstständiges Unternehmen. Ihr *Einkommen* wird nicht durch unternehmensinterne Verrechnungspreise verzerrt – auch dann nicht, wenn sie alle Leistungen an eine andere Division abgibt. Der Unternehmensleiter kann sich bei seinen Entscheidungen an der zu erwartenden Einkommensveränderung orientieren. Positives *Einkommen* steht für eine finanziell vorteilhafte Unternehmensführung. Das *Einkommen* der Division repräsentiert zugleich den Beitrag der Division zum *Einkommen* des gesamten Unternehmens.

Beurteilung von Marktpreisen als Verrechnungspreisen

Diese Erkenntnis ist nicht neu. Die Literatur zur Organisationslehre betont die Bedeutung von Marktwerten als Verrechnungspreisen bei der Divisionalisierung bereits seit langem. Dennoch haben sich Marktpreise als Verrechnungspreise in der Praxis nicht durchgesetzt. Obwohl ihre Verwendung wegen der Steuerungs- und Einkommenswirkung ökonomisch vernünftig erscheint, werden Bedenken geltend gemacht. Diese hängen damit zusammen, dass das Konzept es erfordert, den Divisionen Zugang zum externen Markt und Entscheidungsfreiheit einzuräumen. Man befürchtet dadurch einerseits Wettbewerbsnachteile für das gesamte Unternehmen; andererseits könnte die Entscheidungsfreiheit der Divisionsleiter als eine Beeinträchtigung der Macht der Zentrale aufgefasst werden. Zudem besteht die Gefahr kurzfristig unvorteilhafter Entscheidungen, wenn interne Fertigungskapazitäten wegen Zukäufen von Externen nicht genutzt werden.

Zugehörige Einkommensrechnung

Die zeitraumbezogene Einkommensrechnung, die sich bei einer Zentrale mit zwei Divisionen ergibt, hätte das Aussehen der Abbildung 4.1. Die Problematik von Verrechnungspreisen sei im Folgenden anhand eines Beispiels für den Fall veranschaulicht, dass ein Unternehmen eine Profit-Center-Organisation aufweist.

Abbildung 4.1: Zeitraumbezogene Einkommensrechnung bei Divisionalisierung mit einer Zentrale und zwei Divisionen

Zeitraumbezogene Einkommensrechnung	
	Erlöse aus dem Verkauf der Erzeugnisse in Division 1
–	Kosten aus dem Verkauf der Erzeugnisse in Division 1
+	Restliche Erlöse der Division 1
–	Restliche Kosten der Division 1
+	Erlöse aus dem Verkauf der Erzeugnisse in Division 2
–	Kosten aus dem Verkauf der Erzeugnisse in Division 2
+	Restliche Erlöse der Division 2

−	Restliche Kosten der Division 2
+	Erlöse aus dem Verkauf der Erzeugnisse in Zentrale
−	Kosten aus dem Verkauf der Erzeugnisse in Zentrale
+	Restliche Erlöse der Zentrale
−	Restliche Kosten der Zentrale
=	Einkommen des Abrechnungszeitraums

Sachverhalt eines Beispiels

Die H. Obel GmbH handelt mit unbehandeltem Holz. Sie verfügt auch über eine Schreinerei, in der das Holz einer Oberflächenbehandlung unterzogen werden kann. Mit diesem bearbeiteten Holz handelt die H. Obel GmbH ebenfalls.

Das Unternehmen ist der Unternehmensstruktur folgend in drei Divisionen untergliedert. Für jeden dieser Bereiche ist ein anderer Divisionsleiter verantwortlich. Für den Bereich »Handel mit unbehandeltem Holz« ist Herr Schlicht der zuständige Divisionsleiter, für den Bereich »Handel mit oberflächenbehandeltem Holz« ist es Frau Schön und für den Bereich »Schreinerei« Herr Splitter. Jede der Divisionen wird als Profit Center geführt.

Im Lager von Herrn Schlicht liegt noch Holz, das dieser für $12\,000\,GE$ eingekauft hat. Dieses könnte er an einen Kunden verkaufen, der bereit wäre, $13\,000\,GE$ dafür zu zahlen. Herr Schlicht könnte allerdings auf Grund der Organisationsstruktur der H. Obel GmbH in seiner Abteilung keine Oberflächenbehandlung des Holzes vornehmen, genauso, wie es ihm verwehrt ist, eine Oberflächenbehandlung am Markt in Auftrag zu geben oder oberflächenbehandeltes Holz im Großhandel zu erwerben.

Frau Schön könnte das noch unbehandelte Holz gut gebrauchen. Sie könnte es nämlich einer Oberflächenbehandlung unterziehen und es anschließend entweder im Holzgroßhandel für $16\,000\,GE$ oder an einen Kunden für $24\,000\,GE$ verkaufen.

Für die Oberflächenbehandlung könnte Frau Schön sich an die Division von Herrn Splitter wenden. Herrn Splitter steht es frei, den Auftrag von Frau Schön anzunehmen. Für die erforderliche Schreinerleistung würde Herr Splitter den Marktpreis in Höhe von $3\,000\,GE$ verlangen, weil seine Division so stark ausgelastet ist, dass die Übernahme der Oberflächenbehandlung für Frau Schön den gleichzeitigen Verzicht auf einen anderen gleichwertigen externen Schreinerauftrag bedeuten würde. Die Kosten, die der Division von Herrn Splitter für die Oberflächenbehandlung zuzurechnen wären, würden sich auf $2\,000\,GE$ belaufen.

Frau Schön hätte auch die Möglichkeit, im Großhandel Holz einzukaufen, welches bereits oberflächenbehandelt ist. In der fraglichen Menge würde dieses Holz einen Preis von $16\,000\,GE$ besitzen. Auf Grund der Organisationsstruktur der H. Obel GmbH dürfte Frau Schön allerdings kein unbehandeltes Holz im Großhandel einkaufen.

Problemstellungen

Wir werden uns anhand des Beispiels verdeutlichen,

- welche Art von Verrechnungspreisen die einzelnen Divisionsleiter für ihre jeweiligen Leistungen fordern werden,
- welche Handlungsmöglichkeiten für jeden der drei Divisionsleiter bzw. für die H. Obel GmbH bestehen,
- welches Einkommen für die drei Divisionen bzw. für die H. Obel GmbH mit jeder der Handlungsmöglichkeiten verbunden ist (Dabei werden wir unterstellen, dass die angegebenen Verkaufserlöse tatsächlich realisiert werden könnten!),
- welche der Handlungsmöglichkeiten aus Sicht der drei Divisionen bzw. aus Sicht der H. Obel GmbH jeweils zu bevorzugen wäre.

Vertiefung der Ausführungen anhand des Beispiels

Grundlagen der Lösung

Bestimmung von Verrechnungspreisen: Konformität von Unternehmensziel und Zielen der Divisionsleiter

Wenn Planung und Steuerung des Unternehmensgeschehens in der zentralen Unternehmensleitung vereint sind, ist es wahrscheinlich, dass die Entscheidungen der Unternehmensleitung im Sinne der Zielsetzung des Unternehmens erfolgen. Von der Komplexität der Unternehmensstruktur ist es allerdings abhängig, wie schwierig und kostenintensiv eine genaue Planung und Steuerung des Unternehmensgeschehens durch die zentrale Unternehmensleitung ist. Bei relativ komplexen Unternehmensstrukturen wäre es oftmals besser, das Unternehmen in mehrere jeweils überschaubare Divisionen zu unterteilen und jedem Divisionsleiter die Entscheidungsgewalt für diesen Bereich zu übertragen. Da das Verhalten eines Divisionsleiters und damit auch sein zielkonformes Handeln nicht von der Unternehmensleitung gesteuert werden kann, ist durch das Setzen geeigneter Verrechnungspreise und weiterer Vorgaben dem Divisionsleiter ein Anreiz zu geben, unternehmenszielkonform zu handeln.

Bestimmung geeigneter Verrechnungspreise

Marktpreise als Verrechnungspreise in der geschilderten Situation

Die Art von Verrechnungspreisen, die für intern gelieferte Leistungen zu zahlen sind, hängt von der jeweiligen Situation ab. Im vorliegenden Beispiel haben die einzelnen Divisionsleiter jeweils die Möglichkeit auch alternative gleichwertige Geschäfte am Markt, d.h. unternehmensextern abzuschließen. Dies hat zur Folge, dass jeder Divisionsleiter nur dann ein internes Geschäft mit einer anderen Division tätigen wird, wenn das *Einkommen* für seine Division aus diesem Geschäft (zumindest) nicht kleiner ist als das *Einkommen* für seine Division, das aus einer vergleichbaren Markttransaktion folgt. Die Divisionsleiter werden deswegen für die internen Geschäfte als Verrechnungspreise *Marktpreise* ansetzen wollen.

Bestimmung der Handlungsmöglichkeiten und der zugehörigen Einkommenskonsequenzen für jede Division und für das gesamte Unternehmen

Aus der Sicht der H. Obel GmbH ist es wichtig zu wissen, welche Handlungsmöglichkeiten sich in der skizzierten Situation bieten. Mit diesem Wissen kann die H. Obel GmbH nämlich die Einkommenskonsequenzen der verschiedenen Handlungsmöglichkeiten bestimmen. Schließlich wird sie in der Lage sein, unter den denkbaren Handlungsmöglichkeiten die einkommensoptimale Möglichkeit auszuwählen. Dabei unterstellen wir für die H. Obel GmbH die Zielsetzung der Einkommensmaximierung. Im Folgenden seien die Handlungsmöglichkeiten der einzelnen Divisionsleiter sowie des gesamten Unternehmens mit deren jeweiligen Einkommenskonsequenzen betrachtet.

Vorgehen zur Ermittlung der einkommensoptimalen Handlungsmöglichkeit

Die Handlungsmöglichkeiten der einzelnen Divisionsleiter mit den jeweiligen Einkommenskonsequenzen sind im Folgenden aufgeführt:

- Die Division von Herrn Schlicht zeichnet sich durch die Zahlen der Abbildung 4.2 aus. Herr Schlicht besitzt einerseits die Möglichkeit, das gesamte Holz mit einem Lagerbestandswert von $12\,000\,GE$ an einen Kunden zum Preis von $13\,000\,GE$ zu verkaufen. Gleichzeitig hat er die Möglichkeit, das gesamte Holz aus seinem Lager an Frau Schön abzugeben. Damit er aus diesem internen Geschäft im Vergleich zu dem alternativen externen Geschäft kein niedrigeres Divisionseinkommen erzielt, würde er auch Frau Schön mindestens $13\,000\,GE$ berechnen. In beiden Handlungsmöglichkeiten stehen demzufolge *Erlöse* in Höhe von $13\,000\,GE$ *Kosten* in Höhe von $12\,000\,GE$ gegenüber.

Handlungsmöglichkeiten und deren Einkommenskonsequenzen für Herrn Schlicht

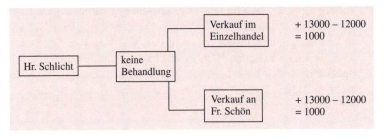

Abbildung 4.2: Situation von Herrn Schlicht

Handlungsmöglichkeiten und deren Einkommenskonsequenzen für Frau Schön

- Die Division von Frau Schön zeichnet sich durch die Zahlen der Abbildung 4.3 aus. Frau Schön hat die Möglichkeit, das Holz, welches sie weiterverarbeiten und verkaufen will, von Herrn Schlicht zu beziehen. Es zeigt sich, dass sie höchstens bereit sein wird, dafür die von Herrn Schlicht mindestens verlangten 13 000 GE zu bezahlen. Sie müsste nämlich dieses unbearbeitete Holz noch weiterbehandeln lassen, wofür zusätzliche 3 000 GE anfallen würden. In Summe würde sie die Transaktion mit Herrn Schlicht also 16 000 GE kosten. Für diesen Betrag könnte sie allerdings im Rahmen ihrer zweiten Möglichkeit bereits oberflächenbehandeltes Holz im Großhandel erwerben. Je nachdem, ob Frau Schön das oberflächenbehandelte Holz im Großhandel oder an einen Kunden verkauft, kann sie *Erlöse* in Höhe von 16 000 GE bzw. 24 000 GE erzielen.

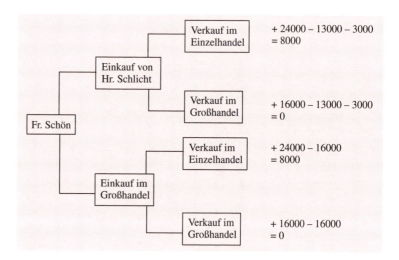

Abbildung 4.3: Situation von Frau Schön

Handlungsmöglichkeiten und deren Einkommenskonsequenzen für Herrn Splitter

- Die Division von Herrn Splitter zeichnet sich durch die Zahlen der Abbildung 4.4, Seite 219, aus. Angenommen, Frau Schön bittet Herrn Splitter, die Oberflächenbehandlung des unbehandelten Holzes durchzuführen, bieten sich diesem zwei Handlungsmöglichkeiten. Er kann den Auftrag annehmen oder ablehnen. Wenn er ihn ablehnt, kann Herr Splitter aufgrund seiner Auslastung eine gleichwertige Schreinerleistung für einen externen Kunden erbringen. Dies bedeutet, dass Herr Splitter in beiden Fällen mit den gleichen Einkommenskonsequenzen rechnen kann: *Erlösen* in Höhe von 3 000 GE stehen *Kosten* von 2 000 GE gegenüber.

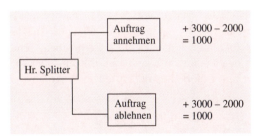

Abbildung 4.4:
Situation von Herrn Splitter

Wenn man die vorgestellten Handlungsmöglichkeiten anhand der mit ihnen verbundenen Einkommenskonsequenzen bewertet und die jeweiligen *Einkommen* als Entscheidungsgrundlage für den jeweiligen Divisionsleiter versteht, stellt man Folgendes fest: Bei allen drei Divisionsleitern kommt es dazu, dass diese zwischen verschiedenen Handlungsmöglichkeiten indifferent sind. Damit man nun feststellen kann, welche Kombination von Handlungsmöglichkeiten aus der Sicht der H.Obel GmbH einkommensoptimal ist, muss man sich die Handlungsmöglichkeiten aus Unternehmenssicht vergegenwärtigen. Dies geschieht in Abbildung 4.5.

Handlungsmöglichkeiten und deren Einkommenskonsequenzen für die H.Obel GmbH

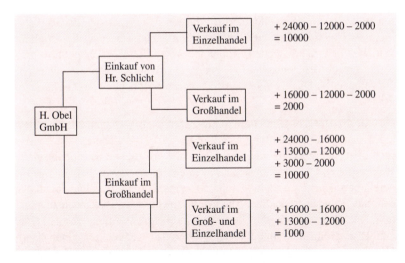

Abbildung 4.5:
Situation des Unternehmens

Aus Unternehmenssicht besteht zum einen die Möglichkeit, dass Frau Schön das von ihr benötigte Holz aus der Division von Herrn Schlicht bezieht. Herr Schlicht hat dann keine Möglichkeit mehr, sein Holz dem externen Kunden zu verkaufen. Im Falle der Lieferung von Herrn Schlicht an Frau Schön entstehen aus Sicht der H. Obel GmbH *Kosten* in Höhe von $12000\,GE$ für die Lagerentnahme des unbehandelten Holzes. Hinzu kommen noch Folgekosten für die Oberflächenbehandlung. Dafür entstehen dem Unternehmen *Kosten* in Höhe von $2000\,GE$. Je nachdem, ob Frau Schön das oberflächenbehandelte Holz im Einzelhandel oder im Großhandel verkauft, kann sie für das Unternehmen *Erlöse* in Höhe von $24000\,GE$ bzw. $16000\,GE$ erzielen. Zum anderen besteht aus Unterneh-

Diskussion der Handlungsmöglichkeiten

menssicht auch die Möglichkeit, dass Frau Schön das von ihr benötigte Holz bereits oberflächenbehandelt im Großhandel einkauft. In diesem Fall würde sich für Herrn Schlicht die Möglichkeit ergeben, sein auf Lager liegendes Holz an einen externen Kunden im Einzelhandel zu verkaufen. Damit könnte er aus Unternehmenssicht einen Einkommensbeitrag in Höhe von

$$13000 GE - 12000 GE = 1000 GE$$

erzielen. Für Frau Schön ergäben sich im Prinzip die gleichen Handlungsmöglichkeiten als würde sie das Holz von Herrn Schlicht beziehen: Sie kann das oberflächenbehandelte Holz einerseits im Einzelhandel für $24000 GE$ verkaufen, andererseits im Großhandel für $16000 GE$. Jedoch sieht sich Frau Schön anderen *Kosten* gegenüber. Der Einkauf des bereits oberflächenbehandelten Holzes im Großhandel kostet sie $16000 GE$. Die Einkommenskonsequenzen aus Sicht der H. Obel GmbH setzen sich für den zweiten beschriebenen Handlungsstrang demzufolge bei beiden Handlungsmöglichkeiten aus jeweils zwei Einkommenskomponenten zusammen. Zum einen besteht die Möglichkeit, dass sowohl Herr Schlicht als auch Frau Schön im Einzelhandel an einen externen Kunden verkaufen (Einzelhandel/Einzelhandel). In diesem Fall ergibt sich das Einkommen des Unternehmens zu $9000 GE$. Zum anderen besteht die Möglichkeit, dass Frau Schön an den Großhandel verkauft, Herr Schlicht hingegen weiterhin im Einzelhandel an einen externen Kunden (Großhandel/Einzelhandel). Das *Einkommen* bei dieser Möglichkeit ergäbe sich zu $1000 GE$.

Einkommensoptimales Verhalten der H. Obel GmbH

Das für die H. Obel GmbH einkommensoptimale Verhalten ist nun ablesbar. Es ist in der Darstellung *kursiv* gezeigt. Bei Verwendung von Marktpreisen als interne Verrechnungspreise sollte Frau Schön das unbehandelte Holz von Herrn Schlicht beziehen, es in der unternehmenseigenen Schreinerei oberflächenbehandeln lassen und schließlich im Einzelhandel an den externen Kunden verkaufen. Damit ein solches Vorgehen auch in praxi möglich wäre, müsste die zentrale Unternehmensleitung der H. Obel GmbH vorgeben, dass im Falle von Indifferenz gegenüber einzelnen Handlungsmöglichkeiten vom jeweiligen Divisionsleiter die interne Variante zu bevorzugen wäre. Zusätzlich wäre den Divisionsleitern ein Marktzugang einzuräumen, damit diese überhaupt die Möglichkeit haben, alternative externe Geschäfte abzuschließen. Außerdem müssten die Divisionen so definiert sein, dass tatsächlich jeder Divisionsleiter die jeweiligen Einkommenskonsequenzen einer bestimmten Handlungsmöglichkeit für seine Division bestimmen kann.

4.2.4 Konsequenzen für das interne Rechnungswesen

Als Fazit ist festzuhalten, dass eine Stellenrechnung, die der divisionsorientierten Unternehmenssteuerung dienen soll, die Organisationsstruktur des Unternehmens genau abbilden muss. Geschieht dies nicht, wird den Divisionsleitern nicht die Information geliefert, die sie für einkommensoptimale Entscheidungen benötigen. Jede Art von Verrechnungspreisen, die von den Marktpreisen abweicht, bereitet den Divisionsleitern Probleme. Grenzkosten eignen sich immerhin noch zur Unternehmensteuerung, wenngleich der divisionale Einkommensausweis dabei fehlt. So genannte Vollkostenpreise sind in jedem Falle ungeeignet.

Verwendung von Marktpreisen als beste Alternative

4.3 Stellenrechnung zur Unterstützung von Trägerrechnungen

4.3.1 Grundlagen

Rechnungen für das Kalkulationsobjekt *Träger* erfordern je nach Ausgestaltung des Kalkulationsverfahrens Informationen über die *Erlöse* oder *Kosten* von Unternehmensteilen. Insbesondere bereitet die Zurechnung der *Gemeinerlöse* oder der *Gemeinkosten* von Kostenträgern zu diesen Kostenträgern Probleme, weil sich derartige Gemeinbeträge i.d.R. nicht proportional zur Kostenträgermenge verhalten (kostenträgermengenfixe Beträge) und auch bezüglich einer einzelnen Kostenträgereinheit oft nicht physikalisch messbar sind. In Unternehmen mit mehr als einem einzigen Prozess oder mehr als einer einzigen Stelle kommt hinzu, dass die einzelnen Kostenträger i. A. entweder unterschiedliche Prozesse oder Stellen durchlaufen oder die gleichen Prozesse oder Stellen mit unterschiedlicher Intensität oder in unterschiedlichem Ausmaß nutzen.

Verringerung der Zurechnungswillkür durch stellenweise Zurechnung von Erlösen und Kosten zu Kostenträgern

Lassen sich die *Gemeinerlöse* oder *Gemeinkosten* von Kostenträgern den einzelnen Prozessen durch physikalische Verbrauchsmessung direkt zurechnen, so liegt es nahe, den Kostenträgern nur die Gemeinbeträge derjenigen Prozesse oder *Stellen* (anteilig) zuzurechnen, die sie durchlaufen haben. Ein solches Vorgehen setzt die gedankliche Unterteilung eines Unternehmens in Untereinheiten voraus, für die sich die *Gemeinerlöse* oder *Gemeinkosten* von Kostenträgern messen und proportional zum Empfang oder zur Abgabe von Leistungen an die Kostenträger verteilen lassen. Die Zurechnung der *Gemeinerlöse* oder *Gemeinkosten* von Kostenträgern zu diesen kann damit in gewissem Umfang objektiviert werden.

Beschränkung der Kostenstellenorientierung auf Gemeinerlöse und Gemeinkosten

Anwendung der Kostenstellenorientierung auf alle Erlöse und alle Kosten von Kostenträgern

Alternativ zu der gerade beschriebenen Kostenstellenorientierung ist es auch denkbar, alle *Erlöse* und alle *Kosten* – und nicht nur die *Gemeinerlöse* und *Gemeinkosten* der Kostenträger – zunächst den Kostenstellen zuzurechnen, bevor die Zurechnung auf Kostenträger erfolgt. Eine solche Zurechnung nimmt man vor, wenn es einem nicht nur auf die Kalkulation der *Erlöse* oder *Kosten* von Kostenträgern ankommt, sondern wenn man gleichzeitig sehen möchte, in welcher Kostenstelle welche Beträge an *Erlösen* oder *Kosten* angefallen sind. Diese Information kann insbesondere hilfreich sein, wenn es darum geht, Abweichungen zwischen Plänen und ihrer Ausführung aufzudecken oder abstellen zu wollen.

Beschränkung auf Kosten und Kostenstellen

In beiden Fällen spricht man für den Fall der Verrechnung von *Kosten* auf solche Unternehmensteile von Kostenstellen. Die folgenden Ausführungen beschränken sich – wie in der Literatur üblich – auf *Kosten* und Kostenstellen. Wir beschränken die folgende Darstellung ferner auf den Fall, dass die Kostenstellenorientierung nur für die Gemeinkosten stattfindet. Ähnliche Überlegungen können auch für Erlöse angestellt werden.

Kostenstellenrechnung

Das Verfahren zur Ermittlung der Kosten von Kostenstellen, die *Kostenträgern* sinnvoll zugerechnet werden können, wird als Kostenstellenrechnung bezeichnet. Bei einer Kostenstellenrechnung kommt es darauf an, die Kostenstellen so geschickt zu definieren, dass sie hilfreich für eine Kostenträgerrechnung sind. Hierbei werden die Gemeinkosten von *Kostenträgern* für jede *Stelle* einzeln erfasst. Die Gemeinkosten von *Kostenträgern* sind damit Einzelkosten der Kostenstellen. Dies dient dem Zweck, dass man die so erhaltenen *Kosten* der Kostenstellen anschließend proportional zu den Leistungsflüssen zwischen den Stellen genau denjenigen *Stellen* anlastet, die von *Kostenträgern* durchlaufen werden. Die Probleme, die mit einer solchen Kostenstellenrechnung verbunden sind, bestehen in der Bildung von Kostenstellen sowie in der Berücksichtigung der Leistungsflüsse zwischen diesen Kostenstellen.

4.3.2 Bildung von Kostenstellen

Kriterien zur Bildung von Kostenstellen

Unter Kostenstellen hat man sich nach einem bestimmten Kriterium abgegrenzte Unternehmensteile zum Zwecke der Zurechnung von *Kosten* zu diesen Unternehmensteilen vorzustellen. Kostenstellen können beispielsweise nach räumlichen, funktionalen, verantwortungsbezogenen oder abrechnungstechnischen Gesichtspunkten gebildet werden. Man wird sie so bilden, dass man bei der Kostenstellenbildung den Informationswünschen der Unternehmensleitung weit gehend nachkommt. Darüber hinaus wird man bestrebt sein, sie so zu bilden, dass man Probleme bei der späteren Zurechnung von *Kosten* zu Kostenstellen vermeidet. Das kann dadurch geschehen, dass man im Zweifel eine neue Kostenstelle definiert, wenn sich Zurechnungsprobleme abzeichnen.

Bei der räumlichen Definition von Kostenstellen wird man Unternehmensteile, die räumlich zusammen liegen, jeweils zu Kostenstellen zusammenfassen, bei der funktionalen werden gleichartige Tätigkeiten jeweils zu einer Kostenstelle zusammengefasst. Definiert man Kostenstellen verantwortungsbezogen, so wird man die Stelle genauso definieren, wie man den Verantwortungsbereich einer (Führungs-)Person definiert. Zur Planung und Steuerung des Geschehens in einer Kostenstelle erscheint eine verantwortungsbezogene Definition als sehr geeignet, weil die Unternehmensleitung dann jederzeit mit der für das Einkommen oder die Kosten einer Kostenstelle verantwortlichen Person kommunizieren kann. Es ist nur konsequent, wenn man bei verantwortungsbezogen definierten Kostenstellen diejenigen *Kosten* getrennt ausweist, die der Kostenstellenleiter zu verantworten hat. Diese werden i.d.R. nur diejenigen *Kosten* umfassen, die er beeinflussen kann, so etwa neben den Lohn- und Materialkosten von Erzeugnissen auch die *Kosten* für solche Produktionsfaktoren, über deren Nutzung der Kostenstellenleiter entscheiden kann. Eine abrechnungstechnische Definition von Kostenstellen nimmt man vor, wenn man Kostenstellen so bildet, dass die Abrechnung oder Weiterverrechnung von Kostenstellenkosten zu anderen Objekten besonders einfach geschehen kann.

Diskussion verschiedener Kriterien zur Bildung von Kostenstellen

Zur Bezeichnung der unterschiedlichen Funktionen von Kostenstellen haben sich verschiedene Begriffsgruppen gebildet. In einem abrechnungstechnischen Zusammenhang unterscheidet man Endkostenstellen von Vorkostenstellen. Im Idealfall werden in Endkostenstellen nur absatzfähige Kostenträger hergestellt, wohingegen in Vorkostenstellen nicht absatzfähige Zwischenerzeugnisse oder Dienstleistungen für Endkostenstellen entstehen. Tatsächlich wird man oft Stellen vorfinden, die sowohl absatzfähige Kostenträger herstellen als auch Zwischenerzeugnisse oder Dienstleistungen für Endkostenstellen. Wir bezeichnen solche Stellen ebenfalls als Endkostenstellen und berücksichtigen bei Kostenträgerkalkulationen nur den Teil der Kosten dieser Kostenstelle, der auf die absatzfähigen Kostenträger entfällt. In einem fertigungsorientierten oder funktionalen Zusammenhang grenzt man oft allgemeine Kostenstellen von Fertigungskostenstellen, Verwaltungskostenstellen und Vertriebskostenstellen ab. Bei Fertigungskostenstellen unterscheidet man weiter zwischen Fertigungshaupt- und Fertigungshilfskostenstellen. Als *allgemein* wird eine Kostenstelle bezeichnet, die ihre Leistungen an alle anderen Kostenstellen abgibt, als Fertigungsstelle eine, die von einem zum Absatz bestimmten Kostenträger durchlaufen wird.

Kostenstellenbezeichnungen

Die Kostenstellenrechnung lässt sich i.d.R. in einer Tabelle ausdrücken, in deren Zeilen man die Kostenarten und in deren Spalten man die Kostenstellen anordnet. Diese Tabelle wird als *Betriebsabrechnungsbogen* bezeichnet. Üblicherweise gibt der obere Teil der Tabelle an, welche Stelle in welchem Wert von außen bezogene Produktionsfaktoren verbraucht hat. Um diese Zahlen zu gewinnen, sind die durch den Verbrauch entstandenen *Kosten* getrennt für jede Kostenstelle zu erfassen. Erscheint dies

Betriebsabrechnungsbogen zur Kennzeichnung einer Kostenstellenrechnung

unwirtschaftlich, begnügt man sich mit einer Schätzung. Die mit dem oberen Teil der Tabelle zusammenhängenden Rechnungen bezeichnet man als Primärkostenrechnung. Der untere Teil des Betriebsabrechnungsbogens gibt an, wie die *Kosten* derjenigen Kostenstellen, die der Kostenträger nicht durchlaufen hat, auf diejenigen Kostenstellen verteilt werden, die der Kostenträger durchlaufen hat. Die mit dem unteren Teil der Tabelle zusammenhängenden Rechnungen bezeichnet man als *Sekundärkostenrechnung*.

4.3.3 Primäre Kosten von Kostenstellen

Stellenweise Einzelerfassung oder Schätzung primärer Stellenkosten

In der Praxis kann die kostenstellenweise Erfassung von *Kosten* sehr mühsam sein. Deswegen zieht man einer genauen Erfassung häufig eine Schätzung vor. Dabei werden i.d.R. die angefallenen *Kosten* nach Arten getrennt proportional zu solchen Größen auf diejenigen Kostenstellen verteilt, zu denen sie sich vermutlich proportional verhalten: Man schlüsselt die angefallenen *Kosten* auf und rechnet sie entsprechend der gewählten Schlüsselgrößen den Stellen zu. Dieser Schritt einer Stellenrechnung wird in der Literatur als Zurechnung der primären *Kosten* bezeichnet.

Beurteilung der Zurechnung primärer Kosten zu Kostenstellen

Die Mühe bzw. Schwierigkeit, die mit der Verrechnung primärer *Kosten* verbunden ist, hängt entscheidend von der Menge der Kostenstellen ab, die man gebildet hat. Schätzt man die Stellenkosten mit Hilfe von Schlüsselgrößen, so steht und fällt der Aussagegehalt der Stellenkosten damit, wie gut die Schlüsselung die in den Stellen tatsächlich angefallenen *Kosten* abbildet. In fortschrittlichen, an einer tatsächlichen Erfassung interner Leistungsflüsse interessierten Unternehmen wird man die notwendigen Daten im Rahmen einer meist elektronisch durchgeführten »Betriebsdatenerfassung« ermitteln. Die mit der Schätzung der primären *Kosten* von Kostenstellen verbundenen Probleme seien anhand eines Beispiels verdeutlicht.

Sachverhalt eines Beispiels

In einem Unternehmen, das zur Unterstützung der Kostenträgerrechnung eine Kostenstellenrechnung durchführen möchte, hat man sieben Kostenarten gesondert erfasst. Diese stellen bezüglich der Kostenträger Gemeinkosten dar. Man möchte für diese Kostenarten eine Kostenstellenrechnung durchführen und hat dazu geeignete Kostenstellen definiert. Anstatt einer kostenstellenweisen Erfassung der einzelnen Kostenarten hat man für jede Kostenart eine Schlüsselgröße definiert und für den Abrechnungszeitraum erfasst, wie viele Schlüsselgrößeneinheiten in den einzelnen Kostenstellen entstanden sind. Abbildung 4.6 enthält die entsprechenden Angaben.

4.3 Stellenrechnung zur Unterstützung von Trägerrechnungen

Kostenarten	Betrag	Verteilungsschlüssel	in Kostenstellen angefallene Schlüsselgrößeneinheiten					
			allgemeine Kostenstelle	Fertigungskostenstellen		Materialkostenstelle	Verwaltungskostenstelle	Vertriebskostenstelle
				Hilfskostenstelle	Hauptkostenstelle			
Gehälter	240000	Gehaltssumme	13000	73000	18000		94000	42000
Hilfslöhne	180000	Lohnscheine	11000	42000	102000	5000	10000	10000
Soziale Kosten	225000	Summe der Löhne und Gehälter						
Fuhrpark	35000	Anzahl Fahrzeuge		20 Stück	50 Stück			
Abschreibungen	460000	Maschinenstunden	130 h	105 h	875 h	70 h	400 h	260 h
Zinsen	105000	investierte Werte	160 IW	180 IW	890 IW	130 IW	410 IW	330 IW
sonstige Kosten	325000	Maschinenzahl	3 Stück	7 Stück	18 Stück	2 Stück	11 Stück	9 Stück
Summe primärer Kosten	1570000							

Abbildung 4.6: Informationen über Kosten und kostenstellenweise Schlüsselgrößen im Abrechnungszeitraum

Problemstellungen

Wir verwenden das Beispiel, um uns zu verdeutlichen,

- welche Arbeitsschritte im Rahmen einer Kostenstellenrechnung anfallen, in der die Kosten, die bezüglich Kostenträgern Gemeinkosten darstellen, denjenigen Kostenstellen zugerechnet werden, in denen Kostenträger gefertigt werden,
- welche Probleme sich bei der Ermittlung der primären Kosten von Kostenstellen ergeben,
- wie wir die primären Kosten der Kostenstellen mit Hilfe der angegebenen Schlüsselgrößen schätzen und
- wie die sich ergebende Kostenumlage zu beurteilen ist.

Vertiefung der Ausführungen anhand des Beispiels

Grundlagen der Lösung

Lösungsidee Kostenstellenrechnungen sind vom Unternehmen frei gestaltbare Rechenwerke. Mit Rechnungen bezüglich des Kalkulationsobjektes *Kostenstelle* lassen sich mehrere Zwecke verfolgen. Der Zweck, der hier verfolgt wird, besteht darin, die Kalkulation von *Kostenträgern* zu erleichtern. Deswegen sollten *Kostenstellen* so definiert werden, dass die *Kosten* jeder einzelnen *Kostenstelle* gemessen werden können. Weiterhin werden den *Kostenstellen* auf Grund der Aufgabenstellung nur diejenigen *Kosten* zugerechnet, die bezüglich der *Kostenträger* Gemeinkosten darstellen. Die *Kosten* der Kostenstellen wurden nicht genau erfasst, sondern sollen mit Hilfe von Schlüsselgrößen geschätzt werden. Wenn versucht wird, die *Kosten* von Kostenstellen zu schätzen, sollte darauf geachtet werden, dass die Schätzung objektiv nachvollziehbar ist und dass sie dem nahe kommt, was sich bei einer genauen Erfassung ergeben hätte. Dementsprechend sind Schlüsselgrößen heranzuziehen, die sich während des Abrechnungszeitraums vermutlich proportional zu den *Kosten* der *Kostenstellen* verhalten.

Arbeitsschritte einer Kostenstellenrechnung

Überblick Bei einer Kostenstellenrechnung, die zur Unterstützung der Kostenträgerrechnung dienen soll, sind drei Schritte zu unterscheiden: die Definition von *Kostenstellen*, die Erfassung der primären *Kosten* der *Kostenstellen* und die Berücksichtigung von Leistungsflüssen zwischen den *Kostenstellen*. Werden die *Kosten* der *Kostenstellen* nicht genau erfasst, sondern mit Schlüsselgrößen geschätzt, so sind die Schritte um die Auswahl und Erfassung der Schlüsselgrößen zu ergänzen.

Bedeutung von Kostenstellendefinition: Schlüsselfindung und Verrechnung Die Definition von *Kostenstellen* ist bedeutsam, weil davon abhängt, ob man die *Kosten* von *Kostenstellen* messen und später einzelnen *Kostenträgern* messbar zuordnen kann oder nicht. Bei Schätzung der *Kosten* von *Kostenstellen* mit Hilfe von Schlüsselgrößen sind in einem zweiten Schritt Schlüsselgrößen zu finden, zu denen sich die *Kosten* der *Kostenstellen* proportional verhalten. In einem weiteren Schritt kann die unten noch zu beschreibende Kostenverrechnung auf Basis innerbetrieblicher Leistungsflüsse durchgeführt werden. Mit ihr wird das Ziel verfolgt, die *Kosten* jeder *Kostenstelle* entsprechend ihrer Inanspruchnahme durch andere *Kostenstellen* diesen anderen *Kostenstellen* zuzurechnen. Die Grenze zur Kostenträgerrechnung wird erreicht oder überschritten, wenn man die Daten der Kostenstellenrechnung in einem letzten Schritt zur Divisionskalkulation oder zur Ermittlung von Zuschlagssätzen für eine Zuschlagskalkulation heranzieht.

Probleme bei der Ermittlung primärer Kosten von Kostenstellen

Die Ermittlung der primären *Kosten* von *Kostenstellen* wird vom Zweck der Rechnung sowie von der angestrebten Genauigkeit der Erfassung geprägt. Möchte man sämtliche angefallenen *Kosten* über *Kostenstellen* verrechnen, z.B. zwecks Planung, Steuerung und Kontrolle eines Unternehmensteils, so spielt es für die Zurechnung von *Kosten* zu einer bestimmten *Kostenstelle* keine Rolle, ob die *Kosten* Einzelkosten oder Gemeinkosten von Erzeugnissen darstellen. Sämtliche *Kosten* sind den *Kostenstellen* als primäre *Kosten* zuzurechnen. Besteht der Zweck der Kostenstellenrechnung dagegen darin, lediglich die Gemeinkosten von Kostenträgern auf diese zu verteilen, um die Kalkulation dieser *Kostenträger* zu verbessern, so genügt es, die Gemeinkosten der *Kostenträger* für jede *Kostenstelle* zu ermitteln und zu verrechnen. Bei geschickter Definition der *Kostenstellen* lassen sich alle *Kosten* für jede *Kostenstelle* genau, d.h. als Einzelkosten dieser *Kostenstelle,* erfassen. Aus Gründen der Vereinfachung begnügt man sich in der Praxis oft damit, die *Kosten* einer *Kostenstelle* zu schätzen, indem man die *Kosten* gemäß einer Schlüsselgröße auf die einzelnen *Kostenstellen* verteilt.

Zurechnung aller Kosten zu Kostenstellen oder nur Zurechnung der Gemeinkosten von Erzeugnissen zu Kostenstellen?

Schätzung der primären Kosten der Kostenstellen mit Schlüsselgrößen

Die Schätzung der *Kosten* der *Kostenstellen* erfolgt durch eine Verteilung der *Kosten* aller *Kostenstellen* mit Hilfe von Schlüsselgrößen. Das Vorgehen bei der Verteilung ist für alle *Kostenarten* das Gleiche. Der jeweils zu verteilende Betrag ist proportional zum Anteil der jeweiligen *Kostenstelle* am gewählten Verteilungsschlüssel auf die betroffenen *Kostenstellen* zu verteilen. Anhand der Verteilung der *Kosten* der Kostenart *soziale Kosten* auf die allgemeine *Kostenstelle* sei dies verdeutlicht. Als Verteilungsschlüssel für die *sozialen Kosten* ist die Summe der Löhne und Gehälter vorgegeben. Der auf die *Kostenstellen* des Unternehmens insgesamt zu verteilende Geldbetrag macht $225\,000\,GE$ aus. Die Summe der Löhne und Gehälter beträgt $420\,000\,GE$. In der allgemeinen *Kostenstelle* sind insgesamt *Kosten* für Löhne und Gehälter in Höhe von $24\,000\,GE$ angefallen. Diese $24\,000\,GE$ entsprechen einem Anteil von $0{,}05714$ an der Summe der Löhne und Gehälter in Höhe von $420\,000\,GE$. Entsprechend diesem Anteil werden nun die *sozialen Kosten* in Höhe von $225\,000\,GE$ der *allgemeinen Kostenstelle* zugerechnet. Der Zurechnungsbetrag beträgt

Verwendung von Verteilungsschlüsseln

$$0{,}05714 \cdot 225000\,GE = 12857\,GE.$$

Die Summe der primären Kosten je Kostenstelle erhält man nach der Verteilung der einzelnen Kostenarten auf die Kostenstellen durch eine kostenstellenweise Addition der Einzelbeträge. Die Lösung für die anderen Kostenarten und Kostenstellen wird in Abbildung 4.7, Seite 228, angegeben.

Kosten-arten	Betrag	Vertei-lungs-schlüssel	allge-meine Kosten-stelle	Fertigungs-kostenstellen		Material-kosten-stelle	Verwal-tungs-kosten-stelle	Ver-triebs-kosten-stelle
				Hilfs-kosten-stelle	Haupt-kosten-stelle			
Gehälter	240000	Gehalts-summe	13000	73000	18000		94000	42000
Hilfs-löhne	180000	Lohn-scheine	11000	42000	102000	5000	10000	10000
	420000	Summe der Löh-ne und Gehälter	24000	115000	120000	5000	104000	52000
Soziale Kosten	225000	Summe der Löhne und Gehälter	12857	61607	64286	2679	55714	27857
Fuhrpark	35000	Anzahl Fahr-zeuge		10000	25000			
Abschrei-bungen	460000	Maschi-nenstun-den	32500	26250	218750	17500	100000	65000
Zinsen	105000	inves-tierte Werte	8000	9000	44500	6500	20500	16500
sonstige Kosten	325000	Maschi-nenzahl	19500	45500	117000	13000	71500	58500
Summe primärer Kosten	1570000		96857	267357	589536	44679	351714	219857

Abbildung 4.7: Ermittlung der primären Gemeinkosten der Kostenstellen

Beurteilung der Kostenumlage

Aussagegrenzen

Die Idee, die angefallenen *Kosten* für Gehälter und Löhne über Gehalts-summen und Lohnscheine als Schlüsselgrößen zu verteilen, ist im Sinne einer willkürfreien Verteilung positiv zu bewerten. Gleich positiv ist die Umlage der Fuhrparkkosten gemäß der Anzahl der Fahrzeuge und die Um-lage der Abschreibungen anhand der benötigten Maschinenstunden zu be-werten. Die anfallenden *Kosten* ändern sich vermutlich proportional zur Veränderung der jeweiligen Schlüsselgröße. Bei allen anderen verwende-ten Schlüsselgrößen ist ein solcher proportionaler Zusammenhang zu den *Kosten* der jeweiligen *Kostenarten,* wenn überhaupt, dann nur indirekt fest-stellbar. Dies bedeutet, dass hier die Definition der *Kostenstellen* für die Zurechnungsbedürfnisse des Unternehmens nur eingeschränkt geeignet ist.

Durch Neu- oder Umdefinition von *Kostenstellen* könnte versucht werden, eine möglichst objektive Zurechnung der anfallenden *Kosten* zu *Kostenstellen* zu erreichen. Sollte es nicht möglich sein, durch eine Neu- oder Umdefinition der *Kostenstellen* eine Verbesserung hinsichtlich des angesprochenen proportionalen Zusammenhangs zu erzielen, so bestünde noch eine andere Möglichkeit, Abhilfe zu schaffen. Man könnte versuchen, andere – im Sinne der Annäherung an den tatsächlichen Kostenanfall in den *Kostenstellen* bessere – Schlüsselgrößen zu finden.

Behebung von Aussageproblemen

4.3.4 Sekundäre Kosten von Kostenstellen

Von der Zurechnung sekundärer *Kosten* zu *Kostenstellen* spricht man, wenn die *Kosten* aller *Kostenstellen* entsprechend der Leistungsflüsse zwischen den Stellen umverteilt werden. Dieser Vorgang wird auch als Sekundärkostenzurechnung oder als innerbetriebliche Leistungsverrechnung bezeichnet. Tatsächlich handelt es sich meist um eine Verrechnung der Gemeinkosten von Kostenträgern proportional zu den Leistungsflüssen. Man versucht dabei, Leistungsflüsse zwischen den *Kostenstellen* eines Unternehmens wertmäßig zu erfassen. Dies geschieht, um den *Kostenstellen* neben ihren primären *Kosten* auch ihre *sekundären* Kosten möglichst nachvollziehbar anlasten zu können. Die Verrechnung der sekundären *Kosten* erfolgt dadurch, dass jeder *Kostenstelle* die *Kosten* anderer *Kostenstellen* entsprechend ihrer Inanspruchnahme von Leistungen der anderen *Kostenstellen* angelastet werden. Die *Kosten* der *Kostenstellen*, die aus der Aufteilung einzelner *Kostenarten* auf die *Kostenstellen* stammen (Zurechnung primärer *Kosten*), werden also nach Maßgabe der erfassten Leistungsflüsse auf andere *Kostenstellen* verteilt (Zurechnung sekundärer *Kosten*).

Verrechnung von Kostenstellenkosten auf andere Kostenstellen: innerbetriebliche Kostenverrechnung auf Basis von Leistungsflüssen

Wird die Rechnung bezüglich des Kalkulationsobjektes *Kostenstelle* durchgeführt, um *Kostenträger* genauer kalkulieren zu können, so sind vor allem diejenigen *Kosten* eines Abrechnungszeitraums interessant, die *Kostenstellen* betreffen, in denen direkt an der Absatzleistung gearbeitet wird. Diese *Kostenstellen* werden in diesem abrechnungstechnischen Kontext als *Endkostenstellen* bezeichnet.

Bedeutung von Endkostenstellen

Die Kostenverrechnung auf Basis innerbetrieblicher Leistungsflüsse gestaltet sich einfach, wenn man die *Kostenstellen* in eine Ordnung bringen kann, bei der Leistungen nur in eine Richtung fließen. Man spricht dann von einseitiger Leistungsverflechtung zwischen den *Stellen*. Bei einseitiger Leistungsverflechtung kann man sequentiell vorgehen. Man bestimmt zunächst die *Kosten* derjenigen *Kostenstellen*, die von keiner anderen *Stelle* Leistungen empfangen und verteilt deren *Kosten* auf die anderen nachgelagerten *Stellen*. Danach ermittelt man die *Kosten* derjenigen *Kostenstellen*, die nun von keiner anderen *Stelle* mehr Leistungen empfangen und verteilt diese auf die nachgelagerten Kostenstellen. Am Ende hat man die *Kosten* aller *Kosten-*

Kostenverrechnung auf Basis innerbetrieblicher Leistungsflüsse bei einseitigen Leistungsverflechtungen

stellen auf *Kostenstellen* verteilt, die ihre Leistungen an andere *Kostenstellen* abgeben. Auf diese Weise erhält man die *Kosten* derjenigen *Kostenstellen*, in denen *Kostenträger* fertiggestellt werden. Die *Kosten* dieser *Stellen* können dann zur Kalkulation der *Kosten* von *Kostenträgern* herangezogen werden. Derartige Verrechnungsmethoden werden in der Literatur unter den Bezeichnungen *Anbauverfahren, Blockverfahren, Stufenverfahren, Stufenleiterverfahren* und *Treppenverfahren* beschrieben. Wir verzichten an dieser Stelle auf die Darstellung dieser Verfahren, weil weil an späterer Stelle zumindest eines dieser recht einfachen verfahren exemplarisch dargestellt wird. Darüber hinaus sei allerdings auch darauf hingewiesen, dass sich der Einsatz nur bei einseitiger Leistungsverflechtung anbietet, in der Realität aber mit wechselseitigen Verflechtungen zu rechnen ist. Zudem kann man die von den Verfahren unterstellten Verflechtungsannahmen als spezielle Formen von allgemeinen Leistungsverflechtungen darstellen. Wir beschreiben daher zur Abbildung allgemeiner Leistungsverflechtungen ausschließlich ein allgemein gültiges mathematisches Verfahren.

Innerbetriebliche Kostenverrechnung auf Basis innerbetrieblicher Leistungsflüsse bei wechselseitigen Leistungsverflechtungen

Die unter Berücksichtigung wechselseitiger Leistungsverflechtungen auf eine *Kostenstelle* entfallenden *Kosten* lassen sich nur simultan errechnen. Dazu hat man zunächst die Leistungsflüsse zu ermitteln und anschließend ein Gleichungssystem aufzustellen und zu lösen. *Endkostenstellen* kann man daran erkennen, dass sie nicht ihre gesamte Leistung an andere *Kostenstellen* abgeben. Ein Teil ihrer Leistung, wenn nicht sogar ihre ganze Leistung, dient absatzfähigen Kostenträgern und wird nicht an andere *Kostenstellen* geliefert. Der diesbezügliche Teil der *Kosten* dieser *Endkostenstellen* ist es, der zur Kalkulation der Kostenträger geeignet ist.

Formaler Aufbau

Bezeichnet man den Leistungsfluss von Stelle j zu Stelle i mit a_{ij} und die primären *Kosten* der *Stelle* i mit u_i und die gesamten *Kosten* einer *Stelle* mit k_i, so lässt sich die Gleichung für die *Stelle* 1 schreiben als:

$$k_1 = u_1 + a_{11}k_1 + a_{12}k_2 + \ldots + a_{1n}k_n$$

Für die *Stellen* 2 bis n erhalten wir:

$$k_2 = u_2 + a_{21}k_1 + a_{22}k_2 + \ldots + a_{2n}k_n$$

$$\vdots$$

$$k_n = u_n + a_{n1}k_1 + a_{n2}k_2 + \ldots + a_{nn}k_n$$

Zur formalen Darstellung der Zusammenhänge bietet sich die Matrixschreibweise an. Der Vektor k steht für die gesamten (primären und sekundären) *Kosten* der *Kostenstellen*, der Vektor u für die Primärkosten der *Kostenstellen*, und die Matrix A bildet die Verflechtungen ab. Die gesamten *Kosten* der *Kostenstellen* ergeben sich aus der Gleichung

$$k = u + Ak$$

durch äquivalente Umformungen:
$$k = (E - A)^{-1} u,$$

wobei E die Einheitsmatrix symbolisiert. Das Problem der Ermittlung der gesamten *Kosten* von *Kostenstellen* sei am folgenden Beispiel veranschaulicht.

Sachverhalt eines Beispiels

Hiermit wird das obige Beispiel aufgegriffen. Die sechs Kostenstellen des Unternehmens (Stelle 1: allgemeine Kostenstelle, Stelle 2: Hilfskostenstelle (Fertigung), Stelle 3: Hauptkostenstelle (Fertigung), Stelle 4: Materialkostenstelle, Stelle 5: Verwaltungskostenstelle und Stelle 6: Vertriebskostenstelle) sind leistungsmäßig miteinander verbunden. Die Leistungsflüsse der Kostenstellen sind wie folgt verteilt:

- Die Leistung der allgemeinen Kostenstelle wird zu 10% von der Hilfskostenstelle (Fertigung), zu 40% von der Hauptkostenstelle (Fertigung), zu 25% von der Materialkostenstelle und zu 25% von der Vertriebskostenstelle empfangen.
- Die gesamte Leistung der Hilfskostenstelle (Fertigung) wird von der Hauptkostenstelle (Fertigung) empfangen.
- 20% der Leistung der Materialkostenstelle wird von der Hauptkostenstelle (Fertigung) empfangen.
- Die Leistung der Verwaltungskostenstelle wird zu jeweils 20% von der allgemeine Kostenstelle, von der Hilfskostenstelle (Fertigung), von der Hauptkostenstelle (Fertigung), von der Materialkostenstelle und von der Vertriebskostenstelle empfangen.
- Die restlichen Leistungskapazitäten der Hauptkostenstelle (Fertigung), der Materialkostenstelle und der Vertriebskostenstelle werden für die Bearbeitung von abzusetzenden Kostenträgern bereitgestellt.

Problemstellungen

Wir verwenden den Sachverhalt des Beispiels, um
- die Verflechtungsmatrix zu erstellen, welche die leistungsmäßige Verbindung aller Kostenstellen bildlich verdeutlicht,
- das Gleichungssystem aufzustellen, mit dessen Hilfe sich die gesamten Kosten (primäre zuzüglich sekundäre) der einzelnen Kostenstellen ermitteln lassen,
- für jede der sechs Kostenstellen die sich unter Berücksichtigung der Leistungsverflechtungen ergebenden Kosten zu ermitteln,
- die Kosten der Endkostenstellen zu bestimmen, die zur Kalkulation der Kostenträger zu verwenden sind und
- den Betriebsabrechnungsbogen als Dokumentation der tabellarischen Verrechnung der innerbetrieblichen Leistungen zu erstellen.

Vertiefung der Ausführungen anhand des Beispiels

Grundlagen der Lösung

Lösung mit Gleichungssystem

Im Beispiel herrschen *wechselseitige Leistungsverflechtungen* zwischen den *Kostenstellen* vor. Die gesamten Kosten der einzelnen Kostenstellen (primäre zuzüglich sekundäre Kosten) lassen sich deswegen durch Lösung eines linearen Gleichungssystems ermitteln und anschließend in den Betriebsabrechnungsbogen eintragen bzw. in der Buchführung berücksichtigen.

Leistungsverflechtungsmatrix

Erstellung der Verflechtungsmatrix

Ausgehend von den Angaben des Sachverhalts kann eine *Leistungsverflechtungsmatrix* in Form der Abbildung 4.8 erstellt werden.

Abbildung 4.8: Leistungsverflechtungen zwischen den Kostenstellen

		\multicolumn{6}{c}{Leistungsfluss von Kostenstelle}
		1	2	3	4	5	6
Leistungsfluss an Kostenstelle	1	–	0	0	0	0,2	0
	2	0,1	–	0	0	0,2	0
	3	0,4	1	–	0,2	0,2	0
	4	0,25	0	0	–	0,2	0
	5	0	0	0	0	–	0
	6	0,25	0	0	0	0,2	–

Vor- und Endkostenstellen

Bestimmung von Vor- und Endkostenstellen

Aus der Matrix ist ersichtlich, dass die Kostenstellen 1, 2 und 5 ihre gesamte Leistung an andere Kostenstellen abgeben. Diese Kostenstellen besitzen deswegen keine Leistungskapazität mehr, die für die Bearbeitung von abzusetzenden Kostenträgern bereitgestellt werden könnte. Deswegen stellen sie Vorkostenstellen dar. Die Kostenstellen 3 und 6 hingegen können ihre gesamten Leistungen in die Bearbeitung von abzusetzenden Kostenträgern einbringen, da sie an keine andere Kostenstelle Leistungen abgeben. Kostenstelle 4 gibt einen Teil ihrer Leistung an Kostenstelle 3 ab, so dass nur ein Teil der Leistungen von Kostenstelle 4 für die abzusetzenden Kostenträger bereitgestellt werden kann. Insofern stellen die Kostenstellen 3, 4 und 6 Endkostenstellen dar.

Aufstellen des Gleichungssystems zur Erfassung der wechselseitigen Leistungsverflechtungen

Ziel des Gleichungssystems ist die Ermittlung der *Kosten* der einzelnen Kostenstellen unter Berücksichtigung der wechselseitigen Leistungsverflechtungen. Die *Kosten* einer *Kostenstelle* setzen sich dementsprechend zusammen aus den primären *Kosten* der *Kostenstelle* und den sekundären *Kosten* (anteilige Kosten anderer Kostenstellen). Die wechselseitigen Leistungsverflechtungen sind der bereits erstellten Verflechtungsmatrix zu entnehmen. Diese enthält die Angaben, welche Anteile der *Kosten* einer anderen *Kostenstelle* die zu kalkulierende *Kostenstelle* empfängt. Es ergibt sich das folgende Gleichungssystem. Dabei wurden die primären *Kosten* der *Kostenstellen* jeweils der Abbildung 4.7, Seite 228, entnommen und als Konstanten in die entsprechenden Gleichungen eingesetzt.

Erstellung des Gleichungssystems

$$k_1 = 96857 + 0{,}00k_1 + 0{,}0k_2 + 0{,}0k_3 + 0{,}0k_4 + 0{,}2k_5 + 0{,}0k_6$$
$$k_2 = 267357 + 0{,}10k_1 + 0{,}0k_2 + 0{,}0k_3 + 0{,}0k_4 + 0{,}2k_5 + 0{,}0k_6$$
$$k_3 = 589536 + 0{,}40k_1 + 1{,}0k_2 + 0{,}0k_3 + 0{,}2k_4 + 0{,}2k_5 + 0{,}0k_6$$
$$k_4 = 44679 + 0{,}25k_1 + 0{,}0k_2 + 0{,}0k_3 + 0{,}0k_4 + 0{,}2k_5 + 0{,}0k_6$$
$$k_5 = 351714 + 0{,}00k_1 + 0{,}0k_2 + 0{,}0k_3 + 0{,}0k_4 + 0{,}0k_5 + 0{,}0k_6$$
$$k_6 = 219857 + 0{,}25k_1 + 0{,}0k_2 + 0{,}0k_3 + 0{,}0k_4 + 0{,}2k_5 + 0{,}0k_6$$

Dabei stellen k_j, $j = 1, 2, \ldots, 6$ die gesamten *Kosten* der entsprechenden *Kostenstellen* dar.

Lösung des aufgestellten Gleichungssystems

Das Gleichungssystem kann mit Hilfe einiger weniger äquivalenter mathematischer Umformungen gelöst werden. Die Ergebnisse stellen die gesamten *Kosten* einer *Kostenstelle* unter Berücksichtigung der wechselseitigen Leistungsverflechtung dar. Man erhält als Ergebnis die Kosten in *GE*:

Lösung

$$k_1 = 167199{,}80$$
$$k_2 = 354419{,}78$$
$$k_3 = 1112542{,}85$$
$$k_4 = 156821{,}75$$
$$k_5 = 351714{,}00$$
$$k_6 = 331999{,}75$$

Kalkulation der zum Absatz bestimmten Leistungen

Ermittlung der Kalkulationsgrundlage

Als Basis der Kalkulation der *Kosten der Kostenträger* sind nur die gesamten Kosten derjenigen Kostenstellen heranzuziehen, in denen direkt an den Kostenträger gearbeitet wurde (*Endkostenstellen*). Von den gesamten Kosten der *Endkostenstellen* sind wiederum lediglich diejenigen Beträge in die Kalkulation der Kostenträger einzubeziehen, die der Bearbeitung der Kostenträger in den *Endkostenstellen* zuzurechnen sind.

Im vorliegenden Sachverhalt können die Kostenstellen 3, 4 und 6, also die Hauptkostenstelle (Fertigung), die Materialkostenstelle sowie die Vertriebskostenstelle, als Endkostenstellen identifiziert werden. Dabei geben die Kostenstellen 3 und 6 ihre Leistungen zu 100 % an die Bearbeitung der Kostenträger ab. Kostenstelle 4 gibt 20 % ihrer Leistung an Kostenstelle 3 ab, so dass in Kostenstelle 4 nur noch 80 % der erbrachten Leistung an die Bearbeitung der Kostenträger abgegeben wird.

Unter Bezugnahme auf die obigen Ergebnisse erhält man die Kosten der Kostenstellen 3, 4 und 6 in *GE*, die zur Kalkulation der Kostenträger verwendet werden, als:

$$1{,}0 k_3 = 1\,112\,542{,}85$$
$$0{,}8 k_4 = 125\,457{,}4$$
$$1{,}0 k_6 = 331\,999{,}75$$

Dies sind die Beträge, aus denen sich unter Berücksichtigung eines zu wählenden Kalkulationsverfahrens die Kosten der einzelnen Kostenträgereinheiten ermitteln lassen.

Eintrag in den Betriebsabrechnungsbogen

Ausfüllen des Betriebsabrechnungsbogens

Der *Betriebsabrechnungsbogen* stellt eine Tabelle dar, aus der die Verrechnung der *Kosten* innerbetrieblicher Leistungen hervorgeht. Mit seiner Hilfe kann man nicht nur die Verteilung der primären *Kosten* auf die Stellen, sondern auch – im Falle einseitiger Leistungsverflechtungen – die Verteilung der sekundären *Kosten* darstellen, indem man die *Kosten* der Kostenstellen im Verhältnis der an andere Kostenstellen abfließenden Leistungen umlegt. Im hier diskutierten Fall liegen jedoch wechselseitige Leistungsverflechtungen vor, deren Berücksichtigung bei der Verteilung der primären *Kosten* (Sekundärkostenrechnung) nur mit Hilfe eines simultanen Gleichungssystem zu bewerkstelligen ist. Auf Grund dessen ist hier eine Durchführung der Sekundärkostenrechnung nur als Nebenrechnung zum *Betriebsabrechnungsbogen* möglich.

Die durch das Lösen des Gleichungssystems ermittelten gesamten *Kosten* der Kostenstellen 1 bis 6 sind in ihrer Summe höher als die Summe der zu verteilenden primären *Kosten* der *Kostenstellen*. Der Grund dafür ist die Tatsache, dass durch das Gleichungssystem, wie es oben erstellt wurde, jede Kostenstelle neben ihren *primären Kosten* auch die jeweiligen Kosten derjenigen

Kostenstellen anteilig zugerechnet bekommt, von denen Leistungen empfangen wurden. Auf diese Weise werden also *primäre* wie *sekundäre Kosten* unter Umständen mehrfach in der Summe über die Kosten der *Kostenstellen* berücksichtigt. Schaut man jedoch lediglich auf die *Kosten* der *Kostenstellen*, die zur Kalkulation der *Kostenträger* verwendet werden dürfen, so entspricht die Summe dieser Kosten der Summe der eingangs zur Verteilung anstehenden primären Kosten. Abbildung 4.9 enthält den unteren Teil des Betriebsabrechnungsbogens nach Eintrag der errechneten Kosten.

Kostenarten	Betrag	Verteilungsschlüssel	allgemeine Kostenstelle	Fertigungskostenstellen		Materialkostenstelle	Verwaltungskostenstelle	Vertriebskostenstelle
				Hilfskostenstelle	Hauptkostenstelle			
			Vorkostenstellen			Endkostenstellen		
Primäre Kosten			96857	267357	589536	44679	351714	219857
Sekundärkostenrechnung			Die Sekundärkostenrechnung ist bei wechselseitigen Leistungsverflechtungen – wie oben gesehen – mit Hilfe eines simultanen Gleichungssystems zu bewerkstelligen, das die folgenden Ergebnisse liefert:					
Gesamte Kosten			167199,8	354419,78	1112542,85	156821,75	351714,0	331999,75

Abbildung 4.9: Verteilung der Kosten proportional zum Leistungsfluss

4.4 Erfassungsprobleme

Die Erfassung der *Erlöse* und *Kosten* von *Stellen* ist komplizierter als diejenige von Kostenträgern. Sie setzt voraus, dass man die Buchführung so gestaltet, wie man die *Stellen* bilden möchte. Insofern hat die gewünschte Art der Erlös- und Kostenrechnung Konsequenzen für die Buchführung.

Bei entsprechender Gestaltung der Buchführung dürfte es relativ einfach sein, diejenigen *Erlöse* und *Kosten* zu erhalten, die man zur Versorgung der Divisionen mit Informationen benötigt. Bei Stellenrechnungen zur Unterstützung von Kostenträgerrechnungen werden entweder Zahlen der Buchführung verlangt oder Informationen, mit denen man die benötigten Zahlen aus anderen Zahlen herleiten kann, die noch keine Unterteilung nach *Stellen* vorsehen.

Relativ schwierig ist es dagegen, an die Daten über die Leistungsflüsse zu gelangen, mit denen man die Sekundärkostenverrechnung vornimmt. Wenn das zumindest annähernd gelingt, steht der Anwendung der Verfahren nichts im Wege.

4.5 Zusammenfassung

Bei der stellenorientierten Kalkulation geht es hauptsächlich darum, Erlöse und Kosten von Stellen zu ermitteln. Dies kann sowohl für einen Abrechnungszeitraum geschehen als auch der besseren Kalkulation von Kostenträgern dienen.

Bei der zeitraumorientierten Stellenbetrachtung haben wir zunächst organisationstheoretische Überlegungen zur Komplexitätsreduktion beschrieben. Man teilt das Unternehmen dabei gedanklich so in Stellen, so genannte Divisionen, dass die Unternehmensführung leichter wird. Bei geschickter Aufteilung kann es gelingen, dass der Divisionsleiter die Entscheidungen zum Wohle seiner Division genauso trifft, dass sich auch für das gesamte Unternehmen optimale Entscheidungen ergeben. Probleme entstehen, sobald Leistungsflüsse zwischen den Divisionen oder zwischen der Zentrale und den Divisionen stattfinden; denn Leistungsflüsse sind zu bewerten. Je nach Art der Bewertung kann es sich dann ergeben, dass eine für die Division optimale Entscheidung für das gesamte Unternehmen suboptimal ist. Wir haben uns diese Aussagen auch an Beispielen verdeutlicht. Die Bewertung zu Marktpreisen erfüllte alle Anforderungen an sinnvolle Verrechnungspreise, wenn der Division zugleich das Recht eingeräumt wird, sich des externen Marktes zu bedienen. Grenzkostenpreise ermöglichen zwar eine für das gesamte Unternehmen optimale Steuerung; sie versagten aber bei der Einkommensermittlung der einzelnen Divisionen. Andere Preise, die aus den Grenzkosten plus einem Zuschlag bestanden, versagten dagegen völlig.

Wir haben herausgearbeitet, dass die Stellenrechnung traditionell nur der verbesserten Zurechnung der Gemeinkosten von Kostenträgern diente. Zu diesem Zweck bildet man so viele Kostenstellen, dass man diesen alle Kosten möglichst eindeutig zurechnen kann. Die zugerechneten Kosten stellen dann sämtlich Einzelkosten der Kostenstellen dar. Um dies zu erreichen, muss man i.d.R. viele Kostenstellen vorsehen, jedenfalls mehr als nur diejenigen, in denen an den Kostenträgern gearbeitet wird. Unter der Annahme, man verwende ein Finalprinzip zur Kostenzurechnung, sind dann die Kosten der Kostenstellen, in denen nicht am Kostenträger gearbeitet wird, denjenigen Kostenstellen zuzurechnen, in denen am Kostenträger gearbeitet wird. Üblicherweise erfolgt diese Zurechnung proportional zu den Leistungsflüssen zwischen den Kostenstellen. Bei einseitigen Leistungsflüssen kann man sehr einfach handhabbare sequenzielle oder kompliziertere simultane Verfahren einsetzen; bei wechselseitigen Leistungsflüssen ergibt sich eine Lösung nur aus einem simultanen Gleichungssystem. Auch diesen Zusammenhang haben wir beschrieben. Weil der Einsatz sequenzieller Verfahren aufgrund der Datenlage sich meist verbietet, beschränkten wir unsere Darstellung auf das simultane Verfahren. Bei Verwendung eines Marginalprinzips zur Ermittlung der Kosten von Kostenträgern erübrigt sich die geschilderte Verteilung der Gemeinkosten der Kostenträger.

4.6 Übungsmaterial

4.6.1 Zusammenfassung des Kapitels mit Fragen und Antworten

Fragen	Antworten
Was versteht man unter einer *Stelle* im Unternehmen?	Unter einer Stelle versteht man einen (gedanklich) eindeutig abgegrenzten Teil eines Unternehmens. Diskutiert werden u. A. räumliche, funktionale, abrechnungstechnische oder verantwortungsbezogene Stellenbildung.
Welchen Zwecken dient die Unterteilung des Unternehmens in Stellen?	Die Unterteilung in Stellen dient im Wesentlichen zwei Zwecken: der Verbesserung der Unternehmenssteuerung und der Verringerung eventueller Zurechnungswillkür im Zusammenhang mit einer Kostenträgerkalkulation.
In welchem Kontext spielen Transfer- bzw. Verrechnungspreise eine Rolle?	Verrechnungspreise spielen im Kontext der Divisionalisierung eines Unternehmens bei der Bewertung von Leistungsflüssen zwischen den Divisionen eine Rolle.
Was versteht man unter einer Unternehmensdivision?	Eine organisatorisch weit gehend selbstständige Stelle, deren Leiter von der Unternehmenszentrale mit einer gewissen Entscheidungsbefugnis und Verantwortung ausgestattet ist.
Welche drei Arten von Verrechnungspreisen werden in der Literatur diskutiert?	In der Literatur werden Grenzkostenpreise, Grenzkosten-plus-Zuschlag-Preise und Marktpreise als Verrechnungspreise diskutiert.
Welche Bedenken werden häufig gegen eine Verwendung von Marktpreisen als Verrechnungspreise innerhalb eines Unternehmens geäußert?	Marktpreise sind nur dann optimale Verrechnungspreise, wenn den Divisionen der Zugang zum Markt offensteht. Dagegen wird oft eingewandt, dass Wettbewerbsnachteile für das gesamte Unternehmen entstehen, wenn einzelne Divisionen ihre Leistungen an Konkurrenten verkaufen, anstatt sie zunächst anderen Divisionen des Unternehmens zur Verwertung zu überlassen.
Was versteht man unter einer Kostenstellenrechnung?	Unter einer Kostenstellenrechnung versteht man ein Verfahren zur Ermittlung derjenigen Kosten von Kostenstellen, die den Kostenträgern sinnvoll (objektiviert) zugerechnet werden können.
Welchen zwei Hauptproblemen steht man bei der Durchführung einer Kostenstellenrechnung gegenüber?	Erstes Problem: Zur Vermeidung von Willkür sind die Kostenstellen so zu bilden, dass die Gemeinkosten der Kostenträger für jede gebildete Kostenstelle einzeln erfasst werden können (Einzelkosten der Kostenstelle). Zweites Problem: Die adäquate Berücksichtigung der Leistungsflüsse zwischen den Kostenstellen

Fragen	Antworten
Worin unterscheiden sich Endkostenstellen von Vorkostenstellen?	Vorkostenstellen verbrauchen ihre gesamte Leistungskapazität für die Erstellung von Leistungen für andere Vor- oder Endkostenstellen. Endkostenstellen können zwar auch Leistungen an andere Vor- oder Endkostenstellen abgeben; sie verwenden aber auch einen Teil ihrer Leistungskapazität für absatzfähige Leistungen.
Worin unterscheiden sich allgemeine Kostenstellen von Fertigungskostenstellen?	Allgemeine Kostenstellen geben ihre Leistung an alle anderen Kostenstellen ab. Fertigungskostenstellen geben alle oder einen Teil ihrer Leistungen an Kostenträger ab.
Wie ist ein Betriebsabrechnungsbogen (BAB) üblicherweise aufgebaut?	Ein BAB ist üblicherweise in Form einer Tabelle aufgebaut, in deren Zeilen man die Kostenarten und in deren Spalten man die Kostenstellen anordnet. Im oberen Teil eines solchen BAB ist ersichtlich, welche Stellen in welchem Wert von außen bezogene Produktionsfaktoren verbraucht haben (Erfassung bzw. Zurechnung primärer Kosten). Der untere Teil beinhaltet die Verrechnung der primären Kosten proportional zu den innerbetrieblichen Leistungsflüssen (Zurechnung sekundärer Kosten).
Zu welchem Zweck führt man eine Kostenverrechnung auf Basis innerbetrieblicher Leistungsflüsse durch?	Kostenstellen sollen neben ihren primären Kosten auch ihre sekundären Kosten möglichst objektiv nachvollziehbar angelastet werden.

4.6.2 Verständniskontrolle

1. Welche Möglichkeiten bestehen im Rahmen der Organisation des Rechnungswesens in einem Unternehmen zur Gewinnung divisionsbezogener finanzieller Informationen?
2. Diskutieren Sie Vor- und Nachteile möglicher Verrechnungspreise! Stellen Sie bei Ihren Ausführungen insbesondere auf die Sicht liefernder und empfangender Divisionen ab!
3. Wie sollte eine Stellenrechnung im Unternehmen aufgebaut sein, damit sie dem Zweck einer verbesserten Unternehmenssteuerung dienlich ist?
4. Was versteht man unter einer Kostenstelle? Grenzen Sie bei Ihrer Antwort u. A. Vorkostenstellen von Endkostenstellen ab!
5. Welche Zwecke kann ein Unternehmen mit einer Rechnung für das Kalkulationsobjekt Kostenstelle verfolgen? Welche Abgrenzungskriterien wären je nach Zweck für die Kostenstellenbildung sinnvollerweise zu wählen?
6. Wie sollte eine Stellenrechnung aufgebaut sein, damit sie die Kostenträgerrechnung sinnvoll unterstützen kann?
7. Inwiefern hängt die Auswahl der Kosten, die man einer Stelle im Unternehmen zurechnet, vom Zweck der Stellenrechnung ab?
8. Nach welchem Kriterium sollte eine Zurechnung primärer Kosten zu Kostenstellen beurteilt werden? Begründen Sie kurz Ihre Antwort!
9. Welche Vereinfachungen ergeben sich für die innerbetriebliche Kostenverrechnung auf Basis von Leistungsflüssen, wenn nur einseitige Leistungsverflechtungen vorliegen? Welche Verfahren werden in solchen Fällen üblicherweise angewendet?
10. Kann man die im Rahmen der innerbetrieblichen Kostenverrechnung auf der Basis von Leistungsflüssen ermittelten Kosten der Endkostenstellen uneingeschränkt zur Kalkulation der absatzfähigen Leistungen verwenden? Begründen Sie kurz Ihre Antwort!

4.6.3 Aufgaben zum Selbststudium

Lernziel der Aufgaben

Die nachfolgenden Aufgaben dienen dem Training von häufig angewandten Verfahren bei der Stellenrechnung. Sie sollen die Rolle von Stellen für die Unternehmenssteuerung und die Kostenrechnung beschreiben. Zugleich sollte deutlich werden, mit welchen Vor- und Nachteilen die Anwendung von Stellenrechnungen verbunden ist.

Aufgabe 4.1   Verrechnungspreisproblematik

Sachverhalt

Das Autocenter S. Port betreibt neben dem Neuwagengeschäft einen Gebrauchtwagenhandel sowie einen Werkstattbetrieb. Für jeden dieser Bereiche wird von der Unternehmensleitung ein anderer Bereichsleiter eingesetzt: für den Bereich *Neuwagen* handelt es sich um Herrn Neumann, für den Bereich *Gebrauchtwagen* um Frau Alt und für den Bereich *Werkstatt* um Herrn Repa. Jeder Bereichsleiter soll seinen Bereich so führen, als handele es sich dabei um ein weit gehend selbstständiges Unternehmen. Der Unternehmensleitung gegenüber ist jeder Bereichsleiter nur hinsichtlich des Einkommens seines jeweiligen Bereiches verantwortlich.

Herr Neumann hat die Möglichkeit, einem guten alten Kunden einen Neuwagen zu verkaufen, den er selbst für $15\,000\,GE$ eingekauft hatte. Das Geschäft kommt allerdings nur zu Stande, wenn er gleichzeitig den alten Wagens des Kunden in Zahlung nimmt. Herr Neumann ist sich nicht sicher, ob und gegebenenfalls zu welchem Preis er den Gebrauchtwagen in Zahlung nehmen soll. Er holt sich deswegen Rat bei Frau Alt und Herrn Repa.

Die Leiterin der Gebrauchtwagenabteilung weiß auf Grund ihrer langjährigen Erfahrung, dass man den Gebrauchtwagen zunächst in der Werkstatt reparieren lassen muss. Anschließend könnte man den Gebrauchtwagen im Großhandel zu einem Preis von $4\,000\,GE$ verkaufen. Die Möglichkeit, den Großhandel einzuschalten, steht auf Grund der Organisationsstruktur des Autocenters Herrn Neumann wie Frau Alt offen. Alternativ zum Absatz über den Großhandel könnte Frau Alt den Wagen in ihrem Einzelhandelsbereich nach der Reparatur für $6\,000\,GE$ verkaufen. Allerdings könnte sie einen vergleichbaren, ebenfalls noch reparaturbedürftigen Wagen bereits für $3\,000\,GE$ an- und verkaufen. Da Herr Neumann lediglich für Neuwagen zuständig ist, besteht für ihn die Möglichkeit eines Verkaufes im Einzelhandel nicht. Auch kann er den Gebrauchtwagen nicht reparieren lassen. Frau Alt ist momentan so stark ausgelastet, dass sie für das Geschäft mit Herrn Neumann darauf verzichten müsste, einen vergleichbaren Wagen zu beschaffen und repariert im Einzelhandel zu verkaufen.

Für die Reparatur veranschlagt die Reparaturabteilung einen Marktpreis von $1\,000\,GE$. Ihre Kosten belaufen sich auf $800\,GE$. Frau Alt steht es frei, die Reparatur in der hauseigenen Abteilung oder in einer externen Werkstatt durchführen zu lassen. Für Herrn Repa besteht keine Verpflichtung, Aufträge aus anderen Abteilungen auszuführen. Die Werkstatt ist zur Zeit so stark ausgelastet, dass er die Reparatur nicht unterhalb des Marktpreises durchführen würde.

Nach dem Gespräch mit Frau Alt und Herrn Repa verkauft Herr Neumann dem Kunden den neuen Wagen zum Preis von $24\,800\,GE$ bei gleichzeitiger Inzahlungnahme des Gebrauchtwagens zu einem Preis von $5\,400\,GE$. Der Kunde zahlt demnach noch $19\,400\,GE$ an das Autocenter.

Teilaufgaben

1. Welche Abteilungen sollte die Unternehmensleitung in ihrem Rechnungswesen einrichten?

2. Welche Handlungsmöglichkeiten bestehen für jeden der drei Abteilungsleiter bzw. für das Autocenter?

3. Ermitteln Sie für jede Handlungsmöglichkeit das Einkommen der drei Abteilungen und das Einkommen des Autocenters! Nehmen Sie dazu an, die angegebenen Verkaufserlöse könnten tatsächlich realisiert werden! Welche der Handlungsmöglichkeiten wäre aus Sicht des Autocenters zu bevorzugen? Bestimmen Sie anschließend die für das Einkommen des Autocenters beste Handlungsmöglichkeit!

4. Wie sollten die Verrechnungspreise für Leistungen zwischen den Abteilungen festgesetzt werden, damit jeder Abteilungsleiter, der das Einkommen seiner Abteilung maximiert, mit seinem Handeln zugleich das Einkommen des Autocenters maximiert?

Lösung der Teilaufgaben

1. Aufgrund der beschriebenen Struktur und der Prozesse innerhalb des Unternehmens sollte sich die Bildung von Divisionen im Rechnungswesen an den gebildeten Bereichen orientieren. Somit würde jeder der Bereiche *Neuwagen*, *Gebrauchtwagen* und *Werkstatt* eine eigene Division darstellen.

2. Eine Lösung ist z. B. mit Hilfe so genannter Entscheidungsbäume möglich.

3. Bei Durchführung der jeweils einkommensoptimalen Handlungsmöglichkeiten ergeben sich folgende Einkommen für die einzelnen Abteilungen bzw. für das gesamte Autocenter:
   - Einkommen Neuwagenabteilung: $7\,400\,GE$
   - Einkommen Gebrauchtwagenabteilung: $2\,000\,GE$
   - Einkommen Reparaturabteilung: $200\,GE$
   - Einkommen Autocenter: $9\,600\,GE$

4. Es sollten marktpreisorientierte Verrechnungspreise zwischen den Abteilungen festgesetzt werden.

Aufgabe 4.2 Verrechnungspreisproblematik

Sachverhalt

In dem Textilunternehmen L. Witong AG werden neben vielen anderen Produkten auch Windjacken hergestellt, die aus einer bestimmten Kunstfaser bestehen.

Die Abteilung *Vertrieb* hat die Möglichkeit im unternehmenseigenen Einzelhandel eine solche Jacke zum Preis von 380 GE zu verkaufen. Der Leiter der Abteilung *Vertrieb*, Herr Listig, bittet sowohl die Abteilung *Fertigung* der L. Witong AG als auch zwei externe Unternehmen – die Extern AG und die Fremd GmbH – Angebote abzugeben, zu welchem Stückpreis sie die fragliche Jacke herstellen würden.

Die einzelnen Abteilungen der L. Witong AG werden als Profit Center geführt und jedem Abteilungsleiter ist es frei gestellt, Leistungen unternehmensintern oder -extern einzukaufen oder zu verkaufen. Zusätzlich wird den Abteilungsleitern von der Unternehmensleitung empfohlen, interne Geschäfte möglichst zu Marktpreisen abzuwickeln.

Die Abteilung *Fertigung* würde für den Fall, dass sie den Auftrag erhält, die für die Herstellung einer Windjacke benötigten Kunstfasern von der Abteilung *Beschaffung* der L. Witong AG beziehen. Die Abteilung *Beschaffung* würde bei Kosten von 170 GE die Kunstfasern für 250 GE an die Abteilung *Fertigung* liefern. Darüber hinaus würden für die Weiterverarbeitung der Kunstfasern und die Anfertigung einer Windjacke aus den weiterverarbeiteten Kunstfasern in der Abteilung *Fertigung* zusätzlich Kosten in Höhe von 30 GE entstehen. Da es der Abteilungsleiter der Fertigungsabteilung, Herr Ratlos, versäumt hat, in letzter Zeit mit seinem Profit Center ein positives Einkommen zu erzielen, sieht er nun seine Chance gekommen. Er weicht von der Empfehlung der Unternehmensleitung ab und verlangt für die Lieferung einer fertigen Windjacke an Herrn Listig 380 GE. Gleichwohl könnte er eine Jacke im Textilgroßhandel für nur 320 GE verkaufen.

Die Extern AG würde fertige Windjacken zum Stückpreis von 320 GE liefern. Die Fremd GmbH macht für die Lieferung der fertigen Jacken ein Angebot in Höhe von 330 GE je Jacke. Allerdings verpflichtet sie sich im Gegenzug dazu, einen Teil der Kunstfasern, die für die Herstellung einer Windjacke erforderlich sind, bei der L. Witong AG zu erwerben. Diese Kunstfasern würden von der Abteilung *Beschaffung* bei Kosten von 55 GE zu einem (Markt-) Preis von 100 GE an die Fertigungsabteilung geliefert. In der Abteilung von Herrn Ratlos würden diese Kunstfasern noch weiterverarbeitet werden müssen. Dafür fielen weitere Kosten in Höhe von 30 GE an, so dass der Abgabepreis für die Kunstfasern an die Fremd GmbH bei 140 GE läge.

Teilaufgaben

1. Welches der Angebote wäre aus der Sicht der Abteilung *Vertrieb* das einkommensoptimale Angebot? Welches der Angebote wäre aus der Sicht der L. Witong AG das einkommensoptimale Angebot?

2. Welche Maßnahmen könnten seitens der Unternehmensleitung der L. Witong GmbH ergriffen werden, damit das einkommensoptimale Angebot für die Abteilung *Vertrieb* zugleich auch das einkommensoptimale Angebot für das gesamte Unternehmen ist? Begründen Sie Ihre Antwort kurz!

3. Welche Auswirkungen hat die beschriebene Organisationsstruktur der L. Witong AG auf den Aufbau des Rechnungswesens der L. Witong AG?

Lösung der Teilaufgaben

1. Aus der Sicht der Abteilung *Vertrieb* wäre die Lieferung von der Extern AG die einkommensoptimale Lösung. Aus der Sicht der L. Witong AG wäre die interne Belieferung der Vertriebsabteilung durch die Fertigungsabteilung die einkommensoptimale Lösung.

2. Die Unternehmensleitung müsste Herrn Ratlos die Verwendung von Marktpreisen als Verrechnungspreise verbindlich vorschreiben.

3. Der Aufbau der Stellenrechnung im Rechnungswesen der L. Witong AG sollte sich an deren Organisationsstruktur orientieren. Um eine genaue Zurechnung der Erlöse und Kosten zu den beiden organisatorischen Abteilungen *Fertigung* und *Vertrieb* zu ermöglichen, müssen in der Stellenrechnung sowohl eine Stelle *Fertigung* als auch eine Stelle *Vertrieb* definiert sein.

Verrechnung primärer Kosten anhand von Schlüsselgrößen **Aufgabe 4.3**

Sachverhalt

Ein Unternehmen möchte im Rahmen der Kalkulation seiner Kostenträger für die Zurechnung von Gemeinkosten zu den Kostenträgern das Hilfsmittel der Kostenstellenrechnung verwenden. Dazu definiert es abrechnungstechnisch abgegrenzte Kostenstellen. Da eine genaue Erfassung der primären Kosten der Kostenstellen als zu mühsam angesehen wird, sollen die primären Kosten der Kostenstellen mit Hilfe von Verteilungsschlüsseln geschätzt werden. Abbildung 4.10, Seite 244, enthält die zu verteilenden Kostenarten, deren Beträge sowie die notwendigen Angaben zu den gewählten Verteilungsschlüsseln.

Kostenart	Betrag in GE	Verteilungsschlüssel	Kostenstelle				
			1	2	3	4	5
Lohnkosten	100000	Zahl der Mitarbeiter (Summe: 100)	25	13	11	36	15
Abschreibungen	200000	Zahl der Maschinen (Summe: 20)	6	2	3	5	4
Fuhrparkkosten	70000	Zahl der Autos (Summe: 7)	2	3	0	1	1
sonstige Kosten	180000	umbaute Fläche (Summe: 1000)	100	250	300	150	200

Abbildung 4.10: Informationen über Kostenarten, Verteilungsschlüssel und Kostenstellen im Abrechnungszeitraum

Teilaufgaben

1. Ermitteln Sie mit Hilfe der angegebenen Verteilungsschlüssel die primären Kosten der fünf Kostenstellen!

2. Skizzieren Sie kurz die Kriterien, anhand derer man die Güte der Verteilung primärer Kosten mit Hilfe von Verteilungsschlüsseln beurteilen kann! Welche Maßnahmen kann man ergreifen, um die Güte der Verteilung gegebenenfalls zu verbessern?

3. Wie müsste das Unternehmen im Rahmen seiner Kostenstellenrechnung vorgehen, wenn es sich nicht damit begnügen wollte, die primären Kosten der einzelnen Kostenstellen unter Verwendung von Schlüsselgrößen zu ermitteln? Welche Vor- und Nachteile sind mit einem solchen Vorgehen verbunden?

Lösung der Teilaufgaben

1. Die primären Kosten in GE der fünf Kostenstellen ergeben sich unter Verwendung der angegebenen Verteilungsschlüssel zu:

Kostenstelle	1	2	3	4	5
Primäre Kosten des Abrechnungszeitraums	123000	108000	95000	123000	101000

2. Die Antwort ist den entsprechenden Stellen des Lehrtextes zu entnehmen.

3. Das Unternehmen müsste die primären Kosten in seinem Rechnungswesen im Zeitpunkt ihrer Entstehung direkt getrennt für die definierten Kostenstellen erfassen. Die Vor- und Nachteile dieses Vorgehens sind den entsprechenden Stellen des Lehrtextes zu entnehmen.

Verrechnung primärer Kosten anhand von Schlüsselgrößen

Aufgabe 4.4

Sachverhalt

Ein Unternehmen möchte die Kalkulation seiner Kostenträger mit Hilfe einer Kostenstellenrechnung durchführen. Dazu definiert es abrechnungstechnisch abgegrenzte Kostenstellen. Bei der genauen Erfassung der primären Kosten der Kostenstellen haben sich die Werte der Abbildung 4.11 ergeben.

Kostenart	Betrag in GE	Kostenstelle 1	Kostenstelle 2	Kostenstelle 3
Fertigungslöhne	40000	9000	24000	7000
Wartungskosten für den Fuhrpark	33000	6000	12000	15000
Roh-, Hilfs- und Betriebsstoffe	25000	6000	2000	17000
Abschreibungen	16000	4500	2500	9000

Abbildung 4.11: Informationen über Kostenarten und deren direkte Erfassung als primäre Kosten von Kostenstellen

Das Unternehmen stellt allerdings sehr schnell fest, dass eine genaue Erfassung des jeweiligen Kostenanfalls in den einzelnen Kostenstellen für jeden Abrechnungszeitraum zu mühsam ist. Deswegen wird der Kostenrechner des Unternehmens beauftragt, sich geeignete Verteilungsschlüssel für die einzelnen anfallenden Kostenarten zu überlegen. Das Ergebnis seiner Überlegungen ist Abbildung 4.12 zu entnehmen.

Kostenart	Betrag in GE	Verteilungsschlüssel	Kostenstelle 1	Kostenstelle 2	Kostenstelle 3
Fertigungslöhne	40000	Lohnscheine (Summe: 40)	10	20	10
Wartungskosten für den Fuhrpark	33000	Zahl der Fahrzeuge (Summe: 22)	4	8	10
Roh-, Hilfs- und Betriebsstoffe	25000	umbaute Fläche (Summe: 450 m^2)	270	90	90
Abschreibungen	16000	investiertes Kapital (Summe: 40000 GE)	10000	5000	25000

Abbildung 4.12: Informationen über Kostenarten, Verteilungsschlüssel und Kostenstellen im Abrechnungszeitraum

Teilaufgaben

1. Ermitteln Sie mit Hilfe der angegebenen Verteilungsschlüssel die primären Kosten der drei Kostenstellen!

2. Beurteilen Sie die Güte der Verteilung der primären Kosten mit Hilfe der vorgeschlagenen Verteilungsschlüssel! Welche Maßnahmen kann man ergreifen, um die Güte der Verteilung gegebenenfalls zu verbessern?

3. Nehmen Sie an, die Kostenstellenrechnung würde in dem Unternehmen ausschließlich zum Zweck der Unterstützung der Kostenträgerkalkulation durchgeführt! Welche Auswirkung hat diese Annahme auf die Kosten eines Abrechnungszeitraums, die in die Kostenstellenrechnung einbezogen werden sollten?

Lösung der Teilaufgaben

1. Die primären Kosten in *GE* der drei Kostenstellen ergeben sich unter Verwendung der angegebenen Verteilungsschlüssel zu:

Kostenstelle	1	2	3
Primäre Kosten des Abrechnungszeitraums	35000	39000	40000

2. Die Antwort ist den entsprechenden Stellen des Lehrtextes zu entnehmen.

3. In die Kostenstellenrechnung sollten lediglich die Gemeinkosten der zu kalkulierenden Kostenträger einbezogen werden.

Aufgabe 4.5 Kostenverrechnung auf Basis innerbetrieblicher Leistungsflüsse

Sachverhalt

Der Fertigungsbereich der EuK AG setzt sich aus fünf Kostenstellen zusammen. Bei diesen Kostenstellen handelt es sich teils um Vorkostenstellen, teils um Endkostenstellen. Als Endkostenstellen mögen all diejenigen Kostenstellen gelten, die nur einen Teil ihrer Leistung an andere Kostenstellen abgeben. Zwischen den Kostenstellen existieren wechselseitige Leistungsverflechtungen. Diese lassen sich aus der Verflechtungsmatrix der Abbildung 4.13 ablesen.

Abbildung 4.13: Leistungsverflechtungen zwischen den Kostenstellen

		Leistungsfluss an Kostenstelle ...				
		1	2	3	4	5
Leistungsfluss von Kostenstelle ...	1	0	3/4	0	1/4	0
	2	0	0	0	0	0
	3	0	0	0	0	1/3
	4	1	0	0	0	0
	5	0	0	0	2/5	0

4.6 Übungsmaterial

Gehen Sie davon aus, dass sich für die einzelnen Kostenstellen folgende primäre Kosten ergeben hätten:

Kostenstelle	1	2	3	4	5
Primäre Kosten des Abrechnungszeitraums	110000	90000	90000	190000	75000

Teilaufgaben

1. Berechnen Sie die gesamten Kosten, die nach einer Kostenverrechnung auf Basis innerbetrieblicher Leistungsflüsse auf die einzelnen Kostenstellen entfallen!

2. Gehen Sie nun davon aus, dass sich die gesamten Kosten in GE der jeweiligen Kostenstellen nach Berücksichtigung der wechselseitigen Leistungsverflechtungen ergeben hätten zu:

Kostenstellen	1	2	3	4	5
Gesamte Kosten des Abrechnungszeitraums	501250	416000	111000	335000	98000

Geben Sie für jede Endkostenstelle an, welche Beträge für die Kalkulation der absatzfähigen Erzeugnisse zu verwenden wären! Begründen Sie kurz, warum es sich bei den einzelnen Kostenstellen um Endkostenstellen handelt oder nicht!

Lösung der Teilaufgaben

1. Nach einer innerbetrieblichen Leistungsverrechnung ergeben sich die gesamten Kosten in GE der einzelnen Kostenstellen zu:

Kostenstellen	1	2	3	4	5
Gesamte Kosten des Abrechnungszeitraums	456000	432000	90000	346000	105000

2. In den Endkostenstellen sind folgende Beträge in GE für die Kalkulation der absatzfähigen Erzeugnisse zu verwenden:

Kostenstellen	1	2	3	4	5
Endkosten des Abrechnungszeitraums, die zur Kalkulation absatzfähiger Erzeugnisse verwendet werden	-	416000	74000	-	58800

Aufgabe 4.6 Kostenverrechnung auf Basis innerbetrieblicher Leistungsflüsse

Sachverhalt

Der Fertigungsbereich eines Unternehmens setzt sich aus vier Kostenstellen zusammen. Zwischen den Kostenstellen existieren wechselseitige Leistungsverflechtungen. Diese lassen sich aus der folgenden Verflechtungsmatrix ablesen:

		Leistungsfluss an Kostenstelle ...			
		1	2	3	4
Leistungsfluss von Kostenstelle ...	1	0	1/4	1/2	1/4
	2	0	0	0	1
	3	0	2/3	0	1/3
	4	0	3/5	0	0

Für die Kostenstellen haben sich laut Betriebsabrechnungsbogen folgende primäre Kosten ergeben:

Kostenstelle	1	2	3	4
Primäre Kosten des Abrechnungszeitraums	6000	20000	30000	40000

Teilaufgaben

1. Geben Sie für jede der Kostenstellen 1 bis 4 an, ob es sich um eine Vor- oder Endkostenstelle handelt!

2. Nehmen Sie an, das Unternehmen würde die Kostenstellenrechnung lediglich zur Unterstützung der Kostenträgerkalkulation durchführen wollen! Welchen Einfluss hätte die Wahl des Zurechnungsprinzips für die anfallenden Kosten zu Kostenträgern auf die Durchführung der Kostenstellenrechnung?

3. Erstellen Sie dasjenige lineare Gleichungssystem, mit dessen Hilfe Sie die Kosten der Kostenstellen proportional zu den in der Aufgabenstellung angegebenen Leistungsverflechtungen zwischen den Kostenstellen verteilen können! Berechnen Sie die Kosten, die nach einer Kostenverrechnung auf Basis innerbetrieblicher Leistungsflüsse gemäß diesem Gleichungssystem auf die einzelnen Kostenstellen entfallen!

Lösung der Teilaufgaben

1. Die Kostenstellen 1, 2 und 3 stellen Vorkostenstellen dar. Bei Kostenstelle 4 handelt es sich um eine Endkostenstelle.

2. Die Antwort ist den entsprechenden Stellen des Lehrtextes zu entnehmen.

3. Nach der Erstellung des linearen Gleichungssystems und der Durchführung der Kostenverrechnung auf Basis innerbetrieblicher Leistungsflüsse ergeben sich die folgenden gesamten Kosten der einzelnen Kostenstellen in GE:

Kostenstelle	1	2	3	4
Gesamte Kosten des Abrechnungszeitraums	6000	187500	33000	240000

Kapitel 5

Artenbezogene Kalkulation

Lernziele

Sie sollen in diesem Kapitel lernen,
- welchen Zwecken Artenrechnungen dienen können,
- dass man sowohl Erlösarten- als auch Kostenartenrechnungen unterscheiden kann,
- wie man im Unternehmen die systematische Erfassung von Erlös- und Kostenarten organisieren kann,
- welche Bedeutung kalkulatorische Kostenarten für das Rechnungswesen eines Unternehmens besitzen,
- dass man verschiedene Unternehmenserhaltungskonzeptionen voneinander unterscheiden kann: Nominalkapitalerhaltung versus Substanzerhaltung, und dass die Erlös- und Kostenarten, die man unterscheidet, von der Unternehmenserhaltungskonzeption abhängen,
- wie die ermittelte Einkommenshöhe von den unterschiedlichen zu Grunde gelegten Unternehmenserhaltungskonzeptionen abhängt und
- wie man kalkulatorische (Eigenkapital-)Zinsen und kalkulatorische Abschreibungen im internen Rechnungswesen eines Unternehmens berücksichtigen kann.

Überblick

Die so genannte Artenrechnung ermittelt hauptsächlich die Erlöse und Kosten ihrer Höhe nach und nimmt eine den Zwecken der anderen Rechnungen entsprechende Gliederung vor. Sie wird in der Literatur hauptsächlich im Zusammenhang mit der Erfassung von Kosten beschrieben. Wir werden uns in diesem Kapitel hauptsächlich mit der Bildung von Erlös- und Kostenarten und mit den Problemen ihrer Zurechnung befassen.

Zur Beschreibung einer Artenrechnung werden üblicherweise unter dem Stichwort »Erfassung« alle Überlegungen dargestellt, die für die Erfassung von Erlösen und Kosten eine Rolle spielen. Wir legen den Schwerpunkt hier auf die Bestimmung und Zurechnung. Viele der notwendigen Überlegungen sind identisch mit denjenigen, die auch im Rahmen des externen Rechnungswesens anzustellen sind.

Für die Darstellung von Artenrechnungen wird in diesem Kapitel unterstellt, dass der Leser in Grundzügen über die Ermittlung von Anschaffungs- und Herstellungswerten sowie von Aufwand im Rahmen des externen Rechnungswesens Bescheid weiß. Es wird hauptsächlich auf eine Beschreibung derjenigen Fragen abgestellt, die für die Bewertung und Einkommensermittlung im Rahmen des internen Rechnungswesens besonders bedeutsam erscheinen, und bei denen sich das interne und das externe Rechnungswesen voneinander unterscheiden.

5.1 Inhaltliche und begriffliche Grundlagen

Erlöse und *Kosten* lassen sich nicht nur getrennt nach *Stellen* oder *Trägern* ermitteln, sondern auch getrennt nach einzelnen *Arten,* die sich aus Absatzeinflussgrößen und Produktionsfaktoren herleiten. Entsprechende Rechnungen werden als Erlösarten- oder Kostenartenrechnungen bezeichnet. Mit Artenrechnungen kann sowohl der Zweck der Erleichterung der Unternehmenssteuerung als auch derjenige der Unterstützung von Stellenrechnungen und Kostenträgerrechnungen verfolgt werden. In beiden Fällen geht es darum, *Erlöse* und *Kosten* so zu bestimmen, wie sie für diese Rechnungen benötigt werden. Wir richten das vorliegende Kapitel auf den Zweck der Erleichterung der Unternehmenssteuerung aus. Den anderen Zweck beschreiben wir im folgenden Kapitel. Gelingt es, *Erlöse* und *Kosten* jeweils nach den gleichen Kriterien zu gliedern, so lässt sich auch das jeweilige Einkommen im Sinne einer Artenrechnung ermitteln. Diese Bedingung ist aber in der Realität kaum gegeben.

Artenrechnungen zur Unternehmenssteuerung und zur Unterstützung von Kostenrechnungen

Der Aufbau einer Artenrechnung ist eng mit der Lösung einiger konzeptioneller Fragen verbunden, die im ersten Kapitel dieses Buches bereits angesprochen wurden. Hauptsächlich handelt es sich dabei um die Gestaltung der Bewertung und der Einkommensermittlung in einem Unternehmen. Dazu ist es erforderlich, die Erlösarten oder Kostenarten für den jeweiligen Abrechnungszeitraum zu bestimmen. Artenrechnungen können der Unternehmenssteuerung dienen. Weil die Absatzfaktoren i.d.R. anders untergliedert werden als die Produktionsfaktoren, wird man nur in wenigen Fällen artenbezogene Einkommensrechnungen aufstellen können. Es verbleiben meist nur arten- und zeitraumbezogene Einkommensrechnungen. Dagegen ist der artenbezogene Vergleich von Erlösen oder Kosten auch für einzelne Einheiten von Kalkulationsobjekten denkbar.

Aufbau hängt von Zweck und jeweiligem Konzept ab.

Die konzeptionellen Grundlagen der Bewertung und der Einkommensermittlung betreffen die Frage der Zugangs- und Folgebewertung ebenso wie die des Einkommenskonzeptes. Bei der Bewertung geht es – wie bei der kostenträgerbezogenen und der kostenstellenbezogenen Kalkulation – um die Wahl zwischen Anschaffungskosten und Wiederbeschaffungskosten sowie um das Marginal- und das Finalprinzip. Hinsichtlich des Einkommenskonzeptes ist festzulegen, ob man das Einkommen als Überschuss vor Berücksichtigung der Leistungen des Unternehmers oder dasjenige Einkommen bestimmen möchte, das als Überschuss verbleibt, nachdem man die Leistungen des Unternehmers bei der Geschäftsleitung und seine Eigenkapitalbereitstellung berücksichtigt hat. Je nachdem, wie man die Fragen löst, erhält man unterschiedliche Anforderungen an den Inhalt und die Systematik der Erlös- und Kostenarten. Im Gegensatz zu den in vorangehenden Kapiteln beschriebenen Kalkulationen spielen diese Fragen hier

Konzeptionelle Grundlagen einer Rechnung bestimmen zu berücksichtigende Arten.

eine herausragende Rolle, weil es formal nicht um die Erlöse und Kosten von Kostenträgern oder von Stellen geht, sondern um die von Absatz- und Produktionsfaktoren.

Artenrechnungen in der Praxis

In der Praxis begnügt man sich bei der Gestaltung von Artenrechnungen oft damit, nur die *Kosten* nach Einsatzgüterarten getrennt zu erfassen, wobei man i.d.R. verschiedene Einsatzgüterarten nach einer Systematik unterscheidet, die sich an die Arten von Produktionsfaktoren anlehnt. Dabei wird man Doppelarbeit zu vermeiden trachten und aus dem externen Rechnungswesen alle Daten übernehmen, die man schon nach einer auch für interne Zwecke brauchbaren Systematik getrennt erfasst hat. Geht die Verarbeitung von Informationen im internen Rechnungswesen dagegen derjenigen im externen Rechnungswesen zeitlich voraus, so wird man umgekehrt die internen Daten in das externe Rechnungswesen »exportieren«. In jedem Fall hat man über den Wertansatz zu entscheiden.

Pagatorisches versus kalkulatorisches Konzept

Gemäß einem pagatorischen Konzept leitet man die Werte aus den Zahlungen her, die in das Unternehmen fließen oder das Unternehmen verlassen. Das kalkulatorische Konzept lässt demgegenüber eine flexible entscheidungsabhängige Bestimmung der Bewertung zu. Güter können – je nach Zweck – kalkulatorisch mit anderen als den pagatorischen Werten angesetzt werden; z.B. mit ihrem Wiederbeschaffungspreis oder mit zusätzlichen Wertkomponenten wie dem kalkulatorischen Unternehmerlohn oder den kalkulatorischen Eigenkapitalzinsen. Bei Wahl eines kalkulatorischen Wertansatzes hat man die so genannten kalkulatorischen (Zusatz- oder Anders-) Kosten zu bestimmen, um entweder aus Aufwand Kosten zu ermitteln oder um die Korrekturgröße zu erhalten, mit der man aus Kosten Aufwand bestimmen kann.

Arten von Rechnungen

Die Abbildung 5.1, Seite 255, vermittelt eine Idee davon, dass man *Erlöse* und *Kosten* auch anders nach Arten systematisieren kann. Die Darstellung kann ganz anders aussehen, wenn man eine Gliederung nach weiteren Kriterien anstrebt. Wir betrachten das Problem in den folgenden Abschnitten genauer.

Merkmal	Ausprägung Erlöse	Ausprägung Kosten
Ausbringungsgüterart bzw. Einsatzgüterart	Produkterlöse; Sachmittel-, Anlageerlöse; Vermietererlöse; Dienstleistungserlöse ...	Materialkosten; Personalkosten; Abschreibungen; Zinsen; Fremddienste; Informationskosten.
Bezugsgröße	Stückerlöse; Erlöse des Abrechnungszeitraums	Stückkosten; Kosten des Abrechnungszeitraums
Wertansatz	Pagatorische Erlöse; Kalkulatorische Erlöse	Pagatorische Kosten; Kalkulatorische Kosten
Zurechenbarkeit zu Kalkulationsobjekt	Einzelerlöse des Kalkulationsobjekts; Gemeinerlöse des Kalkulationsobjekts	Einzelkosten des Kalkulationsobjekts; Gemeinkosten des Kalkulationsobjekts
Veränderlichkeit hinsichtlich des Absatzes	Hinsichtlich des Absatzes variable Erlöse; hinsichtlich des Absatzes fixe Erlöse	Hinsichtlich des Absatzes variable Kosten; hinsichtlich des Absatzes fixe Kosten
Stelle	Erlösstelle 1 Erlösstelle 2 ...	Kostenstelle 1 Kostenstelle 2 ...
Träger	Erlösträger 1 Erlösträger 2 ...	Kostenträger 1 Kostenträger 2 ....

Abbildung 5.1: Merkmale und Ausprägungen von Erlöse und Kosten

5.2 Traditionelle Artenrechnung

Die traditionellen Erlös- und Kostenartenrechnungen folgen der jeweils gewünschten Gliederung. Wir verwenden in diesem Kapitel für Erlöse und Kosten jeweils Gliederungsschemata, die in der Fachliteratur beschrieben werden. In konkreten Anwendungsfällen können sich auch andere Gliederungen empfehlen.

5.2.1 Erlösartenrechnung

Die Durchführung von Erlösartenrechnungen bereitet keine Schwierigkeiten, wenn für jede verkaufte Kostenträgereinheit eines Kostenträgers der gleiche Erlös erzielt wird. Dann kann man den Erlös je Kostenträgereinheit leicht ermitteln. Die Rechnung wird problematisch, wenn darüber hinaus für bestimmte Situationen, z. B. große Mengen von Leistungseinheiten oder sofortige Zahlung, ein Rabatt eingeräumt wird. Dann kann man nur noch die durchschnittlichen Erlöse je Einheit ermitteln. In diesem Zusammenhang sind auch so genannte Erlösminderungen nicht als Kosten, sondern als Teil der Erlösrechnung zu sehen. Abbildung 5.2, Seite 256,

Bestimmungsprobleme abhängig von Zusammensetzung der Erlöse

vermittelt eine Vorstellung davon, wie die Untergliederung und Zusammensetzung von Erlösen aussehen kann. Die Ausgestaltung von Erlösartenrechnungen hängt im Einzelnen davon ab, welches Zurechnungsprinzip man verwendet.

Erlösfaktoren	Erlöskomponenten	
Menge und Wert der Lieferung	Mengen- oder wertabhängige Erlöse	Fixe Grunderlöse
		Konstante Stückpreise für Standardprodukte
		Stückpreise für Einzelanfertigungen
	Mengen- oder wertunabhängige Erlösminderungen	Mengenrabatte
		Funktionsrabatte
Zahlungsbedingungen	Skonti	
	schwankende Wechselkurse	
Risikobedingte Erlösminderungen	Forderungsausfälle	
	Preisnachlass wegen minderer Qualität	
	Schadensersatz und Konventionalstrafen für schlechte oder verspätete Lieferungen	

Abbildung 5.2: Mögliche Untergliederung von Erlösen

Unterschiedliches Vorgehen bei Einzelerlösen und bei Gemeinerlösen

Einige Erlösarten sind als direkte Erlöse der verkauften Leistungseinheiten anzusehen, also als deren Einzelerlöse. Sie sind über die Verkaufspreise zu bestimmen. Daneben gibt es aber i.d.R. auch indirekte Erlöse, so genannte Gemeinerlöse, deren Höhe von anderen Einflussgrößen abhängt als von der jeweils verkauften Menge. Deren Bestimmung ist mühsamer als die mengenorientierte Bestimmung der Verkaufspreise. Skonti, Verpackungs- und Frachterlöse können als Beispiele für derartige Erlöse dienen.

Kalkulation bei fehlendem Kostenträgerbezug

Bei Artenrechnungen hat man es nicht zwingend mit Größen zu tun, die sich auf Kostenträger beziehen. Man kann sich beispielsweise für die Erlöse gegliedert nach Sparten oder nach regionalen Gesichtspunkten interessieren. Wenn man in solchen Fällen keine kostenträgerweise Bestimmung der Erlöse vornehmen kann, wird man die Einkommensermittlung nur während eines Abrechnungszeitraums vornehmen können oder nur Erlöse miteinander vergleichen.

Problembereiche

Folgt das interne Rechnungswesen dem externen Rechnungswesen, so kann man die meisten Erlösdaten aus anderen Teilen dieses Rechnungswesens übernehmen. Probleme ergeben sich allerdings, wenn man Erlöse auf Unternehmensteile aufspalten möchte, in denen keine Leistung an den Markt abgegeben wurde. Die Verfahren, die man in diesem Fall anwenden kann, wurden schon im Zusammenhang mit der Kostenträgerrechnung beschrieben. Eine Darstellung an dieser Stelle erübrigt sich daher. Probleme können sich ferner im Zusammenhang mit der Berücksichtigung von Erlösschmälerungen ergeben. Deren Bestimmung verlangt, dass keine Saldierungen von Erlösen mit Kosten vorgenommen und dass Erlösschmälerungen als solche und nicht als Kosten erfasst werden (Einhaltung der *clean surplus*-Regel).

Die Auswertungen bestehen darin, während eines Zeitraums eine Zusammenstellung der Erlösarten mit derjenigen Zusammenstellung von Erlösarten zu vergleichen, die man anstrebt. So kann man beispielsweise die Wirkung unterschiedlicher Formen von Rabatten und Preisnachlässen, die Wirkung bestimmter Funktionen bei der präferenzabhängigen Preissetzung u. Ä. untersuchen. Eventuell wird man dabei auch die vergleichbaren Zahlen vergangener Abrechnungszeiträume heranziehen. Die Möglichkeiten zu Auswertungen sind sehr umfangreich und richten sich jeweils nach dem damit individuell verfolgten Zweck. Deswegen verzichten wir hier auf eine weitere Darstellung.

Auswertungen

5.2.2 Kostenartenrechnung

Artenrechnungen dienen auch dazu, Kosten entsprechend einem vorgegebenen Gliederungsschema zu erfassen. Möchte man Zeit und Mühe für weitere Auswertungen reduzieren, so bestimmt man die Kosten so, dass man später keine weiteren Differenzierungen mehr vorzunehmen hat. Das setzt voraus, dass man weiß, zu welchem Zweck man Kosten bestimmt und wie eine dementsprechende zweckmäßige Bestimmung aussieht. Häufig unterstellt man in der Fachliteratur nur, es gehe um die Erfassung von Daten, die im Rahmen von Stellen- und Trägerrechnungen benötigt werden. Ein anderer Zweck liegt jedoch vor, wenn man die Beschaffungs-, Produkt- oder Produktionspolitik eines Unternehmens analysiert. Die Ausgestaltung von Kostenartenrechnungen wird zudem von der Art des bei der Trägerrechnung angewendeten Zurechnungsprinzips beeinflusst.

Grundsätze für Kostenartenrechnungen

Wir betrachten hier zunächst das Problem der Bestimmung von Kostendaten. Soweit wir es mit Daten zu tun haben, die gleichermaßen im internen wie im externen Rechnungswesen vorkommen, genügt die Ersterfassung in einem der beiden Rechenwerke. Der übliche Weg besteht darin, dass man die Zahlen des externen Rechnungswesens zu Grunde legt und diese um eventuelle Korrekturwerte ergänzt. Korrekturen ergeben sich bei Verwendung des kalkulatorischen Bewertungskonzepts und betreffen die so genannten kalkulatorischen Kosten. Eine andere, seltenere Lösung besteht darin, die Daten im internen Rechnungswesen zu erfassen und dann für das externe Rechnungswesen je nach Wertansatz zu modifizieren. Wir beschränken uns hier auf die eventuell notwendige Ermittlung der kalkulatorischen Kosten zusätzlich zu den Daten des externen Rechnungs-

Häufiges Vorgehen der Praxis: Übernahme aus externem Rechnungswesen mit Korrekturen wegen des kalkulatorischen Bewertungskonzepts

wesens. Implizit unterstellen wir damit, dass es keine Probleme bereitet, die Kosten aus den Daten des externen Rechnungswesens herzuleiten. Wir unterstellen ferner, dass eine nach Arten von Produktionsfaktoren gegliederte Aufwandserfassung vorgenommen wird.

Auswertungen

Die Auswertungen bestehen darin, während eines Zeitraums eine Zusammenstellung der Kostenarten mit derjenigen Zusammenstellung von Kostenarten zu vergleichen, die man anstrebt. So kann man beispielsweise die Wirkung unterschiedlicher Rohstoffarten, unterschiedlicher Betriebsstoffe, unterschiedlicher Fertigungsverfahren u. Ä. untersuchen. Eventuell wird man dabei auch die vergleichbaren Zahlen vergangener Abrechnungszeiträume heranziehen. Die Möglichkeiten zu unternehmensindividuell interessierenden Auswertungen sind so umfangreich, dass hier auf weitere Angaben verzichtet wird.

5.3 Probleme bei der Bestimmung von Kostenarten

5.3.1 Probleme der Verwendung kalkulatorischer Kosten

Anderskosten und Zusatzkosten

Als kalkulatorische Kosten werden regelmäßig kalkulatorische Abschreibungen, kalkulatorische Zinsen, kalkulatorische Wagnisse und der kalkulatorische Unternehmerlohn genannt. Hinsichtlich der pagatorisch ausgerichteten Vorschriften des deutschen HGB kann man die kalkulatorischen Kostenarten in zwei Gruppen unterteilen. Bei der einen Gruppe, die sich nur in ihrem Wert von den zugehörigen pagatorischen Kosten unterscheidet, spricht man von »Anderskosten«. »Anderskosten« liegen beispielsweise in Höhe desjenigen Betrages vor, um den die in internen Einkommensrechnungen gewünschten Abschreibungen von den im handelsrechtlichen Rechnungswesen vorgenommenen Abschreibungen abweichen. Bei der zweiten Gruppe von kalkulatorischen Kosten handelt es sich um solche, die in internen Rechnungen zusätzlich zu den pagatorischen Kosten angesetzt werden. Diese heißen »Zusatzkosten«. Dazu zählen etwa der kalkulatorische Unternehmerlohn und der kalkulatorische »Eigenkapitalzins«.

Situationen für den Ansatz kalkulatorischer Kosten

Kalkulatorische Kosten werden in unternehmensinternen Rechnungen hauptsächlich angesetzt, wenn die Einkommensermittlung mit ihnen auf eine bessere Art gelingt als bei Beschränkung auf die pagatorischen Zahlen des externen Rechnungswesens. Kalkulatorische Kosten spielen auch im Rahmen von Aufträgen der Öffentlichen Hand eine Rolle, bei denen die Erstattung der angefallenen Kosten vereinbart wurde. Der Ansatz von Wiederbeschaffungskosten und damit die Berücksichtigung auch kalkulatorischer

Abschreibungen soll verhindern, dass Unternehmen, die ihre Einsatzgüter zu unterschiedlichen Preisen und Zeitpunkten eingekauft haben, bei der Kostenerstattung unterschiedlich behandelt werden. Dem Ziel der Gleichbehandlung unterschiedlicher Unternehmen bei der Kostenerstattung im Rahmen öffentlicher Aufträge dient auch die Berücksichtigung kalkulatorischer Zinsen und der Ansatz kalkulatorischen Unternehmerlohns bei Personenunternehmen; denn die Höhe der für einen Auftrag erstatteten Kosten hängt bei Berücksichtigung kalkulatorischer anstatt tatsächlich gezahlter Zinsen nicht mehr von der Kapitalstruktur des Unternehmens ab. Auch durch die Berücksichtigung von Unternehmerlohn bei Personenunternehmen soll die Gleichbehandlung von Personenunternehmen mit Kapitalgesellschaften bei Kostenerstattungspreisen erreicht werden.

Bei Verwendung von kalkulatorischen Kosten im internen Rechnungswesen sind die zugehörigen Beträge zu erfassen. Das ist teilweise mit erheblichen Schwierigkeiten verbunden.

Erfassung kalkulatorischer Kosten als Problem

5.3.2 Pagatorische und kalkulatorische Bestimmung von Materialkosten

Zu den Materialkosten zählen die Kosten für Rohstoffe, Hilfsstoffe und Betriebsstoffe. Den Rohstoffen rechnen wir die Materialien zu, die in das Erzeugnis eingehen, den Hilfsstoffen diejenigen Materialien, die wir – meist in kleiner Menge – für den Herstellungsvorgang zusätzlich einsetzen, etwa Schmiermittel, Trennmittel oder Rostschutzmittel. Die Betriebsstoffe stehen für diejenigen Materialien, die wir zum Betrieb unseres Unternehmens benötigen, beispielsweise Kraftstoffe oder andere Energieformen für Maschinen.

Zusammensetzung der Materialkosten

Wenn wir die Verbrauchsabgrenzung und das pagatorische Konzept des externen Rechnungswesens akzeptieren, übernehmen wir als Materialkosten des Abrechnungszeitraums den handelsrechtlichen sachzielbezogenen Materialaufwand. Für andere Kalkulationsobjekte als den Abrechnungszeitraum sind die dann nicht-sachzielbezogenen Elemente zu vernachlässigen. Zusätzlich sind bei kalkulatorischer Bewertung die kalkulatorischen Elemente hinzuzurechnen.

Vorgehen bei Übernahme aus dem handelsrechtlichen Rechnungswesen

Übernimmt man die Verbrauchsabgrenzung des externen Rechnungswesens nicht, so sieht der Sachverhalt komplizierter aus. Man muss dann direkt oder indirekt den Verbrauch feststellen. Dazu kann man entweder jede Lagerentnahme, die der Herstellung im Abrechnungszeitraum dient, zu dem als relevant erachteten Zeitpunkt aufzeichnen. Alternativ dazu kann man zum Ende eines Abrechnungszeitraums eine Bestandsrechnung bezüglich des Materials (Verbrauch = Anfangsbestand – Endbestand – Zugänge) entsprechend der als relevant erachteten Zeitpunkte und Zeiträume ausführen. Von den hergestellten Erzeugnissen lässt sich auf den

Vorgehen in anderen Fällen

dafür nötigen Materialverbrauch schließen. Den Wert des verbrauchten Materials ermittelt man durch Multiplikation der verbrauchten Menge mit einer Wertgröße. Bei Verwendung eines pagatorischen Konzepts entspricht diese Wertgröße dem tatsächlichen Beschaffungspreis, bei Verwendung eines kalkulatorischen Konzepts ziehen wir den Tagespreis oder den Preis zum Wiederbeschaffungszeitpunkt heran. Es ist klar, dass bei Preisveränderungen zwischen dem Beschaffungspreis und dem Tages- oder Wiederbeschaffungspreis Wertveränderungen entstehen. Diese Wertveränderungen stellen, wenn man nur zwei Arten von Eigenkapitalveränderungen zulässt, bei sauberer Trennung zwischen Eigenkapitaltransfers und Einkommensrechnung Einkommensbestandteile dar.

Anwendung von Verbrauchsfolgefiktionen

Vereinfachungen, die auch Auswirkungen auf den Bestandswert haben, ergeben sich durch die Anwendung des Durchschnittsverfahrens oder so genannter Verbrauchsfolgefiktionen. Bei den Verbrauchsfolgefiktionen unterstellt man z.B., die zuerst beschafften Materialien seien zuerst zur Herstellung von Erzeugnissen verbraucht worden und die später beschafften danach (First-in-first-out-Verfahren). Ein anderer Verbrauchswert ergibt sich, wenn man unterstellt, die zuletzt beschafften Materialien seien zuerst zur Herstellung von Erzeugnissen verbraucht worden und die zuerst beschafften danach (Last-in-first-out-Verfahren). Andere Verbrauchsfolgefiktionen können darin bestehen, den Verbrauch zur Herstellung von Erzeugnissen nach der Höhe der Beschaffungspreise vorzunehmen (Highest-in-first-out-Verfahren, Lowest-in-first-out-Verfahren) oder eine andere bestimmte Reihenfolge zu verwenden. Die Art der in der Einkommensrechnung unterstellten Verbrauchsfolgefiktionen hat direkte Konsequenzen für den Wertansatz in einer Bilanz, weil die Güter, die nicht verbraucht werden, ja weiterhin zum Bestand zählen. Die Folgen dieser Verfahren für Einkommensrechnung und Bilanz kann man sich mit Hilfe eines Beispiels gut selbst verdeutlichen.

5.3.3 Pagatorische und kalkulatorische Bestimmung von Personalkosten

Kaum kostenträgerweise Berücksichtigung möglich!

Zur Bestimmung der Personalkosten kann man auf die (Lohn- und Gehalts-)Buchführung zurückgreifen. Es ist zwar je nach Lohnform möglich, die Löhne näherungsweise für einen einzelnen Kostenträger zu messen; im Normalfall wird dies aber nicht geschehen. Es gibt oft zeitraumbezogene Entlohnungen oder Zuschläge, die beispielsweise jeden Monat gezahlt werden. Auch ergeben sich die für die Kalkulation auf einen Abrechnungszeitraum bezogenen Beträge in Deutschland erst, wenn man den Arbeitgeberanteil zur Sozialversicherung hinzuzählt und wenn andere geldwerte Vorteile für die Beschäftigten berücksichtigt werden. Darüber hinaus ist darauf zu achten, dass die Beträge dem Abrechnungszeitraum entsprechen.

Wertansatz

Bei pagatorischem Ansatz wird man diejenigen Beträge als Kosten ansetzen, die sich aus der Buchführung für externe Zwecke als Personalaufwand ergeben. Anhänger der kalkulatorischen Bewertung werden dagegen nicht den tatsächlich ausgegebenen Betrag ansetzen, sondern den Betrag, den sie bei Wiedereinsatz des Personals aufzubringen hätten. Werden die mit dem Personal hergestellten Güter sofort verkauft und neu produziert, so entsprechen sich die beiden Beträge bis auf den »Unternehmerlohn« weit gehend. Wurde dagegen früher produziert und heute verkauft und neu produziert oder wird heute produziert und erst später verkauft und neu produziert, so weichen die beiden Beträge voneinander ab, wenn in dem Zeitraum Preisveränderungen stattgefunden haben. Wenn man von der pagatorischen Bewertung abweicht, gibt es – wie bei den Materialkosten – Wertveränderungen, die sämtlich in der Einkommensrechnung zu berücksichtigen wären.

Ansatz eines Unternehmerlohns?

Ein besonderes Problem existiert für den Arbeitseinsatz des Unternehmers. Während dieser bei Kapitalgesellschaften nach deutschem Handels- und Steuerrecht als Aufwand gilt, ist dies beim so genannten Einzelunternehmer nicht der Fall. Für das interne Rechnungswesen steht man selbst bei ansonsten pagatorischem Vorgehen vor der Frage, ob man für diese Arbeitsleistung Kosten ansetzen möchte oder nicht. Im zweiten Kapitel wurde bereits dargelegt, dass man mit dem kalkulatorischen Unternehmerlohn den Wert des Arbeitseinsatzes des Unternehmers in all den Fällen berücksichtigt, in denen das interne Rechnungswesen nur dazu dient, den für den Unternehmer übrig bleibenden Betrag nach Vergütung seines Arbeits- und Kapitaleinsatzes zu ermitteln. In Kapitalgesellschaften, die den Mitgliedern der Geschäftsleitung eine bei der Einkommensermittlung abziehbare Vergütung bezahlen, entbehrt der zusätzliche Ansatz eines kalkulatorischen Unternehmerlohnes jeder ökonomischen Vernunft.

5.3.4 Pagatorische und kalkulatorische Bestimmung von Abschreibungen

Grundlagen

Abschreibungen dienen zunächst der Verteilung der Anschaffungsausgaben von abnutzbaren Gütern, die mehr als einen einzigen Abrechnungszeitraum im Unternehmen verbleiben, als Kosten auf die Abrechnungszeiträume ihrer Nutzung. Im Laufe der Abrechnungszeiträume kann es zu Wertveränderungen des Gutes kommen.

Ermittlungsansätze

Ein grundsätzliches Problem der Abschreibungen besteht selbst bei pagatorischem Ansatz in der Ermittlung desjenigen Betrages, den man einem bestimmten Abrechnungszeitraum zurechnet. Man kann argumentieren, alle Abrechnungszeiträume sollten gleich stark belastet werden. Dann ergibt sich die so genannte lineare Abschreibung. Man kann auch argumentieren, die Abrechnungszeiträume sollten abnehmend oder zunehmend belastet werden. Dann erhält man eine so genannte degressive oder progressive Abschreibung. Eine weitere Art besteht darin, die Abschreibungshöhe entsprechend dem Wertverlauf des Gutes vorzunehmen, z. B. abhängig vom Verschleiß. Als Gründe für Wertminderungen des Gutes werden in der Fachliteratur zusätzlich der Fristablauf sowie die technische oder wirtschaftliche Überalterung genannt.

Wertveränderungen während der Nutzungszeit

Ein weiteres Problem ergibt sich aus Wertveränderungen, die das Gut während seiner Nutzungszeit erfahren kann. Will man diese berücksichtigen, so kann dies zu Wertsteigerungen und zu Wertminderungen führen, bei denen i.d.R. eine Änderung des Abschreibungsvorgehens notwendig ist. Wenn man diese Wertveränderungen im Rechnungswesen berücksichtigen möchte, entstehen Zuschreibungen, zusätzliche Abschreibungen oder eine Reduzierung der Beträge. In der Praxis des internen Rechnungswesens verrechnet man bei dauerhaft steigenden Preisen zusätzliche Abschreibungen. So erfasst man in der Summe mehr als 100% der Anschaffungsausgaben eines Gutes. Das ist nur konsistent, wenn man auch in den Erlösrechnungen eventuelle Zuschreibungen vornimmt. Allerdings neigt man in der Praxis dazu, solche Zuschreibungen zu vernachlässigen und sie lediglich dem Eigenkapital zuzurechnen.

Ermessen bei kalkulatorischer Bewertung

Bei pagatorischer Bewertung der Güter ergeben sich keine zusätzlichen Probleme. Bei kalkulatorischer Bewertung geht es dagegen darum, zu welchem zukünftigen Zeitpunkt man eine Ersatzbeschaffung vornehmen wird und wie hoch die Anschaffungskosten dann sein werden.

Abhängigkeit von Unternehmenserhaltungskonzeption

Kalkulatorische Abschreibungen sind diejenigen Abschreibungen, die man von einem Vermögensgut bei kalkulatorischem Bewertungsansatz vornehmen würde. Beim Ziel einer nominellen Kapitalerhaltung mit der Basisannahme »$1\,GE$ im Zeitpunkt t entspricht $1\,GE$ im Zeitpunkt $t+1$« gibt es keinen Unterschied zu den anschaffungswertorientierten Abschreibungen des externen Rechnungswesens. Bei steigenden Preisen und dem Ziel der Substanzerhaltung werden üblicherweise für die Kalkulation Abschreibungen vom Wiederbeschaffungswert vorgenommen. Insofern wird dann von der Anschaffungswertorientierung des deutschen Handelsrechts abgewichen und die dort geltende Annahme einander entsprechender Geldeinheiten aufgegeben.

Ermittlung kalkulatorischer Abschreibungen: Ein Problem mit Folgen für Bewertung und Einkommensermittlung

Verwendet man zur Bewertung Wiederbeschaffungswerte, so wird es i.d.R. vorkommen, dass man den gewählten Wertansatz im Laufe der Nutzungsdauer von Gütern verändern muss. Dies erfordert zugleich mit der Berücksichtigung der Wertveränderung der Bestandsgröße eine Anpassung von Abschreibungen. Es kann dadurch zusätzlich zu einer Neubewertung der Bestände an unfertigen und fertigen Erzeugnissen kommen.

Abschreibung und Unternehmenserhaltung

Immer dann, wenn gegenüber dem Anschaffungszeitpunkt Wertänderungen des Vermögens oder der Schulden eingetreten sind, hängt der Betrag, den man gedanklich zum Ersatz der Vermögensminderungen und Schuldensteigerungen benötigt, davon ab, ob man diese auf Basis der ursprünglichen Anschaffungswerte oder ausgehend von Wiederbeschaffungswerten ermittelt. Bemisst man den zu ersetzenden Betrag von den Anschaffungswerten des Vermögens und der Schulden, so impliziert die Einkommensmessung, dass man den ursprünglich eingesetzten Eigenkapitalbetrag, das Nominalkapital, erhalten will. Ermittelt man den zu ersetzenden Betrag dagegen durch das Eigenkapital, das für den physischen Ersatz der ursprünglich eingesetzten Substanz an Gütern notwendig ist, so verfolgt man die Erhaltung des Eigenkapitals in substanzieller Hinsicht. Ein solches Vorgehen dient der Substanzerhaltung. Einkommensmessung und Unternehmenserhaltungskonzeptionen sind untrennbar miteinander verbunden. Bei Abweichen der Wiederbeschaffungswerte von den Anschaffungspreisen errechnet man je nach unterstellter Unternehmenserhaltungskonzeption ein anderes Einkommen. Der physische Ersatz der verbrauchten Güter erfordert dann einen anderen Geldbetrag als die nominelle Erhaltung des ursprünglich eingesetzten Eigenkapitals.

Einkommenshöhe hängt von Unternehmenserhaltungskonzeption ab: Nominalkapital- vs. Substanzerhaltung.

Beim Konzept der Nominalkapitalerhaltung bewertet man das Eigenkapital mit der Summe der Geldbeträge, die für die Anschaffung von Vermögen entstanden sind, abzüglich der Rückzahlungsverpflichtungen für die aufgenommenen Schulden. Verkauft man beispielsweise ein Gut, das man für $X\,GE$ eingekauft hat, zum Preis von $(X+Y+Z)\,GE$, so entsteht ein Einkommen von $(Y+Z)\,GE$. Mit Eingang der Zahlung in Höhe des Verkaufspreises steht der für die Beschaffung des Gutes eingesetzte Geldbetrag wieder zur Verfügung. Das Eigenkapital vor dem Verkauf des Gutes bleibt nominell erhalten, wenn man als Einkommen den Betrag von $(Y+Z)\,GE$ ausweist. Für die Ermittlung eines die Nominalkapitalerhaltung sichernden Einkommens reicht es aus, in einer Einkommensrechnung den Wert des verkauften Gutes mit seinem ursprünglichen Anschaffungswert anzusetzen.

Bewertung und Einkommensermittlung bei Nominalkapitalerhaltung

Das Konzept der Substanzerhaltung beruht auf dem Gedanken, dass sich das Eigenkapital aus der in Geldeinheiten ausgedrückten Vermögenssubstanz abzüglich der Rückzahlungsverpflichtungen für die aufgenommenen Schulden zusammensetzt. Verkauft man beispielsweise ein Gut, das zum Preis von $X\,GE$ eingekauft wurde und dessen Wiederbeschaffungswert im Verkaufszeitraum $(X+Y)\,GE$ beträgt, zum Preis von $(X+Y+Z)\,GE$, so ist nach dem Konzept der Substanzerhaltung ein Einkommen von $Z\,GE$ entstanden. Der Betrag von $(X+Y)\,GE$ ist für die physische Ersatzbeschaffung des Gutes auszugeben, i.e. für die Erhaltung der Substanz. Für eine Einkommensermittlung, welche die Erhaltung der Substanz garantiert, ist es erforderlich, das verkaufte Gut in der Einkommensrechnung mit dem Wert anzusetzen, der für seine Ersatzbeschaffung auszugeben wäre (Wiederbeschaffungswert). Dies gilt unabhängig davon, ob Y positiv oder negativ ist.

Bewertung und Einkommensermittlung bei Substanzerhaltung

Analoge Anwendung der Überlegungen auf abnutzbare Vermögensgüter

Die Ausführungen gelten sinngemäß, wenn man es mit Gütern zu tun hat, die zur Nutzung anstatt zum Verkauf bestimmt sind und der Abnutzung unterliegen. Da man den Wert der Güter für die Einkommensmessung auf die Jahre der Nutzung verteilt (Abschreibungen), unterscheiden sich die jährlichen Abschreibungsbeträge je nachdem, ob man den Wert der Güter mit Anschaffungs- oder mit Wiederbeschaffungswerten misst. Beim Konzept der Nominalkapitalerhaltung mit seiner Bewertung des Verbrauchs zu Anschaffungsausgaben errechnen sich die Abschreibungen vom Anschaffungswert. Beim Konzept der Substanzerhaltung und der zugehörigen Verbrauchsbewertung bemessen sich die Abschreibungen vom Wiederbeschaffungswert. Mit unterschiedlichen Abschreibungsbeträgen sind auch unterschiedliche Effekte auf die Einkommensrechnung verbunden: Unter sonst gleichen Bedingungen ziehen z. B. höhere Abschreibungsbeträge ein niedrigeres Einkommen nach sich. Veränderte Abschreibungen wiederum muss man erst vornehmen, wenn auch der Bestandswert angepasst wurde. Aus dieser Anpassung sollte ebenfalls eine Einkommenswirkung resultieren.

Berücksichtigung von Schätzfehlern

Konsequenzen einer Bewertung zu Wiederbeschaffungswerten

Der Wiederbeschaffungswert eines Gutes lässt sich vor der tatsächlichen Wiederbeschaffung nicht mit Sicherheit bestimmen, sondern nur schätzen. Daher kann es nötig werden, Veränderungen der Schätzung des Wiederbeschaffungswertes zu berücksichtigen. Als Folge wären der Buchwert des Gutes in der Bilanz und die zugehörigen Abschreibungen anzupassen. In der Fachliteratur wird i. d. R. der Fall steigender Preise diskutiert und vorgeschlagen, die mit einer solchen Anpassung verbundenen Wertsteigerungen direkt im Eigenkapital als so genannte Neubewertungsrücklage auszuweisen. Aus systematischer Sicht sind solche direkten Verrechnungen mit dem Eigenkapital abzulehnen. Da es sich bei den Wertveränderungen offensichtlich nicht um Eigenkapitaltransfers handelt und alle anderen Eigenkapitalveränderungen in der Bilanz erst nach Durchlaufen der Einkommensrechnung erscheinen sollen, sind die Anpassungen an Preisänderungen als Ertrag oder Aufwand bzw. als Erlöse oder Kosten in der Einkommensrechnung auszuweisen. Eine systematische Erlösartenrechnung muss dabei diese von den Erlösen trennen, die beim Absatz erstellter Leistungen angefallen sind.

Behandlung von Schätzfehlern

Bei der Ermittlung von Abschreibungen ist man zusätzlich auf die Unterstellung eines Verfahrens und auf die Schätzung der Nutzungsdauer angewiesen. Ob man sich bei den getroffenen Annahmen geirrt hat, stellt sich erst im Laufe der Zeit heraus. Schätzfehler können die Nutzungszeit und die Beträge der Wiederbeschaffungswerte betreffen. In beiden Fällen bieten sich zur Behebung der Fehler zwei grundlegend unterschiedliche Vorgehensweisen an:

1. Anpassung der Daten während der Restnutzungsdauer so, dass die Buchwerte am Ende der *tatsächlichen* Nutzungszeit richtig sind und die Summe der Abschreibungen dem insgesamt abzuschreibenden Betrag (Anschaffungswert bei Nominalkapitalerhaltung und Wiederbeschaffungswert bei Substanzerhaltung) entsprechen.

2. Anpassung der Daten *unmittelbar nach Erkennen* des Irrtums dergestalt, dass ab dann die Daten so sind, wie wenn man von Anfang an die richtige Nutzungsdauer gekannt, also keinen Fehler gemacht hätte. Möchte man die Abschlüsse vergangener Zeiträume nicht nachträglich ändern, so würde man die Unterschiedsbeträge für eine solche Anpassung in der Einkommensrechnung des Zeitraumes verrechnen, in dem man den Fehler feststellt.

Sachverhalt eines Beispiels

Eine Maschine, deren Anschaffungskosten $60\,000\,GE$ betragen haben, besitze eine Nutzungsdauer von 10 Jahren. Der Wiederbeschaffungswert einer gleichwertigen neuen Maschine nach Ablauf der Nutzungsdauer wird zum Anschaffungszeitpunkt auf $72\,000\,GE$ geschätzt.

Problemstellungen

Wir verwenden das Beispiel, um uns mit den folgenden vier Fragenkomplexen zu befassen:

- Mit welchen Abschreibungsbeträgen rechnet das Unternehmen, wenn es an der Erhaltung seines Nominalkapitals interessiert ist? Dazu unterstellen wir, das Unternehmen nehme lineare Abschreibungen auf die Maschine vor.
- Mit welchen Abschreibungsbeträgen rechnet das Unternehmen, wenn es bestrebt ist, seine Substanz zu erhalten? Zur Beantwortung dieser Frage nehmen wir wiederum an, das Unternehmen schreibe die Maschine linear ab.
- Welche Werteverzehre finden in den einzelnen Zeiträumen unter der Prämisse des Zieles der Nominalkapitalerhaltung statt, wenn nach zehn Jahren erkannt wird, dass die Maschine zwei weitere Jahre genutzt werden kann?
- Welche Werteverzehre finden in den einzelnen Zeiträumen unter der Prämisse des Zieles der Substanzerhaltung statt, wenn nach zehn Jahren erkannt wird, dass die Maschine zwei weitere Jahre genutzt werden kann?

Vertiefung der Ausführungen anhand des Beispiels

Buchwerte und Abschreibungen bei Nominalkapitalerhaltung

Verwendung der linearen Abschreibung vom Anschaffungswert

Im Anschaffungszeitpunkt (Zeitpunkt 0) eines Gutes erfolgt dessen Bewertung zu Anschaffungsausgaben. Werden die Abschreibungsbeträge in den Folgezeiträumen durch eine lineare Abschreibung ermittelt, so erhält man den Abschreibungsbetrag jedes einzelnen Zeitraumes durch Division des Anschaffungswertes durch die geschätzte Zahl der Nutzungszeiträume. Der Abschreibungsbetrag eines Zeitraumes (hier: 1 Jahr) ergibt sich so zu

$$\frac{60000\,GE}{10\,Jahre} = 6000\frac{GE}{Jahr}.$$

Somit erhält man für die Buchwerte und Abschreibungen die Daten der Abbildung 5.3. Dort beschreibt der Zeitpunkt 1 das Ende des ersten Nutzungszeitraumes. Analog sind die weiteren Zeitpunkte zu interpretieren. Der Hinweis auf den gestiegenen Wiederbeschaffungspreis ist im Rahmen des anschaffungswertorientierten Rechnungswesens unerheblich. Die Tatsache, dass die Maschine zwei Jahre länger genutzt wird als ursprünglich geplant, wird dagegen weiter unten behandelt.

Abbildung 5.3: Abschreibungen und resultierende Buchwerte für die einzelnen Zeiträume bei Nominalkapitalerhaltung

Zeitpunkt	Buchwert der Maschine	Abschreibung des Jahres	Summe der Abschreibungen
0	60000	–	–
1	54000	6000	6000
2	48000	6000	12000
...	...	...	...
10	0	6000	60000

Buchwerte und Abschreibungen bei Substanzerhaltung

Verwendung der linearen Abschreibung vom Wiederbeschaffungswert

Bei der Ermittlung der Abschreibungen hat man unter der Zielsetzung der Substanzerhaltung von den Wiederbeschaffungswerten auszugehen. Wird die lineare Abschreibungsmethode verwendet, so erhält man den Abschreibungsbetrag jedes einzelnen Zeitraumes durch Division des Wiederbeschaffungswertes durch die geschätzte Nutzungsdauer. Der Abschreibungsbetrag eines Zeitraumes (hier: 1 Jahr) ergibt sich so zu

$$\frac{72000\,GE}{10\,Jahre} = 7200\frac{GE}{Jahr}.$$

Somit erhält man für die Buchwerte und Abschreibungen die Daten der Abbildung 5.4, Seite 267, in der fast die gleiche Notation verwendet wird wie in Abbildung 5.3.

Zeitpunkt	Buchwert der Maschine	Abschreibung des Jahres	Zuschreibung des Jahres	Summe der Abschreibungen
0	60000	0	−12000	0
1	64800	7200		7200
2	57600	7200		14400
...	...	...		...
10	0	7200		72000

Abbildung 5.4: Abschreibungen und resultierende Buchwerte für die einzelnen Zeiträume bei Substanzerhaltung

Die Bewertung zu Wiederbeschaffungswerten birgt Probleme bei der bilanziellen Behandlung. Beim Kauf der Maschine wurden nur $60000\,GE$ ausgegeben; die Maschine müsste aber zur Ermittlung der Abschreibungen mit $72000\,GE$ zu Buche stehen. Die Differenz bedeutet eine Erhöhung des Eigenkapitals. Diese Erhöhung ist nicht auf einen Kapitaltransfer mit den Eignern zurückzuführen. Wenn man alle Eigenkapitalveränderungen nur in Kapitaltransfers und Einkommen unterteilt, ist die Differenz in der Einkommensrechnung als Erlös in Höhe von $12000\,GE$ aus einer Wertsteigerung des Vermögens auszuweisen. In der Praxis und in der Literatur wird dagegen eine direkte Verrechnung der Differenz mit dem Eigenkapital und eine Bezeichnung als Neubewertungsrücklage präferiert. Ein Grund hierfür liegt in unzureichend ausgebauten Erlös(arten)rechnungen, in denen sich eine Zuschreibung nicht sachgerecht interpretieren lässt.

Probleme der Bewertung zum Wiederbeschaffungswert

Konsequenzen einer Veränderung der Nutzungsdauer am Beispiel der Einkommensermittlung bei Nominalkapitalerhaltung

Falls nach zehn Jahren erkannt wird, dass eine Maschine, deren Nutzungsdauer ursprünglich auf zehn Jahre geschätzt worden war, zwölf Jahre zu gebrauchen ist, hat man während der zehn Jahre einen Fehler gemacht. Man hat in jedem Nutzungszeitraum falsch ermittelte Abschreibungsbeträge berücksichtigt und die Buchwerte in den Bilanzen falsch ermittelt. Unterstellt man etwa eine lineare Abschreibung, so wurden in jedem Zeitraum der Nutzung zu hohe Beträge abgeschrieben. Am Ende des zehnten Nutzungsjahres sind die gesamten Anschaffungskosten abgeschrieben und der Buchwert der Maschine am Ende des zehnten Jahres ist gleich null. Da die Maschine zwölf anstatt zehn Jahre genutzt werden kann, besitzt sie am Ende des zehnten Jahres für das Unternehmen noch einen Wert. Eigentlich hätten die Abschreibungsbeträge in jedem Jahr kleiner sein müssen, und zwar so, dass sich erst am Ende des zwölften Jahres ein Buchwert von null ergeben hätte. Dem dargestellten Fehler kann man auf zwei Arten begegnen.

Wirkung falscher Schätzung der Nutzungsdauer

Erste Möglichkeit: Mit »falschem« Buchwert weiterrechnen

Eine häufig verwendete Vorgehensweise zur Korrektur falsch geschätzter Nutzungsdauern besteht darin, es im elften und zwölften Jahr beim Buchwert von 0 GE zu belassen und in diesen Jahren keine Abschreibungen vorzunehmen. Dann erhält man für das Ende des zwölften Jahres die richtigen Werte. Damit weist man nicht nur während der ersten zehn Jahre, sondern auch während der beiden letzten Jahre fehlerhaft ermittelte Abschreibungsbeträge und Buchwerte aus. Lediglich am Ende des zwölften Jahres stimmt das Ergebnis wieder. Die Maschine steht nun mit einem Wert von null in den Büchern. Die Buchwerte und Abschreibungen sind dann beim Konzept der Nominalkapitalerhaltung durch die Zahlen der Abbildung 5.5 gekennzeichnet.

Abbildung 5.5: Abschreibungen und resultierende Buchwerte bei geänderter Nutzungsdauer und Nominalkapitalerhaltung (Alternative 1)

Zeitpunkt	Buchwert der Maschine	Abschreibung des Jahres	Summe der Abschreibungen
0	60000	0	0
1	54000	6000	6000
2	48000	6000	12000
...	...	...	...
10	0	6000	60000
11	0	0	60000
12	0	0	60000

Zweite Möglichkeit: Fehler bei Erkennen korrigieren

Ein solches bewusstes Begehen neuer Fehler zur Korrektur früherer Fehler kann nicht die wünschenswerte Lösung des geschilderten Problems sein. Deswegen bietet sich als Alternative eine zweite Vorgehensweise an. Diese besteht darin, den Fehler vom Zeitpunkt des Erkennens an zu korrigieren. Dazu wäre zunächst zu ermitteln, wie die Zahlen bei richtiger Schätzung der Nutzungsdauer ausgesehen hätten. Dann könnte eine Korrektur des Buchwertes vorgenommen werden und für die restlichen Nutzungsjahre mit den Zahlen gerechnet werden, die sich bei richtiger Schätzung der Nutzungsdauer ergeben hätten. Man erhielte bei Nominalkapitalerhaltung die Buchwerte, Korrekturen und Abschreibungen der Abbildung 5.6, Seite 269. Es sei darauf hingewiesen, dass – wie oben – in den Spalten »Ab-/Zuschreibung« aus systematischen Gründen Abschreibungsbeträge mit positivem und Zuschreibungsbeträge mit negativem Vorzeichen ausgewiesen werden.

5.3 Probleme bei der Bestimmung von Kostenarten

Zeit-punkt	tatsächliche Buchungen			eigentlich richtige Werte			Korrektur	
	Buch-wert	Ab-/Zu-schrei-bung	Summe Ab-schrei-bung	Buch-wert	Ab-/Zu-schrei-bung	Summe Ab-schrei-bung	Buch-wert	Ab-/Zu-schrei-bung
0	60000		0	60000		0		
1	54000	6000	6000	55000	5000	5000		
2	48000	6000	12000	50000	5000	10000		
...	...	...	...	...	...	...		
9	6000	6000	54000	15000	5000	45000		
10	0	6000	60000	10000	5000	50000		
11a	10000			10000			10000	–10000
11b	5000	5000	55000	5000	5000	55000		
12	0	5000	60000	0	5000	60000		

Abbildung 5.6: Abschreibungen und resultierende Buchwerte bei veränderter Nutzungsdauer und Nominalkapitalerhaltung (Alternative 2)

Zu Beginn des elften Jahres müsste, gemessen am bis dahin eigentlich richtigen Abschreibungsverlauf, eine Wertzuschreibung von $0\,GE$ auf $10000\,GE$ vorgenommen werden. Der zum Ende des Jahres 10 vorgenommenen Abschreibung in Höhe von $6000\,GE$ würde demnach als Korrektur eine Zuschreibung in Höhe von $10000\,GE$ zu Beginn des Jahres 11 gegenüberstehen. Von dem so entstehenden Restbuchwert in Höhe von $10000\,GE$ zu Beginn des elften Jahres wären in den zwei Folgejahren (Jahre 11 und 12) bei linearer Abschreibung jeweils $5000\,GE$ abzuschreiben, so dass am Ende des zwölften Jahres der Buchwert dem Wert der Maschine in Höhe von $0\,GE$ entspricht. Ein solches Vorgehen setzt voraus, dass man auch den Bilanzwert des Gutes am Ende des Jahres 10 und in den Jahren 11 und 12 anpasst.

Lösung des Problems bei Nominalkapitalerhaltung

Konsequenzen einer Veränderung der Nutzungsdauer am Beispiel der Einkommensermittlung bei Substanzerhaltung

Hier geht es darum, den abzuschreibenden Betrag zu Beginn um $12000\,GE$ zu erhöhen und nach dem Jahre 10, also ab dem Jahre 11, eine Korrektur der Nutzungsdauer vorzunehmen. Im Folgenden wird dazu die oben beschriebene Alternative 2 gewählt. Mit ihr lassen sich in den Jahren 11 und 12 jeweils richtige Werte in den Bilanzen und Einkommensrechnungen erzeugen. Die Werte ergeben sich analog zu denen des vorangehenden Abschnitts aus Abbildung 5.7, Seite 270.

Lösung des Problems bei Substanzerhaltung

Zeit-punkt	tatsächliche Buchungen			eigentlich richtige Werte			Korrektur	
	Buch-wert	Ab-/Zu-schrei-bung	Summe Abschr.	Buch-wert	Ab-/Zu-schrei-bung	Summe Abschr.	Buch-wert	Ab-/Zu-schrei-bung
0	60000		0	72000		0	12000	−12000
1	64800	7200	7200	66000	6000	6000		
2	57600	7200	14400	60000	6000	12000		
...	...	...	...	...	...	...		
9	7200	7200	64800		6000	54000		
10	0	7200	72000	12000	6000	60000		
11a	12000			12000			12000	−12000
11b	6000	6000	66000	6000	6000	66000		
12	0	6000	72000	0	6000	72000		

Abbildung 5.7: Abschreibungen und resultierende Buchwerte bei veränderter Nutzungsdauer und Substanzerhaltung (Alternative 2)

5.3.5 Probleme der Bestimmung weiterer Kosten

Arten weiterer Kosten   Über die genannten Kostenarten hinaus sind auch die übrigen Kosten zu bestimmen. Dazu zählen (1) die Kosten für Leistungen, die wir von Fremden beziehen: Fremddienste, Rechtsgüter ebenso wie die Kosten, die an den Staat wegen Gebühren, Beiträgen und Steuern zu entrichten sind. Etwas andere Eigenschaften besitzen (2) Wagniskosten. Ganz anders gehen wir schließlich (3) mit den Kosten für die Überlassung von Kapital um.

Kosten für andere von Fremden bezogene Leistungen

Grundlagen   Kosten für Leistungen, die wir über die oben bereits behandelten Leistungen hinaus von Fremden beziehen, gehen auch in eine Einkommensrechnung ein. Ob sie als Kosten den Erzeugnissen oder dem Abrechnungszeitraum zugerechnet werden, hängt von ihrer Beziehung zu Erzeugnissen ab. Die meisten dieser Kosten werden wohl nur dem Abrechnungszeitraum zugerechnet. Die Bestimmung ihrer Höhe bereitet im pagatorischen Sinne keine Probleme. Kalkulatorische Elemente lassen sich relativ einfach ermitteln.

Wagniskosten

Grundlagen   Wagniskosten sind schwieriger zu ermitteln, weil Unternehmer, insbesondere im Zusammenhang mit Kostenerstattungsverträgen, gerne immer neue Wagnisse eingehen, für die sie entschädigt werden möchten. Die

Idee besteht darin, Risiken, die Unternehmer eingehen, dem Zeitraum anzulasten, in dem sie die Risiken auf sich genommen haben, und nicht zu warten, bis sich aus dem Risiko ein Verlust abzeichnet. Infolgedessen spielen zwei Arten von Wagniskosten eine Rolle: solche, die man durch Versicherungen abdeckt, und solche, die man selbst trägt. Die versicherten Wagnisse lassen sich leicht aus dem pagatorischen sachzielbezogenen Aufwand ermitteln. Für kalkulatorische Wertansätze ist kaum Platz, schon allein deshalb, weil viele Versicherungen Wiederbeschaffungskosten abdecken. Die Kosten für die nicht versicherten Wagnisse zu ermitteln, erfordert dagegen den Einsatz des kalkulatorischen Konzepts und bereitet daher Schwierigkeiten.

Mit kalkulatorischen Kosten für Wagnisse trachtet man diejenigen Wertveränderungen zu erfassen, die auf Grund eingegangener Verpflichtungen für wahrscheinlich gehalten werden. Beispiele hierfür stellen nicht-versicherte Risiken dar, wie etwa Forderungswagnisse oder Beständewagnisse. Ein mögliches Konzept zur Erfassung dieser Wagniskosten besteht in der Verrechnung der erwarteten Vermögensgutminderungen eines Abrechnungszeitraums als Kosten. Wegen der Vielzahl erfassbarer Risiken verzichten wir auf eine Vertiefung.

Kalkulatorische Wagnisse

Überlassung von Kapital

Bei der Überlassung von Kapital ist zwischen Eigenkapital und Fremdkapital zu unterscheiden. Fremdkapital ist irgendwann vom Unternehmen zurückzuzahlen; für die Überlassung entrichtet das Unternehmen i.d.R. Zinsen. Eigenkapital wird dem Unternehmen von den Eigenkapitalgebern dauerhaft und ohne Rückzahlungs- oder Zinsverpflichtung zur Verfügung gestellt. Insofern ist die geläufige Bezeichnungen »Eigenkapitalzins« irreführend. Der genauso gängige Begriff »Eigenkapitalkosten« suggeriert auf ebenso irreführende Weise eine Kostenart, die vermeintlich zwingend Eingang in die Einkommensrechnung findet.

Kapitalarten

Die Zinsen auf das Fremdkapital sind i.d.R. leicht aus der Buchführung ermittelbar. Sie gehören zweifelsfrei zu den Kosten, die während eines Abrechnungszeitraums im Rahmen der oder über die Kosten für die Erzeugnisse hinaus in der Einkommensrechnung anzusetzen sind. Schwierigkeiten ergeben sich meist, wenn die zu entrichtenden Zinsen sich aus einem zinssatzabhängigen Betrag und einem Abgeld oder Aufgeld bei der Auszahlung des Darlehens ergeben. Man steht dann vor der Frage, dieses Abgeld oder Aufgeld in einem einzigen Abrechnungszeitraum anzusetzen oder über die Laufzeit zu verteilen.

Zinsen auf das Fremdkapital als Kosten

Für die Überlassung von Eigenkapital wird den Eigenkapitalgebern keine feste Vergütung gezahlt. Sie müssen sich mit der Wertsteigerung ihres Anteils am Unternehmensvermögen und den Zahlungen zufrieden geben, die das Unternehmen ihnen ausschüttet. Die Wertsteigerungen des Anteils

Entschädigung der Eigenkapitalgeber?

werden der Sphäre der Anteilseigner zugerechnet. Die Dividenden stellen im Unternehmen einen Eigenkapitaltransfer dar und keinen Aufwand. Bei pagatorischer Betrachtung gibt es im Unternehmen keine Kosten für die Überlassung von Eigenkapital. Bei kalkulatorischem Ansatz kann man dagegen auch für die Überlassung von Eigenkapital einen Betrag ansetzen, dessen Höhe allerdings schwierig zu bestimmen ist. In der Fachliteratur wird meist nur von kalkulatorischen Zinsen oder von Zinsen auf das eingesetzte Kapital gesprochen. Dabei wird entgegen dem rechtlichen Verständnis kein nennenswerter Unterschied zwischen Fremdkapital und Eigenkapital gemacht. Unter der Annahme einer kalkulatorischen Bewertung können wir dieser Terminologie zunächst folgen.

Ermittlung kalkulatorischer Zinsen zweckabhängig

Kalkulatorische Zinsen sollen dazu dienen, die Kosten des eingesetzten Kapitals zu messen. Je nachdem, zu welchem Zweck man eine solche Messung vornimmt, hat man unterschiedlich vorzugehen.

Kalkulatorische Fremdkapitalkosten

Ein Zweck kann darin bestehen, in Kostenzusammenstellungen anstatt der für das aufgenommene Fremdkapital tatsächlich gezahlten die aktuellen, marktüblichen Zinsen anzusetzen. Die Differenz zwischen den beiden Beträgen zeigt an, um welchen Betrag die tatsächliche Finanzierung eines Unternehmens mit Fremdkapital günstiger oder ungünstiger ist als eine Fremdkapitalfinanzierung zu marktüblichen Konditionen. Verwendet man die kalkulatorischen Fremdkapitalkosten in diesem Sinne in weiteren Rechnungen, so hat man gewissermaßen die entsprechenden Wiederbeschaffungskosten anstatt der Anschaffungskosten für die Überlassung von Fremdkapital angesetzt.

Kalkulatorische Gesamtkapitalkosten

Ein anderer Zweck kann darin bestehen, die Basis für eine Kalkulation von Mindestpreisen für Leistungen zu schaffen, in der auch das eingesetzte Eigenkapital berücksichtigt wird. Weil nicht nur Fremd-, sondern auch Eigenkapital eingesetzt wird und auch die Eigenkapitalgeber einen Ausgleich für das von ihnen zur Verfügung gestellte Kapital erwarten, bezieht man bei der Ermittlung kalkulatorischer Zinsen zu diesem Zweck das Eigenkapital in die Betrachtung mit ein. Ähnlich verhält es sich, wenn es darum geht, Kosten zwecks Erstattung im Rahmen öffentlicher Aufträge zu ermitteln. Während die Ermittlung kalkulatorischer Fremdkapitalzinsen sich relativ einfach gestaltet, bereitet die Ermittlung kalkulatorischer Zinsen auf das eingesetzte (Eigen- und Fremd-)Kapital für die beiden anderen Zwecke Schwierigkeiten. Die Ermittlung kalkulatorischer Zinsen auf das eingesetzte Kapital erfordert nicht nur genaue Angaben über die Höhe des Kapitals und die Dauer der Kapitalbindung, sondern auch konkrete Vorstellungen über die Höhe des zu verwendenden Zinssatzes.

Ermittlung des geeigneten Zinssatzes

Die Ermittlung eines geeigneten Zinssatzes bereitet Schwierigkeiten. Es klingt einfach, den marktüblichen Zins bei der Berechnung anzusetzen. Schwierig ist es aber, einen solchen Zins zu ermitteln. Für das Fremdkapital kann man zwar noch auf die tatsächlichen Zinsvereinbarungen oder auf die aktuelle Situation am Kapitalmarkt zurückgreifen. Man weiß jedoch nicht, ob das Unternehmen zu den gleichen Konditionen nochmals Fremdkapital beschaffen könnte bzw. welcher Zinssatz in der speziellen Situation eines Unternehmens der marktübliche wäre. Für das eingesetzte Eigenkapital erscheint das Problem dagegen kaum lösbar. Weil die Eigenkapitalgeber formal keinen Anspruch auf irgendwelche Zahlungen aus dem Unternehmen haben, braucht Eigenkapital formal auch keinen »Zins« zu erbringen. Eigenkapitalgeber werden aber nur dann zur Fortführung der Kapitalbereitstellung in ihr Unternehmen bereit sein, wenn sich das von ihnen eingesetzte Eigenkapital mehrt. Es gilt, als kalkulatorischen »Eigenkapitalzins« denjenigen Betrag zu schätzen, der in seiner Wirkung über die Mindestpreise abzusetzender Güter auf das Einkommen dazu führt, die Eigenkapitalgeber zufrieden zu stellen. Für Ansätze zur Lösung dieses Problems sei auf die Fachliteratur zur Finanzierungstheorie verwiesen.

Unterstellen wir wie bei öffentlichen Aufträgen auf Kostenerstattungsbasis, das durchschnittlich gebundene so genannte »betriebsnotwendige« Kapital ergäbe sich aus dem durchschnittlich gebundenen so genannten »betriebsnotwendigen« Vermögen V_n mit Zinserlösen in Höhe von Z_n und das durchschnittlich gebundene Abzugskapital lasse sich durch K_a darstellen, dann erhält man die kalkulatorischen Zinsen Z_k nach der Formel

Formelmäßige Darstellung bei Ermittlung für öffentliche Kostenerstattungsaufträge

$$Z_k = \text{Zinssatz} \cdot (V_n - K_a) - Z_n.$$

Ein anderer Vorschlag der Fachliteratur besteht darin, einen gewichteten Kapitalkostensatz (Weighted Average Cost of Capital) nach der Formel

Ermittlung eines gewichteten »Kapitalkostensatzes«

$$r_K = \frac{Eigenkapital}{Gesamtkapital} \cdot r_{EK} + \frac{Fremdkapital}{Gesamtkapital} \cdot r_{FK}$$

zu verwenden und diesen mit dem Kapitalbetrag zu multiplizieren. Zur Ermittlung der Rendite des Eigenkapitals r_{EK} wird auf das Capital Asset Pricing-Modell mit seiner risikoorientierten Zinssatzbestimmung über den so genannten Beta-Faktor zurückgegriffen. Dieses Verfahren ist jedoch äußerst problematisch, insbesondere soweit die Aktien des Unternehmens nicht am Kapitalmarkt gehandelt werden. Darüber hinaus gibt es nahezu unendlich viele Möglichkeiten der Berechnung des Beta-Faktors, die meist zu unterschiedlichen Ergebnissen führen. Wir befassen uns hier daher nicht weiter damit. Für weitere Ausführungen sei auf die entsprechende Finanzierungsliteratur verwiesen.

Ein weiterer Vorschlag zur Ermittlung kalkulatorischer Zinsen auf das eingesetzte Kapital besteht darin, das gesamte Kapital zu Grunde zu legen, soweit dieses nicht faktisch zinslos zur Verfügung steht. Mit zinslos zur Verfügung stehendem Kapital hat man es beispielsweise zu tun, wenn ein Auftraggeber eine explizit zinslose Vorauszahlung o. Ä. für die Durchführung eines Auftrages leistet. Weil das Eigenkapital die Saldogröße zwischen Vermögen und Fremdkapital darstellt, ist es nicht sinnvoll, das eingesetzte Kapital aus der

Ermittlung der geeigneten Kapitalbasis

Passivseite einer Bilanz abzulesen. Abgesehen davon, dass man keinen Anhaltspunkt über die Kapitalbindung im Zeitablauf herleiten könnte, wüsste man auch nicht, wie man beim Wunsch eines Ansatzes zu Wiederbeschaffungskosten verfahren sollte. Bei der Ermittlung des eingesetzten Kapitals geht man daher von den Vermögensgütern aus und zieht von deren Wertesumme das dem Unternehmen von Auftraggebern zinslos zur Verfügung gestellte Kapital ab, das so genannte *Abzugskapital*. Man ist dann frei, in Abhängigkeit vom Zweck der Rechnung die Vermögensgüter mit ihren Anschaffungswerten oder mit ihren Wiederbeschaffungswerten anzusetzen.

Ermittlung der geeigneten Kapitalbindung

Sich verändernde Kapitalbindungen im Laufe eines Abrechnungszeitraumes berücksichtigt man in einer groben Näherung, indem man für jedes Vermögensgut den Durchschnitt aus seinem Wert zu Beginn und zu Ende des Abrechnungszeitraumes heranzieht. Die Öffentliche Hand beschränkt die Berechnung kalkulatorischer Zinsen im Rahmen von Kostenerstattungsaufträgen zudem auf diejenigen Vermögensgüter, die in einem Unternehmen für die Durchführung des Auftrages notwendig sind (»betriebsnotwendiges« Vermögen) und keine Zinserlöse bringen. Bei Existenz von »betriebsnotwendigen« Vermögensgütern mit Zinserlösen behilft man sich damit, die Zinserlöse bei der Ermittlung der kalkulatorischen Zinsen abzuziehen. Die in der Fachliteratur üblichen Ausführungen über kalkulatorische Zinsen beziehen sich i.d.R. auf die Situation bei Kostenerstattungsaufträgen.

Problematik der Definition betriebsnotwendigen Vermögens

Ob ein Vermögensgut zum betriebsnotwendigen Vermögen zählt oder nicht, hängt davon ab, ob es für die Durchführung des (öffentlichen) Auftrages notwendig ist oder nicht bzw. ob es für das Sachziel der Auftragsdurchführung erforderlich ist oder nicht. Die Zuordnung von Vermögensgütern zu betriebsnotwendigen und zu nicht betriebsnotwendigen Vermögensgütern ist jedoch mit erheblichen Problemen verbunden, die aus der oben bereits ausführlich diskutierten Zuordnungsproblematik herrühren. So könnte man in einem produzierenden Unternehmen die Wertpapiere des Umlaufvermögens als nicht betriebsnotwendige Vermögensgüter ansehen, wenn man annimmt, sie hätten mit der Durchführung eines Fertigungsauftrages nichts zu tun. Nimmt man dagegen an, im Zuge der Auftragsdurchführung sei beispielsweise noch Material zu beschaffen, für dessen spätere Bezahlung bereits jetzt verfügbare Zahlungsmittel kurzfristig in Wertpapieren angelegt werden, so dürfte es sich bei den Wertpapieren zweifelsfrei um betriebsnotwendige Vermögensgüter handeln.

Das Vorgehen bei der Ermittlung so genannter kalkulatorischer Zinsen wird im Folgenden an einem Beispiel vertieft.

Sachverhalt eines Beispiels

In Abbildung 5.8, Seite 275, und Abbildung 5.9, Seite 275, sind zwei aufeinander folgende Bilanzen eines produzierenden Unternehmens dargestellt. Für seine Verbindlichkeiten gegenüber Kreditinstituten muss das Unternehmen jährlich 10% Zinsen zahlen. Der kalkulatorische Zinssatz betrage ebenfalls 10%. Das Unternehmen benötige alle Vermögensgüter außer dem nicht für Geschäftszwecke genutzen Grundstück und den Wertpapieren des Umlaufvermögens für die Fertigung eines Auftrags, für den kalkulatorische Zinsen zu ermitteln sind. Die Fertigung des Auftrags dauert genau einen Abrechnungszeitraum. Für Verbindlichkeiten aus Lieferungen und Leistungen sowie für erhaltene Anzahlungen werden keine Zinsen gezahlt.

Aktiva	Bilanz zum 1.1.20X1		Passiva
Grundstücke und Gebäude	150000	Grundkapital	470000
(davon nicht für Geschäftszwecke		Kapitalrücklage	120000
genutzt 50000)		Gewinnrücklage	140000
Maschinen	530000	Bilanzgewinn	35000
Roh-, Hilfs- und Betriebsstoffe	200000	Verbindlichkeiten gegenüber Kredit-	
Fertigerzeugnisse	140000	instituten	150000
Forderungen	100000	Verbindlichkeiten aus Lieferungen	
Flüssige Mittel	130000	und Leistungen	300000
Wertpapiere des Umlaufvermögens		Erhaltene Anzahlungen	85000
	50000		
Summe	1300000	Summe	1300000

Abbildung 5.8: Bilanz zum 1.1.20X1

Aktiva	Bilanz zum 31.12.20X1		Passiva
Grundstücke und Gebäude	160000	Grundkapital	470000
(davon nicht für Geschäftszwecke		Kapitalrücklage	120000
genutzt 40000)		Gewinnrücklage	155000
Maschinen	570000	Bilanzgewinn	10000
Roh-, Hilfs- und Betriebsstoffe	190000	Verbindlichkeiten gegenüber Kredit-	
Fertigerzeugnisse	120000	instituten	180000
Forderungen	120000	Verbindlichkeiten aus Lieferungen	
Flüssige Mittel	110000	und Leistungen	320000
Wertpapiere des Umlaufvermögens		Erhaltene Anzahlungen	95000
	80000		
Summe	1350000	Summe	1350000

Abbildung 5.9: Bilanz zum 31.12.20X1

Problemstellungen

Wir werden uns am vorliegenden Beispiel verdeutlichen,
- welche Bedeutung dem Abzugskapital im Rahmen der Ermittlung der kalkulatorischen Zinsen zukommt,
- welche Bedeutung der Umstand besitzt, dass man die Ermittlung kalkulatorischer Zinsen auf die Aktivseite einer Bilanz stützt,
- wie man die kalkulatorischen (Eigenkapital-)Zinsen auf Basis der vorliegenden Daten für den Abrechnungszeitraum 20X2 ermitteln kann.

Vertiefung der Ausführungen anhand des Beispiels

Grundlagen der Lösung

Idee — Man ermittelt die kalkulatorischen Zinsen für den beschriebenen Auftrag aus der Multiplikation eines kalkulatorischen Zinssatzes mit der Differenz von betriebsnotwendigem Vermögen und Abzugskapital, also mit dem so genannten betriebsnotwendigen Kapital und reduziert den Betrag um tatsächlich erhaltene Zinsen aus dem betriebsnotwendigen Vermögen. Zum betriebsnotwendigen Vermögen rechnet man all jene Vermögensgüter, die zur Durchführung des Auftrages notwendig sind. Das Abzugskapital besteht aus den Vermögensgütern, die dem Unternehmen zinslos zur Verfügung gestellt wurden.

Bedeutung des Abzugskapitals

Beschränkung auf zinsbringendes Kapital — Das betriebsnotwendige Vermögen ist um das Abzugskapital zu bereinigen, d.h. um diejenigen Beträge, die dem Unternehmen zur Durchführung des Auftrages zinslos zur Verfügung gestellt wurden. Dies führt dazu, dass die kalkulatorischen Zinsen tatsächlich nur für solches Kapital ermittelt werden, für das dem Unternehmen »Zinskosten« entstehen.

Ermittlung kalkulatorischer Zinsen auf der Basis der Mittelverwendung

Berücksichtigung des Fremdkapitals und des Eigenkapitals — Wenn man in der Vorstellung des skizzierten öffentlichen Auftrages bleibt, wird das Vorgehen bei der Ermittlung der kalkulatorischen Zinsen auf der Basis der Mittelverwendung eines Unternehmens deutlich. Bei ausschließlicher Beachtung der angefallenen Fremdkapitalzinsen würde der Einsatz lediglich eines Teiles des eingesetzten Kapitals abgegolten. Das Eigenkapital, das ebenfalls zur Auftragsdurchführung eingesetzt bzw. benötigt wird, würde in einer Kalkulation nicht berücksichtigt. An einem Ausgleich für das der Unternehmensleitung zur Verfügung gestellte Kapital haben die Eigenkapitalgeber jedoch ein berechtigtes Interesse. Unternehmensleiter werden sich bemühen, Einkommen in einer von den Eigenkapitalgebern mindestens gewünschten Höhe zu erzielen. Dabei kann ihnen der Ansatz kalkulatorischer Zinsen u. U. helfen.

Im Rahmen der Kostenerstattung bei öffentlichen Aufträgen sollen kalkulatorische Zinsen vor allem die Gleichbehandlung von Unternehmen mit unterschiedlicher Kapitalstruktur ermöglichen.

Berechnung der kalkulatorischen Zinsen

Schritt 1: Ermittlung des betriebsnotwendigen Kapitals — Kalkulatorische Zinsen sollen eine Verzinsung des durchschnittlich gebundenen betriebsnotwendigen Kapitals – gegebenenfalls korrigiert um Zinserträge aus der Anlage betriebsnotwendigen Kapitals – widerspiegeln. Für eine Ermittlung der kalkulatorischen Zinsen muss man sich demzufolge in einem ersten Schritt eine Vorstellung über das durchschnittlich gebundene betriebsnotwendige Kapital verschaffen. Im Beispiel bietet sich dazu die Möglichkeit an, Durchschnittswerte der Vermögensgüter während des Geschäftsjahres zu ermitteln. Für diese Ermittlung von Durchschnittswerten zwischen dem 1.1.20X1 und dem 31.12.20X1 seien die angegebenen Bilanzen unterstellt. Der sich im vorliegenden Abrechnungszeitraum 20X1 ergebende Durchschnittswert für jeden Posten geht in die Berechnung der kalkulatorischen Zinsen ein. Nicht zum betriebsnotwendigen Vermögen gehören laut Problemstellung das nicht geschäftlich genutzte Grundstück und die Wertpapiere des Umlaufvermögens. Die Berechnung des betriebsnotwendigen Kapitals ist Abbildung 5.10 zu entnehmen. Da keine Zinserträge aus der Anlage betriebsnotwendigen Vermögens vorhanden sind, ergeben sich die kalkulatorischen Zinsen Z_k auf das insgesamt eingesetzte Kapital bei einem kalkulatorischen Zinsatz von 10 % schließlich aus folgender Berechnung:

$$Z_k = 0{,}1 \cdot (1215000\,GE - 400000\,GE) - 0\,GE = 81500\,GE$$

	Kostenart	Wert zu Beginn	Wert am Ende	Durchschnittlicher Wert
	Betriebsgrundstück	100 000	120 000	110 000
	Nicht geschäftlich genutztes Grundstück	kein Bestandteil des betriebsnotwendigen Vermögens		
+	Maschinen	530 000	570 000	550 000
+	Roh-, Hilfs- und Betriebsstoffe	200 000	190 000	195 000
+	Fertigerzeugnisse	140 000	120 000	130 000
+	Forderungen	100 000	120 000	110 000
+	Flüssige Mittel	130 000	110 000	120 000
	Wertpapiere des Umlaufvermögens	kein Bestandteil des betriebsnotwendigen Vermögens		
=	betriebsnotwendiges Vermögen			1 215 000
−	Verbindlichkeiten aus Lieferungen und Leistungen	300 000	320 000	−310 000
−	Erhaltene Anzahlungen	85 000	95 000	−90 000
−	Abzugskapital			−400 000
=	betriebsnotwendiges Kapital			815 000

Abbildung 5.10: Ermittlung des betriebsnotwendigen Kapitals für den Abrechnungszeitraum 20X1

Will man gesondert kalkulatorische Eigenkapitalzinsen berechnen, so kann man die gerade berechneten kalkulatorischen Zinsen um die tatsächlich gezahlten Fremdkapitalzinsen des Geschäftsjahres korrigieren. Der

Schritt 2: Ermittlung des kalkulatorischen »Eigenkapitalzinses«

Betrag ist aus einer Einkommensrechnung ablesbar. Ohne Einkommensrechnung, jedoch bei Kenntnis des Fremdkapitalzinssatzes, kann man näherungsweise die auf das Geschäftsjahr entfallenden Fremdkapitalzinsen aus Bilanzen schätzen, wenn sie nicht angegeben werden. Bei der Berechnung des durchschnittlich vorhandenen verzinslichen Fremdkapitals bedienen wir uns aus Vereinfachungsgründen wiederum einer einfachen Mittelwertberechnung. Somit sind Fremdkapitalzinsen auf den ungewichteten Mittelwert aus dem Fremdkapitalbestand am 1.1.20X1 in Höhe von 150 000 GE und dem Fremdkapitalbestand am 31.12.20X1 in Höhe von 180 000 GE zu entrichten. Dieser Mittelwert beläuft sich auf 165 000 GE. Bei einem vorgegebenen Zinssatz für die Verbindlichkeiten gegenüber Kreditinstituten in Höhe von 10 % ergibt sich die Berechnung, wie in Abbildung 5.11 dargestellt. In unserem Beispiel entsprachen sich Fremdkapitalzinsen und die Rendite auf das Eigenkapital. Typischerweise liegt die Rendite auf das Eigenkapital wegen des eingegangenen unternehmerischen Risikos über den Fremdkapitalzinsen.

Abbildung 5.11: Berechnung der kalkulatorischen »Eigenkapitalzinsen«

kalkulatorische »Zinsen« auf das insgesamt eingesetzte Kapital	81 500
− gezahlte Fremdkapitalzinsen: (0,1 * 165 000)	16 500
= kalkulatorische »Eigenkapitalzinsen«	65 000

5.4 Erfassungsprobleme

Erfassung unterschiedlich schwierig für pagatorische und kalkulatorische Kosten

Die Erfassung der Erlöse und Kosten nach Arten bereitet i.d.R. kaum Schwierigkeiten, wenn die Gliederung der Erfassungsschemata entsprechend einfach ist und man sich am pagatorischen Konzept orientiert. Sie wird komplizierter, wenn man kalkulatorische Größen anstrebt.

Erfassung pagatorischer Kosten bei einfachem Erfassungsschema

Bei einem einfachen Erfassungsschema bereitet die pagatorische Erfassung kaum Schwierigkeiten, wenn man die Erlös- und Kostendaten, die man getrennt auswerten möchte, auch getrennt voneinander beobachten kann. Die üblichen Gliederungsvorschläge für Konten im Rahmen von Buchführungssystemen sind meist so entworfen, dass man über die oben geschilderten Abgrenzungs- und Definitionsprobleme hinaus keine Erfassungsprobleme hat. Man erfasst die Daten in der Buchführung als Materialaufwand, als Personalaufwand, als Abschreibungsaufwand und als sonstiger Aufwand. Die Umrechnung in Kosten erfolgt durch Abzug der nicht-sachzielbezogenen Aufwandsteile.

Erfassung kalkulatorischer Kosten bei einfachem Erfassungsschema

Probleme entstehen selbst bei einem einfachen Erfassungsschema, wenn man vom pagatorischen Konzept zum kalkulatorischen Konzept wechselt. Die Erfassung der daraus folgenden Erlöse und Kosten bereitet erhebliche Schwierigkeiten, weil benötigte Daten nicht beobachtbar sind. Möglich erscheint eine Bestimmung erst dann, wenn man gewisse Verhaltensweisen der Ersteller für die Zukunft unterstellt. Ob die aber dann zutreffen, bleibt unklar. Wir haben in unseren oben genannten Beispielen immer unterstellt, man führe den Betrieb in Zukunft so, wie man es in der Vergangenheit getan hat. Unsere kalkulatorischen Wertansätze beruhen beispielsweise darauf, dass jemand, der heute ein Erzeugnis fertigt, dies auch in Zukunft tut. Die Lösung sähe ganz anders aus, wenn man unterstellt, in Zukunft mache er etwas ganz anderes, z. B. gar nichts.

5.5 Zusammenfassung

Die Artenrechnung legt hauptsächlich Höhe und Gliederung der zu erfassenden Erlöse und Kosten fest. Eine Rechnung, die allein nach Arten erfolgt und nicht um eine Träger- oder Stellenrechnung ergänzt wird, ist eine sehr seltene Form der Kalkulation. Wir haben beschrieben, dass sie sich kaum zur detaillierten Einkommensermittlung für einzelne Einheiten eignet, weil die Erlös- und Kostenarten in den seltensten Fällen zueinander passend ermittelt werden. Bei zeitraumbezogener Kalkulation können immerhin Vergleiche der Erlöse mit den Kosten analysiert werden.

Es wurde gezeigt, dass die Bestimmung der Erlöse und Kosten relativ einfach ist, solange man dem pagatorischen Konzept folgt. Sie wird kompliziert und – wenn überhaupt – nur schwer lösbar, wenn man das kalkulatorische Konzept verfolgt. Für einige Erlös- und Kostenarten lassen sich kalkulatorische Größen bilden und aus Daten der Realität herleiten. Für die Erlös- und Kostenarten jedoch, welche die Rolle der Eigenkapitalgeber berühren, ergeben sich gewichtige Probleme mit dem klassischen Einkommensermittlungskonzept. Die Grenze zwischen Einkommen und Eigenkapitaltransfers wird zunehmend unklar. In diesem Zusammenhang haben wir besonders auf die Probleme im Zusammenhang mit kalkulatorischen Abschreibungen und kalkulatorischen »Eigenkapitalkosten« hingewiesen.

5.6 Übungsmaterial

5.6.1 Zusammenfassung des Kapitels mit Fragen und Antworten

Fragen	Antworten
Was versteht man unter Artenrechnungen?	Rechnungen, die Erlöse bzw. Kosten getrennt nach einzelnen Arten von Produktions- und Absatzfaktoren ermitteln. Man verwendet dann die Begriffe »Erlösartenrechnung« und »Kostenartenrechnung«.
Zu welchen Zwecken kann man eine Artenrechnung erstellen?	Zu den Zwecken der Unternehmenssteuerung und der Unterstützung von Kostenträger- und Kostenstellenrechnungen
Welche Arten kalkulatorischer Kosten werden regelmäßig in der Literatur unterschieden?	Es werden unterschieden: Kalkulatorische Abschreibungen, kalkulatorische Zinsen, kalkulatorische Wagnisse und kalkulatorischer Unternehmerlohn.
Welchen Wertansatz für Vermögensgüter verwendet man bei »Nominalkapitalerhaltung« als Konzept zur Unternehmenserhaltung?	Man wählt einen Wertansatz auf Basis der Anschaffungs- bzw. Herstellungskosten.
Welchen Wertansatz für Vermögensgüter verwendet man bei »Substanzerhaltung« als Konzept zur Unternehmenserhaltung?	Man wählt einen Wertansatz auf Basis der Wiederbeschaffungskosten.
Welche Unternehmenserhaltungskonzeption verfolgen das deutsche Handelsrecht und die IFRS?	Das deutsche HGB und die IFRS verfolgen die Unternehmenserhaltungskonzeption der Nominalkapitalerhaltung.
Wie setzt sich das betriebsnotwendige Kapital zusammen?	Das betriebsnotwendige Kapital setzt sich aus dem betriebsnotwendigen Vermögen abzüglich des Abzugskapitals zusammen.
Wie berechnet man kalkulatorische Zinsen?	Berechnung durch die Multiplikation eines kalkulatorischen Zinssatzes mit dem betriebsnotwendigen Kapital. Von diesem Ergebnis sind die Zinserlöse aus der Anlage betriebsnotwendigen Vermögens zu subtrahieren.
Was versteht man unter dem Abzugskapital?	Abzugskapital ist Kapital, das dem Unternehmen zinslos zur Verfügung steht.

5.6.2 Verständniskontrolle

1. Wovon hängt der Aufbau einer Artenrechnung im Wesentlichen ab?
2. Wie sollte eine Kostenartenrechnung prinzipiell aufgebaut sein?
3. Wie werden Artenrechnungen in der Praxis erstellt?
4. Was versteht man unter den Unternehmenserhaltungskonzeptionen »Nominalkapitalerhaltung« und »Substanzerhaltung«? Welchen Einfluss haben diese auf die Einkommenshöhe?
5. Was bezweckt man generell mit dem Ansatz kalkulatorischer Kosten in einem internen Rechnungswesen?
6. Welchem Zweck dienen kalkulatorische Abschreibungen in einer Kostenartenrechnung?
7. Wie lassen sich Anderskosten von Zusatzkosten abgrenzen? Nennen Sie Beispiele für jede der beiden Arten von Kosten!
8. Wie kann man in einem internen Rechnungswesen bekannt gewordenen Fehlern bei der Schätzung z.B. der Nutzungsdauer oder des Wertansatzes von abnutzbaren Vermögensgütern begegnen?
9. Welche Schwierigkeiten ergeben sich bei der Ermittlung kalkulatorischer Zinsen?
10. Welchen Effekt hat die Orientierung an der Mittelverwendung im Rahmen der Ermittlung kalkulatorischer Zinsen?

5.6.3 Aufgaben zum Selbststudium

Lernziel der Aufgaben

Die nachfolgenden Aufgaben dienen der vertieften Auseinandersetzung mit Artenrechnungen. Sie sollen insbesondere vermitteln, welche Rolle den kalkulatorischen Kosten zukommen kann.

Kalkulatorische Abschreibungen, Bewertungsproblematik — **Aufgabe 5.1**

Sachverhalt

Eine Weinkellerei benötigt für die Abfüllung von Flaschen eine spezielle Abfüllanlage, deren Anschaffungskosten am 1.1.20X1 210000 *GE* betragen. Die Nutzungsdauer der Abfüllanlage wird mit 3 Jahren bzw. 400 Millionen Flaschen angesetzt. In den ersten zwei Jahren werden jeweils 150 Mio. Flaschen, im dritten Jahr 100 Mio. Flaschen abgefüllt.

Teilaufgaben

1. Welchen jährlichen Abschreibungsbetrag (Geben Sie die Abschreibungsbeträge aller Abrechnungszeiträume an!) setzen Sie in der Kalkulation an, wenn Sie die Maschine zeitorientiert abschreiben und dabei den Anschaffungswert zugrunde legen?

2. Nehmen Sie an, der Wiederbeschaffungswert der Maschine werde bereits im Zeitpunkt der Anschaffung auf $240\,000\,GE$ geschätzt. Welchen jährlichen Abschreibungsbetrag (Geben Sie die Abschreibungsbeträge aller Abrechnungszeiträume an!) setzen Sie in der Kalkulation an, wenn Sie die Maschine zeitorientiert abschreiben und dabei den Wiederbeschaffungswert zugrunde legen? Wie behandeln Sie die Wertsteigerung, die aus dem im Vergleich zum Anschaffungswert höheren Wiederbeschaffungswert resultiert?

3. Nehmen Sie an, der Wiederbeschaffungswert der Maschine werde bereits im Zeitpunkt der Anschaffung auf $240\,000\,GE$ geschätzt. Welchen jährlichen Abschreibungsbetrag (Geben Sie die Abschreibungsbeträge aller Abrechnungszeiträume an!) setzen Sie in der Kalkulation an, wenn Sie die Maschine nutzungsorientiert abschreiben und die Substanz des Unternehmens erhalten bleiben soll? Wie behandeln Sie die Wertsteigerung, die aus dem im Vergleich zum Anschaffungswert höheren Wiederbeschaffungswert resultiert?

4. Welchen jährlichen Abschreibungsbetrag (Geben Sie die Abschreibungsbeträge aller Abrechnungszeiträume an!) setzen Sie in der Kalkulation an, wenn Sie unter der Maßgabe der Substanzerhaltung eine zeitorientierte Abschreibung gewählt haben und erst im dritten Jahr feststellen, dass der Wiederbeschaffungswert der Abfüllanlage auf $240\,000\,GE$ gestiegen ist und die Nutzungsdauer sich auf 4 Jahre erhöht hat? Wie behandeln Sie die Wertsteigerung, die aus dem im Vergleich zum Anschaffungswert höheren Wiederbeschaffungswert resultiert?

5. Welche Zielsetzung verfolgt der Kostenrechner mit dem Ansatz kalkulatorischer Abschreibungen? Grenzen Sie bei Ihrer Antwort auch kalkulatorische Abschreibungen von bilanziellen Abschreibungen ab!

Lösung der Teilaufgaben

1. Der jährliche Abschreibungsbetrag bei Bewertung zu Anschaffungsausgaben und zeitorientierter Abschreibung ergibt sich für jedes Jahr der Nutzung zu $70\,000\,GE$.

2. Der jährliche Abschreibungsbetrag bei Bewertung zu Wiederbeschaffungsausgaben und zeitorientierter Abschreibung ergibt sich für jedes Jahr zu $80\,000\,GE$. Im Anschaffungszeitpunkt ist ein Ertrag in Höhe der Wertsteigerung zu verbuchen.

3. Der jährliche Abschreibungsbetrag bei Bewertung zu Wiederbeschaffungsausgaben und nutzungsorientierter Abschreibung ergibt sich für die ersten beiden Jahre zu $90\,000\,GE$ und für das dritte Jahr zu $60\,000\,GE$. Im Anschaffungszeitpunkt ist ein Ertrag in Höhe der Wertsteigerung zu verbuchen.

4. Die jährlichen Ab-/Zuschreibungsbeträge ergeben sich wie folgt:

Jahr	20X1	20X2	20X3	20X4
Abschreibung	70000	70000	60000	60000
Zuschreibung			50000	

5. Die Lösung der Teilaufgabe ergibt sich aus den entsprechenden Stellen des Lehrtextes.

Kalkulatorische Abschreibungen, Bewertungsproblematik   **Aufgabe 5.2**

Sachverhalt

Ein Unternehmen kauft am 1.1.20X1 eine neue Maschine für $120\,000\,GE$ auf Ziel. Für die Maschine wird eine Nutzungsdauer von vier Jahren angenommen, während derer die Maschine linear abgeschrieben werden soll.

Im Jahr 20X3 wird bekannt, dass dem Unternehmen hinsichtlich der Nutzungsdauer der Maschine in der Vergangenheit Schätzfehler unterlaufen sind. Die Nutzungsdauer beträgt nach neuen Erkenntnissen sechs Jahre. Während der Nutzungszeit der Maschine wird ebenfalls erkannt, dass der Wiederbeschaffungswert einer gleichwertigen neuen Maschine im Vergleich zum historischen Anschaffungswert gestiegen ist.

Teilaufgaben

1. Nehmen Sie an, das Unternehmen verfolge die Unternehmenserhaltungskonzeption der »Nominalkapitalerhaltung« und wolle Schätzfehler im Zeitpunkt des Erkennens aus dem Rechnungswesen beseitigen! Bestimmen Sie den Buchwert am Ende des dritten Jahres und die jährlichen Abschreibungsbeträge der Maschine während deren Nutzungsdauer!

2. Nehmen Sie nun an, das Unternehmen verfolge die Unternehmenserhaltungskonzeption der »Substanzerhaltung« und wolle Schätzfehler im Zeitpunkt der Erkenntnis aus dem Rechnungswesen beseitigen! Bestimmen Sie den Buchwert am Ende des dritten Jahres und die jährlichen Abschreibungsbeträge der Maschine während deren Nutzungsdauer! Nehmen Sie dazu an, der Wiederbeschaffungswert einer gleichwertigen neuen Maschine betrage bereits im Zeitpunkt der Anschaffung der Maschine $150\,000\,GE$.

3. Nehmen Sie nun an, das Unternehmen verfolge die Unternehmenserhaltungskonzeption der »Substanzerhaltung« und wolle Schätzfehler im Zeitpunkt der Erkenntnis aus dem Rechnungswesen beseitigen! Bestimmen Sie den Buchwert am Ende des dritten Jahres und die jährlichen Abschreibungsbeträge der Maschine während deren Nutzungsdauer! Nehmen Sie dazu an, dass das Unternehmen erst im Jahr 20X3 erkennt, dass der Wiederbeschaffungswert einer gleichwertigen neuen Maschine 150 000 GE beträgt.

Lösung der Teilaufgaben

1. Der Buchwert am Ende des Jahres 20X3 beträgt 60 000 GE. Die jährlichen Ab-/Zuschreibungsbeträge ergeben sich wie folgt:

Jahr	20X1	20X2	20X3	20X4	20X5	20X6
Abschreibung	30 000	30 000	20 000	20 000	20 000	20 000
Zuschreibung			20 000			

2. Der Buchwert am Ende des Jahres 20X3 beträgt 75 000 GE. Die jährlichen Ab-/Zuschreibungsbeträge ergeben sich wie folgt:

Jahr	20X1	20X2	20X3	20X4	20X5	20X6
Abschreibung	37 500	37 500	25 000	25 000	25 000	25 000
Zuschreibung	30 000		25 000			

3. Der Buchwert am Ende des Jahres 20X3 beträgt 75 000 GE. Die jährlichen Ab-/Zuschreibungsbeträge ergeben sich wie folgt:

Jahr	20X1	20X2	20X3	20X4	20X5	20X6
Abschreibung	30 000	30 000	25 000	25 000	25 000	25 000
Zuschreibung			40 000			

Aufgabe 5.3 Kalkulatorische Zinsen

Sachverhalt

Aus der Eröffnungsbilanz und der Schlussbilanz des Abrechnungszeitraumes 20X1 eines Unternehmens wurden für Zwecke der Kostenrechnung die Daten der Abbildung 5.12, Seite 285, (Angaben in GE) entnommen:

Es wird davon ausgegangen, dass die Grundstücke keinem Wertverzehr unterliegen, wohingegen die Gebäude abnutzbar sind. Der kalkulatorische Zinsfuß beträgt 8 %. Für das durchschnittlich vorhandene Bankguthaben werden 1 % Zinsen gewährt. Desweiteren werden für die sonstigen Verbindlichkeiten 7 % Zinsen im Jahr gezahlt.

Abbildung 5.12:
Anfangs- und Endbestände der Vermögens- und Schuldenposten

Buchwerte	1.1.20X1	31.12.20X1
Grundstücke	100000	200000
Gebäude	220000	200000
Maschinen	250000	200000
Betriebs- und Geschäftsausstattung	80000	60000
Verbindlichkeiten aus Lieferungen	95000	125000
Sonstige Verbindlichkeiten	40000	60000
Roh-, Hilfs- und Betriebsstoffe	70000	80000
Forderungen	30000	20000
Erhaltene Anzahlungen	50000	10000
Bank	100000	70000

Teilaufgaben

1. Berechnen Sie das betriebsnotwendige Vermögen, wie es etwa zur Kalkulation eines Öffentlichen Auftrages notwendig wäre, und erläutern Sie kurz, weshalb Sie die entsprechenden Größen einbezogen haben!

2. Berechnen Sie die kalkulatorischen Zinsen, die der Kostenrechner für das Jahr 20X1 ansetzen würde! Begründen und bewerten Sie die Behandlung kalkulatorischer Zinsen als Kosten anstatt als Gewinnbestandteil!

Lösung der Teilaufgaben

1. Für das betriebsnotwendige Vermögen errechnet sich ein Wert von 840000 GE.

2. Die kalkulatorischen Zinsen für das Jahr 20X1 berechnen sich zu 55150 GE. Die kalkulatorischen Eigenkapitalzinsen betragen 51650 GE.

Kalkulatorische Zinsen — Aufgabe 5.4

Sachverhalt

Die in Abbildung 5.13, Seite 286, dargestellte Anfangsbilanz eines Unternehmens sei bekannt. Das Unternehmen nimmt jährlich auf die bebauten Grundstücke kalkulatorische Abschreibungen in Höhe von 5% des Buchwertes vor, auf abnutzbares Anlagevermögen 10% des Buchwertes. Zu den bebauten Grundstücken gehört am 1.1.20X1 ein bebautes Grundstück im Wert von 300000 GE, das der Unternehmer für private Zwecke nutzt. Auf den Bestand an Fertigerzeugnissen sind während des Jahres 20X1 außerplanmäßige Abschreibungen in Höhe von 55 000 GE vorgenommen worden. Die Verbindlichkeiten aus Lieferungen und Leistungen reduzierten sich während des Jahres 20X1 um 40 000 GE. Alle anderen Bilanzpositionen weisen zum 31.12.20X1 betragsmäßig keine Unterschiede zur Bilanz vom 1.1.20X1 auf.

Aktiva		Bilanz zum 1.1.20X1	Passiva
Bebaute Grundstücke	800 000	Gezeichnetes Kapital	900 000
Maschinen	600 000	Kapitalrücklagen	1 400 000
Fuhrpark	200 000	Gewinnrücklagen	260 000
Roh-, Hilfs- und Betriebsstoffe	100 000	Verbindlichkeiten aus Lieferungen	
Fertigerzeugnisse	1 200 000	und Leistungen	740 000
Zahlungsmittel	500 000	Verbindlichkeiten gegenüber Kredit-	
Wertpapiere des Umlaufvermögens	250 000	instituten	130 000
		Erhaltene Anzahlungen	220 000
Summe	3 650 000	Summe	3 650 000

Abbildung 5.13: Bilanz zum 1.1.20X1

Auf die bei der Bank durchschnittlich angelegten Zahlungsmittel erhält das Unternehmen am Ende des Jahres 20X1 Guthabenzinsen in Höhe von 2 %. Für die Verbindlichkeiten gegenüber Kreditinstituten muss das Unternehmen jährlich im Durchschnitt 6 % Zinsen zahlen. Der kalkulatorische Zinssatz beträgt 9 %. Alle Vermögensgüter außer dem privat genutzten Grundstück und der Wertpapiere des Umlaufvermögens sind zur Herstellung und zum Absatz von Erzeugnissen notwendig.

Teilaufgaben

1. Berechnen Sie auf nachvollziehbare Weise das zur Herstellung und zum Absatz von Erzeugnissen durchschnittlich gebundene »betriebsnotwendige« Kapital des Unternehmens!

2. Ermitteln Sie auf Basis der Ergebnisse der ersten Teilaufgabe die kalkulatorischen Eigenkapitalzinsen des Unternehmens für das Jahr 20X1!

Lösung der Teilaufgaben

1. Das durchschnittlich gebundene betriebsnotwendige Kapital beläuft sich auf 2 080 000 GE.

2. Die kalkulatorischen Eigenkapitalzinsen belaufen sich im Jahr 20X1 auf 169 400 GE.

Kapitel 6

Gemeinsame und entscheidungsorientierte Betrachtung der dargestellten Kalkulationstypen

Lernziele

Sie sollen in diesem Kapitel lernen, dass

- man die drei Kalkulationsbereiche der Arten-, Stellen- und Trägerrechnung normalerweise zusammenführt zu einem integrierten System von Kalkulationsobjekten, deren oberstes Ziel in einer absatzorientierten Kalkulation besteht,
- im Rahmen dieses Systems die Artenrechnung der Erfassung der Daten dient, die dann im Rahmen einer Kostenträgerrechnung, eventuell ergänzt um eine Stellenrechnung, zu den Erlösen und Kosten einer Einheit eines Kalkulationsobjektes weiterverrechnet werden,
- dieses System gleichzeitig dazu benutzt werden kann, die Erlöse und Kosten zu ermitteln, die im Rahmen eines Abrechnungszeitraums angefallen sind,
- es viele konzeptionell unterschiedliche Varianten gibt, zeitraumbezogene Einkommensrechnungen aufzustellen,
- der Aussagegehalt einer Rechnung wesentlich von den Eigenschaften der Daten abhängt, die in die Rechnung eingehen,
- die Wahl des Zurechnungsprinzips eine für die Ausgestaltung einer Erlös- und Kostenrechnung kritische Festlegung seitens des Erstellers bedeutet und
- die Verwendung von Daten der Erlös- und Kostenrechnung zu Entscheidungszwecken besondere Sorgfalt erfordert.

Überblick

Die in den vorangehenden Kapiteln dargestellten unterschiedlichen Kalkulationsverfahren werden i.d.R. kombiniert verwendet. Man entwirft eine Artenrechnung, deren Erlös- und Kostenarten man eventuell für eine Stellenrechnung und in jedem Fall für die Kostenträgerrechnung verwenden kann. Das impliziert wiederum, dass man zunächst festlegt, welchen Typ von Zurechnungsprinzip man verwenden möchte, und anschließend, welches Kalkulationsverfahren geeignet erscheint. Daraus ergibt sich dann, ob man eine Stellenrechnung benötigt und wie die Rechnung für die Erlös- und Kostenartenrechnung genau auszusehen hat.

Ähnlich sieht es mit zeitraumbezogenen Einkommensrechnungen aus. Hat man sich auf das Zurechnungsprinzip und das Kalkulationsverfahren festgelegt, so kann man daraus unterschiedliche Einkommensrechnungen entwickeln. Der Unterschied zwischen verschiedenen Rechnungen liegt nicht im grundsätzlichen Aufbau, sondern in den Untergliederungen der Erlöse und Kosten des Zeitraums.

Der Ersteller einer Erlös- und Kostenrechnung hat eine Reihe von Festlegungen vorzunehmen, bevor er seine Rechnung durchführen kann. Die Festlegungen sind nicht leicht zu treffen, weil die einzelnen Varianten der Rechnungen sich durch unterschiedlichen Aussagegehalt auszeichnen. Wir diskutieren die Varianten anhand ihrer Eignung für Entscheidungen der Geschäftsleitung, bei denen die Kapazitäten als unverändert und teilweise beschränkt anzusehen sind.

6.1 Inhaltliche und begriffliche Grundlagen

Rückblick

Wir haben uns bisher mit drei Typen von Kalkulationen vertraut gemacht, mit der Ermittlung der Erlöse und Kosten von Trägern, von Stellen und von Arten. Dabei haben wir mögliche Zusammenhänge zwischen den drei Typen weit gehend vernachlässigt. Im Zusammenhang mit Kostenträgern haben wir nur angemerkt, dass man für die Erfassung von Erlösen und Kosten innerhalb einiger Kalkulationsformen etwas über die Stellenrechnung und die Artenrechnung wissen muss. Bei der Betrachtung stellenabhängiger Kalkulationen wurde nur darauf hingewiesen, dass man die Stellenrechnung gerne auf Gemeinerlöse und Gemeinkosten von Erzeugnissen beschränkt. Bei Artenrechnungen haben wir schließlich fast gar keine Beziehung zu den anderen Typen beschrieben.

Vorgehen in der Fachliteratur

Tatsächlich beschreibt die Fachliteratur die drei Typen von Rechnungen im Vergleich zum hier gewählten Verfahren in umgekehrter Reihenfolge. Sie geht dabei zunächst so vor, als ob die Rechnungen nichts miteinander zu tun hätten. Zudem wird die Artenrechnung auf Erfassungsprobleme beschränkt. Bei einem solchen Vorgehen beschreibt man die Kostenträgerrechnung als letzten Kalkulationstyp. Mehr oder weniger zwischen den Zeilen ergibt sich dann, dass man die bereits beschriebene Stellenrechnung und die Artenrechnung auch so hätte gestalten können, dass die Kostenträgerrechnung davon profitiert.

Vorgehen im vorliegenden Buch

Wir haben hier einen anderen Weg gewählt. In den vorherigen Kapiteln haben wir die Rechnungen unabhängig voneinander dargestellt. Im vorliegenden Kapitel beschreiben wir sie im Zusammenhang mit einer absatzorientierten Kalkulation, der die Stellenrechnung und die Artenrechnung untergeordnet sind. Bei der Darstellung können wir weit gehend auf Begriffe und Vorgehensweisen zurückgreifen, die oben bereits beschrieben wurden. In dieser Hinsicht haben wir nur wenige inhaltliche und begriffliche Grundlagen darzustellen. Relevant im vorliegenden Kapitel ist allerdings der Gedanke, sich zunächst auf ein Verfahren der Kostenträgerrechnung und auf ein Zurechnungsprinzip festzulegen, dann bei Bedarf die Kostenstellenrechnung so zu gestalten, dass sie zu der gewählten Kostenträgerrechnung passt, und schließlich eine Kostenartenrechnung zu entwerfen, welche die Daten liefert, die eventuell von der Stellen- und auf jeden Fall von der Trägerrechnung benötigt werden.

Darstellung für unterschiedliche Kalkulationsobjekte

Wie in den vorangehenden Kapiteln beschreiben wir auch hier jeweils die Konsequenzen für eine einzige Einheit eines absatzorientierten Kalkulationsobjekts ebenso wie für das während eines Abrechnungszeitraums erzielte Einkommen. Bei diesen Zeitraumrechnungen legen wir Wert auf die Darstellung unterschiedlicher Konzepte, die sich je nach Zurechnungsprinzip und Kostenträgerrechnung aus den Daten ergeben können. Besondere Bedeutung kommt dabei wiederum den unterschiedlichen Zurechnungsprinzipien zu.

Beispiele für Zusammenhänge bei einzelnen Kostenträgern

Bei Verwendung einer Zuschlagskalkulation nach einem Finalprinzip ist es beispielsweise möglich, aber nicht erforderlich, die Einzelkosten der Kostenträger von deren Gemeinkosten zu unterscheiden. Verwendet man für die Kalkulation von Erzeugnissen und Dienstleistungen das Marginalprinzip, so hat man diese Tatsache bei der Erlös- und Kostenerfassung zu berücksichtigen. In unserem Zusammenhang ist dann relevant, dass den abzusetzenden Gütern nur deren direkt messbare Kosten zugerechnet werden; alle anderen Kosten erscheinen in demjenigen Abrechnungszeitraum in der Einkommensrechnung, in dem sie anfallen. Diese anderen, meist beschäftigungsfixen Kosten sind zudem so untergliedert zu erfassen, wie man sie für Einkommensrechnungen oder Kostenstellenrechnungen benötigt. Bei Verwendung eines Finalprinzips und einer Kostenstellenrechnung lediglich für die Verteilung der beschäftigungsfixen Kosten auf die Erzeugnisse erfasst man diese beschäftigungsfixen Kosten von Erzeugnissen am besten sofort als variable Kosten der Kostenstellen. Mit einem anderen Beispiel hat man es zu tun, wenn man eine mehrfache oder mehrstufige Divisionskalkulation anstrebt. Die Kosten erfasst man dann sinnvollerweise getrennt für die einzelnen Arten von Kostenträgern und Kalkulationsstufen.

Beispiele für Zusammenhänge bei Einkommensrechnungen des Abrechnungszeitraums

Bei der Zusammenfassung der jeweils auf eine einzige Kostenträgereinheit bezogenen Daten zu denjenigen, die im Abrechnungszeitraum angefallen sind, ergeben sich ebenfalls viele Varianten, deren Aufbau im Wesentlichen wiederum von der Wahl des Zurechnungsprinzips abhängt. Unterscheidet man beispielsweise bei den Kostenträgern nicht zwischen deren Einzel- und Gemeinkosten, so ist es auch nicht sehr sinnvoll, eine solche Unterscheidung in der Einkommensrechnung des Abrechnungszeitraums vorzusehen.

Aussagegehalt

Schließlich stellen wir die Eigenschaften von Rechnungen mit einem Finalprinzip und mit einem Marginalprinzip gegenüber. Es zeigt sich, dass Rechnungen auf Basis eines Finalprinzips große Anschaulichkeit besitzen, dass sie aber in Bezug auf Entscheidungen wesentlich von Rechnungen auf Basis eines Marginalprinzips abweichen. Rechnungen, die auf einem Marginalprinzip aufbauen, liefern im Gegensatz zu Rechnungen, denen ein Finalprinzip zu Grunde liegt, die richtige Grundlage für Entscheidungen unter der Annahme gegebener Kapazitäten.

6.2 Rechnungen für einzelne Trägereinheiten

Hohe Anforderungen an die Bildung von Arten

Die Durchführung von Kostenträgerrechnungen erfordert es, die Erlöse und die Kosten jeweils in derjenigen Untergliederung zu erfassen, die das jeweilige Kalkulationsverfahren erfordert. Sieht beispielsweise das Kostenkalkulationsverfahren vor, dass ein Teil der Kosten zunächst Stellen und dann erst

Kostenträgern zugerechnet wird, so sind die Kosten der einzelnen Kostenstellen gesondert zu erfassen. Artenrechnungen, die beispielsweise auf Produktionsfaktoren oder auf Beschaffungskanäle abstellen, haben dann zusätzlich zur Untergliederung nach Arten die Untergliederung nach den Anforderungen der Träger- und Stellenrechnung zu ermöglichen. Wir legen den Schwerpunkt der folgenden Ausführungen auf die Kosten, obwohl ähnliche Überlegungen auch für die Erlöse möglich wären.

6.2.1 Artenrechnung als Teil der Trägerrechnung

Im Idealfall wird man die Erlöse und die Kosten so nach Arten untergliedern, dass zwei Probleme gelöst werden. Erstens sind so viele Erlösarten und Kostenarten zu bilden, dass sich kein Ermessen bei der Zurechnung eines Postens zu einer Art ergibt. Im Zweifel ist eine neue Art festzulegen und die Gliederung der Erlöse und Kosten so auszubauen, dass kein Zurechnungsermessen mehr vorliegt. Zweitens sind für alle möglicherweise in Frage kommenden Kalkulationsverfahren (inklusive Zurechnungsvarianten) und Stellen die jeweils benötigten Erlöse und Kosten zu erfassen. Riebel *(Riebel, Paul, Das Rechnen mit Einzelkosten und Deckungsbeiträgen, in: Zeitschrift für handelswissenschaftliche Forschung 1959, S. 213-238)* bezeichnet eine derartig aufgebaute Rechnung als Grundrechnung. Die auf einer solchen Artenrechnung aufbauenden Rechnungen nennt er Auswertungsrechnungen. In der Praxis wird man dagegen eher Artenrechnungen vorfinden, die nur genau auf die Anforderungen des tatsächlich angewandten Kalkulationsverfahrens und der tatsächlich gebildeten Stellen ausgerichtet sind. Ein Verfahren, bei dem man die Rechnungstypen derart integriert aufbaut, bezeichnen wir als eine in die anderen Rechnungen integrierte Artenrechnung.

Anforderungen an eine Kostenartenrechnung

6.2.2 Trägerrechnung mit Stellenrechnung

Eine integrierte Arten-, Stellen- und Trägerrechnung kann gleichzeitig zur Dokumentation des Werteflusses in einem Unternehmen herangezogen werden. Von der Beschaffung bis zum Absatz werden dann während eines Abrechnungszeitraums zunächst üblicherweise (1) die eingesetzten Produktionsfaktoren, (2) die in einzelnen Unternehmensteilen durchgeführten Produktionsprozesse sowie (3) die gefertigten Leistungen jeweils als Kalkulationsobjekte angesehen. Durch gedanklichen Verbund mehrerer solcher Kalkulationsobjekte und durch Abstimmung der Erfassungsvorgänge auf die Bedürfnisse der Zurechnungsvorgänge gelingt es, eine Rechnung zur Ermittlung der Kosten je Leistungseinheit aufzubauen, aus der man auch leicht eine zeitraumbezogene Einkommensrechnung erstellen kann.

Integrierte Artenrechnungen

Vorgehen bei Massenfertigung

Im Falle der Massenfertigung (process costing) bietet sich eine Divisionsrechnung mit derjenigen Präzisierung an, die durch das Fertigungsprogramm vorgegeben ist. Man ermittelt zunächst die Kosten der gesamten Ausbringungsmenge – auf Basis eines Marginal- oder eines Finalprinzips – und berechnet daraus anschließend die durchschnittlichen Kosten je Leistungseinheit. Die Kosten der Ausbringungsmenge gestalten sich meist als eine Funktion der Kosten der Einsatzgüter zuzüglich der Kosten der eingesetzten Prozesse. Soweit alle Erzeugnisse gleich sind, genügt es, die Erzeugnismenge, die Kosten der Einsatzgüter sowie die Kosten der eingesetzten Prozesse während des Abrechnungszeitraums zu kennen, um die durchschnittlichen Kosten einer Erzeugniseinheit sinnvoll ermitteln zu können. Der Kostenartenrechnung kommt es zu, die Kosten des Abrechnungszeitraums in genau derjenigen Untergliederung zu erfassen, die auf Grund des Zurechnungsprinzips für die weiteren Rechnungen benötigt wird.

Vorgehen bei Einzelfertigung

Im Falle der Einzelfertigung ermittelt man die Kosten einer Leistungseinheit üblicherweise aus den für diese Leistungseinheit direkt messbaren Beträgen. Bei Verwendung eines Finalprinzips kommen noch anteilige Kosten des gesamten Fertigungsprozesses hinzu. Die Ermittlung der Anteile richtet sich dabei i. A. nach der Inanspruchnahme der Prozesse durch die Leistungseinheiten. Man kommt um eine Erfassung der Kosten und Inanspruchnahmen für jede einzelne Leistungseinheit nicht herum (job order costing). Zur Veranschaulichung kann man etwa an die Ermittlung der Kosten von Autoreparaturen oder von ärztlichen Behandlungen denken. Bei Einzelfertigung unterscheiden sich alle Leistungseinheiten voneinander, indem sie Einsatzgüter und Prozesse unterschiedlich in Anspruch nehmen. Es genügt dann nicht mehr, die gesamten Kosten der Einsatzgüter sowie der eingesetzten Prozesse zu kennen, um die durchschnittlichen Kosten einer Erzeugniseinheit sinnvoll ermitteln zu können. Die durchschnittlichen Kosten je Erzeugniseinheit stellen keine aussagefähige Größe dar, weil die einzelnen Erzeugnisse die Einsatzgüter und Prozessleistungen unterschiedlich in Anspruch genommen haben. Zur Ermittlung von Kosten je Leistungseinheit benötigt man zusätzlich Aufzeichnungen über die Inanspruchnahmen der Produktionsfaktoren und eventuell auch Stellen.

Das folgende Beispiel veranschaulicht die Aufgaben einer Kostenartenrechnung im Verbund mit einer kostenstellenorientierten Kostenträgerkalkulation für den Fall einer Zuschlagskalkulation. Wir haben dabei bewusst ein Finalprinzip unterstellt, um den größtmöglichen Umfang von Rechnungen zu zeigen.

Sachverhalt eines Beispiels

Ein Unternehmen fertige in einem Abrechnungszeitraum die beiden Erzeugnisarten A und B. Es habe sich zur Durchführung einer Kostenträgerkalkulation für das Schema der Abbildung 6.1 (Vorgabe 1) entschieden. Das Kalkulationsschema erfordere eine gedankliche Unterteilung des Unternehmens in acht Kostenstellen (Vorgabe 2), wie sie in Abbildung 6.2 dargestellt sind.

Kalkulationsschema (Finalprinzip)	Zuschlagssatz	Erzeugnis A	Erzeugnis B
Materialeinzelkosten			
+ Zuschlag wegen Materialgemeinkosten			
= Materialkosten			
Fertigungseinzellohn in Stelle 3			
+ Zuschlag wegen Gemeinkosten in Stelle 3			
+ Fertigungseinzellohn in Stelle 4			
+ Zuschlag wegen Gemeinkosten in Stelle 4			
= Fertigungskosten			
Summe aus Material- und Fertigungskosten			
+ Zuschlag auf Einzelkosten wegen Verwaltungskosten			
= Herstellungskosten			
Herstellungskosten			
+ Zuschlag auf Einzelkosten wegen Vertriebskosten			
= Selbstkosten			

Abbildung 6.1: Gewünschtes Schema zur Kalkulation von Erzeugniskosten

allgemeine Stellen		Fertigungsstellen		Hilfsstelle der Fertigung	Material-stelle	Verwal-tungsstelle	Vertriebs-stelle
1	2	3	4	5	6	7	8

Abbildung 6.2: Für das Kalkulationsschema erforderliche Kostenstellen

Problemstellungen

Wir werden uns auf der Basis dieser Ausgangsdaten vertieft mit den Anforderungen beschäftigen, die eine Kostenartenrechnung erfüllen muss, wenn sie zur Unterstützung einer Kostenträgerkalkulation dienen soll. Dabei sollen die Gemeinkosten der Kostenträger diesen über eine Kostenstellenrechnung zugerechnet werden. Letztlich werden wir – unter Verwendung einiger zusätzlicher Vorgaben über Zahlenwerte – die Herstellungs- und die Selbstkosten jeweils einer einzigen Einheit der Erzeugnisse A und B ermitteln.

Vertiefung der Ausführungen anhand des Beispiels

Grundlagen und Vorgehen der Lösung

Vorgehensweise

Bei der Entwicklung einer Kostenartenrechnung, die den Anforderungen einer Kostenträgerkalkulation und denen einer Kostenstellenrechnung gerecht werden muss, sind zunächst die aus dem gewünschten Kalkulationsschema für die Erzeugnisse A und B herzuleitenden Kostenarten zu bestimmen. Anschließend müssen Richtlinien für die Erfassung der tatsächlich angefallenen Ausgaben in Anlehnung an die definierten Kostenarten und -stellen niedergelegt werden. Somit können diejenigen Ausgaben, die zu Gemeinkosten der Kostenträger werden, auf den Kostenstellen als deren primäre Kosten erfasst werden. Nach anschließender Verrechnung proportional zu den innerbetrieblichen Leistungsflüssen können dann für die Verteilung der Gemeinkosten Zuschlagsätze bestimmt werden, die eine Kalkulation der Herstellungs- und der Selbstkosten gemäß einem Finalprinzip ermöglichen.

Herleitung der notwendigen Kostenarten

Vorgehen bei Kostenartenbestimmung

Aus dem gewünschten Kalkulationsschema der Abbildung 6.1, Seite 293, und den erforderlichen acht Kostenstellen aus Abbildung 6.2, Seite 293, ergibt sich, nach welchen Arten die Kosten getrennt zu erfassen sind. Möchte man über diese für den Sachverhalt notwendige Unterteilung der Abbildung 6.3 hinaus weitere Arten unterscheiden, so kann dies dadurch geschehen, dass man jede der notwendigen Kostenarten weiter unterteilt. Im vorliegenden Beispiel wird darauf verzichtet.

Abbildung 6.3: Für den Sachverhalt des Beispiels mindestens notwendige Kostenarten

Kostenart
Materialeinzelkosten für Erzeugnis A
Materialeinzelkosten für Erzeugnis B
Fertigungseinzelkosten in Stelle 3 für Erzeugnisse A und B
Fertigungseinzelkosten in Stelle 4 für Erzeugnisse A und B
Materialgemeinkosten
Fertigungsgemeinkosten in Stelle 3
Fertigungsgemeinkosten in Stelle 4
Verwaltungsgemeinkosten
Vertriebsgemeinkosten

Festlegungen

Es sei nun angenommen, das Unternehmen habe einige Ausgaben getätigt. Ein Teil dieser Ausgaben sei aus den Ausgabebelegen, der andere Teil aus sonstigen Aufzeichnungen und Überlegungen ermittelbar. Über die jeweilige Zurechenbarkeit der Kosten zu einzelnen Erzeugniseinheiten habe man sich auch festgelegt (Vorgabe 3). Die Ausgaben werden zu den für die Artenrechnung maßgeblichen Kostenarten. Sie sind Abbildung 6.4, Seite 295, zu entnehmen. Von den zahlenmäßigen Beträgen der Ausgaben sei in der Abbildung aus Vereinfachungsgründen zunächst abstrahiert.

Kostenart
Rohstoffe (für jede Erzeugniseinheit direkt messbar)
Löhne (für jede Erzeugniseinheit direkt messbar)
Betriebsstoffe (für eine einzelne Erzeugniseinheit nicht messbar)
Hilfsstoffe (für eine einzelne Erzeugniseinheit nicht messbar)
Gehälter (für eine einzelne Erzeugniseinheit nicht messbar)
Hilfslöhne (für eine einzelne Erzeugniseinheit nicht messbar)
Sonstige Kosten (für eine einzelne Erzeugniseinheit nicht messbar)
Kalkulatorische Kosten (für eine einzelne Erzeugniseinheit nicht messbar)

Abbildung 6.4: Bei der Erfassung ersichtliche Kostenarten

Systematisierung der Kostenarten

Aufgabe der Kostenartenrechnung ist es, die anfallenden Kostenarten gemäß den Anforderungen des gewünschten Kalkulationsschemas zu erfassen. Dementsprechend ist jede anfallende Kostenart hinsichtlich der Kriterien Kostentyp und Erfassungserfordernis zu systematisieren. Abbildung 6.5 enthält eine solche Systematisierung (Vorgabe 4).

Kostenart	Kostenartentyp und Erfassungserfordernis
Rohstoffe (dem einzelnen Erzeugnis zuzurechnen)	Materialeinzelkosten, getrennt zu erfassen für A und B
Löhne (dem einzelnen Erzeugnis zuzurechnen)	Fertigungseinzelkosten, getrennt zu erfassen für A und B sowie für die Stellen 3 und 4
Betriebsstoffe (dem einzelnen Erzeugnis nicht zuzurechnen)	Gemeinkosten, getrennt zu erfassen für jede Kostenstelle
Hilfsstoffe (dem einzelnen Erzeugnis nicht zuzurechnen)	Gemeinkosten, getrennt zu erfassen für jede Kostenstelle
Gehälter (dem einzelnen Erzeugnis nicht zuzurechnen)	Gemeinkosten, getrennt zu erfassen für jede Kostenstelle
Hilfslöhne (dem einzelnen Erzeugnis nicht zuzurechnen)	Gemeinkosten, getrennt zu erfassen für jede Kostenstelle
Sonstige Kosten (dem einzelnen Erzeugnis nicht zuzurechnen)	Gemeinkosten, getrennt zu erfassen für jede Kostenstelle
Kalkulatorische Kosten (dem einzelnen Erzeugnis nicht zuzurechnen)	Gemeinkosten, getrennt zu erfassen für jede Kostenstelle

Abbildung 6.5: Zuordnung von Kosten zu Arten

Zusätzlich zu der in Abbildung 6.5 vorgeschlagenen Systematisierung sind die Kostenarten getrennt nach ihrem Anfall in den acht Kostenstellen zu erfassen. Die Anwendung dieser Überlegungen ergibt die nach Stellen getrennte Aufstellung der nach Arten untergliederten Einzel- und Gemeinkosten der Erzeugnisse A und B. Bei zusätzlicher Annahme von Beträgen für die anfallenden Kostenarten (Vorgabe 5) ist eine Erfassung dieser Beträge als primäre Kosten der Kostenstellen möglich. Abbildung 6.6, Seite 296, enthält die entsprechenden Daten.

Zurechnung primärer Kosten zu Kostenstellen

Kostenart	Gesamtbetrag	allgemeine Stellen		Fertigungsstellen		Hilfsstelle der Fertigung	Materialstelle	Verwaltung	Vertrieb
		1	2	3	4	5	6	7	8
Einzelkosten von Erzeugnissen									
Rohstoffe	20000						20000		
Fertigungslöhne	10000			6000	4000				
Summe	30000			6000	4000		20000		
Gemeinkosten von Erzeugnissen									
Betriebsstoffe	2000	200	400	500	200	300	200	150	50
Hilfsstoffe	1000	100	200	200	200	100	100	50	50
Gehälter	6000	0	0	0	0	0	0	3000	3000
Hilfslöhne	2500	200	400	500	400	600	200	100	100
Sonstige Kosten	4000	1000	500	700	500	300	100	600	300
Kalkulat. Kosten	4500	200	500	1100	900	500	400	400	500
Summe	20000	1700	2000	3000	2200	1800	1000	4300	4000
Kostensumme	50000	1700	2000	9000	6200	1800	21000	4300	4000

Abbildung 6.6: Primärkostenzurechnung zu den acht Kostenstellen auf Basis der Vorgaben 3 und 4

Kostenverrechnung proportional zu innerbetrieblichen Leistungsflüssen

Es stellt sich weiterhin die Frage, inwieweit die einzelnen Kostenstellen an der Fertigung der Erzeugnisse A und B (direkt) beteiligt sind. Dem gewünschten Kalkulationsschema in Abbildung 6.1, Seite 293, ist zu entnehmen, dass die Kostenstellen 1, 2 und 5 nicht direkt an der Fertigung der Erzeugnisse beteiligt zu sein scheinen. Die Leistungen dieser drei Kostenstellen werden für andere Kostenstellen erbracht. Es existieren somit Leistungsverflechtungen zwischen den Kostenstellen, die im Rahmen der innerbetrieblichen Kostenverrechnung auf Basis von Leistungsflüssen berücksichtigt werden. Diese Rechnung hat zum Ziel, die primären Kosten der Kostenstellen so zu verrechnen, dass letztlich alle Kosten den Kostenstellen 3, 4, 6, 7 und 8 zugerechnet werden. Bei diesen handelt es nämlich nach dem Kalkulationsschema aus Abbildung 6.1, Seite 293, um diejenigen Kostenstellen, die an der Fertigung oder dem Vertrieb der Erzeugnisse A und B beteiligt sind. Um die Leistungsverflechtungen berücksichtigen zu können, bedarf es einer Information über die Ausgestaltung der Verflechtungen zwischen den Kostenstellen (Vorgabe 6). Abbildung 6.7, Seite 297, enthält die vorhandenen Leistungsverflechtungen, die wir unserem Zahlenbeispiel zu Grunde legen.

		Leistungsfluss von Kostenstelle ...							
		1	2	3	4	5	6	7	8
Leistungs-fluss an Kosten-stelle ...	1								
	2	0,10							
	3	0,30	0,20			0,60			
	4	0,25	0,30			0,40			
	5	0,15	0,20						
	6	0,10	0,05						
	7	0,05	0,15						
	8	0,05	0,10						
Summe		1,00	1,00	0,00	0,00	1,00	0,00	0,00	0,00

Abbildung 6.7: Leistungsverflechtungen zwischen den Kostenstellen

Auf Basis der angenommenen Leistungsverflechtungen können nun die primären Kosten der Kostenstellen 1, 2 und 5 proportional zum innerbetrieblichen Leistungsfluss auf die anderen Kostenstellen verteilt werden. Auf diese Weise werden schließlich die Sekundärkosten der anderen Kostenstellen ermittelt. In die Verrechnung sind im vorliegenden Beispiel lediglich die Gemeinkosten der Kostenträger einzubeziehen, weil es in der Aufgabe um die Kalkulation von Erzeugniskosten geht und nur die Gemeinkosten der Erzeugnisse über die Stellen zugerechnet werden. Die Einzelkosten der Erzeugnisse werden diesen direkt, d.h. ohne Beteiligung der Stellenrechnung, zugerechnet.

Primärkostenverrechnung

Da es sich gemäß der Abbildung 6.7 ausschließlich um einseitige Leistungsverflechtungen handelt, muss die Umverteilung der primären Kosten der Kostenstellen nicht mit Hilfe eines Gleichungssystems vorgenommen werden. Bei einseitigen Leistungsverflechtungen können methodisch einfachere Verfahren, z.B. das Treppenverfahren, zur Anwendung kommen. Nach diesem Verfahren werden die Kostenstellen in eine Rangfolge sortiert, die sich aus den Stellen ergibt, an die sie ihre Leistungen abgeben. Anschließend werden dann im ersten Schritt die Kosten derjenigen Stelle verteilt, die ihre Leistungen an alle anderen Stellen abgibt. In einem zweiten Schritt erfolgt die Verteilung der Kosten der Stelle, die ihre Leistungen an alle anderen Stellen bis auf die erste Stelle abgibt. Das Verfahren wird fortgesetzt, bis alle Kosten verteilt sind. Die daraus folgende Verrechnung von Kosten gemäß dem Schema eines Betriebsabrechnungsbogens ist Abbildung 6.8, Seite 298, zu entnehmen.

Verfahrenswahl für die Sekundärkostenverrechnung

Kostenart	Gesamt-betrag	allgemeine Stellen		Fertigungsstellen		Hilfs-stelle der Ferti-gung	Ma-terial-stelle	Verwal-tung	Ver-trieb
		1	2	3	4	5	6	7	8
Summe der Gemein-kosten der Erzeug-nisse	20000	1700	2000	3000	2200	1800	1000	4300	4000
Verteilung der Gemeinkosten der Erzeugnisse aus Kostenstelle 1	0	−1700	170	510	425	255	170	85	85
Zwischensumme	20000	0	2170	3510	2625	2055	1170	4385	4085
Verteilung der Gemeinkosten der Erzeugnisse aus Kostenstelle 2	0	0	−2170	434	651	434	108,5	325,5	217
Zwischensumme	20000	0	0	3944	3276	2489	1278,5	4710,5	4302
Verteilung der Gemeinkosten der Erzeugnisse aus Kostenstelle 5	0	0	0	1493,4	995,6	−2489	0	0	0
Summe der Gemein-kosten der Erzeug-nisse nach Umverteilung	20000	0	0	5437,4	4271,6	0	1278,5	4710,5	4302,0

Abbildung 6.8: Innerbetriebliche Leistungsverrechnung nach dem Treppenverfahren

Ermittlung der Zuschlagssätze

Auf Basis der in Abbildung 6.8 ermittelten gesamten Kosten der Kostenstellen – nach Umverteilung der Gemeinkosten der Kostenträger – können unter Beachtung des gewünschten Kalkulationsschemas aus Abbildung 6.1, Seite 293, die Zuschlagssätze für die geforderte Zuschlagskalkulation ermittelt werden. Die jeweilige Zuschlagsbasis ist dem Kalkulationsschema zu entnehmen. Die Zuschlagssätze berechnen sich jeweils durch eine Division der Kosten je Kostenstelle und der Zuschlagsbasis. Es ergeben sich die Zuschlagssätze der Abbildung 6.9, Seite 299.

Ermittlung der Einzelkosten der Erzeugnisse

Um nun die Herstellungskosten gemäß dem gewünschten Kalkulationsschema aus Abbildung 6.1, Seite 293, ermitteln zu können, muss die Zusammensetzung der für 1 Einheit A und 1 Einheit B angefallenen Einzelkosten aus Materialeinzelkosten und Fertigungseinzelkosten der Erzeugnisse A und B bekannt sein (Vorgabe 7). Diese Zusammensetzung ist Abbildung 6.10, Seite 299, zu entnehmen.

6.2 Rechnungen für einzelne Trägereinheiten

Kostenart	Gesamt-betrag	allgemeine Stellen		Fertigungsstellen		Hilfs-stelle der Ferti-gung	Ma-terial-stelle	Verwal-tung	Vertrieb
		1	2	3	4	5	6	7	8
Summe der Gemein-kosten der Erzeug-nisse nach Umverteilung	20000	0	0	5437,4	4271,6	0	1278,5	4710,5	4302
Zuschlagsbasis				6000	4000		20000	30000	30000
Zuschlagssatz in Prozent				90,623	106,79		6,3925	15,702	14,34

Abbildung 6.9: Ermittlung der Zuschlagssätze auf Basis des gewünschten Kalkulationsschemas

Kostenart	Erzeugnis A	Erzeugnis B
Materialeinzelkosten	12000	8000
Fertigungseinzellohn in Stelle 3	4000	2000
Fertigungseinzellohn in Stelle 4	3000	1000

Abbildung 6.10: Zusammensetzung der Einzelkosten der Erzeugnisse

Mit Hilfe der gewonnenen Zuschlagssätze und dem Wissen um die Zusammensetzung der Einzelkosten können im Kalkulationsschema die entsprechenden Einträge vorgenommen werden. Die vorgenommenen Zuschläge ergeben sich jeweils aus der Multiplikation der Zuschlagssätze mit der Zuschlagsbasis. Dies führt zur Ermittlung der Herstellungs- und Selbstkosten je Erzeugnis A und B in Abbildung 6.11.

Eintrag ins Kalkulationsschema

Kalkulationsschema		Zuschlagssatz		Erzeugnis A		Erzeugnis B
	Materialeinzelkosten			12000,00		8000,00
+	Zuschlag wegen Materialgemeinkosten	6,3925%	+	767,10	+	511,40
=	Materialkosten		=	12767,10	=	8511,40
	Fertigungseinzellohn in Stelle 3			4000,00		2000,00
+	Zuschlag wegen Gemeinkosten in Stelle 3	90,623%	+	3624,93	+	1812,47
+	Fertigungseinzellohn in Stelle 4		+	3000,00	+	1000,00
+	Zuschlag wegen Gemeinkosten in Stelle 4	106,79%	+	3203,70	+	1067,90
=	Fertigungskosten		=	13828,63	=	5880,37
	Summe aus Material- und Fertigungskosten			26595,73		14391,77
+	Zuschlag auf Einzelkosten wegen Verwaltungskosten	15,70%	+	2983,32	+	1727,18
=	Herstellungskosten		=	29579,05	=	16118,95
	Herstellungskosten			29579,05		16118,95
+	Zuschlag auf Einzelkosten wegen Vertriebskosten	14,34%	+	2724,60	+	1577,40
=	Selbstkosten		=	32303,65	=	17696,35

Abbildung 6.11: Ermittlung der Herstellungs- und Selbstkosten auf Basis des gewünschten Kalkulationsschemas

Übertragung der Erkenntnisse auf andere Fälle leicht vorzunehmen

Beim Nachvollzug des Beispiels dürfte das Vorgehen klar geworden sein. Die Übertragung des Beispiels auf eine Situation, in der die Kostenzurechnung dem Marginalprinzip folgt, bereitet keine Schwierigkeit. Bei der Ermittlung der Herstellungskosten oder der Selbstkosten ist man dann nicht auf die Durchführung einer Stellenrechnung angewiesen, da die Gemeinkosten der Kostenträger diesen nicht zugerechnet werden. Ebenso dürfte die Durchführung einer Rechnung keine Probleme bereiten, in der ein anderes Kalkulationsschema für die Ermittlung der Erzeugniskosten verwendet wird.

6.3 Einkommensrechnungen für den Abrechnungszeitraum

6.3.1 Grundlagen

Zusätzliche Untergliederung von Erlösen und Kosten als Besonderheit

Rechnungen für Abrechnungszeiträume verlangen, nicht nur die Erlöse und Kosten zu berücksichtigen, die aus dem Verkauf von Erzeugnissen während des Abrechnungszeitraums resultieren, sondern auch diejenigen, die darüber hinaus während des Abrechnungszeitraums entstanden sind. Daraus folgt eine Gliederung für die Einkommensrechnung, die wir in vorangehenden Kapiteln bereits kennen gelernt haben: Der Differenz aus Erlösen minus Kosten aus dem Verkauf wird die Differenz aus restlichen Erlösen und restlichen Kosten des Abrechnungszeitraums hinzugerechnet. Besonderheiten für die Einkommensrechnung ergeben sich erst aus der je nach Erlös- und Kostenartenrechnung unterschiedlichen zusätzlichen Untergliederung der Erlöse und Kosten. Ein wesentlicher Einflussfaktor auf die Gliederung und möglicherweise auch auf die Höhe des Einkommens eines Abrechnungszeitraums stellt das gewählte Zurechnungsprinzip dar.

Einfluss des Zurechnungsprinzips auf das Einkommen

Ob man einem Erzeugnis Kosten nach einem Marginalprinzip oder nach einem Finalprinzip zurechnet, beeinflusst das Einkommen eines Abrechnungszeitraums, wenn man in diesem Abrechnungszeitraum mehr oder weniger Erzeugnisse verkauft als man produziert hat. Wenn über mehrere Abrechnungszeiträume hinweg die Lagerbestände an Erzeugnissen jeweils unverändert bleiben, gibt es zwischen diesen längeren Abrechnungszeiträumen keine Einkommensunterschiede auf Grund der Wahl des Zurechnungsprinzips. Mit dem Zurechnunsprinzip ändert sich dann lediglich die Zusammensetzung des Einkommens. Bei einer Entscheidung zu Gunsten des Marginalprinzips werden – bei sonst gleichen Bedingungen – im Vergleich zum Finalprinzip weniger Kosten dem Erzeugnis zugerechnet und mehr Kosten verbleiben als dem Erzeugnis nicht zugerechnete restliche Kosten. Einkommensunterschiede zwischen beiden Verfahren entstehen, wenn sich dieses Mehr und dieses Weniger in einem Abrechnungszeitraum nicht ausgleichen. Das ist in einem Abrechnungszeitraum dann der

Fall, wenn weniger oder mehr verkauft als produziert wird. Die Antwort auf die Frage, ob man für die Kalkulation ein Marginal- oder ein Finalprinzip verwenden sollte, wirkt sich folglich u. U. auf das Einkommen aus. Es beeinflusst den Aussagegehalt der Einkommensrechnung.

Einkommensrechnungen auf Basis des Marginalprinzips lassen dem Kostenrechner keinen zurechnungsbedingten Ermessensspielraum. Das Einkommen aus dem Verkauf orientiert sich an der Absatzmenge. Von der Geschäftsleitung Ausgeschlossene können direkt erkennen, ob sich die Herstellung und der Verkauf von Erzeugnissen gelohnt hat oder nicht. Die Geschäftsleitung selbst sieht unverzerrt, in welchem Maße die verkauften Erzeugnisse zur Deckung auch derjenigen Kosten beitragen, die nichts mit den Erzeugnissen zu tun haben. Problematisch erscheint das Verfahren auf den ersten Blick beim Verkauf von Erzeugnisteilen, die aus einem gemeinsamen Herstellungsprozess stammen, weil deren Grenzkosten bei null liegen. Bei näherer Betrachtung erweist es sich aber als plausibel, die Kosten für ihre Herstellung als »restliche« Kosten zu betrachten und darzustellen, dass der Verkauf dieser Erzeugnisteile zur Deckung der »restlichen« Kosten beiträgt.

Ermessen bei Einkommensrechnungen auf Basis des Marginalprinzips

Einkommensrechnungen auf Basis des Finalprinzips gewähren dem Kostenrechner dagegen Ermessen. Er hat nicht nur zu entscheiden, welche Kosten er dem Erzeugnis zurechnet und welche nicht. Er kann auch darüber bestimmen, wie er Gemeinkosten auf die Abrechnungszeiträume verteilt, bevor er sie dem Erzeugnis zurechnet. Je nachdem, wie er sein Ermessen gebraucht, wird er ein anderes Einkommen berechnen als bei Verwendung eines Marginalprinzips. Dieses Einkommen ist für von der Geschäftsleitung Ausgeschlossene schwer zu interpretieren, jedenfalls solange nicht, wie ihnen die Ermessensausnutzung unbekannt ist.

Ermessen bei Einkommensrechnungen auf Basis des Finalprinzips

Über das zu verwendende Zurechnungsprinzip herrscht in der Literatur Uneinigkeit. Die Diskussion steckt heute noch in den Begriffen, die man in der Fachliteratur findet. Üblicherweise werden »Vollkostenrechnungen« von »Teilkostenrechnungen« unterschieden. Viele Lehrbücher untergliedern beispielsweise ihre Darstellungen nach »Vollkostenrechnungen« und »Teilkostenrechnungen«. Auch im externen Rechnungswesen vieler Länder gilt das Finalprinzip als dasjenige, das man bei der Bewertung von Lagerbeständen anwenden soll. Verfechter des Marginalprinzips führen den verminderten Ermessensspielraum und die Möglichkeit, auf der Basis gegebener Kapazitäten richtige Entscheidungen treffen zu können, als Vorteile dieses Prinzips an. Problematisch ist aber, dass sie nur unvollständige Aussagen über Kostenträger und Kostenstellen treffen können. Befürworter des Finalprinzips sehen in den »vollen« Kosten eine aus längerfristiger Perspektive sinnvolle Zuordnung von Ressourcenverbräuchen zu den Kalkulationsobjekten. Zwar können sie keine Entscheidungen auf Kostenbasis treffen, aber dem langfristigen Informationsgehalt wird Vorrang eingeräumt. Verwender des Finalprinzips müssen sich vorhalten lassen, dass die Zahlen durch Ermessen verzerrt sein können, würden dem aber entgegnen, dass eine Kostenrechnung für Selbstinformationszwecke auf bewusste Verzerrungen verzichten wird. Bei der

Uneinigkeit über zu verwendendes Zurechnungsprinzip

Diskussion wird häufig vernachlässigt, dass sich hinter dem Ermessen des Finalprinzips auch eine bestimmte Form von Preisempfehlungen verbirgt, bei denen der Anwender zu einem ausgeglichenen Einkommen gelangt.

6.3.2 Einkommensrechnung bei Finalprinzip

Aufspaltung nach Einzelkosten und nach Gemeinkosten

Bei Anwendung eines Finalprinzips setzen sich die Kosten jedes einzelnen verkauften Erzeugnisses aus dessen einzeln messbaren und dessen zugeordneten, einzeln jedoch nicht messbaren Kosten zusammen. In zeitraumbezogenen Einkommensrechnungen führt das zum Ansatz eines die Erzeugnisse betreffenden Kostenbetrags, der sich aus einem beschäftigungsabhängigen und einem beschäftigungsunabhängigen Teil zusammensetzt. Die restlichen Kosten des Abrechnungszeitraums sind frei vom beschäftigungsunabhängigen Kostenteil, weil dieser den Erzeugnissen zugerechnet wurde. Unterstellt man die Fertigung der zwei Erzeugnisarten X und Y, so könnte eine Einkommensrechnung aufgestellt werden, die derjenigen der Abbildung 6.12 ähnelt.

Einkommen aus Verkauf von Erzeugnissen	
Einkommen aus Erzeugnistyp X	Einkommen aus Erzeugnistyp Y
Erlöse aus dem Verkauf der Erzeugnisse vom Typ X im Abrechnungszeitraum	Erlöse aus dem Verkauf der Erzeugnisse vom Typ Y im Abrechnungszeitraum
− Kosten der im Abrechnungszeitraum verkauften Erzeugnisse vom Typ X (beschäftigungsvariable und beschäftigungsfixe Kosten der Erzeugnisse)	− Kosten der im Abrechnungszeitraum verkauften Erzeugnisse vom Typ Y (beschäftigungsvariable und beschäftigungsfixe Kosten der Erzeugnisse)
= Einkommen aus dem Verkauf der Erzeugnisse vom Typ X im Abrechnungszeitraum	= Einkommen aus dem Verkauf der Erzeugnisse vom Typ Y im Abrechnungszeitraum

Einkommen des Unternehmens
Summe der Einkommen aus dem Verkauf der Erzeugnisse der Typen X und Y im Abrechnungszeitraum
+ Restliche Erlöse im Abrechnungszeitraum
− Restliche Kosten im Abrechnungszeitraum (exklusive der beschäftigungsfixen Kosten der Erzeugnisse)
= Einkommen im Abrechnungszeitraum

Abbildung 6.12: Schema einer möglichen Einkommensrechnung nach Finalprinzip bei zwei Erzeugnisarten

Aussagefähigkeit

Die Einkommensrechnung wirkt auf den ersten Blick aussagefähig. Bedenkt man aber, dass der Ersteller der Rechnung (1) festlegt, welche Kosten er den Gemeinkosten der Erzeugnisse zurechnet, obwohl diese vielleicht auch als Einzelkosten verrechnet werden könnten oder restliche Kosten darstellen, und (2) wie er die Gemeinkosten auf die Abrechnungszeiträume und anschließend auf die Erzeugnistypen verteilen kann, so werden die zusätzlichen Annahmen in der Rechnung offensichtlich. Der Ersteller der Rechnung könnte beeinflussen, welches Einkommen sich für die Erzeugnisse vom Typ X ergibt und welches für die Erzeugnisse vom Typ Y entsteht. Unter Umständen beeinflusst er auch das Einkommen im Abrechnungszeitraum zu Lasten oder zu Gunsten zukünftiger Abrechnungszeiträume. Auch der Ersteller, der solche Absichten nicht hegt, konfrontiert denjenigen, der an der Erstellung der Rechnung nicht beteiligt war, mit einer Rechnung, deren Aussagefähigkeit nur so gut ist, wie die getroffenen Annahmen.

6.3.3 Einkommensrechnung bei Marginalprinzip

Die Rechnung sieht anders aus, wenn man ein Marginalprinzip für die Kostenzurechnung unterstellt. In diesem Fall rechnet man jeder einzelnen Erzeugniseinheit nur diejenigen Kosten zu, die bezüglich jeder einzelnen Erzeugniseinheit direkt messbar sind. Diese Kosten ermittelt man für die Menge der verkauften Erzeugnisse. Da die Höhe dieser Kosten während eines Abrechnungszeitraums von der Beschäftigung im Sinne der Absatzmenge abhängt und folglich bezüglich der Absatzmenge veränderlich ist, werden diese Kosten als die beschäftigungsvariablen Kosten der verkauften Erzeugnisse bezeichnet. Die beschäftigungsfixen Kosten werden den Erzeugnissen nicht zugerechnet. Sie erscheinen als Bestandteil der restlichen Kosten des Abrechnungszeitraums. Eine Einkommensrechnung für den Abrechnungszeitraum hätte bei den zwei verkauften Erzeugnisarten X und Y das Aussehen der Abbildung 6.13.

Aufspaltung nach fixen und variablen Kosten der Erzeugnismenge

Einkommen aus Verkauf von Erzeugnissen			
Einkommen aus Erzeugnistyp X		Einkommen aus Erzeugnistyp Y	
	Erlöse aus dem Verkauf der Erzeugnisse vom Typ X im Abrechnungszeitraum		Erlöse aus dem Verkauf der Erzeugnisse vom Typ Y im Abrechnungszeitraum
−	Kosten der im Abrechnungszeitraum verkauften Erzeugnisse vom Typ X (nur beschäftigungsvariable Kosten der Erzeugnisse)	−	Kosten der im Abrechnungszeitraum verkauften Erzeugnisse vom Typ Y (nur beschäftigungsvariable Kosten der Erzeugnisse)
=	Einkommen aus dem Verkauf der Erzeugnisse vom Typ X im Abrechnungszeitraum	=	Einkommen aus dem Verkauf der Erzeugnisse vom Typ Y im Abrechnungszeitraum
Einkommen des Unternehmens			
	Summe der Einkommen aus dem Verkauf der Erzeugnisse der Typen X und Y im Abrechnungszeitraum		
+	Restliche Erlöse im Abrechnungszeitraum		
−	Restliche Kosten im Abrechnungszeitraum (inklusive der beschäftigungsfixen Kosten der Erzeugnisse)		
=	Einkommen im Abrechnungszeitraum		

Abbildung 6.13: Schema einer Einkommensrechnung nach Marginalprinzip bei zwei Erzeugnisarten

	Einkommen aus Verkauf von Erzeugnisarten			
	Einkommen aus Erzeugnistyp W	Einkommen aus Erzeugnistyp X	Einkommen aus Erzeugnistyp Y	Einkommen aus Erzeugnistyp Z
	Erlöse aus dem Verkauf der Erzeugnisse vom Typ W im Abrechnungszeitraum	Erlöse aus dem Verkauf der Erzeugnisse vom Typ X im Abrechnungszeitraum	Erlöse aus dem Verkauf der Erzeugnisse vom Typ Y im Abrechnungszeitraum	Erlöse aus dem Verkauf der Erzeugnisse vom Typ Z im Abrechnungszeitraum
−	Kosten der im Abrechnungszeitraum verkauften Erzeugnisse vom Typ W (nur beschäftigungsvariable Kosten Typ W)	Beschäftigungsvariable Kosten der im Abrechnungszeitraum verkauften Erzeugnisse vom Typ X (nur beschäftigungsvariable Kosten Typ X)	Beschäftigungsvariable Kosten der im Abrechnungszeitraum verkauften Erzeugnisse vom Typ Y (nur beschäftigungsvariable Kosten Typ Y)	Beschäftigungsvariable Kosten der im Abrechnungszeitraum verkauften Erzeugnisse vom Typ Z (nur beschäftigungsvariable Kosten Typ Z)
=	Einkommen aus dem Verkauf der Erzeugnisse vom Typ W im Abrechnungszeitraum	Einkommen aus dem Verkauf der Erzeugnisse vom Typ X im Abrechnungszeitraum	Einkommen aus dem Verkauf der Erzeugnisse vom Typ Y im Abrechnungszeitraum	Einkommen aus dem Verkauf der Erzeugnisse vom Typ Z im Abrechnungszeitraum

	Einkommen aus den Erzeugnissen vom Typ W und X	Einkommen aus den Erzeugnissen vom Typ Y und Z
	Summe der Einkommen aus dem Verkauf der Erzeugnisse der Typen W und X im Abrechnungszeitraum	Summe der Einkommen aus dem Verkauf der Erzeugnisse der Typen Y und Z im Abrechnungszeitraum
−	Kosten, die gemeinsam beim Verkauf der Erzeugnisse W und X im Abrechnungszeitraum entstanden sind (nur beschäftigungsfixe Kostenteile)	Kosten, die gemeinsam beim Verkauf der Erzeugnisse Y und Z im Abrechnungszeitraum entstanden sind (nur beschäftigungsfixe Kostenteile)
=	Einkommen aus dem Verkauf der Erzeugnisse der Typen W und X im Abrechnungszeitraum	Einkommen aus dem Verkauf der Erzeugnisse der Typen Y und Z im Abrechnungszeitraum

	Einkommen des Unternehmens
	Summe der Einkommen aus dem Verkauf der Erzeugnisse der Typen W und X sowie Y und Z im Abrechnungszeitraum
+	Restliche Erlöse im Abrechnungszeitraum
−	Restliche Kosten im Abrechnungszeitraum (inklusive beschäftigungsfixer Kosten, die gemeinsam für W, X, Y und Z entstanden sind)
=	Einkommen im Abrechnungszeitraum

Abbildung 6.14: Schema einer Einkommensrechnung nach Marginalprinzip bei zwei Erzeugnisarten und verschiedenen Arten beschäftigungsfixer Kosten der Erzeugnisse

Eine Verfeinerung dieses Schemas ergibt sich, sobald man die bezüglich der Erzeugnismenge fixen Kosten hinsichtlich ihrer Veränderlichkeit in Bezug auf andere Variablen aufspaltet. Unterstellen wir beispielsweise die vier Erzeugnisarten W, X, Y und Z, so kann man sich vorstellen, dass ein Teil der beschäftigungsfixen Kosten für jede Erzeugnisart, ein anderer Teil gemeinsam für die Erzeugnisse vom Typ W und X und wieder ein anderer Teil gemeinsam für die Erzeugnisse vom Typ Y und Z angefallen sind. Die Konsequenz dieser Vorstellung besteht darin, dass wir nun ein Schema für vier Erzeugnistypen vorsehen müssten, in dem zwei Arten bezüglich der Erzeugnismenge fixer Kosten verrechnet werden. So eine Rechnung wird auch »Fixkostendeckungsrechnung« genannt. Abbildung 6.14, Seite 304, veranschaulicht das Vorgehen.

Verfeinerungen

Die Aussagefähigkeit einer derartigen Einkommensrechnung ist anders als die der zuvor angesprochenen Rechnungen. Hier erkennt man den Beitrag zur Deckung beschäftigungsfixer Kosten nicht, jedoch den Verzehr beschäftigungsfixer Ressourcen. Bei Unternehmen mit vielen Typen von Erzeugnissen ergibt sich zudem das Problem der mangelnden Übersichtlichkeit. Wie gestaltet man eine solche Rechnung übersichtlich und eindeutig, wenn Hunderte von Erzeugnistypen verkauft werden? Eine für viele, wenn auch nicht alle Zwecke sinnvolle Ausgestaltung besteht in einer gewissen Zusammenfassung der Erzeugnistypen zu solchen, die sich sehr ähnlich sind. Hiermit ist schon Ermessen auszuüben. Ebenso können derartige Einkommensrechnungen allerdings für die mit dem Absatz betrauten Mitarbeiter ein Problem darstellen. Für sie ist es schwer, aus einer solchen Rechnung einen Anhaltspunkt für ihre Mindestpreise zu erhalten. In der Praxis fertigt man deswegen oft zwei Rechnungen an, eine auf Basis eines Finalprinzips für den Absatzbereich und eine zweite für die Unternehmensführung. Die für den Absatzbereich bestimmte Rechnung kann dann nach Bedarf geändert werden.

Aussagefähigkeit

6.4 Entscheidungsorientierte Beurteilung der Rechnungen

6.4.1 Entscheidungstheoretische Grundlagen

In den bisherigen Ausführungen wurde vermittelt, dass der Aussagegehalt der Rechnungen, insbesondere der integrierten Rechnungen, mit dem gewählten Zurechnungsprinzip variiert. Möchte man die Rechnungstypen beurteilen, so benötigt man Beurteilungskriterien. Wir verwenden für die folgenden Ausführungen das Kriterium der Tauglichkeit der Zahlen für Entscheidungen. Wir betrachten einen Rechnungstyp dann als entscheidungsrelevant, wenn die Auswertung der auf einen einzigen Kostenträger

Entscheidungsrelevanz als Beurteilungskriterium

bezogenen Zahlen in die gleiche Richtung weist wie die Auswertung der zugehörigen zeitraumbezogenen Einkommensrechnung.

Entscheidungsorientierung im internen Rechnungswesen

Sollen Daten des internen Rechnungswesens zu Entscheidungen herangezogen werden, so sind sie in der Art zu ermitteln, die von der Entscheidungslehre vorgegeben wird. Wir gehen dazu von einem Entscheidungsträger aus, der ein Ziel hat, eventuell auch Präferenzen bezüglich der Erreichung dieses Ziels. Dieser Entscheidungsträger überlegt sich seine Handlungsmöglichkeiten vollständig (Vollständigkeitsprinzip) und sich gegenseitig ausschließend (Exklusionsprinzip). Dann ermittelt er die Ergebnisse, die aus den einzelnen Handlungsmöglichkeiten folgen würden. Ergebnisse sind dabei die künftigen Konsequenzen der einzelnen Handlungsmöglichkeiten für die Zielgröße. Schließlich wählt er entsprechend seinem Ziel diejenige Handlungsmöglichkeit aus, die den größten Beitrag zu Zielerreichung liefert. Hängt die Wahl einer Handlungsmöglichkeit zusätzlich von der Umwelt ab, die er nicht genau kennt, so wird er zusätzliche Ergebnisse, eins für jeden möglichen Umweltzustand, definieren, deren jeweilige Eintrittswahrscheinlichkeit zu schätzen versuchen und schließlich diejenige Handlungsmöglichkeit wählen, die ihn das höchste Ergebnis erwarten lässt. Wir sprechen in so einem Fall von Risikosituationen, wenn man die Eintrittswahrscheinlichkeit des Umweltzustandes schätzen kann und von Ungewissheit, wenn dies nicht gelingt. In Risikosituationen ermittelt man üblicherweise die optimale Aktion aus dem mit den Eintrittswahrscheinlichkeiten gewichteten Durchschnittswert über die Umweltzustände. Die Anforderungen der Entscheidungslehre an das interne Rechnungswesen lassen sich gut mit Hilfe eines Beispiels erläutern.

Sachverhalt eines Beispiels

Der Einkäufer G einer Weingroßhandlung erwägt, zum 31.12. eines Abrechnungszeitraums sein jetziges Angestelltenverhältnis zu kündigen und mit den $60\,000\,GE$ seines Postsparbuchs einen Weingroßhandel zu gründen. Er beabsichtigt, entsprechende Büro- und Lagerräume zu mieten, einen Lagerverwalter einzustellen und zwei Sorten von Wein zu vertreiben. Unterstellen Sie, er verfolge das Ziel, die Wertsteigerung seines Vermögens während des nächsten Jahres zu maximieren, es würden keine Steuern erhoben, beide Handlungsmöglichkeiten erforderten die gleiche Arbeitszeit sowie die gleiche Arbeitsintensität und schließlich, Risiko- und Arbeitsgestaltungsüberlegungen blieben außer Betracht.

G geht davon aus, dass sich der Handel im Abrechnungszeitraum wie in Abbildung 6.15 entwickelt:

Abbildung 6.15: Erwartete Preise und Absatzmengen im Abrechnungszeitraum

Produkt	Einkaufspreis je Einheit inklusive Nebenkosten	Absatzmenge je Jahr (=Einkaufsmenge)
Sorte 1	2	200000
Sorte 2	3	100000

Er weiß, dass jährlich folgende Kosten anfallen:

1. Lagermiete in Höhe von $7000\,GE$
2. Büromiete (inklusive Büronebenkosten) in Höhe von $20000\,GE$
3. Gehaltszahlungen für den Lagerverwalter (inklusive Sozialabgaben) in Höhe von $40000\,GE$
4. Verpackungs- und Transportkosten in Höhe von $150000\,GE$. Diese ergeben sich aus dem Absatz von 300000 Flaschen, wobei sich die Verpackungs- und Transportkosten je Flasche auf 0,5 GE belaufen.

Das (Netto-)Gehalt von G beträgt zur Zeit jährlich $40000\,GE$. Sein Postsparguthaben verzinst sich mit 5% pro Jahr. Aus Vereinfachungsgründen sei die Problematik eventueller Zwischenfinanzierungen zu vernachlässigen.

Problemstellungen

Wir verwenden das Beispiel, um uns anhand der folgenden Probleme zu verdeutlichen, wie die Daten des internen Rechnungswesens aufzubereiten sind, um einem entscheidungstheoretischen Kontext zu genügen. Wir fragen uns, wie wir die Probleme zu lösen haben,

- ab welchem einheitlichen Verkaufspreis je Weinflasche ($p_1 = p_2$; Abgabepreis als Einzelhändler) es für G interessant ist, seine jetzige Position (Angestellter und Sparer) aufzugeben und den Weinhandel zu gründen,

- ab welchem Verkaufspreis je Produkt G unter den angegebenen Umständen für ein Jahr bereit sein wird, Waren einzukaufen und zu verkaufen. Dabei unterstellen wir, dass G sich für die Unternehmensgründung entschieden hat. Vor Ablauf des Jahres findet er keine andere Tätigkeit mehr. Er hat sein Angestelltenverhältnis und das Sparguthaben gekündigt. Die für das Unternehmen relevanten Miet- und Arbeitsverträge wurden für ein Jahr abgeschlossen. Waren wurden noch nicht eingekauft.

- ab welchem Verkaufspreis je Weinflasche G unter den unten angegebenen Umständen bereit sein wird, die Waren zu verkaufen. Dabei unterstellen wir, dass G sich für die Unternehmensgründung entschieden hat. Vor Ablauf des Jahres findet er keine andere Tätigkeit mehr. Er hat sein Angestelltenverhältnis und das Sparguthaben gekündigt. Die für das Unternehmen relevanten Miet- und Arbeitsverträge wurden für ein Jahr abgeschlossen. Danach stellt sich heraus, dass er nur 5000 Flaschen jeder Weinsorte verkaufen kann. Diese Ware wurde bereits eingekauft.

- mit welchen Weinsorten G handeln sollte, wenn der Marktpreis der Weinsorte 1 bei $2\,GE$ je Flasche liegt und der für die Sorte 2 bei $6\,GE$ je Flasche.

Vertiefung der Ausführungen anhand des Beispiels

Grundlagen zur Lösung

Lösungsidee Es handelt sich um die Analyse von Entscheidungsproblemen. Deswegen sind bei allen Teilproblemen diejenigen Daten zu verwenden, die für die Lösung des jeweiligen Entscheidungsproblems benötigt werden. Bei Sicherheit sind die Ziele und die Aktionen festzulegen sowie die jeweiligen Ergebnisse zu ermitteln. Bei Risiko wären zusätzlich die relevanten Umweltzustände zu definieren und deren jeweilige Eintrittswahrscheinlichkeiten zu schätzen.

Entscheidung zwischen Angestelltenverhältnis und Selbstständigkeit

Typ der Entscheidung und Handlungsmöglichkeiten Aus der Problemstellung und -formulierung ergeben sich der Typ der Entscheidungssituation, das Ziel und die Aktionsmöglichkeiten:

Typ der Situation: Eine-Person-Entscheidung bei Sicherheit
Ziel: Steigerung des Eigenkapitals des G
Aktionen:
a_1: Unselbstständig bleiben
a_2: Selbstständig werden

Die Aktionen sind formal richtig definiert, weil alle Aktionsmöglichkeiten aufgeführt sind und weil die aufgeführten Aktionen sich gegenseitig ausschließen. Die mit den Aktionen verbundenen Ergebnisse sind aus dem Sachverhalt der Aufgabe zu ermitteln.

Mit der Aktion a_1 verbundenes Ergebnis e_1 Als Angestellter und Sparer würde G im nächsten Jahr sein Gehalt und den Zins auf sein Postspargutabben erhalten. Dadurch erhöhte er sein Eigenkapital um

$$40000\,GE + 0{,}05 \cdot 60000\,GE = 43000\,GE.$$

Das Ergebnis der Aktion a_1 ergibt sich als

$$e_1 = 43000\,GE.$$

Mit der Aktion a_2 verbundenes Ergebnis e_2 Die Eigenkapitalveränderung, die G bei Selbstständigkeit im nächsten Jahr erzielte, ergäbe sich aus dem Einkommen der Weingroßhandlung. Als Weingroßhändler erwirtschaftete er Erlöse, die sich aus der mit dem Verkaufspreis bewerteten Absatzmenge px ergäben. Zur Erzielung dieser Erlöse hätte er zwei Arten von Kosten aufzubringen. Unter der Annahme, dass die produzierte Menge der abgesetzten Menge entspricht, ergäbe sich die eine Art durch Multiplikation der für jede Weinflasche einzeln messbaren Kosten k mit der Absatzmenge x und die andere Art aus den nur für den Abrechnungszeitraum einzeln messbaren Kosten K. Aus der Sachverhaltsbeschreibung des Beispiels sind alle Daten außer p zu entnehmen.

Die Eigenkapitalzunahme bei Selbstständigkeit lässt sich folglich nur in Abhängigkeit von p darstellen als:

$$Einkommen = px - kx - K.$$

Bei Einsetzen der Daten aus der Aufgabe ist für kx die Summe der für die beiden Weinsorten einzeln messbaren Kosten und für K der Betrag von $67000\,GE$ anzusetzen. Der Betrag von $67000\,GE$ ergibt sich als Summe aus der zu zahlenden Lagermiete, der Büromiete und dem Gehalt für den Lagerverwalter. Man erhält das Einkommen in Abhängigkeit von p als

$$e_2 = (p \cdot 300000)$$
$$-((2+0{,}5) \cdot 200000 + (3+0{,}5) \cdot 100000) - 67000$$

Weil der Absatzpreis im Sachverhalt des Beispiels nicht angegeben ist, lässt sich das Ergebnis der Aktion a_2 nicht direkt, sondern nur als Funktion von p angeben. Das genügt jedoch, um die Entscheidung zwischen den Aktionen ebenfalls in Abhängigkeit von p anzugeben. Man erkennt, dass es von der Höhe von p abhängt, ob das Ergebnis der Aktion a_2 das der Aktion a_1 übersteigt oder nicht. G wird sich für Aktion a_2 (Selbstständigkeit) entscheiden, wenn $e_2 > e_1$, wenn also

Vergleich der Aktionen anhand ihrer Ergebnisse

$$px - kx - K > 43000$$

und damit

$$p \cdot 300000$$
$$-((2+0{,}5) \cdot 200000 + (3+0{,}5) \cdot 100000) - 67000$$
$$> 43000$$

gilt. Andernfalls wird er Aktion a_1 wählen.

Die Ungleichung ist erfüllt für $p > 3{,}2$. Wenn es gelingt, die Weinflaschen zu einem Preis zu verkaufen, der $3{,}2\,GE$ je Flasche übersteigt, lohnt sich für G die Selbstständigkeit bei der Zielsetzung und Präferenz »Maximierung der Eigenkapitalmehrung«.

Entscheidungssituation als Unternehmensgründer

Gegenüber dem diskutierten Problem ändern sich die Aktionen und die Ergebnisse, wenn G die Unternehmensgründung bereits vorgenommen hat und lediglich noch keine Ware eingekauft wurde.

Handlungsmöglichkeiten

Aktionen:
a_1: Nichts tun
a_2: Einkaufen und Verkaufen des Weins

Die Aktionen sind formal richtig definiert, weil alle Aktionsmöglichkeiten aufgeführt sind und weil die aufgeführten Aktionen sich gegenseitig ausschließen. Die mit den Aktionen verbundenen Ergebnisse sind aus dem Sachverhalt der Aufgabe zu ermitteln.

Mit der Aktion a_1 verbundenes Ergebnis e_1	Die Eigenkapitalsituation, in der G sich befindet, verändert sich nicht durch Nichtstun: $$e_1 = 0.$$ Die bereits abgeschlossenen Verträge führen dazu, das im Abrechnungszeitraum Einkommen in Höhe von $-67\,000\,GE$ entsteht. Diese Information ist für das Entscheidungsproblem irrelevant, weil es sich nicht um zukünftige Konsequenzen der anstehenden Entscheidung handelt.
Mit der Aktion a_2 verbundenes Ergebnis e_2	Unter der Annahme, G könne seine Einkaufsmenge der Absatzmenge anpassen, stellen die im Abrechnungszeitraum bezüglich der Absatzmenge variablen Kosten und der Absatzpreis die einzigen für G entscheidungsrelevanten Größen dar. Er wird genau dann den Handel anstreben, wenn er dadurch seine momentane Eigenkapitalsituation verbessern kann. Die Eigenkapitalzunahme bei Aufnahme des Handels unter den Bedingungen des Sachverhaltes der Aufgabe lässt sich folglich darstellen als: $$Einkommen = px - kx.$$ Da die Absatzmenge immer positiv sein muss, stellt sich ein positives Einkommen ein, wenn $p - k > 0$. Für jede Einheit des Erzeugnisses 1 können aus Einkauf und Vertrieb Kosten in Höhe von $2,5\,GE$ einzeln gemessen werden. Aus Erzeugnis 1 ergibt sich folglich ein positives Einkommen, wenn $p_1 > 2,5$. Für jede Einheit des Erzeugnisses 2 ergeben sich aus Einkauf und Vertrieb einzeln messbare Kosten in Höhe von $3,5\,GE$. In die obige Formel eingesetzt, ergibt sich für den Absatzpreis die Bedingung $p_2 > 3,5$.
Vergleich der Aktionen anhand ihrer Ergebnisse	Wenn G die Möglichkeit hat, am Absatzmarkt für den Wein die Preise p_1 und p_2 zu realisieren, welche die hergeleiteten Preisbedingungen erfüllen, wird er den Handel aufnehmen wollen. Gelingt ihm dies nicht, wird er keinen Handel mit den Weinsorten anstreben, da er sonst durch jeden Einkauf-Verkauf-Vorgang negative Einkommensbeiträge realisieren würde und so seine Eigenkapitalsituation weiter verschlechtern würde.

Entscheidungssituation als Unternehmensgründer nach dem Einkauf von Ware

Handlungsmöglichkeiten	Gegenüber dem gerade diskutierten Problem ändern sich wiederum die Aktionen und deren Ergebnisse.
	Aktionen:
	  a_1: Nichts tun
	  a_2: Verkaufen der bereits eingekauften Weinflaschen

Die Aktionen sind formal richtig definiert, weil alle Aktionsmöglichkeiten aufgeführt sind und weil die aufgeführten Aktionen sich gegenseitig ausschließen. Die mit den Aktionen verbundenen Ergebnisse sind aus dem Sachverhalt der Aufgabe zu ermitteln.

Die Eigenkapitalsituation, in der G sich befindet, verändert sich nicht durch Nichtstun: *Mit der Aktion a_1 verbundenes Ergebnis e_1*

$$e_1 = 0.$$

Die bereits abgeschlossenen Verträge und der Einkauf von 5000 Flaschen (F) je Sorte führen zwar dazu, dass das Einkommen des Abrechnungszeitraums

$$-67000 GE - 5000 F \cdot 2\frac{GE}{F} - 5000 F \cdot 3\frac{GE}{F} = -92000 GE$$

beträgt, wenn G die Ware durch Nichtstun und schlechte Lagerung verderben lässt. Diese Information ist aber für das Entscheidungsproblem irrelevant, weil es sich nicht um zukünftige Konsequenzen der anstehenden Entscheidung handelt.

Die einzigen Kosten, deren Höhe G mit seiner Entscheidung noch beeinflussen kann, sind die im Abrechnungszeitraum anfallenden Vertriebskosten. Diese fallen beim Verkauf jeder einzelnen Weinflasche unabhängig von der Sorte in Höhe von $0,5\,GE$ an. *Mit der Aktion a_2 verbundenes Ergebnis e_2*

Die Eigenkapitalzunahme bei Aufnahme des Handels unter den Bedingungen des Sachverhaltes der Aufgabe lässt sich folglich darstellen als:

$$Einkommen = px - kx \text{ mit } k = 0,5.$$

Da die Absatzmenge immer positiv sein muss, stellt sich ein positives Einkommen ein, wenn $p - 0,5 > 0$, wenn also $p > 0,5$.

Wenn G die Möglichkeit hat, am Absatzmarkt für die Erzeugnisse einen Preis von über $0,5\,GE$ zu realisieren, trägt Aktion a_2 mehr zur Zielerreichung bei als Aktion a_1. *Vergleich der Aktionen anhand ihrer Ergebnisse*

Bestimmung des Einkommens eines Zeitraums bei gegebenen Absatzpreisen

Gegenüber den anderen Problemen ändern sich wiederum nur der Aktionenraum und die Ergebnisse. *Handlungsmöglichkeiten*

    Aktionen:

        a_1: Ein- und Verkauf von beiden Weinsorten in Höhe der absetzbaren Menge

        a_2: Ein- und Verkauf von Weinsorte 1 in Höhe der absetzbaren Menge

        a_3: Ein- und Verkauf von Weinsorte 2 in Höhe der absetzbaren Menge

Die Aktionen sind formal richtig definiert, weil alle Aktionsmöglichkeiten aufgeführt sind und weil die aufgeführten Aktionen sich gegenseitig ausschließen. Die mit den Aktionen verbundenen Ergebnisse sind aus dem Sachverhalt der Aufgabe zu ermitteln.

Mit der Aktion a_1 verbundenes Ergebnis e_1

Die Eigenkapitalzunahme bei Ein- und Verkauf beider Weinsorten lässt sich darstellen als:

$$Einkommen = p_1 x_1 + p_2 x_2 - k_1 x_1 - k_2 x_2 - K \ .$$

Bei $p_1 = 2$, $p_2 = 6$, $k_1 = 2{,}5$, $k_2 = 3{,}5$, $x_1 = 200000$ und $x_2 = 100000$ sowie $K = 67000$ ergibt sich:

$$e_1 = 400000 + 600000 - 500000 - 350000 - 67000 = 83000$$

Mit der Aktion a_2 verbundenes Ergebnis e_2

Die Eigenkapitalzunahme bei Beschränkung des Handels auf die Sorte 1 lässt sich darstellen als:

$$Einkommen = p_1 x_1 + p_2 x_2 - k_1 x_1 - k_2 x_2 - K \ .$$

Bei $p_1 = 2$, $p_2 = 6$, $k_1 = 2{,}5$, $k_2 = 3{,}5$, $x_1 = 200000$ und $x_2 = 0$ ergibt sich:

$$e_2 = 400000 - 500000 - 67000 = -167000$$

Mit der Aktion a_3 verbundenes Ergebnis e_3

Die Eigenkapitalzunahme bei Beschränkung des Handels auf die Sorte 2 lässt sich darstellen als:

$$Einkommen = p_1 x_1 + p_2 x_2 - k_1 x_1 - k_2 x_2 - K \ .$$

Bei $p_1 = 2$, $p_2 = 6$, $k_1 = 2{,}5$, $k_2 = 3{,}5$, $x_1 = 0$ und $x_2 = 100000$ ergibt sich:

$$e_3 = 600000 - 350000 - 67000 = 183000$$

Vergleich der Aktionen anhand ihrer Ergebnisse

Mit der Aktion a_3 erhöht G sein Eigenkapital in der gegebenen Entscheidungssituation am stärksten. Deswegen sollte er im Sinne seiner Zielfunktion diese Aktion auswählen.

Alternative Ermittlung der besten Aktion

Irrelevanz der beschäftigungsfixen Kosten

Da die Kosten, die nicht einzeln für die Weinflaschen gemessen werden können, bei allen drei Aktionen gleich hoch sind ($K = 67000$), erweisen sie sich für den Vergleich der Aktionen als irrelevant. Eigenkapitalunterschiede zwischen den Aktionen beruhen auf der Funktion

$$Einkommen = p_1 x_1 + p_2 x_2 - k_1 x_1 - k_2 x_2 \ .$$

Man erkennt nun nicht mehr die Eigenkapitaländerung, die mit einer Aktion verbunden ist. Nach den Weinsorten sortiert, erkennt man aber bei Ausklammern der jeweiligen Mengen sofort, welche Aktion in welchem Maß zu Eigenkapitalveränderungen beiträgt:

$$\begin{aligned} Einkommen &= (p_1 - k_1) x_1 + (p_2 - k_2) x_2 \\ &= (2 - 2{,}5) x_1 + (6 - 3{,}5) x_2 \\ &= -0{,}5 x_1 + 2{,}5 x_2 \end{aligned}$$

Mit dem Verkauf jeder Weinflasche der Sorte 1 verliert G $0,5\,GE$, wohingegen er sein Eigenkapital mit jeder Flasche der Sorte 2 um $2,5\,GE$ steigert. Der gesamte Term beschreibt das Ergebnis der Aktion a_1, der linke Summand die Eigenkapitalkonsequenzen, die speziell mit der Aktion a_2 verbunden sind, und der rechte Summand diejenigen der Aktion a_3.

Der Verkauf jeder einzelnen Flasche der Weinsorte 2 trägt mit $6\,GE$ - $3,5\,GE = 2,5\,GE$ zur Deckung der Kosten bei, die für die Weinflaschen nicht einzeln messbar waren. Sind diese Kosten bereits gedeckt, so entsteht in dieser Höhe ein positives Einkommen. Man sagt auch, die Weinsorte 2 trage mit einem Beitrag von $2,5\,GE$ je Flasche zur Deckung der beschäftigungsfixen Kosten bzw. zur Entstehung von Einkommen bei, sie besitze einen Deckungsbeitrag von $2,5\,GE$ je Flasche. Der Deckungsbeitrag der Weinsorte 2 während des Abrechnungszeitraums beläuft sich auf $250000\,GE$. Der Verkauf jeder einzelnen Flasche der Weinsorte 1 erhöht dagegen den Verlust um $0,5\,GE$.

Beitrag zum Einkommen

6.4.2 Entscheidungen und internes Rechnungswesen

In der Fachliteratur zur Kostenrechnung wird die Frage ausführlich diskutiert, ob man aus stückbezogenen Einkommensgrößen, z. B. aus dem Beitrag einer Einheit zum Einkommen, dem so genannten Stückgewinn oder dem so genannten Stückdeckungsbeitrag, auf die Vorteilhaftigkeit der Fertigung und des Verkaufs von Erzeugnissen und Dienstleistungen schließen kann. Unter dem Stückgewinn einer Erzeugniseinheit wird dabei regelmäßig die Differenz zwischen dessen Marktpreis und dem nach einem Finalprinzip ermittelten Wert der Herstellungskosten je Erzeugniseinheit verstanden. Derartige Herstellungskosten enthalten i. A. Kosten, die bei der Produktion während eines Abrechnungszeitraums anfallen, deren Höhe jedoch nicht von der Produktionsmenge des Abrechnungszeitraums abhängt, die also beschäftigungsfixe Kosten darstellen. Unter dem Deckungsbeitrag wird dagegen die Differenz zwischen dem Marktpreis einer Erzeugniseinheit und den nach dem Marginalprinzip ermittelten Herstellungskosten je Erzeugniseinheit verstanden. Derartige Herstellungskosten umfassen nur die für jede Erzeugniseinheit direkt messbaren Kosten; in Abrechnungszeiträumen handelt es sich um die beschäftigungsvariablen Kosten.

Gibt es stückbezogene Einkommensgrößen, deren Maximierung zu maximalem Einkommen während eines Abrechnungszeitraums führt?

Es ist unbestritten, dass langfristig sämtliche Kosten eines Abrechnungszeitraums – beschäftigungsvariable wie beschäftigungsfixe – gedeckt werden müssen. Bei langfristigen Entscheidungen müssen daher beide Arten eine Rolle spielen. Unstrittig ist auch, dass Kostenrechnungsdaten für langfristige Entscheidungen nur Annäherungsrechnungen sind. Der Grund liegt darin, dass in langfristigen Betrachtungen Geldbeträge, die zu

Lassen sich Daten der Kostenrechnung sinnvoll für langfristige Entscheidungen heranziehen?

unterschiedlichen Zeitpunkten zu- oder abfließen, für einen Entscheider von unterschiedlichem Wert sind. Die zur Berücksichtigung solcher Unterschiede folgende Auf- oder Abzinsung zukünftiger Zahlungen lässt sich aber nicht für Kosten, sondern nur für Zahlungen sinnvoll definieren. Ferner ist unbestritten, dass bei Entscheidungsproblemen innerhalb eines Abrechnungszeitraums nur diejenigen Kosten des Abrechnungszeitraums eine Rolle spielen dürfen, die sich durch die Entscheidung ändern oder die im Entscheidungskontext anders verarbeitet werden. Derartige kurzfristige Entscheidungen sind i.d.R. auf eine gegebene Ausstattung mit Fertigungskapazitäten beschränkt. Daher ziehen sie meist nur eine Veränderung der beschäftigungsvariablen Kosten eines Abrechnungszeitraums nach sich. Die beschäftigungsfixen Kosten eines Abrechnungszeitraums beruhen meist auf langfristigen Entscheidungen über die Kapazitäten. Als Folge dieser Überlegungen sollten Kostenrechnungsdaten für kurzfristige Entscheidungen, solche auf Basis gegebener Kapazitäten, herangezogen werden. Die Konsequenz für die Herstellungskostenermittlung besteht darin, für solche Entscheidungen das Marginalprinzip zu verwenden.

Eignung des Stückdeckungsbeitrages zur Maximierung des Einkommens, wenn kein Engpass vorliegt

Es kann gezeigt werden, dass das Einkommen eines Abrechnungszeitraums durch die Auswahl von zu fertigenden Erzeugnissen auf der Basis von stückbezogenen Größen unter bestimmten Bedingungen maximiert werden kann. Sind die Fertigungskapazitäten des Unternehmens nicht ausgelastet, bei freien Kapazitäten also, führen Herstellung und Verkauf aller Erzeugnisse, die ein positives Einkommen, einen so genannten Stückdeckungsbeitrag aufweisen, zum optimalen Einkommen während eines Abrechnungszeitraums.

Eignung des Stückdeckungsbeitrages je Engpasseinheit zur Maximierung des Einkommens, wenn ein einziger Engpass vorliegt

Sind die Kapazitäten ausgelastet (Engpasssituation), so können von einem bestimmten Erzeugnis nur dann mehr Einheiten hergestellt und verkauft werden, wenn gleichzeitig von einem anderen Erzeugnis weniger Einheiten erzeugt und verkauft werden. Ein solcher Wechsel der Nutzung von Kapazitäten lohnt sich nur, wenn die Summe der Stückdeckungsbeiträge der mehr hergestellten und verkauften Erzeugnisse größer ist als die Summe der entfallenden Stückdeckungsbeiträge der in geringerer Zahl hergestellten und verkauften Erzeugnisse. Für den Fall eines einzigen Engpasses gelangt man zum einkommensoptimalen Produktions- und Verkaufsprogramm, wenn man die Vorziehenswürdigkeit der Erzeugnisse entsprechend dem Deckungsbeitrag der Erzeugnisse je Einheit des Engpasses bestimmt. Bei Vorhandensein mehrerer Engpässe versagt die Kostenrechnung ihre Entscheidungsunterstützung. Es bleibt dann nur eine Lösung im Rahmen der linearen Optimierung. Allerdings bietet das Ergebnis einer solchen Analyse im Rahmen der linearen Optimierung nicht nur die für die Zusammenstellung des optimalen Produktions- und Verkaufsprogramms benötigten Kostdaten, sondern ebenfalls das optimale Produktions- und Verkaufsprogramm selbst. Einer Programmbestimmung mit Kostenrechnungsdaten bedarf es dann nicht mehr.

Die Zusammenhänge seien an einem Beispiel erläutert und vertieft.

Sachverhalt eines Beispiels

Ein Unternehmen erzeugt und verkauft die Erzeugnisse A, B und C zu den in Abbildung 6.16 wiedergegebenen Bedingungen. Die Nachfrage ist aber deutlich höher. Sie übersteigt sogar die maximale Produktionsmenge des Unternehmens. Diese ist durch die Kapazität der Maschinen auf 600 Stunden im Monat beschränkt. Deswegen können nur alternativ höchstens die Mengen aus Abbildung 6.17 gefertigt werden. Die Kosten, die anfallen, belaufen sich auf $4216600\,GE$ je Monat; allerdings können sie nicht für die einzelnen Erzeugnisse gemessen werden.

	Erzeugnisse		
	A	B	C
Erlös je Einheit	$750\,GE$	$820\,GE$	$910\,GE$
Beschäftigungsvariable Kosten je Einheit	$660\,GE$	$720\,GE$	$800\,GE$
Beitrag zum Einkommen je Einheit	90	100	110
Tatsächliche Produktions- und Absatzmenge	25 000 Stück	13 332 Stück	5 000 Stück

Abbildung 6.16: Ermittlung des Einkommens je Einheit der einzelnen Erzeugnisse bei Verwendung eines Marginalprinzips

	Erzeugnisse		
	A	B	C
Menge	50 000 Stück	40 000 Stück	30 000 Stück
Anzahl/Stunde	83,33 Stück je Stunde	66,66 Stück je Stunde	50,00 Stück je Stunde

Abbildung 6.17: Maximale alternative Fertigungsmengen und deren benötigte Fertigungszeit

Man erwägt die Umstellung der Produktion auf nur noch eine einzige Produktart, um das Einkommen im Abrechnungszeitraum zu maximieren. Es wird nun diskutiert, auf welches Erzeugnis man sich konzentrieren soll; zeigt sich doch bei Verteilung der Kosten in Höhe von $4216600\,GE$ mit Hilfe eines Finalprinzips auf die Erzeugnisse (Abbildung 6.18) eine andere Rangfolge der Erzeugnisse bezüglich des Einkommens je Einheit als in Abbildung 6.16 die auf der Anwendung des Marginalprinzips bei der Ermittlung der Herstellungskosten beruhte.

	Erzeugnisse		
	A	B	C
Erlös je Einheit	$750\,GE$	$820\,GE$	$910\,GE$
beschäftigungsvariable und anteilige beschäftigungsfixe Kosten je Einheit	$780\,GE$	$770\,GE$	$910\,GE$
Beitrag zum Einkommen je Einheit	$-30\,GE$	$+50\,GE$	$0\,GE$

Abbildung 6.18: Ermittlung des Einkommens je Einheit der einzelnen Erzeugnisse bei Verwendung eines Finalprinzips

Problemstellungen

Wir benutzen das Beispiel, um uns zu verdeutlichen,

- wie die Zielfunktion und die möglichen Aktionen des Unternehmens aussehen,
- welche Ergebnisse mit den möglichen Aktionen verbunden sind und
- wie man die optimale Entscheidung auch auf Basis stückbezogener Größen hätte herleiten können.

Vertiefung der Ausführungen anhand des Beispiels

Grundlagen der Lösung

Idee Für die Einkommensermittlung wird unterstellt, dass die Kosten, die sich nicht einzeln für die Erzeugnisse messen lassen, den Erzeugnissen nicht zugerechnet, sondern als »restliche« Kosten behandelt werden.

Zielfunktion

Einkommens-maximierung Das Unternehmen strebt die Maximierung des Einkommens im Abrechnungszeitraum an. Es geht darum, dieses Einkommen E zu bestimmen. Dieses kann man wie folgt berechnen:

$$E = \sum_{i=1}^{3} (p_i x_i - k_i x_i) - K,$$

wobei i die drei verschiedenen Erzeugnisse, p_i die Erlöse je Erzeugniseinheit, k_i die nach dem Marginalprinzip ermittelten Herstellungskosten je Erzeugniseinheit, x_i die jeweils hergestellten und abgesetzten Mengen der einzelnen Erzeugnisse und K die Kosten je Monat repräsentieren, die sich einer erzeugnisbezogenen Messung entziehen.

Mögliche Aktionen und Ergebnisse

Aktionen Gemäß Aufgabenstellung ergeben sich vier Aktionsmöglichkeiten:

a_1 : Beibehaltung des aktuellen Produktions- und Absatzprogramms

a_2 : Beschränkung auf Erzeugnis A

a_3 : Beschränkung auf Erzeugnis B

a_4 : Beschränkung auf Erzeugnis C

Mit den Aktionen verbundene Ergebnisse Ergebnis der Aktion a_1: Beibehaltung des aktuellen Programms

6.4 Entscheidungsorientierte Beurteilung der Rechnungen

	Preis je Stück	Kosten je Stück	Menge	Wert
Umsatz				
Erzeugnisart A	750		25 000	18 750 000
Erzeugnisart B	820		13 332	10 932 240
Erzeugnisart C	910		5 000	4 550 000
Herstellungskosten				
Erzeugnisart A		660	25 000	16 500 000
Erzeugnisart B		720	13 332	9 599 040
Erzeugnisart C		800	5 000	4 000 000
Erzeugnisunabhängige Kosten				4 216 600
Einkommen im Abrechnungszeitraum				−83 400

Ergebnis der Aktion a_2: Beschränkung auf Erzeugnis A

	Preis je Stück	Kosten je Stück	Menge	Wert
Umsatz				
Erzeugnisart A	750		50 000	37 500 000
Herstellungskosten				
Erzeugnisart A		660	50 000	33 000 000
Erzeugnisunabhängige Kosten				4 216 600
Einkommen im Abrechnungszeitraum				283 400

Ergebnis der Aktion a_3: Beschränkung auf Erzeugnis B

	Preis je Stück	Kosten je Stück	Menge	Wert
Umsatz				
Erzeugnisart B	820		40 000	32 800 000
Herstellungskosten				
Erzeugnisart B		720	40 000	28 800 000
Erzeugnisunabhängige Kosten				4 216 600
Einkommen im Abrechnungszeitraum				-216 600

Ergebnis der Aktion a_4: Beschränkung auf Erzeugnis C

	Preis je Stück	Kosten je Stück	Menge	Wert
Umsatz				
Erzeugnisart C	910		30 000	27 300 000
Herstellungskosten				
Erzeugnisart C		800	30 000	24 000 000
Erzeugnisunabhängige Kosten				4 216 600
Einkommen im Abrechnungszeitraum				−916 600

Vergleich der Aktionen anhand ihrer Ergebnisse

Es zeigt sich, dass Aktion a_2 den höchsten Beitrag zum Einkommen des Abrechnungszeitraums bringt. Man sollte sich also im Sinne der Zielfunktion für diese Aktion entscheiden.

Entscheidung anhand stückbezogener Größen

Problematik der Verwendung stückbezogener Größen

Die Entscheidung lässt sich auf Basis stückbezogener Größen treffen, wenn diese aus der Zielfunktion des Unternehmens hergeleitet werden. Wie man aus dem Beispiel erkennt, führt die Entscheidung zur Fertigung des Erzeugnisses mit dem höchsten Beitrag je Stück zum Einkommen weder bei Verwendung des Marginalprinzips (Erzeugnis C), noch bei Verwendung eines Finalprinzips (Erzeugnis B) zum höchsten Einkommen im Abrechnungszeitraum; die Entscheidung für Erzeugnis A erwies sich als überlegen. Offensichtlich entspricht die Zielsetzung, das Erzeugnis mit dem wie auch immer definierten Beitrag je Stück zum Einkommen zu fertigen, nicht der Zielsetzung, dasjenige Erzeugnis zu fertigen, bei dem sich das höchste Einkommen im Abrechnungszeitraum einstellt.

Keine (einkommens-)optimale Entscheidung bei Vernachlässigung des Engpasses

In der Zielsetzung geht es um das Einkommen des Abrechnungszeitraums, das mit der Nutzung der Maschine während des Zeitraums von 600 Maschinenstunden erreicht werden kann. Bei Verwendung des Beitrags je Stück zum Einkommen als Entscheidungskriterium wird aber keine Verknüpfung mit einem Zeitraum hergestellt. Weil die Fertigung der drei Erzeugnisse zudem unterschiedlich viel Maschinenzeit in Anspruch nimmt, sind die Beiträge zum Einkommen je Erzeugniseinheit hinsichtlich ihrer Wirkung auf das Einkommen des Abrechnungszeitraums nicht miteinander vergleichbar. Bei der Auswahl einer Erzeugnisart nach ihrem Beitrag zum Einkommen hat man somit einen eigentlich unzulässigen Vergleich vorgenommen. Es ist nicht verwunderlich, dass sich durch Vergleich des Beitrags zum Einkommen je Stück nicht die optimale Entscheidung ergeben hat.

Zeit als Engpass

Betrachtet man die Zeit von 600 Stunden als den Engpass, so lässt sich der Beitrag zum Einkommen je Stück auf zwei Arten mit der Zeit in Verbindung bringen: Die eine Art besteht darin, den Beitrag zum Einkommen durch eine Erzeugniseinheit umzurechnen in das Einkommen, das je Zeiteinheit mit diesem Erzeugnis erzielt werden kann. Dabei nimmt man eine inputbezogene Umrechnung vor. Die andere Art besteht darin, den Beitrag einer Erzeugniseinheit so umzurechnen, dass er sich auf den Zeitbedarf eines Referenzerzeugnisses bezieht. Diese Umrechnung kann man als outputbezogen bezeichnen. Soll das Ergebnis nicht von der unvermeidlichen Willkür bei Verwendung eines Finalprinzips beeinträchtigt werden, ist die Umrechnung in beiden Fällen mit einem unter der Annahme des Marginalprinzips ermittelten Beitrag einer Erzeugniseinheit zum Einkommen vorzunehmen, der auch als Deckungsbeitrag bezeichnet wird.

6.4 Entscheidungsorientierte Beurteilung der Rechnungen

Die inputbezogene Umrechnung des Beitrags einer Erzeugniseinheit zum Einkommen kann beispielsweise dadurch erfolgen, dass man die Beträge je Einheit, etwa je Minute oder je Stunde, der zur Verfügung stehenden knappen Maschinenzeit ermittelt. Man spricht dann vom »engpassspezifischen Deckungsbeitrag je Erzeugniseinheit«. Bei Umrechnung auf eine Stunde erhält man die Ergebnisse der Abbildung 6.19. Es zeigt sich, dass die zur Verfügung stehende Maschinenzeit durch die Fertigung von Erzeugnis A im Hinblick auf das Einkommen am besten genutzt wird.

Inputbezogene Rechnung

		Erzeugnisse		
		A	B	C
	Stück je Stunde	83,33	66,66	50
*	Einkommen je Stück (Deckungsbeitrag je Stück)	90	100	110
=	Einkommen je Stunde (Deckungsbeitrag je Stunde)	7499,70	6666	5500

Abbildung 6.19: Inputbezogene Umrechnung von Deckungsbeiträgen zu einem Vorteilhaftigkeitsmaß

Eine outputbezogene Umrechnung vom Beitrag zum Einkommen je Erzeugniseinheit kann man im Beispiel dadurch vornehmen, dass man die Beiträge der Erzeugnisse B und C zum Einkommen (Deckungsbeiträge der Erzeugnisse B und C) jeweils auf den Zeitbedarf für die Fertigung einer Einheit von A umrechnet. Zur Fertigung einer einzigen Einheit von A werden 0,72 Minuten benötigt. In dieser Zeit könnten von Erzeugnis B 0,8 Stück und von Erzeugnis C 0,6 Stück gefertigt werden. Man erhält das in Abbildung 6.20 angegebene Ergebnis.

Outputbezogene Rechnung

		Erzeugnisse		
		A	B	C
	Zeitbedarf in Minuten	1/83,33 Stück/h= 0,012h/Stück	1/66,66 Stück/h= 0,015 h/Stück	1/50,00 Stück/h= 0,020 h/Stück
	Zeitbedarf, ausgedrückt in Zeitbedarf für 1 Stück A	1,00	0,80	0,60
*	Einkommen je Stück (Deckungsbeitrag je Stück)	90	100	110
=	Einkommen je Stück, das im Zeitraum der Fertigung einer Einheit von A alternativ erzielt werden kann (Deckungsbeitrag bei Fertigung von einer Einheit von A)	90	80	66

Abbildung 6.20: Outputbezogene Umrechnung von Deckungsbeiträgen zu einem Vorteilhaftigkeitsmaß

Man erkennt, dass man die optimale Entscheidung auch auf Basis stückbezogener Größen hätte herleiten können.

Andere Größen als Engpass

Wenn nicht die Zeit, sondern irgend eine andere Größe den Engpass darstellt, sind die Überlegungen analog auf die andere Engpasseinheit zu beziehen. Stellt beispielsweise ein Rohstoff den Engpass dar, so findet man die einkommensmaximale Verwendung des Rohstoffes durch eine Analyse des Enpasses je Rohstoffeinheit analog zu den dargestellten Rechnungen. Bei mehr als einem einzigen Engpass funktioniert das Vorgehen allerdings nicht mehr so einfach, sondern nur mittels Verfahren der linearen Optimierung.

6.4.3 Entscheidungen im Break-even-Modell

Zeitraumbezogene Betrachtung

Viele Entscheidungsprobleme lassen sich – wie im vorangehenden Abschnitt gesehen – durch Auswertung von Zusammenhängen zwischen *Erlösen*, *Kosten* und *Einkommen* mit der Beschäftigung lösen. Bei einer zeitraumbezogenen Betrachtung bereitet es keine Schwierigkeiten, die Handlungsmöglichkeiten, die Umweltzustände mit ihren Wahrscheinlichkeiten und die Ergebnisse hinsichtlich des Zieles und der Präferenzen des Entscheidungsträgers zu bestimmen. Daher wird im Folgenden dieser formale Akt vernachlässigt. Die Überlegungen lassen sich für lineare und nicht-lineare Zusammenhänge anstellen. Wir behandeln den linearen Fall.

Beschäftigung als wesentliche Einflussgröße

Eine lineare Beziehung liegt vor, wenn man *Erlös*, *Kosten* und *Einkommen* als lineare Funktionen von der Beschäftigung darstellen kann. In der Realität werden neben der Beschäftigung andere Einflussgrößen eine Rolle bei der Erklärung von Erlösen und Kosten spielen. Kennt man diese Einflussgrößen, so kann man die im Folgenden beschriebene Methode entsprechend erweitern.

Annahmen der Break-even-Analyse

Es sei angenommen, dass ein Unternehmen nur eine einzige Produktart fertigt und dass der Erlös sich aus dem Produkt von Produktpreis je Einheit und Beschäftigung ergebe. Ferner sei angenommen, dass die Kosten eines Abrechnungszeitraums sich aus beschäftigungsunabhängigen Kosten und beschäftigungsabhängigen Kosten zusammensetzen, letztgenannte ermittelt aus dem Produkt von beschäftigungsvariablen Kosten je Produkteinheit und Beschäftigung. Auf Basis dieser Annahmen lassen sich auf einfache Art eine Menge von Daten ermitteln, deren Kenntnis für viele unterschiedliche Entscheidungsprobleme hilfreich sein kann. Dazu zählen Entscheidungen über die Beschäftigung ebenso wie Entscheidungen über Preise und Kosten. Insbesondere interessieren die jeweiligen Konsequenzen für das Einkommen. Einige der vielen möglichen Fragen seien genannt:

- Ab welcher Beschäftigung wird bei sonst gleichen Bedingungen Einkommen erzielt?
- Wie verändert sich das Einkommen, wenn bei sonst gleichen Bedingungen der Verkaufspreis je Absatzeinheit variiert wird?
- Wie ändert sich das Einkommen, wenn sich die einer Erzeugniseinheit direkt zurechenbaren beschäftigungsvariablen Kosten ändern?

6.4 Entscheidungsorientierte Beurteilung der Rechnungen

- Wie ändert sich das Einkommen, wenn sich die beschäftigungsunabhängigen Kosten ändern?

Bei den genannten Fragen geht es immer um die Auswertung eines linearen Modells, das wir oben bereits kennen gelernt haben. Das Modell unterstellt in seiner einfachen Form ein Unternehmen, das in einem Abrechnungszeitraum nur eine einzige Produktart herstellt. Der Erlös besteht aus dem Umsatz, der sich aus der Multiplikation des Preises p mit der Menge x, zu px ergibt. Andere Erlöse werden vernachlässigt. Die Kosten des Abrechnungszeitraums setzen sich aus denjenigen zusammen, die für die verkauften Erzeugnisse angefallen sind, ermittelt als Herstellungskosten je Stück k multipliziert mit der Menge zu kx und aus den sonstigen Kosten K. Formelmäßig geht es um die Analyse des Zusamenhangs

Formelmäßiger Zusammenhang

$$Einkommen = px - kx - K = (p-k)x - K.$$

Die Beschäftigung, ab der Einkommen entsteht, wird *Gewinnschwellen-Beschäftigung*, toter Punkt, Kostendeckungspunkt oder *Break-even-Punkt* genannt. Die Berechnung des *Break-even-Punktes* eines Unternehmens kann im Prinzip auf zwei eng miteinander verbundene Arten erfolgen. Diejenige Menge x, die zum Einkommen von 0 führt, kennzeichnet den Break-even-Punkt. Wird eine geringere Menge abgesetzt, so ergibt sich ein Verlust; bei einer größeren Menge erhält man einen Gewinn. Aus

Break-even-Beschäftigung

$$0 = px - kx - K = (p-k)x - K$$

ergibt sich diejenige Absatzmenge x, die zu einem Einkommen von E = 0 führt:

$$x = \frac{K}{p-k}$$

Der *Break-even-Punkt* lässt sich nicht nur in Stückzahlen, sondern auch in Umsatzeinheiten ausdrücken. Das hat den Vorteil, dass man die Analyse auch für Unternehmen durchführen kann, die mehr als eine einzige Produktart herstellen und vertreiben. Man nimmt nun an, dass mehrere Produktarten gefertigt und veräußert werden – wenn auch in einem konstanten Verhältnis zueinander. Die umsatzbezogene Formulierung des Modells wird erreicht, indem man mit dem Umsatz anstatt mit der Stückzahl rechnet. Dazu ist die Gleichung auf beiden Seiten mit dem Preis zu multiplizieren. Zum *Break-even-Umsatz* gelangt man somit, indem man die Gleichung entsprechend umformt. Aus

Variation: Break-even-Umsatz

$$xp = \frac{K}{p-k} \cdot p = \frac{K}{1 - \frac{k}{p}}$$

ergibt sich dann der so genannte *Break-even-Umsatz*. Zur Ermittlung des *Break-even-Umsatzes* genügt es also, neben den beschäftigungsfixen Kosten den Anteil der beschäftigungsvariablen Kosten je Stück am Stückpreis zu kennen.

Deckungsbeitragsorientierte Berechnungsart

Eine zweite Art der Berechnung des Break-even-Punktes geht nicht von der Einkommensrechnung aus, sondern von der Überlegung, dass die Summe der Einkommen aus den Verkauf (Deckungsbeiträge d multipliziert mit der verkauften Erzeugnismenge x) der Summe aus restlichen Kosten des Abrechnungszeitraums K und dem Einkommen entspricht. Man erhält mit

$$dx = K + Einkommen$$

eine Gleichung, deren Lösung nach x für $Einkommen = 0$ und $d = p - k$ den gleichen Ausdruck für die *Break-even-Menge* ergibt wie der oben beschriebene Ansatz zur Ermittlung der *Break-even-Menge*. Eine deckungsbeitragsorientierte Berechnung des *Break-even-Umsatzes* kann wiederum durch Multiplikation der Gleichung mit p erfolgen.

Anwendung auf Zielgewinn

Die Kenntnis der Zusammenhänge lässt sich für viele andere Fragestellungen nutzen. Möchte man anstatt des *Break-even-Punktes* diejenige Beschäftigung errechnen, bei der sich ein bestimmtes Einkommen E^* ergibt, so braucht man die oben angegebenen Gleichungen nur für $E = E^*$ nach x bzw. nach px aufzulösen. Stellt man dabei noch auf ein bestimmtes Einkommen E^* nach Besteuerung des Einkommens E mit dem Steuersatz s ab, so sind die Gleichungen für

$$E = \frac{E^*}{1 - s}$$

zu lösen. Die Konsequenzen einer Änderung der Kosten K für das Einkommen oder den *Break-even-Punkt* lassen sich ebenso berechnen wie die entsprechenden Konsequenzen bei Variation der stückbezogenen Kosten k oder des Stückpreises p; auch sind die Konsequenzen einer Änderung der Beschäftigung x für das Einkommen ermittelbar.

Annahmen des Verfahrens

Das dargestellte Verfahren beruht auf einigen Annahmen. So müssen die gesamten Kosten in ihren beschäftigungsfixen und beschäftigungsvariablen Teil aufspaltbar sein. Umsätze und gesamte Kosten sollten mit der Beschäftigung in dem Bereich linear variieren, der als relevant für Variationen angesehen wird. Das Unternehmen darf nur eine einzige Produktart oder ein ständig gleichbleibendes Bündel von Produktarten fertigen. Umsätze, Kosten und Beschäftigung dürfen nicht mit Unsicherheit behaftet sein. Alle Umsätze und Kosten müssen sich ohne Berücksichtigung des Zeitwertes des Geldes aggregieren lassen.

Modifikationen des Verfahrens

Viele dieser Annahmen kann man vermeiden, wenn man das Verfahren modifiziert und erweitert. So kann man bei Vorliegen nicht-linearer Zusammenhänge so vorgehen, dass man den *Break-even-Punkt* als Schnittpunkt nicht-linearer Funktionen ermittelt. Meist werden die nicht-linearen

Erlös- und Kostenfunktion jedoch mehr als einen Schnittpunkt aufweisen. Man hat hinzunehmen, dass die Bestimmung eines Schnittpunktes nur in Sonderfällen eindeutig erfolgen kann. In der Praxis wird man die damit zusammenhängenden Probleme dadurch umgehen, dass man lineare Funktionen als eine Approximation der nicht-linearen Funktionen auffasst und die Analyse auf Basis der linearen Funktionen vornimmt. Ein solches Vorgehen dürfte immer dann zulässig sein, wenn die linearen Funktionen die nicht-linearen gut approximieren. Das dürfte wiederum meistens der Fall sein, wenn man die Analyse auf den für Beschäftigungsvariationen relevanten Bereich von Beschäftigungsänderungen beschränkt. Man hat dann allerdings hinzunehmen, dass der errechnete *Break-even-Punkt* nicht mehr genau feststellbar ist. Es bleibt aber immerhin noch die Erkenntnis, dass eine Variation der Beschäftigung einkommenserhöhend oder einkommensverringernd wirkt.

Die Möglichkeiten des Einsatzes des *Break-even-Modells* bei der Entscheidungsunterstützung sei im Folgenden anhand eines Beispiels vertieft.

Sachverhalt eines Beispiels

Ein Unternehmen stellt während eines Abrechnungszeitraums eine einzige Erzeugnisart her. Dabei fallen im Abrechnungszeitraum beschäftigungsfixe Kosten in Höhe von $24000\,GE$ und beschäftigungsvariable Kosten in Höhe von $12\,GE$ je Erzeugniseinheit an. Die Erzeugnisse können zu einem Stückpreis von $20\,GE$ am Markt abgesetzt werden. Für das Unternehmen gilt ein Einkommensteuersatz von $20\,\%$.

Problemstellungen

Wir wollen uns anhand des Beispiels verdeutlichen, wie man

- in der gegebenen Situation den Break-even-Punkt bestimmen kann,
- in der gegebenen Situation den Break-even-Umsatz bestimmen kann,
- mit Hilfe des Break-even-Modells eine Beschäftigungs- bzw. Absatzmenge des Unternehmens bestimmen kann, bei der das Unternehmen ein bestimmtes (positives) Einkommen erzielt und
- die Besteuerung des Einkommens eines Unternehmens im Break-even-Modell berücksichtigen kann.

Vertiefung der Ausführungen anhand des Beispiels

Grundlagen der Lösung

Bei einem *Break-even-Modell* handelt es sich um einen linearen Zusammenhang zwischen Erlösen, beschäftigungsvariablen Kosten, beschäftigungsfixen Kosten, dem Einkommen und der Beschäftigung während

Idee: Anwendung des Break-even-Modells

eines Abrechnungszeitraums. In der einfachen Form des Modells wird ein Unternehmen mit einer einzigen Produktart in einem Abrechnungszeitraum betrachtet. Durch geeignete Umstellung des formalen Zusammenhangs, der das Modell beschreibt, können verschiedene Informationswünsche erfüllt werden.

Ermittlung des Break-even-Punktes

Vorgehen Zur Ermittlung des *Break-even-Punktes* in einer gegebenen Datenkonstellation muss man sich den formalen Zusammenhang des *Break-even-Modells* vor Augen führen. Dieser ergibt sich unter Beibehaltung der oben gewählten Notationen zu:

$$Einkommen = px - kx - K = (p-k)x - K \ .$$

Dabei wird die Differenz aus Marktpreis und beschäftigungsvariablen Kosten $(p-k)$ als Stückdeckungsbeitrag bezeichnet. Als *Break-even-Punkt* wird diejenige Beschäftigungsmenge bezeichnet, ab der positives Einkommen entsteht. Dabei wird angenommen, dass diese Beschäftigungsmenge zu einem bekannten Marktpreis abgesetzt werden kann. Rechnerisch bestimmt man diese Beschäftigungsmenge, indem man diejenige Menge ermittelt, bei der das Einkommen gleich null ist.

Berechnung Im vorliegenden Beispiel würde die Berechnung des *Break-even-Punktes* für $p = 20\,GE$, $k = 12\,GE$ und $K = 24\,000\,GE$ zu folgendem Ergebnis führen:

$$(20 - 12) \cdot x - 24000 = 0 \quad \text{und daraus hergeleitet}$$

$$x = 3000 \ .$$

Ab einer Beschäftigungsmenge von mehr als 3 000 Erzeugnissen würde das Unternehmen positives Einkommen erzielen, weil mit dem Absatz der 3 000-ten Einheit die beschäftigungsfixen Kosten vollständig gedeckt sind.

Ermittlung des Break-even-Umsatzes

Berechnung des Break-even-Umsatzes Möchte man den *Break-even-Punkt* nicht nur in Stückzahlen sondern auch in Umsatzeinheiten ausdrücken, berechnet man den *Break-even-Umsatz*. Dazu ist lediglich die Formel auf beiden Seiten mit dem Absatzpreis zu multiplizieren. Es ergäbe sich gemäß der Formel

$$xp = \frac{K}{1 - \frac{k}{p}}$$

und der Daten des Beispiels ein *Break-even-Umsatz* von $60\,000\,GE$.

Ermittlung der Beschäftigungsmenge zur Erzielung eines bestimmten Einkommens ohne Berücksichtigung von Steuern

Es sei angenommen, das Unternehmen möchte einen Gewinn in Höhe von $16000\,GE$ im Abrechnungszeitraum erzielen, um die Interessen der Eigenkapitalgeber zu befriedigen. Von steuerlichen Aspekten sei dabei zunächst abstrahiert. Es stellt sich die Frage, mit welcher Beschäftigungsmenge das angegebene Einkommen erzielt werden kann. Zur Beantwortung dieser Frage kann man wieder auf den eingangs dargestellten formalen Zusammenhang zurückgreifen:

Rechnung für ein Einkommensziel

$$Einkommen = px - kx - K = (p-k)x - K\,.$$

Wenn man in die Formel das gewünschte Einkommen in Höhe von $16000\,GE$ einsetzt, kann man sie so umformen, dass man das folgende Ergebnis erhält:

$$x = 5000\,.$$

Dieses Einkommen ergibt sich in der gewünschten Höhe, wenn tatsächlich die Erzeugnismenge von 5000 Stück abgesetzt wird.

Ermittlung der Beschäftigungsmenge zur Erzielung eines bestimmten Einkommens unter Berücksichtigung von Steuern

Auch hier sei angenommen, das Unternehmen möchte einen Gewinn in Höhe von $16000\,GE$ im Abrechnungszeitraum erzielen, um die Interessen der Eigenkapitalgeber zu befriedigen. Allerdings soll jetzt bei der Ermittlung der notwendigen Beschäftigungsmenge berücksichtigt werden, dass das Einkommen des Unternehmens mit einem Steuersatz s in Höhe von 20% besteuert wird. Der vom Unternehmen angestrebte Gewinn muss nun dem Einkommen nach Steuern E^* entsprechen. Dies kann formelmäßig wie folgt abgebildet werden:

Berücksichtigung der Einkommensteuer

$$(1-s)\cdot E = E^*\,.$$

Ersetzt man in dieser Formel die Variablen durch die Werte des Beispielsachverhaltes, so erhält man:

$$(1-0,2)\cdot E = 16000\,.$$

Das zu versteuernde Einkommen E ergibt sich demnach zu $20000\,GE$. Es stellt sich die Frage, mit welcher Beschäftigungsmenge dieses zu versteuernde Einkommen erzielt werden kann. Zur Beantwortung der Frage kann man auch hier auf den eingangs dargestellten formalen Zusammenhang zurückgreifen:

$$Einkommen = px - kx - K = (p-k)x - K\,.$$

Wenn man in der Formel das zu versteuernde Einkommen in Höhe von 20 000 GE einsetzt, erhält man durch Umformung das folgende Ergebnis:

$$x = 5500\,.$$

Es sei abermals darauf hingewiesen, dass auch das zu versteuernde Einkommen nur in der gewünschten Höhe zustande kommt, wenn tatsächlich die Erzeugnismenge von 5 500 Stück abgesetzt wird.

6.5 Zusammenfassung

Im vorliegenden Abschnitt haben wir uns mit der Frage auseinandergesetzt, wie eine Artenrechnung und eventuell eine Stellenrechnung aufgebaut sein sollten, um einer Trägerrechnung bestmöglich zu dienen.

Wir haben festgestellt, dass zunächst bestimmt werden muss, welche Form einer Trägerrechnung mit welcher Art von Zurechnungsprinzip durchgeführt werden soll. Daraus ergibt sich, wie die Artenrechnung aufzubauen ist und ob eine Stellenrechnung nötig wird oder nicht.

Die Artenrechnung hat so zu erfolgen, dass sich die Erträge und Kosten sowohl der Erzeugniseinheit als auch des Abrechnungszeitraums in der Unterteilung ergeben, die von der Trägerrechnung verlangt wird. Eine Trägerrechnung, die beispielsweise zwischen Einzel- und Gemeinkosten von Kostenträgern unterscheidet, erfordert eine Artenrechnung, welche die Einzel- und Gemeinkosten der Kostenträger liefert. Die Anforderungen an die Artenrechnung ergeben sich aus den Anforderungen der Trägerrechnung.

Wir haben beschrieben, dass die Artenrechnung bei Verwendung eines Finalprinzips und Stückbetrachtung i.d.R. zu trennen hat zwischen den Kosten, die den Trägern direkt zugerechnet werden und denen, die sich nur als statistische Durchschnittswerte ermitteln lassen. Hier kommt je nach gewünschter Rechengenauigkeit auch eine Stellenrechnung ins Spiel. Bei Betrachtung eines Abrechnungszeitraums können die Durchschnittsbildung und die Stellenrechnung entfallen; die Notwendigkeit zur gedanklichen Trennung in direkt zurechenbare und nicht direkt zurechenbare Kosten in der Artenrechnung ist nicht zwingend, erhöht aber formal den Aussagegehalt.

Wir haben auch gezeigt, dass die Situation bei Verwendung eines Marginalprinzips zwar ähnlich aussieht, aber im Grunde ganz anders gelöst wird. Bei einer Stückbetrachtung sind direkt zurechenbare Kosten, die also hinsichtlich der Menge variabel sind, zu unterscheiden von nicht direkt zurechenbaren Kosten, die also hinsichtlich der Menge fix sind. Nur die direkt zurechenbaren Kosten werden den Erzeugnissen zugerechnet und in derjenigen Einkommensrechnung verrechnet, in der die Erzeugnisse verkauft werden. Die beschäftigungsfixen Kosten werden dagegen in der Einkommensrechnung desjenigen Abrechnungszeitraums angesetzt, in dem sie anfallen. Wir haben auch gesehen, dass eine Stellenrechnung, in der es um die Verteilung der Gemeinkosten von Kostenträgern auf die produzierenden Stellen geht, unterbleiben kann, weil den Erzeugnissen bei Verwendung eines Marginalprinzips ihre Gemeinkosten nicht zugerechnet werden.

Im Rahmen der Darstellung sollte deutlich geworden sein, dass die Auswahl der Trägerrechnung und des Zurechnungsprinzips vom Unternehmer entsprechend seiner Zielvorstellung vorzunehmen ist. Möchte er die Zahlen für Entscheidungen auf Basis der Kapazitäten verwenden, so spricht vieles für die Verwendung von Rechnungen auf Basis eines Marginalprinzips. Bei solchen Rechnungen kann man nämlich Entscheidungen treffen, mit denen man für viele Situationen gleichzeitig das Einkommen des Abrechnungszeitraums maximiert, eine Eigenschaft, die sich bei Verwendung eines Finalprinzips nur zufällig ergeben kann. Berücksichtigt man in Entscheidungssituationen aber auch, dass über beschäftigungsfixe Kosten disponiert werden kann, legt dies die Verwendung eines Finalprinzips nahe. In der Praxis werden beide Typen von Rechnungen – mit unterschiedlicher Gewichtung – oft miteinander kombiniert.

So kann man bei einem Marginalprinzip und so genannten freien Kapazitäten – wenn also weniger als die maximal mögliche Menge gefertigt wird – die für das Einkommen eines Abrechnungszeitraums optimale Entscheidung treffen, wenn man sich auf das Einkommen je Stück stützt. Die Ermittlung erfolgt als Preis je Stück abzüglich (direkt messbare) Herstellungskosten je Stück und entspricht damit dem in der Literatur beschriebenen »Deckungsbeitrag«. Liegt nur ein einziger Kapazitätsengpass vor, so erreicht man ebenfalls eine zu maximalem Einkommen eines Abrechnungszeitraums führende Entscheidung, wenn man sich auf das Einkommen konzentriert, das mit den Erzeugnissen bezogen auf eine Engpasseinheit erzielt wird. Bei mehr als einem einzigen Engpass versagt das Rechnungswesen allerdings die Unterstützung so komplizierter Sachverhalte. Es bleibt dann allerdings die Möglichkeit, unter Einsatz von Kostenrechnungsdaten die lineare Optimierung einzusetzen; sie liefert jedoch mit konkreten Stückzahlen ein Ergebnis, das die Kostenrechnung überflüssig macht.

6.6 Übungsmaterial

6.6.1 Zusammenfassung des Kapitels mit Fragen und Antworten

Fragen	Antworten
Inwieweit wird die Einkommensermittlung von der Wahl des Zurechnungsprinzips beeinflusst?	Wenn die Produktionsmenge von der Absatzmenge abweicht, führen Einkommensrechnungen auf Basis unterschiedlicher Zurechnungsprinzipien zu unterschiedlichem Einkommen.
Sind Einkommensrechnungen, die gemäß einem Finalprinzip der Zurechnung erstellt wurden, stets anders als solche, die gemäß einem Marginalprinzips erstellt wurden?	Im Aufbau unterscheiden sie sich immer, im Einkommen nur, wenn die Produktionsmenge von der Absatzmenge abweicht.
Für welche Art von Entscheidungen eignet sich bei Rechnungen nach dem Marginalprinzip das Einkommen einer Erzeugniseinheit, wofür das Einkommen je Engpasseinheit?	Entscheidungen auf Basis des Einkommens einer Erzeugniseinheit führen zum maximalen Einkommen eines Abrechnungszeitraums, wenn freie Kapazitäten vorliegen, Entscheidungen auf Basis des Einkommens je Engpasseinheit führen dazu, wenn ein einziger Engpass vorliegt.
Unter welchen Bedingungen kann die Verwendung stückbezogener Größen für Entscheidungen problematisch sein?	Probleme ergeben sich generell, wenn mehr als ein einziger Engpass vorliegt. Darüber hinaus kann es sein, dass man die jeweils falsche stückbezogene Größe verwendet.
Wodurch wird die Risikosituation eines Entscheidungsträgers beschrieben?	Es wird durch die Handlungsmöglichkeiten (Aktionen) des Entscheidungsträgers und durch die möglichen Umweltsituationen beschrieben, die er zu berücksichtigen hat.
Was versteht man unter den Präferenzen eines Entscheidungsträgers?	Unter Präferenzen versteht man die Einstellung des Entscheidungsträgers zu seiner Zielgröße.
Was versteht man unter dem Exklusionsprinzip? Warum wird es im Entscheidungskontext angewendet?	Das Exklusionsprinzip sollte bei der Definition der möglichen Aktionen innerhalb einer Entscheidungssituation angewendet werden. Es besagt, dass die Aktionen so definiert sein sollen, dass sie sich gegenseitig ausschließen.
Welche Ausprägungen von Unsicherheit kann man unterscheiden?	Man kann Ungewissheit sowie Risiko als Formen von Unsicherheit unterscheiden.
Wann spricht man von einer Risikosituation?	Eine Risikosituation ist eine Entscheidungssituation, in welcher der Entscheidungsträger Wahrscheinlichkeiten dafür angeben kann, dass mit bestimmten Aktionen bestimmte Ergebnisse verbunden sein werden.

Fragen	Antworten
Was versteht man unter dem Deckungsbeitrag einer Erzeugniseinheit?	Der Deckungsbeitrag einer Erzeugniseinheit stellt die Differenz zwischen dem Marktpreis eines Erzeugnisses und dessen nach dem Marginalprinzip ermittelten Herstellungskosten dar, d.h. die Differenz aus Marktpreis und direkt messbaren Kosten eines Erzeugnisses.
Was bezeichnet der Break-even-Punkt eines Unternehmens?	Er bezeichnet diejenige Beschäftigung des Unternehmens, ab der positives Einkommen entsteht.

6.6.2 Verständniskontrolle

1. Skizzieren Sie kurz, was unter dem Zielsystem und dem Entscheidungsfeld eines Entscheidungsträgers zu verstehen ist!

2. Was muss ein Entscheidungsträger beachten, damit er eine rationale Entscheidung treffen kann? Unterstellen Sie bei Ihrer Antwort, der Entscheidungsträger verfolge nur eine einzige Zielgröße!

3. Welche Situationen lassen sich unterscheiden, wenn bei einem Entscheidungsträger Unsicherheit bezüglich der Ergebnisse von Aktionen herrscht?

4. Welche Anforderungen sind an den Entscheidungsträger in einer Risikosituation zu stellen?

5. Nehmen Sie Stellung zu folgender Aussage:
   »*Um eine rationale Entscheidung treffen zu können, muss der Entscheidungsträger grundsätzlich alle ihm zur Verfügung stehenden Daten – vergangene wie zukünftige – in seine Entscheidung mit einbeziehen.*«

6. Anhand welcher Daten sollte ein Entscheidungsträger in einer Situation, in der ein einziger Engpass vorliegt, seine Entscheidung treffen? Begründen Sie kurz Ihre Antwort!

7. Erläutern Sie kurz die Annahmen, die dem so genannten Break-even-Modell zugrunde liegen!

8. Leiten Sie auf nachvollziehbare Weise einen formalen Zusammenhang her, mit dem die Gewinnschwellen-Beschäftigung berechnet werden kann!

9. Stellen Sie mögliche Berechnungsweisen des Break-even-Punktes dar!

10. Beurteilen Sie das Break-even-Modell auf der Basis der ihm zugrunde liegenden Annahmen im Hinblick auf seine Anwendbarkeit in der Praxis!

6.6.3 Aufgaben zum Selbststudium

Lernziel der Aufgaben

Die nachfolgenden Aufgaben dienen zunächst der Veranschaulichung von Kalkulationen auf Basis eines integrierten Systems von Kalkulationsobjekten. Anschließend werden Entscheidungen in häufig vorkommenden Entscheidungssituationen anhand von Aufgaben analysiert. Es sollte deutlich werden, welche Anforderungen die Entscheidungslehre an die Daten stellt. Insbesondere bei der Verwendung stückbezogener Daten ist größte Vorsicht geboten, wenn das Ziel des Entscheidungsträgers nicht auf stückbezogene Größen gerichtet ist.

Integrierte Kostenarten-, Kostenstellen- und Kostenträgerrechnung, Divisionsrechnung

Aufgabe 6.1

Sachverhalt

Ein Unternehmen fertigt in einem Abrechnungszeitraum die beiden Erzeugnisarten A und B. Das Unternehmen ist in folgende Kostenstellen unterteilt.

allgemeine Stelle	Materialstellen		Fertigungsstelle	Hilfsstelle	Verwaltungsstelle	Vertriebsstelle
1	2	3	4	5	6	7

Die Herstellungskosten je Stück und die Selbstkosten je Stück der beiden Erzeugnisarten A und B sollen im Rahmen der Kostenträgerkalkulation bestimmt werden. Zu diesem Zweck verwendet das Unternehmen ein Finalprinzip, wobei die Verteilung der Gemeinkosten der Erzeugnisse mit Hilfe der mehrfachen und mehrstufigen Divisionsrechnung erfolgt. Das angestrebte Kalkulationsschema ist im Folgenden aufgeführt.

Kalkulationsschema (Finalprinzip)		Erzeugnis A	Erzeugnis B
	Materialeinzelkosten in Stelle 2		
+	Materialgemeinkosten in Stelle 2/Erzeugnisanzahl in Stelle 2		
+	Materialeinzelkosten in Stelle 3		
+	Materialgemeinkosten in Stelle 3/Erzeugnisanzahl in Stelle 3		
	Fertigungseinzelkosten in Stelle 4		
+	Fertigungsgemeinkosten in Stelle 4/Erzeugnisanzahl in Stelle 4		
=	Herstellungskosten		
+	Vertriebsgemeinkosten in Stelle 7/Erzeugnisanzahl in Stelle 7		
=	Selbstkosten		

Teilaufgaben

1. Bestimmen Sie diejenigen Typen von Kostenarten (Materialeinzelkosten etc.), die das Unternehmen in seiner Kostenartenrechnung mindestens unterscheiden muss, um die für das Kalkulationsschema notwendigen Informationen überhaupt erfassen zu können!

2. Nehmen Sie nun an, das Unternehmen habe Ausgaben getätigt. Für diese hat sich die Unternehmensleitung bereits folgende Gedanken bezüglich der Zurechenbarkeit zu den einzelnen Erzeugnisarten A und B gemacht.

Kostenarten
Rohstoffe (für jede Erzeugniseinheit direkt messbar)
Löhne (für jede Erzeugniseinheit direkt messbar)
Betriebsstoffe (für eine einzelne Erzeugniseinheit nicht messbar)
Hilfsstoffe (für eine einzelne Erzeugniseinheit nicht messbar)
Gehälter (für eine einzelne Erzeugniseinheit nicht messbar)
Sonstige Kosten (für eine einzelne Erzeugniseinheit nicht messbar)

In der Kostenartenrechnung müssen nun die anfallenden Kostenarten gemäß dem gewünschten Kalkulationsschema erfasst werden. Geben Sie unter Rückgriff auf Teilaufgabe 1 an, (a) wie die anfallenden Kostenartentypen den Kostenartentypen zuzuordnen sind und (b) welches Erfassungserfordernis daraus im Hinblick auf das beabsichtigte Kalkulationsschema folgt!

3. Nehmen Sie an, dass im internen Rechnungswesen des Unternehmens folgende Daten erhoben bzw. berechnet wurden:
   – Die Primärkostenzurechnung auf die einzelnen Kostenstellen hat das Ergebnis aus Abbildung 6.21 geliefert.

Kostenart	Gesamtbetrag	allgemeine Stelle	Materialstellen		Fertigungsstelle	Hilfsstelle	Verwaltung	Vertrieb
		1	2	3	4	5	6	7
Einzelkosten von Erzeugnissen								
Rohstoffe	37400		15000	22400				
Lohn	25000				25000			
Summe	62400		15000	22400	25000			
Gemeinkosten von Erzeugnissen								
Betriebsstoffe	3000	400	750	500	350	400	100	500
Hilfsstoffe	4000	600	350	800	750	500	700	300
Gehalt	40000	3000	7000	7000	9000	5000	3000	6000
Sonstige Kosten	14000	1500	1200	2800	3000	2500	1000	2000
Summe	61000	5500	9300	11100	13100	8400	4800	8800
Kostensumme	123400	5500	24300	33500	38100	8400	4800	8800

Abbildung 6.21: Primärkostenzurechnung zu den sieben Kostenstellen

- Die Leistungsverflechtungen zwischen den einzelnen Kostenstellen gestalten sich wie in Abbildung 6.22.

Abbildung 6.22: Leistungsverflechtungen zwischen den Kostenstellen

		Leistungsfluss von Kostenstelle ...						
		1	2	3	4	5	6	7
Leistungsfluss an Kostenstelle ...	1							
	2	0,3				0,4	0,1	
	3	0,2				0,4	0,5	
	4	0,1				0,2	0,4	
	5	0,3						
	6							
	7	0,1						
Summe		1,0	0,0	0,0	0,0	1,0	1,0	0,0

Ermitteln Sie auf Basis der angegebenen Daten die gesamten Kosten der Kostenstellen, in dem Sie die primären Kosten der Kostenstellen entsprechend den angegebenen Leistungsflüssen auf die jeweils anderen Kostenstellen verteilen! Verwenden Sie aus Vereinfachungsgründen für die Sekundärkostenzurechnung das so genannte »Treppenverfahren«!

4. Nehmen Sie an, dass sich die Summe der Gemeinkosten der Erzeugnisse in den einzelnen Kostenstellen, wie sie sich in Teilaufgabe 3 ergeben hat, gemäß folgender Schlüsselgrößen auf die einzelnen Erzeugnisse A und B verteilen lässt:

	Stelle 2	Stelle 3	Stelle 4	Stelle 7
A : B	2 : 1	3 : 1	2 : 3	1 : 1

Ermitteln Sie für jede der Stellen die auf die Erzeugnisarten A und B zu verteilenden Gemeinkosten der Erzeugnisse auf Basis der angegebenen Schlüsselgrößen!

5. Nehmen Sie an, die Einzelkosten der Erzeugnisse A und B setzen sich wie folgt zusammen:

	Erzeugnis A	Erzeugnis B
Materialeinzelkosten in Stelle 2	2	7
Materialeinzelkosten in Stelle 3	8	8
Fertigungseinzelkosten in Stelle 4	10	10

Nehmen Sie ferner an, dass die folgenden Mengen der Erzeugnisse A und B in den einzelnen Kostenstellen bearbeitet wurden:

	Stelle 2	Stelle 3	Stelle 4	Stelle 7
Anzahl Erzeugnisse A	1200	1700	1100	1400
Anzahl Erzeugnisse B	1800	1100	1400	1000

Ermitteln Sie auf dieser Basis und unter Rückgriff auf das Ergebnis aus Teilaufgabe 4 die Herstellungskosten und die Selbstkosten je einer Einheit der Erzeugnisart A und B anhand des beabsichtigten Kalkulationsschemas des Unternehmens!

6. Wie würden sich das Kalkulationsschema und das Vorgehen bei der Ermittlung der Herstellungskosten und der Selbstkosten je einer Einheit der Erzeugnisart A und B ändern, wenn bei deren Berechnung das Marginalprinzip zu Grunde gelegt würde? Ermitteln Sie die jeweiligen Herstellungskosten und Selbstkosten einer Einheit der Erzeugnisart A und B unter Verwendung des Marginalprinzips!

Lösung der Teilaufgaben

1. Es sind folgende Typen von Kostenarten in der Kostenartenrechnung mindestens zu unterscheiden, um die für das Kalkulationsschema notwendigen Informationen erfassen zu können:

Kostenart
Materialeinzelkosten in Stelle 2 für Erzeugnisse A und B
Materialeinzelkosten in Stelle 3 für Erzeugnisse A und B
Fertigungseinzelkosten in Stelle 4 für Erzeugnisse A und B
Materialgemeinkosten in Stelle 2
Materialgemeinkosten in Stelle 3
Fertigungsgemeinkosten in Stelle 4
Vertriebsgemeinkosten in Stelle 7

2. Die Beantwortung der Teile (a) und (b) erfolgt zugleich in folgender Übersicht:

Kostenart	Kostenartentyp und Erfassungserfordernis
Rohstoffe (dem einzelnen Erzeugnis zuzurechnen)	Materialeinzelkosten, getrennt zu erfassen für A und B sowie für Stellen 2 und 3
Löhne (dem einzelnen Erzeugnis zuzurechnen)	Fertigungseinzelkosten, getrennt zu erfassen für A und B für Stelle 4
Betriebsstoffe (dem einzelnen Erzeugnis nicht zuzurechnen)	Gemeinkosten, getrennt zu erfassen für jede Kostenstelle
Hilfsstoffe (dem einzelnen Erzeugnis nicht zuzurechnen)	Gemeinkosten, getrennt zu erfassen für jede Kostenstelle
Gehälter (dem einzelnen Erzeugnis nicht zuzurechnen)	Gemeinkosten, getrennt zu erfassen für jede Kostenstelle
Sonstige Kosten (dem einzelnen Erzeugnis nicht zuzurechnen)	Gemeinkosten, getrennt zu erfassen für jede Kostenstelle

3. Die innerbetriebliche Leistungsverrechnung gestaltet sich unter Zuhilfenahme eines »Treppenverfahrens« wie in Abbildung 6.23.

Kostenart	Gesamtbetrag	allgemeine Stelle	Materialstellen		Fertigungsstelle	Hilfsstelle	Verwaltung	Vertrieb
		1	2	3	4	5	6	7
Summe	61000	5500	9300	11100	13100	8400	4800	8800
Verteilung der Gemeinkosten der Erzeugnisse aus Stelle 1	0	−5500	1650	1100	550	1650		550
Zwischensumme	0	0	10950	12200	13650	10050	4800	9350
Verteilung der Gemeinkosten der Erzeugnisse aus Stelle 5	0	0	4020	4020	2010	−10050	0	0
Zwischensumme	0	0	14970	16220	15660	0	4800	9350
Verteilung der Gemeinkosten der Erzeugnisse aus Stelle 6	0	0	480	2400	1920	0	−4800	0
Summe der Gemeinkosten der Erzeugnisse nach Umverteilung	61000	0	15450	18620	17580	0	0	9350

Abbildung 6.23: Innerbetriebliche Leistungsverrechnung nach dem Treppenverfahren

4. Die Gemeinkosten der Erzeugnisse A und B ergeben sich unter Verwendung der angegebenen Verteilungsschlüssel für die einzelnen Stellen zu:

	Stelle 2	Stelle 3	Stelle 4	Stelle 7
Erzeugnisart A	10300	13965	7032	4675
Erzeugnisart B	5150	4655	10548	4675
Summe	15450	18620	17580	9350

5. Die Herstellungskosten je Stück und die Selbstkosten je Stück der Erzeugnisse A und B ergeben sich unter Verwendung des beabsichtigten Kalkulationsschemas wie folgt.

Kalkulationsschema (Finalprinzip)	Erzeugnis A	Erzeugnis B
Materialeinzelkosten aus Stelle 2	2,000	7,000
+ Materialgemeinkosten aus Stelle 2/Erzeugnisanzahl in Stelle 2	8,583	2,861
+ Materialeinzelkosten aus Stelle 3	8,000	8,000
+ Materialgemeinkosten aus Stelle 3/Erzeugnisanzahl in Stelle 3	8,215	4,232
+ Fertigungseinzelkosten aus Stelle 4	10,000	10,000
+ Fertigungsgemeinkosten aus Stelle 4/Erzeugnisanzahl in Stelle 4	6,393	7,534
= Herstellungskosten	43,191	39,627
+ Vertriebsgemeinkosten in Stelle 7/Erzeugnisanzahl in Stelle 7	3,339	4,675
= Selbstkosten	46,530	44,302

6. Eine Verteilung der Gemeinkosten der Erzeugnisse im Rahmen der innerbetrieblichen Leistungsverrechnung ist zum Zweck der Unterstützung der Kostenträgerkalkulation bei Verwendung des Marginalprinzips nicht mehr erforderlich, weil jeder Erzeugniseinheit nur die eindeutig messbaren Kosten zugerechnet werden. Dementsprechend reduziert sich auch das Kalkulationsschema auf die Addition der anfallenden messbaren Kosten (Einzelkosten) der Erzeugnisse A und B.

Kalkulationsschema (Marginalprinzip)	Erzeugnis A	Erzeugnis B
Materialeinzelkosten in Stelle 2	2	7
+ Materialeinzelkosten in Stelle 3	8	8
+ Fertigungseinzelkosten in Stelle 4	10	10
= Herstellungskosten	20	25
= Selbstkosten	20	25

Integrierte Kostenarten-, Kostenstellen- und Kostenträgerrechnung, Zuschlagsrechnung

Aufgabe 6.2

Sachverhalt

Ein Unternehmen, welches in acht Kostenstellen unterteilt ist, fertigt zwei verschiedene Erzeugnisse A und B, deren Herstellungskosten und Selbstkosten gemäß dem Kalkulationsschema aus Abbildung 6.24 bestimmt werden sollen. Bei der Kalkulation verwendet das Unternehmen eine Zuschlagsrechnung mit wertbasierten Zuschlagssätzen.

Kalkulationsschema (Finalprinzip)	Zuschlagssatz	Erzeugnis A	Erzeugnis B
Materialeinzelkosten			
+ Zuschlag wegen Materialgemeinkosten			
= Materialkosten			
Fertigungseinzellohn in Stelle 3			
+ Zuschlag wegen Gemeinkosten in Stelle 3			
+ Fertigungseinzellohn in Stelle 4			
+ Zuschlag wegen Gemeinkosten in Stelle 4			
= Fertigungskosten			
Summe aus Material- und Fertigungskosten			
+ Zuschlag auf Einzelkosten wegen Verwaltungskosten			
= Herstellungskosten			
Herstellungskosten			
+ Zuschlag auf Einzelkosten wegen Vertriebskosten			
= Selbstkosten			

Abbildung 6.24: Gewünschtes Schema zur Kalkulation von Erzeugniskosten

Auf dieses Kalkulationsschema hin hat das Unternehmen den Aufbau seiner Kostenarten-, Kostenstellen- und Kostenträgerrechnung abgestimmt. So wurden die notwendigen Kostenarten identifiziert und anfallende Ausgaben wurden hinsichtlich ihrer Zurechenbarkeit zu den einzelnen Erzeugnissen analysiert. Darauf aufbauend wurden schließlich die anfallenden Ausgaben im Hinblick auf deren Erfassungserfordernis und auf den ihnen jeweils zuzurechnenden Typ von Kostenart ausgewertet. Auf dieser Basis wurden schließlich die primären Kosten der Erzeugnisse erfasst und mit Hilfe von Umlageschlüsseln auf die acht Kostenstellen verteilt. Das Ergebnis der Primärkostenzurechnung ist Abbildung 6.25, Seite 338, zu entnehmen.

Kostenart	Gesamt-betrag	allgemeine Stellen		Fertigungsstellen		Hilfs-stelle der Ferti-gung	Ma-terial-stelle	Verwal-tung	Vertrieb
		1	2	3	4	5	6	7	8
Einzelkosten von Erzeugnissen									
Rohstoffe	40000						40000		
Fertigungslöhne	20000			12000	8000				
Summe	60000			12000	8000		40000		
Gemeinkosten von Erzeugnissen									
Betriebsstoffe	4000	400	800	1000	400	600	400	300	100
Hilfsstoffe	2000	200	400	400	400	200	200	100	100
Gehälter	12000	0	0	0	0	0	0	6000	6000
Hilfslöhne	5000	400	800	1000	800	1200	400	200	200
Sonstige Kosten	8000	2000	1000	1400	1000	600	200	1200	600
Kalkulat. Kosten	9000	400	1000	2200	1800	1000	800	800	1000
Summe	40000	3400	4000	6000	4400	3600	2000	8600	8000
Kostensumme	100000	3400	4000	18000	12400	3600	42000	8600	8000

Abbildung 6.25: Primärkostenzurechnung zu den acht Kostenstellen

Darüber hinaus sind im Unternehmen Leistungsflüsse zwischen den einzelnen Kostenstellen zu verzeichnen. Die Analyse dieser Leistungsverflechtungen hat zur Abbildung 6.26 geführt.

		Leistungsfluss von Kostenstelle ...							
		1	2	3	4	5	6	7	8
Leistungs-fluss an Kostenstelle ...	1								
	2	0,1							
	3	0,2	0,2			0,6			
	4	0,2	0,1			0,4			
	5	0,15	0,25						
	6	0,35	0,25						
	7		0,1						
	8		0,1						
Summe		1,00	1,00	0,00	0,00	1,00	0,00	0,00	0,00

Abbildung 6.26: Leistungsverflechtungen zwischen den Kostenstellen

Teilaufgaben

1. Führen Sie die innerbetriebliche Leistungsverrechnung auf Basis der gegebenen Daten durch! Verwenden Sie dabei aus Vereinfachungsgründen ein »Treppenverfahren« zur Berücksichtigung der Leistungsflüsse zwischen den Kostenstellen!

2. Ermitteln Sie unter Rückgriff auf das Ergebnis aus Teilaufgabe 1 die wertbasierten Zuschlagssätze, die für das Kalkulationsschema notwendig sind!

3. Ermitteln Sie basierend auf den Ergebnissen aus Teilaufgabe 2 die Herstellungskosten und die Selbstkosten der Erzeugnisse A und B gemäß dem vorgegebenen Kalkulationsschema! Nehmen Sie an, dass sich die Verteilung der Einzelkosten der Erzeugnisse auf die Erzeugnisse A und B wie folgt darstellt:

Kostenart	Erzeugnis A	Erzeugnis B
Materialeinzelkosten	28000	12000
Fertigungseinzellohn in Stelle 3	4000	8000
Fertigungseinzellohn in Stelle 4	2000	6000

4. Skizzieren Sie kurz, wie sich das Vorgehen bei der Ermittlung der Herstellungskosten und der Selbstkosten der Erzeugnisse A und B ändern würde, wenn anstelle eines Finalprinzips ein Marginalprinzip der Kalkulation zu Grunde gelegt würde! Welche Auswirkung hätte diese Umstellung auf die Durchführung der Kostenstellenrechnung?

Lösung der Teilaufgaben

1. Die innerbetriebliche Leistungsverrechnung gestaltet sich auf Basis der gegebenen Daten und bei Verwendung eines Treppenverfahrens wie in Abbildung 6.27.

Kostenart	Gesamt-betrag	allgemeine Stellen		Fertigungsstellen		Hilfs-stelle der Ferti-gung	Ma-terial-stelle	Verwal-tung	Ver-trieb
		1	2	3	4	5	6	7	8
Summe der Gemeinkosten der Erzeugnisse	40000	3400	4000	6000	4400	3600	2000	8600	8000
Verteilung der Summe der Gemeinkosten der Erzeugnisse aus Kostenstelle 1	0	–3400	340	680	680	510	1190	0	0
Zwischensumme	40000	0	4340	6680	5080	4110	3190	8600	8000
Verteilung der Summe der Gemeinkosten der Erzeugnisse aus Kostenstelle 2	0	0	–4340	868	434	1085	1085	434	434
Zwischensumme	40000	0	0	7548	5514	5195	4275	9034	8434
Verteilung der Summe der Gemeinkosten der Erzeugnisse aus Kostenstelle 5	0	0	0	3117	2078	–5195	0	0	0
Summe der Gemeinkosten der Erzeugnisse nach Umverteilung	40000	0	0	10665	7592	0	4275	9034	8434

Abbildung 6.27: Innerbetriebliche Leistungsverrechnung nach dem Treppenverfahren

2. Die wertbasierten Zuschlagsätze errechnen sich gemäß Abbildung 6.28, Seite 341.

Kostenart	Gesamt-betrag	allgemeine Stellen		Fertigungsstellen		Hilfs-stelle der Ferti-gung	Ma-terial-stelle	Verwal-tung	Vertrieb
		1	2	3	4	5	6	7	8
Summe der Gemeinkosten der Erzeugnisse nach Umverteilung	40000	0	0	10665	7592	0	4275	9034	8434
Zuschlagsbasis				12000	8000		40000	60000	60000
Zuschlagssatz in Prozent				88,875	94,900		10,6875	15,0567	14,0567

Abbildung 6.28: Ermittlung der Zuschlagssätze auf Basis des Kalkulationsschemas

3. Die Herstellungskosten und die Selbstkosten der Erzeugnisse A und B ergeben sich aus Abbildung 6.29.

Kalkulationsschema (Finalprinzip)	Zuschlagssatz	Erzeugnis A	Erzeugnis B
Materialeinzelkosten		28000,00	12000,00
+ Zuschlag wegen Materialgemeinkosten	10,6875%	+ 2992,50	+ 1282,50
= Materialkosten		= 30992,50	= 13282,50
Fertigungseinzellohn in Stelle 3		4000,00	8000,00
+ Zuschlag wegen Gemeinkosten in Stelle 3	88,8750%	+ 3555,00	+ 7110,00
+ Fertigungseinzellohn in Stelle 4		+ 2000,00	+ 6000,00
+ Zuschlag wegen Gemeinkosten in Stelle 4	94,9000%	+ 1898,00	+ 5694,00
= Fertigungskosten		= 11453,00	= 26804,00
Summe aus Material- und Fertigungskosten		42445,50	40086,50
+ Zuschlag auf Einzelkosten wegen Verwaltungsk.	15,0567%	+ 5119,28	+ 3914,74
= Herstellungskosten		= 47564,78	= 44001,24
Herstellungskosten		47564,78	44001,24
+ Zuschlag auf Einzelkosten wegen Vertriebskosten	14,0567%	+ 4779,28	+ 3654,74
= Selbstkosten		= 52344,06	= 47655,98

Abbildung 6.29: Ermittlung der Herstellungs- und Selbstkosten auf Basis des gewünschten Kalkulationsschemas

4. Die Kostenstellenrechnung würde überflüssig, weil die Gemeinkosten der Erzeugnisse den Herstellungskosten und den Selbstkosten der Erzeugnisse nicht länger zugerechnet würden. Demzufolge würden bei der Kalkulation auf Basis des Marginalprinzips die messbaren Kosten (Einzelkosten) der Erzeugnisse addiert. Die nicht messbaren Kosten (Gemeinkosten) der Erzeugnisse wären in demjenigen Abrechnungszeitraum in der Einkommensrechnung zu erfassen, in dem sie anfallen.

Aufgabe 6.3 Entscheidung auf Basis von Erlös und Kosten

Sachverhalt

Der Ingenieur B. Sessen betreibt einen Fachhandel für Mobiltelefone. Durch diesen kann er einen konstanten jährlichen Gewinn von $100\,000\,GE$ erzielen, den er vollständig als Einkommen entnehmen kann. Von einem Bekannten hat B. Sessen erfahren, dass man in der heutigen Zeit mit einem Computerfachhandel höhere Gewinne erzielen kann. Deswegen überlegt sich B. Sessen, ob er den Fachhandel für Mobiltelefone aufgeben und einen neuen Computerladen »Datamax« eröffnen soll. Um dieses Entscheidungsproblem zu lösen, listet B. Sessen die jährlich anfallenden Kosten beider Handlungsmöglichkeiten auf.

jährlich anfallende Kostenarten	Fachhandel für Mobiltelefone	Computerladen »Datamax«
Büromiete	$30\,000\,GE$	$60\,000\,GE$
Lagermiete	$15\,000\,GE$	$55\,000\,GE$
Gehalt Verkäufer	–	$75\,000\,GE$

Für die Geschäftsumstellung fallen keine zusätzlichen Kosten an. Das Lager mit Telefonen kann bis zum Beginn der anderen Tätigkeit ebenfalls geräumt werden.

B. Sessen beauftragt einen Unternehmensberater mit der Erstellung einer Marktstudie. Dieser stellt für die folgenden Schätzungen $10\,000\,GE$ in Rechnung:

Produkt des Ladens	erzielbarer Preis pro Stück	jährliche Absatzmenge
Personal-Computer	$3\,000\,GE$	200 Stück
Monitor	$1\,500\,GE$	250 Stück

Gehen Sie in den beiden Teilaufgaben von folgenden Annahmen aus:
- Durch die Wahl zwischen den beiden Handlungsmöglichkeiten ändern sich weder die Risiko- noch die Arbeitszeitsituation.
- Steuern werden nicht erhoben.
- Vertriebskosten fallen nicht an.
- Der Einkaufspreis je Stück für Personal-Computer steht mit $2\,500\,GE$ fest.
- B. Sessen möchte eine maximale Wertsteigerung seines eingesetzten Kapitals im ersten Geschäftsjahr erzielen.

Teilaufgaben

1. Ab welchem Einkaufspreis je Stück für die Monitore würde sich die Geschäftsumstellung für B. Sessen nicht mehr lohnen, wenn sich die Ergebnisse der Marktstudie für den Planungszeitraum als richtig erweisen?

2. B. Sessen hat sich endgültig für die Gründung des Computerladens entschieden. Er hat seinen Fachhandel für Mobiltelefone aufgegeben und die notwendigen Miet- und Arbeitsverträge für ein Jahr abgeschlossen. Außerdem hat er bereits 100 Personal-Computer eingekauft. Welchen Preis müsste B. Sessen jetzt mindestens für jeden einzelnen der 100 eingekauften Personal-Computer verlangen, damit sich die Situation seiner eingesetzten Finanzmittel gegenüber dem status quo nicht verschlechtert? Erläutern Sie kurz Ihr Ergebnis!

Lösung der Teilaufgaben

1. Die Geschäftsumstellung lohnt sich für B. Sessen nicht mehr ab einem Einkaufspreis je Stück für die Monitore in Höhe von $740\,GE$.

2. B. Sessen müsste zu jedem positiven Preis verkaufen.

Entscheidung auf Basis von Erlös und Kosten bei Kapazitätsbeschränkung

Aufgabe 6.4

Sachverhalt

Die Sportsfreund-GmbH will ihr Sortiment erweitern. Sie erwägt, zukünftig drei Arten Fußbälle herzustellen. Das Unternehmen hat eine Kapazität von 300 Maschinenstunden je Monat, in denen alternativ folgende Mengen an Fußbällen hergestellt werden können:

	All Star	Brazil	Classic
Kapazitätsauslastende Menge je Fußballart	6000	4500	7500
Stück pro Stunde	20	15	25

Die Fußbälle besitzen die Erlös- und Kostenstruktur der folgenden Tabelle:

	All Star	Brazil	Classic
Nettoerlös pro Stück	77	86	70
direkt messbare Kosten pro Stück	67	75	61

Bisher wird zur Auslastung der Kapazität folgende Produktionsmenge gefertigt und verkauft:

	All Star	Brazil	Classic
Kapazitätsauslastende Menge je Fußballart	2000	750	3750

Die für einzelne Erzeugniseinheiten nicht messbaren Kosten betragen $63\,250\,GE$ je Monat.

Teilaufgaben

1. Verteilen Sie die für einzelne Erzeugniseinheiten nicht messbaren Kosten je Monat im Verhältnis 0,4:0,33:1,8 auf die Fußballarten All Star, Brazil und Classic! Berechnen Sie die Selbstkosten pro Stück sowie das Einkommen pro Stück auf Basis eines Finalprinzips unter der Annahme, die geplante Produktionsmenge werde tatsächlich hergestellt und verkauft!

2. Bestimmen Sie das Einkommen je Monat der Sportsfreund-GmbH, das durch Auslastung der Kapazität erzielt wird, unter der Annahme, die geplante Produktionsmenge werde tatsächlich hergestellt und abgesetzt!

3. Die Sportsfreund-GmbH hat sich entschlossen, ausschließlich die Fußballart All Star herzustellen, weil diese bei der bisherigen Produktionsplanung das höchste Einkommen pro Stück aufwies. Wie verändert sich das durch Auslastung der freien Kapazität erzielte Unternehmenseinkommen durch diese Maßnahme, wenn die hergestellten Fußbälle auch abgesetzt werden? Woran liegt es Ihrer Ansicht nach, dass der Verlust gegenüber Teilaufgabe 2 gewachsen ist, obwohl die »Verlustprodukte« nicht mehr gefertigt werden?

4. Die Unternehmensleitung entscheidet sich, zur Deckungsbeitragsrechnung überzugehen und nur noch diejenige Fußballart zu fertigen und zu verkaufen, die den höchsten Beitrag pro Stück zur Deckung der fixen Kosten leistet. Bestimmen Sie das Einkommen je Monat der Sportsfreund-GmbH, das bei Auslastung der Kapazität erzielt wird, unter der Annahme, die mögliche Produktionsmenge der betreffenden Fußballart werde tatsächlich abgesetzt!

5. Welche Produktionsplanung würden Sie der Unternehmensleitung zur Einkommensmaximierung vorschlagen? Begründen Sie kurz Ihren Vorschlag! Bestimmen Sie das Einkommen je Monat der Sportsfreund-GmbH, das durch Auslastung der Kapazität erzielt wird, unter der Annahme, der von Ihnen vorgeschlagene Produktionsplan werde tatsächlich verwirklicht und die hergestellte Menge könne vollständig abgesetzt werden!

Lösung der Teilaufgaben

1. Die Lösung ergibt sich wie folgt:

	All Star	Brazil	Classic
nicht direkt messbare Kosten je Stück	5	11	12
Einkommen je Stück	5	0	–3

2. Das Einkommen beläuft sich im Abrechnungszeitraum auf –1 250 GE.

3. Das Einkommen verändert sich im Abrechnungszeitraum um –2 000 GE. Der Verlust hat gegenüber der vorhergehenden Lösung zugenommen, weil ein falsches Entscheidungskriterium verwendet wurde.

4. Es wird nur noch das Modell Brazil produziert. Das Einkommen des Abrechnungszeitraums beläuft sich auf –13 750 GE.

5. Es wird nur noch das Modell Classic produziert. Die Lösung auf Basis des Einkommens je Engpasseinheit liefert ein Einkommen des Abrechnungszeitraums von 4 250 GE.

Aufgabe 6.5

Entscheidungen auf Basis von Erlös und Kosten bei Kapazitätsbeschränkung

Sachverhalt

Ein Unternehmen fertigt je Abrechnungszeitraum auf zwei Maschinen die Produktarten A und B in beliebig teilbaren Mengeneinheiten. Bei der Fertigung beanspruchen die Produkte A und B jeweils beide Maschinen. Für die beiden Maschinen gelten im Abrechnungszeitraum die in Abbildung 6.30 enthaltenen Daten.

	beschäftigungsfixe Kosten	verfügbare Kapazität in Stunden
Maschine 1	40 000	800
Maschine 2	60 000	700

Abbildung 6.30: Daten bezüglich der beiden Maschinen

Für die beiden Produkte sind die Daten in einem Abrechnungszeitraum bekannt, die der Abbildung 6.31 zu entnehmen sind.

	maximale Absatzmenge	Preis je Stück	direkt messbare Kosten je Stück	Kapazitätsbelastung in Stunden je Stück	
				Maschine 1	Maschine 2
Produkt A	1000	330	240	0,7	0,2
Produkt B	600	500	470	0,3	0,8

Abbildung 6.31: Daten bezüglich der beiden Produkte

Teilaufgaben

1. Prüfen Sie auf nachvollziehbare Weise, welche der Maschinen einen Engpass bei der Produktion der maximalen Absatzmenge darstellen!

2. Ermitteln Sie auf nachvollziehbare Weise das einkommensoptimale Produktionsprogramm! Berechnen Sie das Einkommen, das sich bei der Realisation dieses Produktionsprogrammes ergeben würde, wenn die Produktionsmenge der Absatzmenge entspräche!

Lösung der Teilaufgaben

1. Aus der Gegenüberstellung der benötigten und der maximalen Kapazität je Maschine ergibt sich, dass Maschine 1 einen Engpass bei der Produktion der maximalen Absatzmenge darstellt.

2. Bei Herstellung des einkommensoptimalen Produktionsprogrammes von 1 000 Stück Produkt A und 333,33 Stück Produkt B und unter der Annahme dessen vollständigen Absatzes am Markt, ließe sich das Einkommen aus diesem Produktionsprogramm berechnen zu $0\,GE$.

Aufgabe 6.6 **Entscheidungen auf Basis des Break-even-Modells**

Sachverhalt

Ein Unternehmen stellt in einem Abrechnungszeitraum die Produkte A, B und C her. Aufgrund des spezifischen Produktionsprozesses fallen während eines Produktionsvorgangs immer vier Stück von Produkt A und drei Stück von Produkt B und ein Stück von Produkt C an. Dem Unternehmen entstehen im Abrechnungszeitraum beschäftigungsfixe Kosten in Höhe von $29\,500\,GE$. Ein Produktionsvorgang verursacht zusätzliche Kosten in Höhe von $48\,GE$.

Nach einem Produktionsvorgang werden alle hergestellten Produkte weiterverarbeitet, um so am Markt abgesetzt werden zu können. Dabei entstehen für eine Einheit des Produktes A direkt messbare Kosten in Höhe von $8\,GE$, für eine Einheit von B $11\,GE$ und für eine Einheit von C $12\,GE$.

Für Produkt A kann ein Stückerlös in Höhe von $18\,GE$, für B ein Stückerlös in Höhe von $29\,GE$ und für C ein Stückerlös in Höhe von $25\,GE$ am Markt erzielt werden.

Teilaufgaben

1. Wie viele Produktionsvorgänge müssen im Abrechnungszeitraum durchgeführt werden, damit die Erlöse sämtliche Kosten decken? Nehmen Sie an, dass alle hergestellten Produkte auch abgesetzt werden!

2. Um welchen Betrag müssten die beschäftigungsunabhängigen Kosten im Abrechnungszeitraum gesenkt werden, damit 325 Produktionsvorgänge ausreichen, um sämtliche Kosten zu decken? Nehmen Sie an, dass (a) alle hergestellten Produkte auch abgesetzt werden und dass (b) die Kosten eines Produktionsvorganges inklusive der Weiterverarbeitungskosten $130\,GE$ und die Erlöse aus der Veräußerung der Produkte eines Produktionsvorganges $180\,GE$ betragen!

3. Wie viele Produktionsvorgänge müssen im Abrechnungszeitraum durchgeführt werden, damit das Unternehmen einen Gewinn in Höhe von $30\,000\,GE$ nach Steuern erzielt? Nehmen Sie an, dass (a) alle hergestellten Produkte auch abgesetzt werden, dass (b) die Kosten eines Produktionsvorganges inklusive der Weiterverarbeitungskosten $130\,GE$ und die Erlöse aus der Veräußerung der Produkte eines Produktionsvorganges $180\,GE$ betragen und dass (c) der Steuersatz 50% auf das Einkommen beträgt!

Lösung der Teilaufgaben

1. Es müssen 500 Produktionsvorgänge durchgeführt werden.
2. Die beschäftigungsunabhängigen Kosten müssen um $13\,250\,GE$ absinken.
3. Es müssen 1790 Produktionsvorgänge durchgeführt werden.

Entscheidungen auf Basis des Break-even-Modells; Entscheidungen auf Basis von Erlös und Kosten

Aufgabe 6.7

Sachverhalt

Eine Druckerei hat sich auf das Drucken von Visitenkarten spezialisiert. Aus vergangenheitsorientiertem Datenmaterial kann ermittelt werden, dass in einem Quartal beschäftigungsunabhängige Kosten in Höhe von $8\,500\,GE$ entstehen. Jeder Auftrag des Unternehmens umfasst die Anfertigung von 100 Visitenkarten. Für jeden Auftrag müssen die Schriftzeichen neu gesetzt werden, woraus jeweils Kosten in Höhe von $20\,GE$ entstehen. Für eine Visitenkarte entstehen beschäftigungsabhängige Kosten in Höhe von $0{,}5\,GE$. Für jeden Auftrag wurde ein Erlös von jeweils $80\,GE$ erzielt.

Teilaufgaben

1. Um welchen Betrag erhöht ein zusätzlicher Auftrag der oben beschriebenen Art das Einkommen des Unternehmens?
2. Wieviele Aufträge der oben beschriebenen Art müssten im Quartal durchgeführt werden, damit die Gewinnschwelle erreicht wird?

3. Die Druckerei hat die Möglichkeit, zusätzlich 140 Aufträge im Quartal anzunehmen. Hierzu müssten jedoch die Kapazitäten erweitert werden, was zu einer Erhöhung der beschäftigungsunabhängigen Kosten auf insgesamt $9\,200\,GE$ führen würde. Ansonsten gelten die Informationen aus dem obigen Sachverhalt.

Entscheiden Sie über die Annahme der zusätzlichen Aufträge, wenn das Unternehmen die Maximierung des Einkommens im oben beschriebenen Quartal anstrebt. Begründen Sie kurz Ihre Entscheidung!

Lösung der Teilaufgaben

1. Ein zusätzlicher Auftrag erhöht das Einkommen um $10\,GE$.

2. Es müssen 850 Aufträge durchgeführt werden.

3. Die zusätzlichen Aufträge sollten angenommen werden, weil dadurch zusätzliches Einkommen in Höhe von $700\,GE$ erzielt werden kann.

Kapitel 7

Planungsrechnungen und Abweichungsermittlung

Lernziele

Sie sollen in diesem Kapitel lernen,

- wie man Planungsrechnungen aufbauen kann und welche Rolle das Zurechnungsprinzip dabei spielt,
- Planungsrechnungen mit *Ist*-Rechnungen zu vergleichen, um entweder in Zukunft bessere Pläne aufstellen zu können oder um für Zwecke der Unternehmenssteuerung aus den Abweichungen zu lernen.

Überblick

Wer die Mühe auf sich nimmt, in seinem Unternehmen ein System zur Erfassung und Verarbeitung von Erlösen und Kosten aufzubauen, wird daran interessiert sein, dieses System auch zur Planung zukünftiger Erlöse und zukünftiger Kosten zu verwenden. Wir gehen aus von einer Situation, in der alles vor Beginn des Planungszeitraums geplant wird. Zunächst beschreiben wir das Verfahren für den linearen Fall, bei dem sich die Daten für die Einkommensrechnung aus einer Multiplikation der Daten je Erzeugniseinheit mit der abzusetzenden Menge ergeben. Im Anschluss beschreiben wir den Planungsprozess für den nichtlinearen, aber in der Realität bedeutsamen Fall der Existenz eines Lerneffekts. Für die Abweichungsanalyse unterstellen wir später, dass wir die tatsächlichen Werte bestimmter Einflussgrößen am Ende des Planungszeitraums erhalten. Dadurch können wir ermitteln, welcher Zustand eingetreten wäre, wenn wir keine Planungsfehler gemacht hätten.

Weil man nicht weiß, wie die Zukunft aussehen wird, insbesondere wie viele Einheiten von Erzeugnissen man in Zukunft verkaufen wird, sind solche Planungsrechnungen nicht leicht durchzuführen. Sinnvoll erscheint es, eine Planungsrechnung so anzustellen, dass sich die *Plan*-Zahlen leicht für unterschiedliche Absatzprognosen ermitteln lassen. Das gilt für zukunftsorientierte Trägerrechnungen ebenso wie für Einkommensrechnungen zukünftiger Abrechnungszeiträume. Dabei wird man bei der Planung die gleichen Kalkulationsverfahren anwenden, die man bereits bei der bestehenden *Ist*-Rechnung verwendet hat.

Wir werden sehen, dass es wiederum vom gewählten Zurechnungsprinzip abhängt, wie gut wir die angestrebten Ziele erreichen können.

7.1 Inhaltliche und begriffliche Grundlagen

Die in vorangehenden Kapiteln beschriebenen Formen von Erlös- und Kostenrechnungen enthalten und ermitteln zunächst *Ist*-Daten. Ihre Anwendung wurde bisher nur zur nachträglichen Erfassung der Daten, zur Ermittlung der vergangenen Erlöse und Kosten von Arten, Stellen und Trägern sowie zur Ermittlung des Einkommens eines vergangenen Abrechnungszeitraums dargestellt. Wir bezeichnen die Rechnungen daher als *Ist*-Rechnungen. Im Verbund mit Plan-Rechnungen stellen *Ist*-Rechnungen die Grundlage für die Ermittlung von Abweichungen zwischen dem *Plan* und dem *Ist* dar. Abweichungsanalysen können bei einem unzureichenden *Plan* dazu dienen, den zukünftigen *Plan* zu verbessern.

Plan-Rechnungen als Grundlage eines Vergleichs mit Ist-Rechnungen

Ist-Rechnungen werden oft nicht exakt durchgeführt. Hierfür gibt es verschiedene Gründe. Neben der manches Mal mangelnden rechtzeitigen Bereitstellung genauer Informationen gibt es weitere praktische Probleme, die den Informationsnutzen betreffen, insbesondere weil der Erfassungs- und Rechenaufwand auch dann hoch ist, wenn die Rechnung so gut wie keine neuen Erkenntnisse bringt. In jedem Abrechnungszeitraum müssen theoretisch für jedes Erzeugnis je nach verwendetem Zurechnungsprinzip unterschiedlich viele neue Zuschlagssätze berechnet werden. In der Praxis schwanken die so ermittelten Sätze im Zeitablauf mehr oder weniger. Ist die Streuung relativ zu den entstehenden Kosten gering, lohnt sich der Aufwand für eine Neuberechnung in jedem Abrechnungszeitraum kaum.

Probleme von Ist-Rechnungen

Zur Reduzierung des Arbeitsaufwandes sind in der Praxis oft Rechensysteme mit festen Verrechnungspreisen zu finden, die in Teilen so lange unverändert beibehalten werden, bis sich die Daten nennenswert ändern. Bei enger Sichtweise hat man es dann nicht mehr mit einer *Ist*-Rechnung zu tun. Durch den Ansatz fester Verrechnungspreise verlieren viele Daten ihren *Ist*-Charakter. Sie werden leicht zu Erlösen und Kosten, deren Mengengerüst aus *Ist*-Größen und deren Wertgerüst aus standardisierten Beträgen besteht. Bei weiter Sichtweise kann man auch solche Rechenwerke noch als *Ist*-Rechnungen bezeichnen, weil die *Ist*-Mengen die Basis für die Festlegung der Verrechnungspreise darstellen. Ähnlich verhält es sich mit so genannten *Normal*-Rechnungen, bei denen man das ganze System so lange mit historischen Durchschnittswerten betreibt, bis sich nennenswerte Abweichungen der tatsächlichen Werte von diesen Durchschnitten zeigen.

Verwendung von Ist-Rechnungen mit konstanten oder »normalen« Verrechnungspreisen

Wenn wir im Folgenden von *Ist*-Rechnungen sprechen, meinen wir dies in einem weiten Sinn. Wir machen daher keinen Unterschied zwischen nicht-modifizierten *Ist*-Rechnungen und modifizierten Ist-Rechnungen wie Rechnungen mit festen Verrechnungspreisen und *Normal*-Rechnungen. Wir sind uns bewusst, dass es sinnvoll sein kann, Abweichungen zwischen modifizierten *Ist*-Rechnungen und unmodifizierten *Ist*-Rech-

Annahmen in diesem Buch

nungen zu ermitteln und zu interpretieren. Wenn wir nur *Ist-* und *Plan*-Rechnungen unterscheiden, vergeben wir insbesondere die Möglichkeit, Abweichungen zwischen *Plan*-Rechnungen und den verschiedenen möglichen Arten von *Ist*-Rechnungen zu ermitteln. Allerdings ist die grundsätzliche Vorgehensweise bei allen Ermittlungen und Interpretationen von Abweichungen die gleiche. Wir skizzieren im Folgenden daher, wie das Vorgehen bei der Planung und der Abweichungsanalyse aussehen sollte, wenn man nur *Plan*-Werte und *Ist*-Werte unterscheidet.

Plan-Rechnungen

Im Gegensatz zu *Ist*-Rechnungen verwendet man bei *Plan*-Rechnungen geplante Werte: Planpreise und Planmengen der verkauften Erzeugnisse, eine geplante Zusammensetzung der verkauften Waren, geplante Mengen von Einsatzfaktoren, geplante Preise für diese Faktoren, eine geplante Maschinenbelegung, eine geplante Fertigungsintensität und vieles andere mehr. Bei Erlösplanungen sind beispielsweise alle Erlöseinflussfaktoren zu schätzen. In analoger Weise gilt dies für Kostenplanungen. Kostenschätzungen erhält man z. B. aus technischen Berechnungen, Verbrauchsstudien oder anderen Schätzungen. Zugleich lassen sich *Plan*-Preise für von außen bezogene Produktionsfaktoren ermitteln. Wenn wir unser System derartig auf geplante Einflussfaktoren und somit auf *Plan*-Werte stützen, haben wir es mit einer *Plan*-Rechnung zu tun.

Prognose-Rechnungen und Standard-Rechnungen

Die Planung von Erlösen und Kosten hängt von dem Zweck ab, zu dem man die Planung vornimmt. In der Fachliteratur wird der Zweck der Prognose künftiger Zahlen von dem Zweck unterschieden, kräftig motivierende Vorgaben zu machen. Der Zweck bestimmt dann beispielsweise, ob man künftig eventuell drohende Komplikationen in einem gewissen Maße berücksichtigt, um zukünftige Werte so gut wie möglich vorhersagen zu können. Das Ergebnis eines solchen Vorgehens ist in einer so genannten *Prognose*-Rechnung zu sehen. Man vernachlässigt solche Komplikationen dagegen, wenn man den Ansatz von *Plan*-Werten lediglich zur Motivation der Mitarbeiter betreibt. Man spricht dann von einer *Standard*-Rechnung. Für die weiteren Ausführungen spielt es keine Rolle, welcher Zweck der Bestimmung der *Plan*-Werte zu Grunde liegt, weil wir im Folgenden nur auf der Basis von *Ist*- und *Plan*-Werten argumentieren.

Relevanz des Planungszeitpunkts

Bei der Planung von Erlös- und Kostendaten befinden wir uns vor dem Beginn des Planungszeitraums. Dann bedeutet Erlös- und Kostenplanung die Schätzung derjenigen Werte, die sich während des Planungszeitraums ergeben werden. Wir haben die Werte aller Einflussfaktoren zu ermitteln, die im Planungszeitraum vermutlich wirksam werden. Erst dann erhalten wir die Erlöse und Kosten, die während dieses Zeitraums für die einzelne Erzeugniseinheit oder für den Abrechnungszeitraum erwartet werden. Besonders schwierig erscheint dabei die Schätzung der Mengen, die während des Zeitraums relevant werden. Am Ende des Planungszeitraums können wir diesen *Plan*-Werten *Ist*-Werte gegenüberstellen und eventuelle Differenzen analysieren. Wir können dann auch Einkommens-, Erlös- und Kostenwerte ermitteln, bei denen einige Einflussgrößen *Plan*-Niveau besitzen und andere *Ist*-Niveau. Dies ermöglicht es uns, Abweichungen von den *Plan*-Werten zu ermitteln, die auf einzelne oder mehrere Einflussgrößen zurückzuführen sind. So lässt sich bestimmen, welche Einkommens-, Erlös- oder Kostenwerte wir geplant hätten, wenn wir einzelne oder mehrere Einflussgrößen richtig geschätzt hätten.

In der Praxis werden hinsichtlich des verwendeten Zurechnungsprinzips verschiedene Formen von *Plan*-Rechnungen unterschieden. Wir beschreiben *Plan*-Rechnungen auf Basis eines Finalprinzips und solche auf Basis eines Marginalprinzips. Die Ergebnisse der Rechnungen sind bei beiden Rechnungstypen von einer Vielzahl von Einflussfaktoren abhängig, unter anderem davon, ob wir die Existenz eines Lerneffekts unterstellen oder nicht.

Formen von Plan-Rechnungen

Wenn *Ist*-Rechnungen und *Plan*-Rechnungen sich in ihrem Aufbau und in der Wahl des Zurechnungsprinzips entsprechen, ist es sinnvoll, Abweichungen zwischen sich entsprechenden Größen beider Rechenwerke zu ermitteln und auszuwerten. Weisen die *Ist*- und die *Plan*-Rechnung dagegen Strukturunterschiede auf, kann man nur noch für diejenigen Teile Abweichungen ermitteln, bei denen solche Strukturunterschiede nicht bestehen.

Abweichungsermittlung nur sinnvoll bei sich entsprechenden Plan- und Ist-Rechnungen

Zur Ermittlung und Analyse von Abweichungen werden in der Fachliteratur viele unterschiedliche Typen von Abweichungen und Methoden dargestellt. Meist werden nur die Formeln für bestimmte Arten von Abweichungen angegeben, so dass der Leser leicht Verständnisschwierigkeiten bekommt. Im Gegensatz dazu beschränken wir uns hier auf eine grundsätzliche Beschreibung, wie man Abweichungen ermitteln kann und was sie besagen.

Abweichungsermittlung und -analyse

Allgemein können wir festlegen, dass die Erlöse E sich aus m Einflussgrößen ergeben, dass also

Prinzip der Abweichungsermittlung

$$E = f(y_1, y_2, \ldots, y_m)$$

mit

$$E^p = f(y_1^p, y_2^p, \ldots, y_m^p)$$

für die geplanten Erlöse, die *Plan*-Erlöse, und

$$E^i = f(y_1^i, y_2^i, \ldots, y_m^i)$$

für die angefallenen Erlöse, die *Ist*-Erlöse, gilt. Genauso können wir die Kosten K als Ergebnis von n Einflussgrößen auffassen. Aus

$$K = f(x_1, x_2, \ldots, x_n)$$

lassen sich die *Plan*-Kosten

$$K^p = f(x_1^p, x_2^p, \ldots, x_n^p)$$

und die *Ist*-Kosten

$$K^i = f(x_1^i, x_2^i, \ldots, x_n^i)$$

entwickeln. Einkommensabweichungen lassen sich durch Vergleich von *Ist*- und *Plan*-Werten zusammengehöriger Ertrags- und Aufwandsposten ermitteln. Man gelangt zu Erlösabweichungen, indem man den *Ist*-Erlösen solche Erlöse gegenüberstellt, die sich ergeben, wenn alle oder einige Erlöseinflussgrößen *Plan*-Werte annehmen. Für Kostenabweichungen gilt das Gleiche in analoger Weise.

Aussagegehalt der Abweichungen

Dies regt zum Nachdenken darüber an, welchen Aussagegehalt die Abweichungen besitzen und welche Ermittlungsart man in welchem Fall wählen sollte. Wir unterscheiden in diesem Zusammenhang zwischen solchen Abweichungen, die nur den Einfluss einer einzigen Einflussgröße abbilden und solchen, die den Einfluss vieler Einflussgrößen enthalten. Der erstgenannte Typ von Abweichungen ist derjenige, den wir ohne Probleme einer Person anlasten oder »gutschreiben« können, die für diese eine Einflussgröße verantwortlich ist. Der zweite Abweichungstyp kann zweierlei Bedeutung besitzen. Er ist einer Person zurechenbar, wenn er genau die Einflussgrößen berücksichtigt, für die diese Person verantwortlich ist. Er dient dagegen nur als Hilfsgröße, wenn wir ihn lediglich zur »Bereinigung« einer noch umfassenderen Abweichung um den Teil betrachten, der uns nicht oder nicht mehr interessiert.

7.2 Planung von Erlösen und Kosten

7.2.1 Planung bei Finalprinzip

Planung vor Beginn des Planungszeitraums

Wir unterstellen zunächst, wir befänden uns mit unserem Planungsprozess vor dem Beginn des Planungszeitraums. Dies erfordert, dass wir sowohl für die einzelne Erzeugniseinheit als auch für den Abrechnungszeitraum Schätzungen aller relevanten Einflussfaktoren benötigen, um die Erlös- und Kostenwerte im Sinne der Anwendung eines Finalprinzips zu ermitteln.

Planung der Erlöse für eine einzelne Erzeugniseinheit

Für die Planung der Erlöse einer einzelnen Einheit genügt es oft, den Verkaufspreis des Erzeugnisses zu kennen. Kompliziert wird die Schätzung, wenn man für unterschiedliche Einheiten einer Erzeugnisart unterschiedliche Verkaufspreise verwendet. Das ist beispielsweise der Fall, wenn man Mengenrabatte und andere Erlösschmälerungen gewährt. In der Praxis stellen sich derartige Anforderungen etwa an Reiseunternehmen mit ihren präferenzabhängigen Preissystemen, beispielsweise an so genannte Billigflieger mit ihren unterschiedlichen Preisen für nahezu gleiche Leistungen. Für stückbezogene Betrachtungen verwendet man in solchen Fällen gerne durchschnittliche Verkaufspreise je Einheit. Um diese als *Plan*-Größen zu ermitteln, muss man viel über die Erlöseinflussgrößen wissen, beispielsweise über die Auftragsgrößen und Erlösschmälerungen sowie über andere

Einflussgrößen, insbesondere über die geplante Produktionsmenge sowie die für den Abrechnungszeitraum geplante Absatzmenge. Der Informationsbedarf nähert sich dann schon dem Bedarf, den wir mit der Planung von Werten für den künftigen Abrechnungszeitraum haben. Man erhält schließlich eine Erlösgröße, die nur für die unterstellten Planungsprämissen, insbesondere nur für die unterstellten *Plan*-Mengengrößen, aussagefähig ist. Für andere Mengenplanungen muss man die gesamte Rechnung mit geänderten *Plan*-Werten wiederholen.

Für die Einkommensrechnung eines künftigen Abrechnungszeitraums planen wir die Erlöse umgekehrt. Wir schätzen die abzusetzende Menge und den Preis, den wir je Einheit zu erzielen planen. Dann berücksichtigen wir zusätzlich die Erlösschmälerungen, die wir einzuräumen bereit sind. Diese Schätzungen werden komplizierter, je mehr Einflussgrößen auf die Preise wir berücksichtigen. Wir müssen i. d. R. mindestens die Erzeugnisarten und Erzeugnismengen kennen, die wir abzusetzen gedenken, sowie die unterschiedlichen Absatzpreise, die wir zu akzeptieren bereit sind.

Planung der Erlöse für einen künftigen Abrechnungszeitraum

Für die Planung der Kosten einer einzigen abzusetzenden Erzeugniseinheit muss man deren Herstellungskosten ermitteln. Entsprechend dem gewählten Kalkulationsverfahren sind die *Plan*-Werte der Einflussgrößen auf die Kosten festzulegen, bevor man die *Plan*-Herstellungskosten dieser Erzeugniseinheit ermitteln kann. Bei Verwendung einer Divisionsrechnung haben wir dazu beispielsweise die Kosten zu schätzen, die vermutlich anfallen werden. Ebenso ist die vermutete Menge als Divisor anzugeben, bevor wir die Division vornehmen können. Bei einer Zuschlagsrechnung müssen wir für den künftigen Abrechnungszeitraum die direkt zurechenbaren und die nicht direkt zurechenbaren Kosten je Erzeugniseinheit schätzen. Ferner müssen wir die Details der Zurechnung, z. B. die Daten für eine Verrechnung von Kosten proportional zu den innerbetrieblichen Leistungsflüssen, kennen, bevor wir an die *Plan*-Herstellungskosten je Erzeugniseinheit gelangen. Der Informationsbedarf für die Ermittlung der Kosten je Erzeugniseinheit ist groß und unterscheidet sich nicht sehr von demjenigen, den man für die Ermittlung der Kosten des künftigen Abrechnungszeitraums benötigt. Man erhält schließlich eine *Plan*-Kostengröße, die nur unter den Planungsprämissen richtig ist, insbesondere nur für die unterstellten *Plan*-Mengen gilt. Bei Planungsfehlern, insbesondere hinsichtlich der Menge, sind die errechneten Kosten je Erzeugniseinheit nicht mehr sinnvoll zu verwenden.

Planung der Kosten für eine einzelne Erzeugniseinheit

Bei der Ermittlung der Kosten eines Abrechnungszeitraums ergeben sich ähnliche Probleme. Man muss alle Kosteneinflussgrößen genau schätzen, insbesondere die Herstellungs- und Absatzmengen. Dann sind die Kosten entsprechend der vom Kalkulationsverfahren vorgegebenen Untergliederung zu schätzen. Meist wird man im Gegensatz zu den Erlösen mehr Einflussgrößen unterscheiden können. Lernfortschritte und ähnliche Einflussgrößen führen bei der Bestimmung der genauen Höhe der Kosten zu einem zusätzlichen Schätzproblem.

Planung der Kosten für einen Abrechnungszeitraum

Abbildung in Abhängigkeit von der Plan-Menge

Wenn wir uns den Zusammenhang bildlich verdeutlichen, indem wir nur die *Plan*-Menge als Einflussgröße auf die Erlöse und Kosten zulassen, haben wir es mit einer Situation zu tun, in der wir die geplanten Erlöse E^p und die geplanten Kosten K^p nur für die geplante Menge x^p angeben können. Abbildung 7.1 verdeutlicht die Aussage. Man kann dann nicht generell sagen, wie sich das Einkommen, die Erlöse oder die Kosten verhalten hätten, wenn man die Größen für eine andere Menge geplant hätte.

Abbildung 7.1:
Plan-Erlöse E^p und Plan-Kosten K^p im Abrechnungszeitraum in Abhängigkeit von der vor dem Planungszeitraum geplanten Menge bei einer Rechnung auf Basis eines Finalprinzips

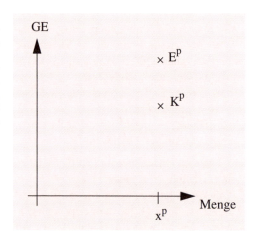

Variationen der Rechnung

Vernachlässigt man, dass die *Plan*-Zahlen nur für die *Plan*-Menge gelten, so erhält man Rechnungen, die anzugeben versuchen, wie sich die Erlöse, die Kosten und das Einkommen in Abhängigkeit von der *Plan*-Menge verhalten. Abbildung 7.2, Seite 357 beschreibt einen solchen scheinbaren Zusammenhang für ein Unternehmen. Insgesamt gesehen haben wir es hier mit einem äußerst problematischen Vorgehen zu tun, das den anspruchsvollen Namen einer »flexiblen *Plan*-Kostenrechnung auf Vollkostenbasis« trägt. In der Fachliteratur spricht man beim soeben angesprochenen Aussageproblem auch von der »Proportionalisierung (beschäftigungs-)fixer Kosten«. Kritisch ist anzumerken, dass die *Plan*-Erlöse und die *Plan*-Kosten für bestimmte Mengen nur dann dem Punkt auf der angegebenen Linie entsprechen, wenn es keine mengenunabhängigen Erlöse und Kosten gibt. Sonst sind die Abbildungen nur für die spezielle *Plan*-Menge aussagefähig, für welche die *Plan*-Erlöse und die *Plan*-Kosten je Erzeugniseinheit ermittelt wurden. Die Variante, alternativ zu der verwendeten Funktion eine solche mit einem beschäftigungsfixen Teil vorzusehen, überschreitet die Grenze zwischen einer Rechnung auf Basis eines Finalprinzips und einer auf Basis des Marginalprinzips.

7.2 Planung von Erlösen und Kosten

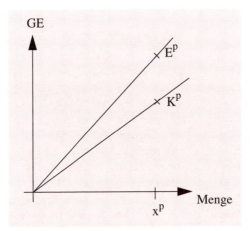

Abbildung 7.2:
Plan-Erlöse E^p und Plan-Kosten K^p des Abrechnungszeitraums in Abhängigkeit von der geplanten Menge bei einer Rechnung auf Basis eines Finalprinzips

Wir unterstellen nun, wir befänden uns am Ende des Planungszeitraums. Wir können nun Werte ermitteln, die sich ergeben hätten, wenn wir die eine oder andere Einflussgröße richtig, d.h. in Übereinstimmung mit ihrer Realisation, geplant hätten.

Analyse am Ende des Planungszeitraums

Für die Ermittlung der Erlöse und Kosten je Erzeugniseinheit läuft die Rechnung ähnlich ab, wie bei der Planung vor dem Beginn des Planungszeitraums. Die Rechnung wird nun aber teilweise anders, weil man bei den Kalkulationen einzelne Einflussgrößen, z.B. die Produktions- oder Absatzmenge, nicht mehr schätzen muss. Für Entscheidungszwecke, die den Abrechnungszeitraum betreffen, kann man allerdings diese Daten am Ende des Planungszeitraums nicht gebrauchen. Für Absatzentscheidungen muss man beispielsweise vor dem Absatz wissen, ob sich die Produktion und der Absatz lohnen. Die Daten eignen sich deshalb nur noch zur Herleitung von Abweichungen zwischen *Plan*-Werten und *Ist*-Werten.

Planung für eine einzelne Erzeugniseinheit

Die Analyse der Erlöse und Kosten des Planungszeitraums gestaltet sich an dessen Ende einfacher oder weniger schätzintensiv. Man weiß jetzt, welche Mengen man beschafft, verarbeitet und abgesetzt hat. Diese »Plan«-Werte sind dementsprechend genauer als die unter Unsicherheit geschätzten, aber leider keine wirklich geplanten Werte mehr, weil eine oder mehrere Einflussgrößen, z.B. die Beschäftigung als eine der wesentlichen Einflussgrößen, *Ist*-Niveau angenommen hat. Die einzigen Abweichungen, die man sinnvoll ermitteln kann, sind diejenigen zwischen dem *Plan*-Einkommen und dem *Ist*-Einkommen, zwischen den *Plan*-Erlösen und den *Ist*-Erlösen und zwischen den *Plan*-Kosten und den *Ist*-Kosten. Eine weitere Aufgliederung dieser Abweichungen auf einzelne Ursachen ist nicht möglich, ohne zugleich den Typ der Rechnungen zu verändern.

Analyse des Abrechnungszeitraums

7.2.2 Planung bei Marginalprinzip und Linearität

Isolierung der beschäftigungsvariablen Kosten

Die Verwendung eines Marginalprinzips erfordert für die zeitraumbezogene Einkommensrechnung die Trennung der Erlöse und der Kosten in bezüglich der Beschäftigung fixe und variable Bestandteile. Beschäftigungsfixe Erlöse und Kosten werden bei diesem Rechnungssystem den einzelnen Kostenträgern nicht zugerechnet. Man behandelt sie lediglich als restliche Erlöse oder als restliche Kosten in der Einkommensrechnung. Für die verbleibenden beschäftigungsvariablen Erlöse und Kosten wird der jeweilige funktionale Zusammenhang der Erlöse und Kosten mit der Beschäftigung bestimmt. Werden sämtliche beschäftigungsabhängigen Erlöse oder Kosten korrekt erfasst, entspricht der Kostenzuwachs aus der Produktion einer zusätzlichen Einheit eines Erzeugnisses den Grenzkosten dieses Produktes. Aus diesem Grunde bezeichnet man die sich ergebende Erlösrechnung auch als Grenzerlösrechnung und die dementsprechende Kostenrechnung als Grenzkostenrechnung. Aus Praktikabilitätsgründen wird regelmäßig von einer linearen Abhängigkeit der Grenzerlöse und der Grenzkosten von der Beschäftigung ausgegangen.

Planung vor Beginn des Planungszeitraums

Wenn wir annehmen, wir befänden uns vor dem Beginn des Planungszeitraums, dann haben wir auch bei einer Grenzerlös- und Grenzkostenrechnung zunächst alle Komponenten zu schätzen, die für die Ermittlung der erzeugnisbezogenen Größen je Einheit sowie für die zeitraumabhängigen Größen benötigt werden. Auch hier müssen alle Erlöse und Kosten geplant werden.

Planung der Erlöse und Kosten je Erzeugniseinheit

Die Planung der Erlöse und der Kosten je Erzeugniseinheit wird bei Verwendung eines Marginalprinzips jedoch leichter als bei einem Finalprinzip. Den verkauften Leistungen werden nur noch diejenigen Erlöse und Kosten zugerechnet, die sich in einer zeitraumbezogenen Einkommensrechnung als beschäftigungsabhängig erweisen. Hinsichtlich jeder einzelnen Erzeugniseinheit sind diese beschäftigungsabhängigen Erlöse und Kosten unveränderlich. Dies erleichtert ihre Handhabung ungemein. Unsere Kalkulation hat lediglich sicherzustellen, dass wir diejenigen Erlöse und diejenigen Kosten je Erzeugniseinheit erfahren, die für jede Erzeugniseinheit zusätzlich zu den bis dahin entstandenen Beträgen entstehen. Diese Größen werden in der Einkommensrechnung desjenigen Abrechnungszeitraums verrechnet, in dem die Erzeugnisse verkauft werden. Alle anderen Erlös- und Kostenbestandteile zählen zu den restlichen Größen, die zu dem Zeitpunkt in die Einkommensrechnung wandern, zu dem sie entstehen. Divisionen oder Zuschläge brauchen nicht vorgenommen zu werden. Die Beträge, die wir jeder einzelnen Erzeugniseinheit zurechnen, hängen nicht mehr von den Mengen ab, für die wir planen.

Die Ermittlung der Erlöse und Kosten für einen künftigen Abrechnungszeitraum gestaltet sich sinnvoller als beim Vorgehen eines Finalprinzips. Es ergeben sich keine verzerrenden Abhängigkeiten von den Erlösen und den Kosten je Erzeugniseinheit. Wir müssen jetzt alle Erlöse und alle Kosten jeweils für die einzelne Erzeugniseinheit und für den Abrechnungszeitraum schätzen. Dies erfordert allerdings eine Mengenschätzung mit all ihren Problemen. Dann können wir unsere Einkommensrechnung aufstellen. Dabei verrechnen wir die Erlöse und Kosten, die wir den Erzeugnissen zurechnen, in dem Abrechnungszeitraum, in dem die Erlöse verkauft werden und die restlichen Erlöse und Kosten in dem Abrechnunszeitraum, in dem sie entstehen. Die Rechnungen lassen sich am Ende des Abrechnungszeitraums leicht und richtig an die tatsächlich verkaufte Menge anpassen, weil wir ja in der Einkommensrechnung die beschäftigungsabhängigen Erlös- und Kostenteile anders verrechen als die beschäftigungsunabhängigen Teile.

Planung der Erlöse und Kosten für einen Abrechnungszeitraum

Am Ende des Abrechnungszeitraums kennen wir die tatsächlichen Ausprägungen der einzelnen Einflussgrößen. Dies ermöglicht es uns, Größen zu errechnen, die sich teilweise aus dem geplanten und teilweise aus dem tatsächlichen Niveau der Einflussgrößen ergeben. Zum Beispiel können wir jetzt verlässlich ausrechnen, welchen Betrag wir hätten planen müssen, wenn wir bereits vor dem Beginn des Planungszeitraums die richtige Beschäftigung hätten unterstellen wollen. Als Konsequenz können wir die Differenz zwischen *Plan*-Werten und *Ist*-Werten auf die einzelnen Einflussgrößen zurückführen.

Analyse am Ende des Planungszeitraums

Wir unterstellen nun, man habe die Erlöse und Kosten, die sich jeweils auf eine einzige Erzeugniseinheit beziehen, vor Beginn des Planungszeitraums geschätzt. Wir demonstrieren die Konsequenz dieser Annahme an einem Beispiel, indem wir die Einflussgröße »Beschäftigung« *Ist*-Werte annehmen lassen. Für die Einkommensrechnung verwenden wir allerdings diejenige Beschäftigung, die sich am Ende des Planungszeitraums ergibt. Unter dieser Annahme nutzen wir für die Einkommensrechnung beschäftigungsunabhängige Erlöse und Kosten aus der Planung vor Beginn des Planungszeitraums; die beschäftigungsabhängigen Werte stammen dagegen teilweise aus der Zeit am Ende des Planungszeitraums. Hieraus lassen sich fiktive Werte auf Basis der tatsächlichen Beschäftigung x^i ermitteln. Abbildung 7.3, Seite 360, enthält die zugehörige grafische Darstellung.

Ermittlung von Abweichungen am Ende des Abrechnungszeitraums

Abbildung 7.3:
Plan-Erlöse und Plan-Kosten im Abrechnungszeitraum in Abhängigkeit von der Menge bei einer Rechnung auf Basis eines Marginalprinzips

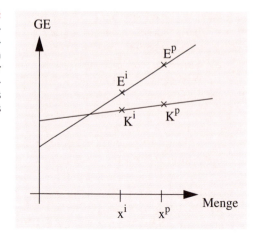

Als Abweichungen können wir nun jeweils Einkommensabweichungen, Erlösabweichungen und Kostenabweichungen bestimmen. Die jeweils ermittelbaren Abweichungen seien am Beispiel von Kostenabweichungen erläutert. Wir können nun die gesamte Abweichung $K - K^p$ zwischen den ursprünglich geplanten Kosten K^p und den tatsächlich angefallenen Kosten K aufspalten in den Teil, der aus der Verringerung der Beschäftigung resultiert, $K^i - K^p$, und in den Teil, der darüber hinaus noch besteht, $K - K^i$. Abbildung 7.4 enthält die entsprechende Veranschaulichung. Eine Abweichung, für die wir keine Erklärung in den Einflussgrößen finden, bezeichnen wir als eine Restabweichung. Meist liegt es nahe, Restabweichungen auf einen Mehr- oder Minderverbrauch an Produktionsfaktoren zurückzuführen.

Abbildung 7.4:
Tatsächlich angefallene Kosten K und Plan-Kosten K^p sowie modifizierte Ist-Kosten K^i im Abrechnungszeitraum in Abhängigkeit von der Menge bei einer Rechnung auf Basis eines Marginalprinzips

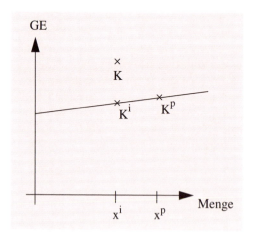

Wir veranschaulichen uns die Aussagen anhand eines Beispiels, in dem wir auch auf den Aussagegehalt eingehen.

Sachverhalt eines Beispiels

Ein Unternehmen, das nur eine einzige Produktart fertigt, hat seine Planbeschäftigung x^p auf 500 Fertigungsstunden je Abrechnungszeitraum festgelegt. Die Plan-Kosten K^p belaufen sich auf $9\,500\,GE$ je Abrechnungszeitraum. Davon werden $7\,000\,GE$ je Abrechnunszeitraum als bezüglich der Beschäftigung variable Kosten K_v^p und $2\,500\,GE$ je Abrechnungszeitraum als beschäftigungsfixe Kosten K_f^p geplant. Die Ist-Beschäftigung x^i beträgt während des Abrechnungszeitraums nur 250 Stunden. Die tatsächlich angefallenen Kosten K belaufen sich auf $8\,000\,GE$.

Problemstellungen

In diesem Beispiel soll die Ermittlung

- des planmäßigen Kostensatzes je Erzeugniseinheit,
- der sich daraus ergebenden Plan-Kosten des Abrechnungszeitraums und
- der möglichen Abweichungen verdeutlicht werden.

Vertiefung der Ausführungen anhand des Beispiels

Ermittlung der geplanten Kosten je Erzeugniseinheit bei Marginalprinzip

Der *Plan*-Kostensatz beschreibt im Beispiel das Verhältnis von geplanten beschäftigungsvariablen Kosten des Abrechnungszeitraums und geplanter Beschäftigung. Es ergibt sich vor Beginn des Planungszeitraums ein geplanter Kostensatz je Beschäftigungsstunde h in Höhe von:

$$\frac{K_v^p}{x^p} = \frac{7000\,GE}{500\,h} = 14\frac{GE}{h}.$$

Ermittlung der geplanten beschäftigungsvariablen Kosten des Abrechnungszeitraums

Mit Hilfe des geplanten Kostensatzes je Erzeugniseinheit lässt sich der Betrag ermitteln, der während eines Abrechnungszeitraums über die verkauften Erzeugniseinheiten mit der Beschäftigung x^i in eine Einkommensrechnung gelangt. Diese *Plan*-Kosten aus dem Verkauf von Erzeugniseinheiten im Abrechnungszeitraum betragen somit

$$\frac{K_v^p}{x^p} \cdot x^i = \frac{7000\,GE}{500\,h} \cdot 250\,h = 3500\,GE.$$

Bedenkt man nun, dass für die ursprünglich geplante Beschäftigung von 500 Stunden planmäßig beschäftigungsvariable Kosten von $7\,000\,GE$ angefallen wären, tatsächlich aber nur 250 Stunden gefertigt wurde, für die man – wie gerade gezeigt – $3500\,GE$ hätte verbrauchen dürfen, so liegt es nahe, die Differenz in Höhe von $3500\,GE - 7000\,GE = -3500\,GE$ als Beschäftigungsabweichung zu bezeichnen. Dieser Betrag ergibt sich, weil die Beschäftigung ursprünglich falsch geplant wurde. Er bezieht sich hier wegen der Verwendung eines Marginalprinzips nur auf diejenigen Kosten, die im Abrechnungszeitraum als beschäftigungsvariabel behandelt werden. Man spricht auch von der Abweichung der beschäftigungsvariablen Kosten.

Bestimmung der Differenz zwischen tatsächlich angefallenen und Plan-Kosten

Die Kosten, die bezüglich der Beschäftigung im Abrechnungszeitraum als fix zu betrachten sind, belaufen sich planmäßig auf $2500\,GE$. Zusammen mit den geplanten beschäftigungsvariablen Kosten des Abrechnungszeitraums werden also $7000\,GE + 2500\,GE = 9500\,GE$ als Kosten geplant. Im Vergleich mit den tatsächlich angefallenen Kosten in Höhe von $8000\,GE$ ergibt sich also eine Differenz, über die wir nur wissen, dass anstatt der ursprünglich geplanten 500 Stunden nur 250 Stunden gearbeitet wurde. Es liegt zwar nahe zu unterstellen, es handele sich um eine Verbrauchsabweichung, also hier um einen höheren als den tatsächlich eingetretenen Verbrauch an Produktionsfaktoren. Wenn man aber – wie hier – zusätzliche Kosteneinflussfaktoren kennt, deren *Ist*-Niveau sich vom *Plan*-Niveau unterscheidet, kann man den Schluss auf den Verbrauch als Ursache der Kostenabweichung erst anstellen, wenn man die Abweichungswirkung dieser anderen Einflussfaktoren herausgerechnet hat. Im vorliegenden Fall kann man die ursprünglich auf $7000\,GE$ geplanten Kosten als Folge der geringeren Beschäftigung um $250\,\text{Stunden}/500\,\text{Stunden}$ korrigieren und erhält $3500\,GE + 2500\,GE = 6000$ als (den nachträglich richtigen) Planwert. Als Restabweichung und damit möglicherweise als Verbrauchsabweichung bleibt nun nur noch ein ungünstiger Betrag von $2000\,GE$.

7.2.3 Planung bei Marginalprinzip und Nichtlinearität (Lerneffekt)

Kostenreduktion durch Lernen

Bei der Massenfertigung von Erzeugnissen lässt sich oft beobachten, dass die *Erlöse* und die *Kosten* je Einheit mit zunehmender Produktionsmenge abnehmen. Die Abnahme wird auf die zunehmende Übung, auf das Lernen, zurückgeführt. Sie lässt sich zumindest für die *Kosten* in der Regel dadurch beschreiben, dass die *Kosten* je Einheit mit jeder Verdoppelung der Produktionsmenge auf einen festen Prozentsatz der ursprünglichen *Kosten* je Einheit sinken. Dieser Prozentsatz wird als *Lernrate* bezeichnet. Für die *Erlöse* lässt sich Ähnliches vermuten, wenn die Auftraggeber um den Lerneffekt wissen.

Der Lerneffekt bei den Kosten hat Konsequenzen für die Kostenplanung. Er lässt sich formelmäßig durch eine Funktion der Form:

$$y = y_1 X^{-b}$$

beschreiben. Darin symbolisiert y die benötigte Arbeitszeit für die X-te Einheit, wenn y_1 den Zeitbedarf für die Fertigung der ersten Einheit darstellt und der Lerneffekt, ausgedrückt durch die Lernrate L, in den Exponenten so einfließt, dass

$$-b = \frac{\log L}{\log 2}$$

gilt. Die Lernrate L steht demnach hier für den Prozentsatz der ursprünglich benötigten Arbeitszeit, auf den die für die X-te Einheit benötigte Arbeitszeit bei jeder Verdoppelung der Produktionsmenge sinkt. Die Funktion wird als *Einheitslernkurve* bezeichnet. Multipliziert man die geplante Arbeitszeit mit dem geplanten Lohnsatz je Zeiteinheit, so erhält man die *Kosten* der X-ten Einheit.

Formaler Zusammenhang der Einheitslernkurve

Es erscheint sinnvoll, den Lerneffekt bei der Planung der Kosten von Aufträgen zu berücksichtigen. Auswirkungen des Lerneffekts auf zeitraumbezogene Einkommensrechnungen lassen sich beim Vergleich von *Plan*-Werten und *Ist*-Werten feststellen.

Irrelevanz für den Aufbau von Einkommensrechnungen

In vielen Texten findet man eine Darstellung, in der y nicht die Zeit, sondern die Lohnkosten verkörpert. Vom gleichen formalen Zusammenhang ist auch die Rede, wenn man von der Erfahrungskurve spricht: y steht dann nicht nur für die Lohnkosten, sondern für alle *Kosten*. Dabei unterstellt man, dass Lernfortschritte sich auch bei anderen Komponenten der Herstellungskosten zeigen.

Lernkurven in der Literatur

Für viele Planungen interessieren nicht die *Kosten* einer bestimmten Einheit bei der Herstellung von X Einheiten, sondern die durchschnittlichen *Kosten* je Einheit bei Herstellung von X Einheiten. Die durchschnittlichen *Kosten* je Einheit lassen sich durch Multiplikation der durchschnittlichen Arbeitszeit mit dem Kostensatz je Arbeitszeiteinheit ermitteln. Die durchschnittliche Arbeitszeit je Stück $\bar{y}$ für die ersten X Einheiten lässt sich ermitteln aus:

Formaler Zusammenhang mit der Durchschnittslernkurve

$$\bar{y} = \frac{\sum_{i=1}^{X} y_i}{X} = \frac{y_1 \sum_{i=1}^{X} X_i^{-b}}{X}.$$

Diese Funktion lässt sich annähern durch den Ausdruck

$$\bar{y} = \frac{\int_0^X (y_1 X^{-b})\,dX}{X}$$

Man erhält durch folgende äquivalente Umformungen

$$\bar{y} = \frac{1}{X} y_1 \left[\frac{1}{1-b} X^{-b+1} \Big|_0^X \right]$$

$$\bar{y} = \frac{1}{X} y_1 \left[\frac{1}{1-b} X^{-b+1} - 0 \right]$$

$$\bar{y} = y_1 \frac{1}{1-b} X^{-b}$$

wieder eine Funktion, die derjenigen der Einheitslernkurve ähnelt, wobei y_1 und b die Parameter der Einheitslernkurve sind. Die so gewonnene Funktion kann man als *Durchschnittslernkurve* bezeichnen. Die durchschnittlichen *Kosten* je Einheit erhält man schließlich, indem man den durchschnittlichen Zeitbedarf je Einheit mit dem gegebenen Lohnsatz multipliziert.

Durchschnittslernkurve für beliebige Start- und Endpunkte

Möchte man die durchschnittliche Herstellungszeit je Einheit für eine Menge von Einheiten planen, nachdem schon gewisse Lernfortschritte erzielt sind, so wird die Rechnung etwas komplizierter. Man ermittelt das Integral nicht von 0 bis X, sondern von m bis n. Bezeichnet man die Menge von Einheiten, bei der man herzustellen beginnt, mit m und die Menge, bei der man aufhört, mit n, so ändern sich in obiger Herleitung lediglich die Grenzen des Integrals. Man erhält:

$$\bar{y}_{m,n} = \frac{y_1}{1-b} \cdot \frac{n^{1-b} - m^{1-b}}{n-m}$$

Ein Beispiel mag die Zusammenhänge und deren Relevanz erläutern.

Sachverhalt eines Beispiels

Die Montageabteilung einer Werkzeugmaschinenfabrik rechnet auf Grund von Probeläufen bei der Herstellung und Montage eines neuen Maschinenmodells damit, dass die benötigte Arbeitszeit je Maschine bei jeder Verdoppelung der Herstellungsmenge um 20% abnimmt. Als Kosten werden für das erste Stück eines Auftrags angesetzt: Einzelmaterialkosten in Höhe von 40 *GE/Einheit*, Einzellohnkosten für die Montage in Höhe von 100 *GE/Einheit* sowie sonstige Kosten in Höhe von 20 *GE/Einheit*.

Bei der Montage werden Lerneffekte erzielt, die sich auf die Höhe der geplanten Löhne auswirken. Für die Fertigung der ersten Werkzeugmaschine benötigt die Montageabteilung 10 Stunden.

Der Auftrag umfasst die Produktion von 1000 Stück und kann bei konstanter Produktionsintensität in 6 Monaten ausgeführt werden.

Problemstellungen

Das Beispiel soll zeigen, dass es bedeutsam sein kann, Lerneffekte bei der Planung zu berücksichtigen. Daher werden wir die Informationen des Beispiels verwenden,

- um die Kosten für die tausendste Einheit zu schätzen,
- um uns Gedanken über die Kosten zu machen, die mit dem Auftrag anfallen werden. Dabei nehmen wir zusätzlich an, dass mit einer Lohnsteigerung von 10% in 3 Monaten gerechnet wird und der übliche Gewinnzuschlag 10% auf die Herstellungskosten beträgt.

Vertiefung der Ausführungen anhand des Beispiels

Grundlagen der Problemlösung

Es bietet sich an, den Lerneffekt zunächst nur auf die Arbeitszeit zu beziehen und die geplanten *Kosten* anschließend durch Multiplikation der Arbeitszeit mit den jeweils gültigen Stundensätzen zu ermitteln.

Lösungsidee

Kosten der tausendsten Einheit

Es geht um die Planung der *Kosten* einer einzelnen Einheit und damit um die Einheitslernkurve. Da der Lerneffekt im vorliegenden Fall nur bei der Fertigungszeit auftritt, sind für die Ermittlung der Lernkurve nur die Einzellohnkosten relevant. Für die Fertigung der ersten Werkzeugmaschine des Auftrags fallen Lohnkosten in Höhe von $100\,GE$ an. Diese werden für eine Fertigungsdauer von 10 Stunden gezahlt. Somit beläuft sich der aktuelle Lohnsatz auf $10\,GE$ je Stunde. Wir rechnen bei der Lernkurve zunächst nur mit Arbeitszeiten anstelle von Lohnkosten. Erst anschließend nehmen wir eine Bewertung der Arbeitszeiten mit Lohnsätzen vor.

Einheitslernkurve

Der beschriebene Effekt, dass die geplanten *Kosten* je Einheit bei jeder Verdoppelung um 20% abnehmen, entspricht einer Lernrate von $L = 0{,}8$. Dann ergibt sich

Einheitslernkurve und Kosten im Beispiel

$$-b = \frac{\log L}{\log 2} = \frac{\log 0{,}8}{\log 2} = -0{,}322.$$

Beschreibt man mit y die benötigten Montagestunden für die tausendste Einheit, so ermittelt man diese aus

$$y = 10 \cdot 1000^{-0{,}322} \approx 1{,}08 \,.$$

Die Montagezeit je Einheit sinkt durch den Lerneffekt so, dass sie bei der tausendsten Einheit nur noch 1,08 Stunden beträgt. Die Kosten der tausendsten Einheit ergeben sich somit planmäßig wie in Abbildung 7.5 dargestellt.

Abbildung 7.5: Berechnung der Kosten für die tausendste Einheit

	Kosten	Betrag
	direkt zurechenbare Materialkosten	40,0 GE
+	direkt zurechenbare Lohnkosten (1,08 Stunden zu je 10 GE je Stunde)	10,8 GE
+	sonstige direkt zurechenbare Kosten	20,0 GE
=	Summe	70,8 GE

Erinnert man sich, dass die *Kosten* der ersten Einheit sich auf 160 GE beliefen hatten, wird deutlich wie sinnvoll es erscheint, die Wirkungen des Lerneffekts in Kalkulations- und Planungsüberlegungen einfließen zu lassen.

Kosten eines Auftrages über 1000 Einheiten

Kostenermittlung für Auftrag über 1000 Einheiten

Um die Kosten des gesamten Auftrages schätzen zu können, ist es notwendig, die durchschnittliche Montagezeit bei der Fertigung von 1000 Einheiten zu kennen. Diese errechnet sich aus der gesamten Arbeitszeit für die ersten 1000 Einheiten. Sie lässt sich aus der Formel für die Einheitslernkurve herleiten. Zu beachten ist allerdings, dass bei Anwendung der Formel zur Approximation der durchschnittlichen Lernkurve von 0 bis 1000 und nicht von 1 bis 1000 zu integrieren ist. Es ergibt sich für $m = 0$ und $n = 1000$:

$$\bar{y}_{0,\,1000} = \frac{10}{1-0{,}322} \cdot 1000^{-0{,}322}$$

$$\bar{y}_{0,\,1000} \approx 1{,}595 \,.$$

Näherungsweise Berücksichtigung des Lerneffekts

Wenn man vereinfachend (den Lerneffekt somit nur grob berücksichtigend) davon ausgeht, dass 400 Stück des Auftrags in den ersten 3 Monaten zum Lohnsatz von 10 GE je Stunde und die restlichen 600 Stück in den nächsten 3 Monaten zum Lohnsatz von 11 GE je Stunde produziert werden, so kann wie in Abbildung 7.6 kalkuliert werden:

Kosten bzw. Gewinnzuschlag	Betrag
direkt zurechenbare Materialkosten	
1000 Einheiten zu je 40 GE	40 000,00 GE
+ direkt zurechenbare Lohnkosten	
400 Stück zu 1,595 Stunden zu je 10 GE	6 380,00 GE
600 Stück zu 1,595 Stunden zu je 11 GE	10 527,50 GE
+ sonstige Kosten	
1000 Stück zu je 20 GE	20 000,00 GE
= Herstellungskosten	76 907,50 GE
+ 10% Gewinnzuschlag	7 690,75 GE
= Preisuntergrenze	84 598,25 GE

Abbildung 7.6: Näherungsweise Berechnung der Kosten des Auftrages

Die Kalkulation wird exakter, wenn man die kumulativen Durchschnittskosten für die ersten 400 und letzten 600 Stück des Auftrags getrennt schätzt. Dazu sind die Durchschnittszeiten für die ersten 400 und für die zweiten 600 Einheiten getrennt zu ermitteln. Um ganz exakt kalkulieren zu können, müsste man eigentlich wissen, wie viele Einheiten in den ersten drei Monaten genau gefertigt werden. Davon wird hier aus Vereinfachungsgründen abgesehen.

Genauere Berücksichtigung des Lerneffekts

Für die ersten 400 Einheiten, also für $m = 0$ und $n = 400$, ergibt sich:

$$\bar{y}_{0,400} = \frac{10}{1-0{,}322} \cdot 400^{-0{,}322}$$

$$\log \bar{y}_{0,400} = \log 10 - \log(1 - 0{,}322) - 0{,}322 \log 400$$

$$\log \bar{y}_{0,400} = 1 - \log 0{,}678 - 0{,}322 \log 400$$

$$\bar{y}_{0,400} \approx 2{,}142 \; .$$

Für die zweiten 600 Einheiten, also für $m = 401$ und $n = 1000$, ergibt sich:

$$\bar{y}_{401,1000} = \frac{10}{1-0{,}322} \cdot \frac{1000^{0{,}678} - 401^{0{,}678}}{599}$$

$$\log \bar{y}_{401,1000} = \log 10 - \log(1 - 0{,}322) - \log 599$$
$$\qquad\qquad + \log(1000^{0{,}678} - 401^{0{,}678})$$

$$\log \bar{y}_{401,1000} = 1 - \log(0{,}678)$$
$$\qquad\qquad + \log(1000^{0{,}678} - 401^{0{,}678}) - \log 599$$

$$\bar{y}_{401,1000} \approx 1{,}230$$

Die Kalkulation sieht nun wie in Abbildung 7.7 aus.

Abbildung 7.7: Genauere Berechnung der Kosten des Auftrages

Kosten bzw. Gewinnzuschlag		Betrag
	direkt zurechenbare Materialkosten	
	1000 Einheiten zu je 40 GE	40000,00 GE
+	direkt zurechenbare Lohnkosten	
	400 Stück zu 2,142 Stunden zu je 10 GE	8568,00 GE
	600 Stück zu 1,230 Stunden zu je 11 GE	8118,00 GE
+	sonstige Kosten	
	1000 Stück zu je 20 GE	20000,00 GE
=	Herstellungskosten	76686,00 GE
+	10% Gewinnzuschlag	7668,60 GE
=	Preisuntergrenze	84354,60 GE

Zum Vergleich: Kostenermittlung ohne Lerneffekt

Zur nochmaligen Veranschaulichung der Bedeutung des Lerneffekts diene die Betrachtung in Abbildung 7.8. Ohne den Lerneffekt hätte man auf Basis der Lohnkosten der ersten Einheit folgendermaßen kalkuliert:

Abbildung 7.8: Kalkulation der Kosten des Auftrages ohne Berücksichtigung des Lerneffekts

Kosten bzw. Gewinnzuschlag		Betrag
	direkt zurechenbare Materialkosten	
	1000 Einheiten zu je 40 GE	40000,00 GE
+	direkt zurechenbare Lohnkosten	
	1000 Stück zu 10 Stunden zu je 10 GE	100000,00 GE
+	sonstige Kosten	
	1000 Stück zu je 20 GE	20000,00 GE
=	Herstellungskosten	160000,00 GE
+	10% Gewinnzuschlag	16000,00 GE
=	Preisuntergrenze	176000,00 GE

7.3 Systematische Abweichungsermittlung

Zurückführung auf Einflussgrößen als Grundlage

Zur Ermittlung und Analyse von Abweichungen bedient man sich der Technik, die geplanten Kontrollgrößen, z.B. das geplante Einkommen, die geplanten Erlöse oder die geplanten Kosten, durch das planmäßige Zusammenwirken von Einflussgrößen zu beschreiben und die Abweichung auf das Wirken unplanmäßiger Einflussgrößenausprägungen zurückzuführen. Dadurch kann rechnerisch eine gedankliche Zerlegung der Gesamtabweichung in Teilabweichungen vorgenommen werden.

Ziel der vorliegenden Ausführungen ist es, die Methoden zur Abweichungsermittlung darzustellen und zu beurteilen. Dazu werden zunächst die Anforderungen an die Abweichungsanalyse hergeleitet. Es schließt sich eine Skizze der Methoden und ihres Aussagegehalts an.

7.3.1 Möglichkeiten zur Aufspaltung von Abweichungen

Formal lassen sich Teilabweichungen in verschiedener Hinsicht ermitteln. Jede auf eine Einflussgröße zurückführbare Abweichung lässt sich direkt bestimmen. Man gelangt indirekt zum gleichen Ergebnis, indem man die gesamte Abweichung um die Wirkungen korrigiert, die auf alle anderen gerade nicht betrachteten Einflussgrößen zurückzuführen sind. Den folgenden Ausführungen liegt der direkte Weg der Ermittlung zugrunde. Wir beschränken unsere Ausführungen auf die Kostenseite, weil die Ermittlung und Analyse von Kostenabweichungen anschaulich ist. Die folgenden Überlegungen können leicht auf das Einkommen und die Erlöse übertragen werden.

Direkter Weg zur Abweichungsermittlung

Grundlage der Ermittlung und Analyse von Abweichungen im oben beschriebenen Sinne bilden die *Plan*-Kosten K^p, die unmodifizierten *Ist*-Kosten K^i und solche Kosten, die sich sowohl aus *Plan*-Werten als auch aus *Ist*-Werte der Einflussgrößen ergeben. In Bezug darauf, ob die Einflussgrößenwerte geplant oder bereits realisiert sind, lassen sich zwei Extremfälle unterscheiden: Ein Extremfall liegt vor, wenn alle Einflussgrößen *Plan*-Werte annehmen. Diese Art von Kosten entspricht den *Plan*-Kosten. Der andere Extremfall liegt vor, wenn alle Einflussgrößen mit ihren tatsächlichen Einflussgrößen zum Realisationszeitpunkt in die Kostenfunktion einfließen, also *Ist*-Werte annehmen. Bezeichnet man die bekannten Einflussgrößen mit $x_1, ..., x_n$ und fügt man diesen für *Plan*-Werte den Index p und für *Ist*-Werte den Index i hinzu, so lässt sich der erste Extremfall modellmäßig beschreiben durch

Begriffsverwendung

$$K^p = f\left(x_1^p, x_2^p, ..., x_n^p\right)$$

und der zweite durch

$$K^i = f\left(x_1^i, x_2^i, ..., x_n^i\right).$$

Ob die *Ist*-Werte tatsächlich dieser Funktion folgen oder ob sie davon abweichen, hängt davon ab, ob die Funktion die Realität exakt abbildet oder nicht. Bei falscher Abbildung ergeben sich allein deswegen Abweichungen. In der Realität ist es zweifellos schwierig und mühsam, eine Funktion zu finden, die stets die tatsächliche Kostenentstehung abbildet. Wir unterstellen daher hier, die Funktion sei unvollständig.

Abweichungs-systematik

Die Summe aller Teilabweichungen ergibt sich als Differenz zwischen den *Plan*-Kosten K^p und den *Ist*-Kosten K^i. Für die Zerlegung dieser Summe lassen sich die Fälle unterscheiden, in denen die Einflussgrößen voneinander unabhängig und voneinander abhängig auf die Kostengröße wirken. Da die Kostengrößen i.d.R. Wertgrößen darstellen, die sich letztlich auf das Produkt von Mengen und Preisen zurückführen lassen, wird eine unabhängige Wirkung aller Einflussgrößen auf die Kostengrößen niemals gegeben sein. Insofern sind die beiden Fälle für die Praxis von unterschiedlicher Bedeutung. Die Abweichungsanalyse bei unabhängiger Wirkung von Einflussgrößen erweist sich als unproblematisch. Wir konzentrieren uns daher auf den anderen Fall. Dazu legen wir unseren Ausführungen das folgende Beispiel zu Grunde.

Sachverhalt eines Beispiels

Die Kostengröße werde durch die Kraftstoffkosten eines Dieselaggregates eines bestimmten Zeitraums, z.B. eines Tages, dargestellt. Man kann sich darunter die täglichen Kraftstoffkosten eines Skiliftes vorstellen. Als Einflussgrößen dieser Kosten werden der Preis je Liter (*l*) Dieselkraftstoff (x_1), die Laufzeit des Aggregates (x_2) in Stunden (*h*) und die Intensität der Beanspruchung (x_3) als dimensionslose Zahl angenommen, unter der man sich zum Beispiel einen aus der Anzahl der beförderten Passagiere entwickelten Index oder das Verhältnis von Istdrehzahl zu optimaler Drehzahl vorstellen kann. Die Kostenfunktion, deren Produktionskoeffizient sich aus den technischen Angaben des Aggregates ergebe, laute:

$$K[EUR] = 10\left[\frac{l}{h}\right] \cdot x_1\left[\frac{EUR}{l}\right] \cdot x_2[h] \cdot x_3$$

Plan- und Ist-Werte der Einflussgrößen sowie die planerisch ermittelbaren Kosten K^p und K^i des Beispiels sind aus Abbildung 7.9 ersichtlich.

Abbildung 7.9: Ausgangsdaten des Beispiels

	Einflussgrößen			Kosten
	x_1	x_2	x_3	
Plan-Wert	1,2	8,0	1,0	$K^p = 96,00$
Ist-Wert	1,32	8,4	1,2	$K^i = 133,06$

Weiterhin sei angenommen, die Laufzeit und die Intensität seien vom Unternehmen beeinflussbar. Die unterstellte Kostenfunktion bildet die tatsächliche Kostenentstehung sicherlich nicht exakt ab; denn Einflüsse wie Lufttemperatur und -feuchtigkeit, Einstellung der Einspritzpumpe und Alter des Aggregates spielen für den Tagesverbrauch ebenso eine Rolle wie – im Falle eines Schleppliftes – die Gleiteigenschaften des Schnees. So lange, wie solche Einflüsse nicht explizit oder implizit durch eine Änderung der Produktionsfunktion oder ihrer technischen Produktionskoeffizienten erfasst werden, können die tatsächlich anfallenden Kosten K von den Ist-Kosten K^I der Funktion abweichen. Eine solche Abweichung zeigt an, dass die Kostenfunktion unvollständig und deshalb mit Mängeln behaftet ist.

Problemstellungen

Wir befassen uns mit der Aufgabe, um die Probleme der Abweichungsermittlung zu verstehen. Wir werden die Daten nutzen, um

- die Unterschiede zwischen alternativem und kumulativem Verfahren zu verdeutlichen,
- die Auswirkungen unterschiedlicher Ausgangspunkte auf die Abweichungsbestimmung zu ermitteln und
- den Aussagegehalt unterschiedlicher Abweichungsermittlungen zu diskutieren.

Vertiefung der Ausführungen anhand des Beispiels

Die Vertiefung der Ausführungen anhand des vorgestellten Beispiels geschieht an geeigneter Stelle in den folgenden Abschnitten.

7.3.2 Abweichungsermittlung

Die Abweichungsermittlung kann sich unterschiedlich gestalten, wenn die Erlös- und Kostenfunktionen unterschiedliche Eigenschaften aufweisen. Für uns erscheint es wichtig, zwischen separierbaren und nicht-separierbaren Funktionen zu unterscheiden. Bei separierbaren Funktionen unterstellen wir, die Einkommens-, Erlös- oder Kostenfunktion könne so in einzelne voneinander unabhängige Funktionen aufgespalten werden, dass jede Funktion nur von einer einzigen Einflussgröße abhängt. Wir unterstellen beispielsweise für die Kosten, dass

Vorgehen abhängig von Separierbarkeit der Funktion

$$f(x_1, ..., x_n) = f_1(x_1) + ... + f_n(x_n)$$

gilt. Bei nicht-separierbaren Funktionen unterstellen wir das nicht.

Separierbare Erlös- und Kostenfunktionen

Haben wir es mit separierbaren Einkommens-, Erlös- oder Kostenfunktionen zu tun, so stellt die Ermittlung von Teilabweichungen und deren Interpretation kein nennenswertes Problem dar. Wir haben für jede einzelne Einflussgröße eine eigene Funktion, die wir zur Ermittlung von Teilabweichungen heranziehen können. Die Teilabweichungen erhalten wir,

Ermittlung der Teilabweichungen getrennt für jeden separierbaren Funktionsteil

indem wir die *Plan*- und die *Ist*-Werte jedes separierbaren Funktionsteils ermitteln:

$$\Delta A_1 = f_1(x_1^p) - f_1(x_1^i)$$
$$\vdots$$
$$\Delta A_n = f_n(x_n^p) - f_n(x_n^i).$$

Zudem ergibt die Summe der Teilabweichungen genau die gesamte Abweichung, die sich aus dem Vergleich sämtlicher *Ist*-Werte und sämtlicher *Plan*-Werte ergibt. Bezogen auf Kostenabweichungen erhält man beispielsweise:

$$K^p - K^i = \Delta K_1 + ... + \Delta K_n.$$

Es kommt hinzu, dass es bis auf das Vorzeichen der errechneten Größen keinen Unterschied macht, ob man von den *Plan*-Werten oder von den *Ist*-Werten ausgeht.

Nicht-separierbare Erlös- und Kostenfunktionen

Ermittlung der Teilabweichungen im Rahmen von nicht-separierbaren Funktionen

Bei nicht-separierbaren Funktionen erweist sich die Ermittlung von Teilabweichungen als schwierig. Es gibt nämlich jeweils zwei Arten von Teilabweichungen. Dies kann man sich im Falle zweier multiplikativ miteinander verknüpfter Einflussgrößen, man denke beispielsweise an Menge und Preis eines Artikels, mit Hilfe der Abbildung 7.10, leicht verdeutlichen.

Abbildung 7.10: Abweichungsarten bei zwei miteinander multiplikativ verknüpften Einflussgrößen x_1 und x_2

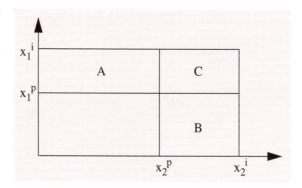

Typen von Abweichungen

Die gesamte Abweichung setzt sich aus den Teilen A, B und C zusammen. Die erste Art von Teilabweichungen beruht auf dem unplanmäßigen Wirken nur jeweils einer einzigen Einflussgröße. Diese Abweichungen werden als »reine« Teilabweichungen bezeichnet (Abweichungen A und B). Die zweite Art von Teilabweichungen entsteht, weil mehrere geplante Einflussgrößen gleichzeitig unplanmäßig wirken (Abweichung C). Derartige Teilabweichungen werden in der Fachliteratur als Sekundärabweichungen oder als Abweichungen höherer Ordnung bezeichnet. Eine Ermittlung von Teilabweichungen muss auf reine Teilabweichungen ausgerichtet sein, wenn wir die Teilabweichung einer Person »gutschreiben« oder anlasten wollen. Eine Analyse, die Teilabweichungen als Folge des unplanmäßigen Wirkens mehrerer Einflussgrößen ermittelt, kann dagegen entweder die Gesamtheit der einer Person zurechenbaren Teilabweichungen darstellen oder aber dazu dienen, diejenigen Teilabweichungen zu ermitteln, für die man sich nicht interessiert, und die man deswegen von der gesamten Abweichung abzieht. Man sollte daher immer die gleichzeitige Ermittlung von reinen Teilabweichungen und von Teilabweichungen höherer Ordnung anstreben.

Die Aufspaltung der erklärbaren Teilabweichung kann nach der alternativen und nach der kumulativen Methode erfolgen. »Alternativ« und »kumulativ« stehen für die Art und Weise, in der die Variation von *Plan*- und *Ist*-Niveau der Einflussgrößen im Rahmen der Ermittlung von Teilabweichungen geschieht.

Alternative oder kumulative Methode der Einflussgrößenberücksichtigung?

Beim alternativen Verfahren kann man *Plan*-Werte mit Maßgrößen vergleichen, in denen nur eine von allen Einflussgrößen als unplanmäßig wirkend angenommen wird. Bei diesem Verfahren erhält man für jede Einflussgröße eine Teilabweichung. Für Kosten sähe dies jeweils folgendermaßen aus:

Alternative Einflussgrößenberücksichtigung mit Plan-Werten als Ausgangspunkt

$$\Delta K_1 = f\left(x_1^p, x_2^p, \ldots, x_n^p\right) - f\left(x_1^i, x_2^p, \ldots, x_n^p\right)$$

$$\Delta K_2 = f\left(x_1^p, x_2^p, x_3^p, \ldots, x_n^p\right) - f\left(x_1^p, x_2^i, x_3^p, \ldots, x_n^p\right)$$

$$\vdots$$

$$\Delta K_n = f\left(x_1^p, \ldots, x_{n-1}^p, x_n^p\right) - f\left(x_1^p, \ldots, x_{n-1}^p, x_n^i\right)$$

Im Beispiel erhält man eine Preis-Teilabweichung, eine Zeit-Teilabweichung und eine Intensitäts-Teilabweichung, indem man die Zahlen entsprechend dem geschilderten Vorgehen in die Formel einsetzt. Die Preis-Teilabweichung bestimmt sich als

Vorgehen im Beispiel

$$96{,}0 - 10{,}0 \cdot 1{,}32 \cdot 8{,}0 \cdot 1{,}0 = 96{,}0 - 105{,}6 = -9{,}6,$$

die Zeit-Teilabweichung beträgt

$$96{,}0 - 10{,}0 \cdot 1{,}2 \cdot 8{,}4 \cdot 1{,}0 = 96{,}0 - 100{,}8 = -4{,}8$$

und die Intensitäts-Teilabweichung

$$96{,}0 - 10{,}0 \cdot 1{,}2 \cdot 8{,}0 \cdot 1{,}2 = 96{,}0 - 115{,}2 = -19{,}2.$$

In der Summe erhält man also Teilabweichungen im Wert von $-33{,}6\,GE$.

Alternative Einflussgrößenberücksichtigung mit Ist-Werten als Ausgangspunkt

Ebenfalls alternativ geht man vor, wenn *Ist*-Werte mit Maßgrößen verglichen werden, in denen nur eine von allen Einflussgrößen als planmäßig wirkend angenommen wird. Bei diesem Verfahren ergeben sich die Teilabweichungen aus ähnlichen Formeln. Für Kosten erhält man beispielsweise:

$$\Delta K_1 = f\left(x_1^i, x_2^i, \ldots, x_n^i\right) - f\left(x_1^p, x_2^i, \ldots, x_n^i\right)$$

$$\Delta K_2 = f\left(x_1^i, x_2^i, x_3^i, \ldots, x_n^i\right) - f\left(x_1^i, x_2^p, x_3^i, \ldots, x_n^i\right)$$

$$\vdots$$

$$\Delta K_n = f\left(x_1^i, \ldots, x_{n-1}^i, x_n^i\right) - f\left(x_1^i, \ldots, x_{n-1}^i, x_n^p\right)$$

Vorgehen im Beispiel

Im Beispiel errechnet sich die Preis-Teilabweichung aus

$$133{,}06 - 10{,}0 \cdot 1{,}2 \cdot 8{,}4 \cdot 1{,}2 = 133{,}06 - 120{,}96 = 12{,}1,$$

die Zeit-Teilabweichung aus

$$133{,}06 - 10{,}0 \cdot 1{,}32 \cdot 8{,}0 \cdot 1{,}2 = 133{,}06 - 126{,}72 = 6{,}34$$

und die Intensitäts-Teilabweichung aus

$$133{,}06 - 10{,}0 \cdot 1{,}32 \cdot 8{,}4 \cdot 1{,}0 = 133{,}06 - 110{,}88 = 22{,}18.$$

In der Summe erhält man nun Teilabweichungen in Höhe von $40{,}62\,GE$. Dieser Betrag ist größer als der, den wir vorher als Summe der Teilabweichungen gesehen haben. Der Grund liegt darin, dass die Einflussgrößen multiplikativ miteinander verknüpft sind. Wir fragen uns daher weiter unten, wie es um den Aussagegehalt dieser Teilabweichungen steht.

Kumulative Einflussgrößenberücksichtigung mit Plan-Werten als Ausgangspunkt

Beim kumulativen Verfahren werden, anders als beim alternativen Verfahren, Maßgrößen miteinander verglichen, deren Zusammensetzung sich dadurch unterscheidet, dass sich zum einen $i-1$ und zum anderen i Einflussgrößen hinsichtlich des *Plan-Ist*-Niveaus voneinander unterscheiden. Ausgehend von den *Plan*-Werten ergeben sich z. B. die Teilabweichungen:

$$\Delta K_1 = f\left(x_1^p, x_2^p, \ldots, x_n^p\right) - f\left(x_1^i, x_2^p, \ldots, x_n^p\right)$$

$$\Delta K_2 = f\left(x_1^i, x_2^p, x_3^p, \ldots, x_n^p\right) - f\left(x_1^i, x_2^i, x_3^p, \ldots, x_n^p\right)$$

$$\vdots$$

$$\Delta K_n = f\left(x_1^i, \ldots, x_{n-1}^i, x_n^p\right) - f\left(x_1^i, \ldots, x_{n-1}^i, x_n^i\right)$$

Mit den Zahlen des Beispiels nehmen die Teilabweichungen bei analogem Vorgehen wieder andere Werte an. Die Preis-Teilabweichung beträgt jetzt

Vorgehen im Beispiel

$$96{,}0 - 10{,}0 \cdot 1{,}32 \cdot 8{,}0 \cdot 1{,}0 = 96{,}0 - 105{,}6 = -9{,}6,$$

die Zeit-Teilabweichung lautet

$$105{,}6 - 10{,}0 \cdot 1{,}32 \cdot 8{,}4 \cdot 1{,}0 = 105{,}6 - 110{,}88 = -5{,}28$$

und enthält Abweichungen höherer Ordnung. Durch diese Abweichungen höherer Ordnung ist ihre Bezeichnung nicht mehr ganz richtig. Die Intensitäts-Teilabweichung macht

$$110{,}88 - 10{,}0 \cdot 1{,}32 \cdot 8{,}4 \cdot 1{,}2 = 110{,}88 - 133{,}06 = -22{,}18$$

aus und enthält ebenfalls Abweichungen höherer Ordnung. Auch die Bezeichnung dieser Abweichung stimmt nicht mehr. Die Summe der ermittelten Abweichungen beträgt jetzt $-37{,}06\,GE$. Diese Größe stellt zugleich die mit dem Modell insgesamt erklärbare Abweichung dar.

Ausgehend von den *Ist*-Werten erhält man die gleiche Summe der Abweichungen. Lediglich das Vorzeichen ist anders:

Kumulative Einflussgrößenberücksichtigung mit Ist-Werten als Ausgangspunkt

$$\Delta K_1 = f\left(x_1^i, x_2^i, \ldots, x_n^i\right) - f\left(x_1^p, x_2^i, \ldots, x_n^i\right)$$

$$\Delta K_2 = f\left(x_1^p, x_2^i, x_3^i, \ldots, x_n^i\right) - f\left(x_1^p, x_2^p, x_3^i, \ldots, x_n^i\right)$$

$$\vdots$$

$$\Delta K_n = f\left(x_1^p, \ldots, x_{n-1}^p, x_n^i\right) - f\left(x_1^p, \ldots, x_{n-1}^p, x_n^p\right)$$

Auf das Zahlenbeispiel übertragen ergibt sich die folgende Darstellung für die Preis-Teilabweichung

Vorgehen im Beispiel

$$133{,}06 - 10{,}0 \cdot 1{,}2 \cdot 8{,}4 \cdot 1{,}2 = 133{,}06 - 120{,}96 = 12{,}1.$$

Diese Abweichung enthält auch Bestandteile höherer Ordnung. Insofern ist die Bezeichnung irreführend. Für die Zeit-Teilabweichung erhält man

$$120{,}96 - 10{,}0 \cdot 1{,}2 \cdot 8{,}0 \cdot 1{,}2 = 120{,}96 - 115{,}2 = 5{,}76.$$

Auch die Bezeichnung dieser Abweichung wirft die oben bereits skizzierten Probleme auf. Für die Intensitäts-Teilabweichung ergibt sich

$$115{,}2 - 10{,}0 \cdot 1{,}2 \cdot 8{,}0 \cdot 1{,}0 = 115{,}2 - 96{,}0 = 19{,}2.$$

In der Summe betragen die Abweichungen wiederum betragsmäßig $37{,}06\,GE$, wenn auch nun mit anderem Vorzeichen und in anderer Zusammensetzung.

Zusammenfassung der bisherigen Ausführungen

Die bisherigen Ausführungen verdeutlichen, dass sich die Ermittlung von Teilabweichungen bei nicht separierbaren Funktionen im Prinzip auf vier Arten durchführen lässt, nämlich ausgehend von den *Ist-* oder *Plan*-Werten und jeweils auf Basis des alternativen oder des kumulativen Verfahrens; das kumulative Verfahren umfasst dabei so viele Varianten, wie unterschiedliche Reihenfolgen der Einflussgrößen denkbar sind. Da sich für die Teilabweichungen jeweils andere Werte ergeben, ist der unterschiedliche Aussagegehalt der Ergebnisse zu beachten.

7.4 Aussagegehalt der Verfahren zur Abweichungsermittlung

Die Beurteilung des Aussagegehaltes der Verfahren zur Ermittlung von Teilabweichungen erfolgt anhand der Anforderungen, die sich aus den Kontrollwünschen der Nutzer ergeben.

Beurteilungskriterien

Der Aussagegehalt der Ermittlung von Teilabweichungen im Falle separierbarer Funktionen ist so klar, dass er hier nicht erläutert zu werden braucht. Bei nicht-separierbaren Funktionen der Einflussgrößen auf die Einkommens-, Erlös- oder Kostengröße ist es dagegen sinnvoll, über den Aussagegehalt der ermittelten Teilabweichungen zu diskutieren. Eine Restabweichung, im Beispiel zwischen den angefallenen Kosten K und den *Ist*-Kosten der Funktion K^i lässt sich in jedem Falle ermitteln. Ob die Ermittlungsziele hinsichtlich der Aufspaltung der übrigen Teilabweichungen erreicht werden, nämlich die *Isolierung reiner Teilabweichungen* und die *Ermittlung von reinen Teilabweichungen gleichzeitig mit Teilabweichungen höherer Ordnung* zu Bereinigungszwecken, hängt davon ab, wie Teilabweichungen höherer Ordnung verarbeitet werden. Unterschiede im Aussagegehalt der vier möglichen Ermittlungsvarianten lassen sich daher auf Unterschiede in der Behandlung von Teilabweichungen höherer Ordnung zurückführen.

Beurteilung der Abweichungsanalyse bei alternativer Einflussgrößenberücksichtigung ausgehend von Plan-Werten

Das alternative Vorgehen auf der Grundlage der *Plan*-Werte von Einflussgrößen besteht im Vergleich von *Plan*-Werten mit Maßgrößen, bei denen nur die gerade betrachtete Einflussgröße als unplanmäßig wirkend unterstellt wird. Da nur jeweils eine einzige Einflussgröße unplanmäßig ist, werden Teilabweichungen, die auf das gleichzeitig unplanmäßige Wirken mehrerer Einflussfaktoren zurückzuführen wären – also Sekundärabweichungen – weder ermittelt, noch irgendeiner anderen Teilabweichung zugeschlagen. Die Variante ist zur Ermittlung reiner Teilabweichungen geeignet. Dass die Summe derart ermittelter Teilabweichungen die Höhe der Gesamtabweichung nicht erreicht, weil die Sekundärabweichungen vernachlässigt werden, ist kein Nachteil; denn man beraubt sich ja nicht der Möglichkeit, auch die Teilabweichungen höherer Ordnung gesondert zu ermitteln, z.B. für rechentechnische Kontrollzwecke. Abstimmungsschwierigkeiten düften bei den heutigen Möglichkeiten des Computereinsatzes ebenfalls unbedeutend sein.

So ergeben sich im Beispiel die folgenden Abweichungen höherer Ordnung:

Abweichungen höherer Ordnung

Preis- und Zeit-Sekundärabweichung als

$$10{,}0 \cdot (1{,}2 - 1{,}32) \cdot (8{,}0 - 8{,}4) \cdot 1{,}0 = 0{,}48,$$

Preis - und Intensitäts-Sekundärabweichung als

$$10{,}0 \cdot (1{,}2 - 1{,}32) \cdot 8{,}0 \cdot (1{,}0 - 1{,}2) = 1{,}92,$$

Zeit- und Intensitäts-Sekundärabweichung als

$$10{,}0 \cdot 1{,}2 \cdot (8{,}0 - 8{,}4) \cdot (1{,}0 - 1{,}2) = 0{,}96,$$

Preis-, Zeit- und Intensitäts-Sekundärabweichung als

$$10{,}0 \cdot (1{,}2 - 1{,}32) \cdot (8{,}0 - 8{,}4) \cdot (1{,}0 - 1{,}2) = -0{,}1.$$

Diese Sekundärabweichungen resultieren alle daraus, dass die *Ist*-Werte der Einflussgrößen die *Plan*-Werte überschreiten. Um der Darstellung der übrigen Abweichungen zu entsprechen, sind sie daher mit einem umgekehrten Vorzeichen zu versehen. Addiert man nun die Summe der reinen Teilabweichungen hinzu (–33,6), so ist die gesamte Abweichung erklärbar, weil gilt

$$-37{,}06 = -33{,}6 - 0{,}48 - 1{,}92 - 0{,}96 - 0{,}1 = 96{,}0 - 133{,}06.$$

Das alternative Verfahren auf der Grundlage von *Ist*-Werten besteht im Vergleich von *Ist*-Werten mit Maßgrößen, in denen nur die gerade betrachtete Einflussgröße ihr *Plan*-Niveau annimmt. Da alle bis auf diese gerade betrachtete Einflussgröße unplanmäßig wirken, enthält die Teilabweichung auch alle Teilabweichungsbestandteile, die auf das gleichzeitig unplanmäßige Wirken der anderen Einflussgrößen zurückzuführen sind, also Teilabweichungen höherer Ordnung. So setzt sich z. B. die nach dieser Methode ermittelte Preis-Teilabweichung des Beispiels in Höhe von 12,1 (kumulativ auf Basis von *Ist*-Werten) betragsmäßig zusammen aus der reinen Preis-Teilabweichung in Höhe von 9,6 (alternativ auf Basis von *Plan*-Werten), aus der Preis- und Zeit-Sekundärabweichung in Höhe von 0,48, aus der Preis- und Intensitäts-Sekundärabweichung in Höhe von 1,92 sowie aus der Preis-, Zeit- und Intensitäts-Sekundärabweichung in Höhe von 0,1.

Beurteilung der Abweichungsanalyse bei alternativer Einflussgrößenberücksichtigung ausgehend von Ist-Werten

Die letztgenannte Variante ist zur Ermittlung einer Teilabweichung geeignet, um die man bereinigen will. So ein Wunsch kann beispielsweise vorliegen, wenn man den Einfluss einer betriebsintern nicht beeinflussbaren Abweichung eliminieren möchte, die man keiner Abteilung oder Stelle zurechnen kann. Mehrere solcher Teilabweichungen kann man zwar berechnen, aber nicht additiv zur Bereinigung verwenden; denn in jeder ermittelten Teilabweichung sind ja die Sekundärabweichungen wieder enthalten und man würde dann um mehr als den Einfluss der gerade nicht interessierenden Einflussgrößen bereinigen. So gibt im Beispiel die Preis-

Einsatzmöglichkeiten des Verfahrens

Teilabweichung in Höhe von 12,1 an, um wie viel man die Gesamtabweichung zwischen K^p und K^i in Höhe von 37,06 kürzen muss, wenn man um den Gesamteinfluss der Preisveränderung bereinigen will. Würde man zusätzlich die Zeit-Teilabweichung abziehen, um die Intensitäts-Teilabweichung zu erhalten, so beginge man einen Fehler. Das Ergebnis wäre mit 18,62 wegen doppelt erfasster Preis- und Zeit-Sekundärabweichung (0,1) um 0,58 zu niedrig.

Vermeidung von Doppelzählungen

Die Doppelzählungen der Sekundärabweichungen im Falle einer additiven Bereinigung um mehrere Einflussgrößen werden häufig als Nachteil des Verfahrens betrachtet. Der Nachteil dürfte aber aus zwei Gründen nicht schwer ins Gewicht fallen. Erstens lassen sich die Sekundärabweichungen auch getrennt ermitteln, um die Doppelzählungen rückgängig zu machen. Zweitens lässt sich eine auf mehrere Einflussgrößen zurückgehende Teilabweichung inklusive der zugehörigen Sekundärabweichungen auch durch Vergleich der *Ist*-Werte mit solchen Maßgrößen ermitteln, in denen alle Einflussgrößen *Plan*-Niveau annehmen, um deren Einfluss man bereinigen will.

Zusammenfassende Beurteilung des alternativen Verfahrens

Zusammenfassend lässt sich zum alternativen Verfahren feststellen, dass es das Ziel der Isolierung reiner Teilabweichungen erfüllt, wenn man von den *Plan*-Werten der Einflussgrößen ausgeht. Das Ziel, eine bereinigungsdienliche Abweichung zu ermitteln, lässt sich ebenfalls erreichen, und zwar, indem man die *Ist*-Werte mit Maßgrößen vergleicht, in denen alle Einflussgrößen, um die man bereinigen will, *Plan*-Niveau annehmen.

Beurteilung der Abweichungsanalyse bei kumulativer Einflussgrößenberücksichtigung ausgehend von Plan-Werten

Das kumulative Verfahren ausgehend von *Plan*-Werten besteht im Vergleich von Maßgrößen, die sich jeweils durch eine weitere unplanmäßig wirkende Einflussgröße unterscheiden. Die zuerst ermittelte Teilabweichung enthält keine Sekundärabweichung; die danach ermittelten Teilabweichungen enthalten in zunehmendem Maße Sekundärabweichungen. Dadurch hängt die Höhe der einer Einflussgröße zugeschriebenen Teilabweichung davon ab, an wievielter Stelle sie ermittelt wird. Im Beispiel umfasst die Zeitabweichung die Preis- und Zeit-Sekundärabweichung, die Intensitätsabweichung dagegen nicht nur die Preis- und Intensitäts-Sekundärabweichung, sondern auch die Zeit- und Intensitäts-Sekundärabweichung sowie die Preis-, Zeit- und Intensitäts-Sekundärabweichung. Das Verfahren ist geeignet zur Isolierung der reinen Teilabweichung der zuerst variierten Einflussgröße. Die den übrigen Einflussgrößen zugerechneten Teilabweichungen erscheinen einzeln gesehen schwer interpretierbar, weil die Zahl der in ihnen enthaltenen Sekundärabweichungen im Zuge der Analyse zunimmt. Diese Teilabweichungen sind daher nicht zur Bereinigung um einzelne nicht interessierende Effekte geeignet, sondern nur zur Bereinigung um die Gesamtheit nicht interessierender Einflüsse. Die Summe aller Teilabweichungen entspricht zwar der Gesamtabweichung, dies ist aber nur aus formaler Sicht zur Kontrolle von Rechenfehlern als ein Vorteil zu sehen.

Das kumulative Verfahren ausgehend von *Ist*-Werten besteht im Vergleich von Maßgrößen, die sich jeweils durch eine weitere planmäßig wirkende Einflussgröße unterscheiden. Die ersten Teilabweichungen enthalten Sekundärabweichungen. Erst die zuletzt ermittelte Teilabweichung stellt eine reine Teilabweichung dar. Die Höhe der auf die erste bis vorletzte Einflussgröße zurückführbaren Teilabweichungen hängt wiederum von der Reihenfolge der Einflussgrößen ab. Das Verfahren ist somit geeignet zur summarischen sequenziellen Bereinigung um die Effekte aller außer der letzten Einflussgröße. Die Summe aller Teilabweichungen entspricht auch bei dieser Variante wieder der Gesamtabweichung, ohne dass damit ein gewichtiger inhaltlicher Vorteil verbunden wäre.

Beurteilung der Abweichungsanalyse bei kumulativer Einflussgrößenberücksichtigung ausgehend von Ist-Werten

Das kumulative Verfahren der Abweichungsanalyse erfüllt somit das Ziel der Isolierung reiner Teilabweichungen nur hinsichtlich der zuerst betrachteten Einflussgröße, wenn man von den *Plan*-Werten ausgeht. Die Teilabweichungen der restlichen Einflussgrößen lassen sich nur summarisch zu Bereinigungszwecken verwenden. Geht man von den Istwerten aus, so verhält es sich genau umgekehrt: nur die zuletzt ermittelte Teilabweichung ist eine reine, alle übrigen Abweichungen lassen sich nur summarisch zu Bereinigungszwecken verwenden.

Zusammenfassende Beurteilung des kumulativen Verfahrens

7.5 Zusammenfassung

Es entspringt den Zwecken einer Planung und Kontrolle des Betriebsgeschehens, Planungen durchzuführen und anschließend die geplanten Werte mit der Realität zu vergleichen. Das vorliegende Kapitel erörterte zunächst die Probleme, die bei der Planung entstehen. In diesem Zusammenhang wurde der so genannte Lerneffekt erwähnt, dessen Berücksichtigung zu anderen Erlös- und Kostenbeträgen für Gesamtheiten von Erzeugnissen führt als die lineare Hochrechnung aus stückbezogenen Größen. Es sollte deutlich geworden sein, dass Verfahren, die auf dem Marginalprinzip aufbauen, sich als leistungsfähig erweisen; wenig geeignet erscheinen indes Verfahren, die auf dem Finalprinzip beruhen. Anschließend wurden die Varianten beschrieben, die in der Literatur in der einen oder anderen Form zur Ermittlung und Analyse von Abweichungen empfohlen werden. Es hängt vom Ermittlungsziel des Unternehmensrechners ab, welches Verfahren sich als das beste erweist. Den Abschluss bildete eine kritische Beurteilung der einzelnen Verfahren.

7.6 Übungsmaterial

7.6.1 Zusammenfassung des Kapitels mit Fragen und Antworten

Fragen	Antworten
Welche Zwecke unterscheidet die Fachliteratur bei der Planung von Einkommen, Erlösen und Kosten?	Ein Zweck besteht darin, die zukünftig anfallenden Werte möglichst genau zu schätzen (Prognoserechnung), ein anderer darin, das künftige Verhalten der Mitarbeiter zu beeinflussen (Standardrechnung).
Welche Zeitpunkte kann man für die Planung von Größen des Rechnungswesens unterscheiden?	Man hat die Planung der Größen vor Beginn des Planungszeitraums abzuschließen. Werte zum Ende des Planungszeitraums benötigt man für die Abweichungsanalyse.
Wie kann man die Abweichung zwischen Plan-Werten und Ist-Werten in Teilabweichungen auflösen?	Indem man das Zustandekommen von Plan- und Ist-Werten mit Funktionen von Einflussgrößen zu bestimmen versucht und dann einflussgrößenweise nach Unterschieden sucht
Wodurch unterscheidet sich eine Planung bei Finalprinzip von einer Planung bei Marginalprinzip?	Bei Verwendung eines Finalprinzips sind beschäftigungsfixe Bestandteile auf die Erzeugnisse zu verteilen. Das ist bei einem Marginalprinzip nicht der Fall.
Worin liegt die Schwäche einer Planung bei Finalprinzip?	Die Schwäche liegt darin, dass i.d.R. die ermittelten Planwerte nur für eine einzige Beschäftigungssituation richtig sind
Worin liegt die Stärke einer Planung bei Marginalprinzip?	Die Planwerte gelten unabhängig von der konkreten Beschäftigung.
Was versteht man unter der Lernrate innerhalb der Kostenbetrachtung eines Produktionsprozesses, bei dem Lerneffekte auftreten?	Den Prozentsatz der ursprünglichen Kosten je Einheit, auf den die Kosten je Einheit mit jeder Verdopplung der Produktionsmenge absinken.
Welche Rolle spielt die Separierbarkeit einer Funktion für die Abweichungsermittlung?	Bei separierbaren Funktionen bereitet es kein Problem, die auf eine einzelne Einflussgröße zurückgehende Abweichung zu ermitteln. Bei nicht-separierbaren Funktionen ergeben sich i.d.R. zusätzlich zu den reinen Teilabweichungen solche höherer Ordnung.
Was versteht man unter einer alternativen Abweichungsermittlung?	Man variiert jeweils nur eine einzige Einflussgröße zusätzlich zu den bereits vorher variierten.
Was versteht man unter einer kumulativen Abweichungsermittlung?	Man setzt jeweils eine weitere Einflussgröße anders als die übrigen.

7.6.2 Verständniskontrolle

1. Welche Arten von *Ist*-Rechnungen kann man unterscheiden?
2. Unter welchen Bedingungen kann man Einkommensabweichungen ermitteln, unter welchen Erlösabweichungen und unter welchen Kostenabweichungen?
3. Kann man Abweichungen unterschiedlichen Aussagegehalts voneinander unterscheiden?
4. Was muss man bei der Planung stückbezogener Größen bedenken, wenn man ein Finalprinzip anwendet?
5. Was muss man bei der Planung stückbezogener Größen bedenken, wenn man ein Marginalprinzip anwendet?
6. Wie unterscheiden sich die zeitraumbezogenen Einkommensrechnungen bei Final- und bei Marginalprinzip?
7. Gibt es beschäftigungsflexible Einkommensrechnungen auf Basis eines Finalprinzips? Wie aussagefähig sind sie gegebenenfalls?
8. Wie aussagefähig sind flexible Einkommensrechnungen auf Basis eines Marginalprinzips?
9. Skizzieren Sie kurz, welcher Rechengrößen und Formeln es bedarf, um Lerneffekte im Rahmen eines Produktionsprozesses berücksichtigen zu können!
10. Welche Möglichkeiten bieten sich zur Unterscheidung unterschiedlicher Arten von (Teil-)Abweichungen?
11. Wie läuft die Bestimmung von Teilabweichungen bei separierbaren Funktionen ab?
12. Wie gestaltet sich die Bestimmung von Teilabweichungen bei nichtseparierbaren Funktionen?
13. Was sind »reine Teilabweichungen«, was »Teilabweichungen höherer Ordnung«?
14. Welchen Typ von Teilabweichungen kann man unbedenklich einer verantwortlichen Person zurechnen?
15. Welche Probleme ergeben sich, wenn man einer verantwortlichen Person eine Teilabweichung höherer Ordnung zurechnet, für die sie nicht verantwortlich ist?

7.6.3 Aufgaben zum Selbststudium

Lernziel der Aufgaben

Die nachfolgenden Aufgaben dienen dem Training von häufig angewandten Planungsverfahren. Darüber hinaus werden einige Grundlagen der Ermittlung und Aufspaltung von Abweichungen behandelt.

Aufgabe 7.1 Plan-Rechnung und Analyse bei Marginalprinzip und Linearität

Sachverhalt

Ein Unternehmen, das nur eine einzige Produktart fertigt, plant für einen Abrechnungszeitraum die Fertigung im Umfang von 500 Stunden. Während dieser Zeit werden die anfallenden Kosten des Abrechnungszeitraums auf $12\,000\,GE$ geschätzt; $8\,000\,GE$ davon werden als beschäftigungsvariable Kosten und $4\,000\,GE$ als beschäftigungsfixe Bestandteile geplant.

Am Ende des Planungszeitraums stellt sich heraus, dass man nur 400 Stunden gearbeitet hat und die tatsächlichen Kosten $K = 10\,000\,GE$ betragen haben. Für die Herstellung jeder Erzeugniseinheit werden 2 Stunden benötigt. Beim Verkauf der Erzeugnisse erzielt man $60\,GE$ für jede Einheit.

Teilaufgaben

1. Definieren und ermitteln Sie den Kostensatz je Stunde, der sich planmäßig bei Anwendung des Marginalprinzips ergibt!

2. Bestimmen Sie die geplanten Herstellungskosten je Erzeugniseinheit unter der Annahme des Marginalprinzips!

3. Welche Menge von Erzeugnissen beabsichtigt das Unternehmen herzustellen?

4. Erstellen Sie ein Diagramm, das die Erlöse und die Kosten als Funktion von der Menge enthält!

5. Um welchen Betrag hätten (nachträglich) die beschäftigungsvariablen Kosten niedriger als ursprünglich geplant angesetzt werden müssen?

6. Wie groß ist die Differenz zwischen den tatsächlich angefallenen Kosten und den nachträglich an die tatsächliche Absatzmenge angepassten Plan-Kosten?

7. Welche Probleme ergeben sich bei der Planung und Abweichungsermittlung, wenn man ein Finalprinzip in der Form des Kosteneinwirkungsprinzips verwendet hätte?

Lösung der Teilaufgaben

1. Der Plan-Kostensatz je Stunde ergibt sich aus der Division der geplanten beschäftigungsvariablen Kosten durch die geplante Fertigungszeit als 16 GE je Stunde.
2. Die geplanten Herstellungskosten betragen 32 GE je Erzeugniseinheit.
3. Es wurde eine Menge von 250 Stück zu fertigen geplant.
4. Die Erlösfunktion für die Erstellung des Diagramms lautet E = 60 x, die Kostenfunktion K = 4000 + 32 x.
5. Die Abweichung der beschäftigungsvariablen Kosten als Folge der Beschäftigungsänderung beträgt –1600 GE.
6. Die Restabweichung ergibt sich in Höhe von –400 GE. In dieser Höhe waren die tatsächlichen Kosten niedriger als die (nachträglich richtig) geplanten.
7. Nur die Planung für 500 Stunden bereitet keine Schwierigkeiten. Probleme ergeben sich, weil man die Kostenfunktion nicht kennt. Dann lassen sich auch nahezu keine aussagefähigen Abweichungen ermitteln.

Plan-Rechnung und Analyse bei Marginalprinzip und Linearität Aufgabe 7.2

Sachverhalt

In einem Ein-Produkt-Unternehmen wird für den kommenden Abrechnungszeitraum geplant, dass im Zuge der Fertigung 1000 Maschinenstunden benötigt werden. Darüber hinaus wird von der Unternehmensleitung geschätzt, dass im kommenden Abrechnungszeitraum beschäftigungsvariable Kosten im Umfang von 40 000 GE und beschäftigungsfixe Kosten im Umfang von 64 000 GE anfallen werden.

Am Ende des geplanten Abrechnungszeitraums stellt die Unternehmensleitung fest, dass lediglich 800 Maschinenstunden bei der Fertigung benötigt wurden und dass die tatsächlichen Kosten K in Höhe von 95 000 GE angefallen sind.

Teilaufgaben

1. Ermitteln Sie den Kostensatz je Stunde, der sich planmäßig bei Anwendung des Finalprinzips ergibt!
2. Beurteilen Sie die Aussagekraft des Kostensatzes je Stunde bei Verwendung eines Finalprinzips vor dem Hintergrund möglicher Beschäftigungsschwankungen!

3. Ermitteln Sie den Kostensatz je Stunde, der sich planmäßig bei Anwendung des Marginalprinzips ergibt!

4. Ermitteln Sie die so genannte »Beschäftigungsabweichung« unter Verwendung des Kostensatzes je Stunde, wie er sich bei Verwendung eines Marginalprinzips ergibt!

5. Skizzieren Sie kurz, was man unter einer »Verbrauchsabweichung« versteht!

Lösung der Teilaufgaben

1. Der Plan-Kostensatz je Stunde ergibt sich auf Basis des Finalprinzips aus der Division der Summe der geplanten beschäftigungsvariablen und beschäftigungsfixen Kosten durch die geplanten Maschinenstunden zu $104\,GE$ je Stunde.

2. Die Beurteilung kann den Ausführungen im Buch entnommen werden.

3. Der Plan-Kostensatz je Stunde ergibt sich auf Basis des Marginalprinzips aus der Division der geplanten beschäftigungsvariablen Kosten durch die geplanten Maschinenstunden zu $40\,GE$ je Stunde.

4. Die Beschäftigungsabweichung beträgt $8\,000\,GE$.

5. Die Beurteilung kann den Ausführungen im Buch entnommen werden.

Aufgabe 7.3 **Kalkulation bei Lerneffekten**

Sachverhalt

Ein Unternehmen beabsichtigt die Aufnahme der Erzeugnisart A in sein Fertigungsprogramm. Dadurch kann es laut einer Unternehmensanalyse in einem hohen Maße vom so genannten Lerneffekt profitieren. Diese Unternehmensanalyse hat dem Unternehmen u. A. die folgenden Daten geliefert:

- Die Lernrate beträgt 0,9.
- Bei einem Lohnsatz von $15\,GE$ je Stunde betragen die Lohnkosten für die Produktion der ersten Erzeugniseinheit A $0,75\,GE$.

Teilaufgaben

1. Was versteht man unter der Lernrate?

2. Kann das Unternehmen ruhigen Gewissens bei der Annahme eines Großauftrages über die Herstellung von 50000 Einheiten A behaupten, es könne diese 50000 Einheiten in weniger als 600 Stunden herstellen?

3. Skizzieren Sie kurz, wie sich der Lösungsansatz in Teilaufgabe 2 ändern würde, wenn das Unternehmen vor dem Erhalt des Großauftrages bereits 10000 Einheiten A für einen anderen Auftraggeber gefertigt hätte!

Lösung der Teilaufgaben

1. Die Antwort ergibt sich aus den entsprechenden Stellen des Lehrtextes.

2. Das Unternehmen kann diese Behauptung aufstellen, weil es unter Berücksichtigung des Lerneffektes lediglich 569 Stunden für die Erledigung des Großauftrages benötigen würde.

3. Es muss beachtet werden, dass bei der Kalkulation des Großauftrages diejenigen Lernfortschritte zu berücksichtigen sind, die das Unternehmen bereits erzielt hat. Die Berechnung der benötigten Arbeitszeit ist dementsprechend anzupassen.

Kalkulation bei Lerneffekten **Aufgabe 7.4**

Sachverhalt

Die Sportsfreund-GmbH hat sich entschieden, anlässlich der Olympischen Spiele in einem Abrechnungszeitraum erstmals 50 000 T-Shirts mit der Aufschrift »Olympia« zu bedrucken. Dazu müssen die unbedruckten T-Shirts einzeln in eine dafür angeschaffte Druckmaschine eingelegt werden. Dieser Arbeitsvorgang ist mit Lerneffekten verbunden. Während des Bedruckens der für die Sportsfreund-GmbH ersten 50 000 T-Shirts hat sich herausgestellt, dass bei jeder Verdopplung der Produktionsmenge jeweils zusätzlich nur noch 90 % der vorherigen gesamten Produktionskosten anfallen. Bei einem Lohnsatz von $12\,GE$ je Stunde fallen für das Bedrucken der 50 000 T-Shirts Lohnkosten in Höhe von $3420\,GE$ an.

Teilaufgaben

1. Wie lässt sich aus der Einheitslernkurve eine Funktion herleiten, mit Hilfe derer man den durchschnittlichen Zeitbedarf für die Herstellung einer Einheit im Rahmen eines Produktionsprozesses bestimmen kann, in dem Lerneffekte auftreten?

2. Wie lange dauert der Druckvorgang für das erste T-Shirt?

Lösung der Teilaufgaben

1. Die Antwort ist den entsprechenden Stellen des Lehrtextes zu entnehmen.

2. Für das Bedrucken des ersten T-Shirts werden 0,025 Stunden bzw. 1,5 Minuten benötigt.

Aufgabe 7.5 **Ermittlung und Interpretation von Abweichungen bei Planung nach Marginalprinzip**

Sachverhalt

In einem Unternehmen, das nur eine einzige Produktart fertigt, plant man für einen Abrechnungszeitraum die Herstellungskosten k je Einheit nach dem Marginalprinzip. Man beabsichtigt, x Einheiten abzusetzen. Die folgende Abbildung enthält die geplanten und die tatsächlichen Werte:

	k	x	kx
Plan	24	12000	288000
Ist	28	15000	420000

Teilaufgaben

1. Bestimmen Sie mit Hilfe des alternativen Verfahrens und den *Plan*-Werten der Einflussgrößen als Ausgangspunkt die reinen Abweichungen und die Abweichungen höherer Ordnung!
2. Bestimmen Sie mit Hilfe des alternativen Verfahrens und den *Ist*-Werten von Einflussgrößen als Ausgangspunkt die Abweichungen!
3. Wie erklärt sich, dass die Summe der Abweichungen aus Teilaufgabe 2 die gesamte Abweichung übersteigt?
4. Bestimmen Sie mit Hilfe des kumulativen Verfahrens und den Plan-Werten als Ausgangspunkt die Abweichungen!
5. Bestimmen Sie mit Hilfe des kumulativen Verfahrens und den Ist-Werten als Ausgangspunkt die Abweichungen!
6. Beurteilen Sie die einzelnen Verfahren hinsichtlich ihrer Fähigkeit, eine einzelne Teilabweichung zu isolieren!

Lösung der Teilaufgaben

1. Altenatives Verfahren, Plan-Werte:
   Mengenabweichung: $-72000\,GE$,
   Kostenabweichung: $-48000\,GE$,
   Mengen-Kostenabweichung: $12000\,GE$,
   Gesamtabweichung: $-132000\,GE$.

2. Alternatives Verfahren, Ist-Werte:
   Mengenabweichung: $84000\,GE$,
   Kostenabweichung: $60000\,GE$,
   Gesamtabweichung: $144000\,GE$.

3. Doppelerfassung der Abweichung höherer Ordnung: $12000\,GE$.

4. Bei Berechnung der Mengenabweichung vor der Kostenabweichung, kumulatives Verfahren, Plan-Werte:
   Mengenabweichung: −72000 GE,
   (Mengen- und) Kostenabweichung: −60000 GE.

5. Kumulatives Verfahren, Ist-Werte:
   Mengenabweichung: 84000 GE,
   (Mengen- und) Kostenabweichung: 48000 GE.

6. Die Beurteilung kann den Ausführungen im Buch entnommen werden.

Aufgabe 7.6

Ermittlung und Interpretation von Abweichungen bei Planung nach Marginalprinzip

Sachverhalt

In einem Unternehmen werden die Kosten geschätzt, die im Zusammenhang mit dem Unterhalt der Fahrzeuge des Fuhrparks entstehen. Dazu hat die Unternehmensleitung neben dem durchschnittlichen Verbrauch der Fahrzeuge in Höhe von 7 Liter (l) je 100km drei weitere zu planende Einflussgrößen identifiziert, die auf die zu planenden Kosten einwirken. Bei diesen Einflussgrößen handelt es sich erstens um die notwendigen Ausgaben für einen Liter Dieselkraftstoff (x_1), zweitens um die Fahrleistung im Monat (x_2) in Kilometern (km) und drittens um die Intensität der Fahrzeugnutzung, die durch eine dimensionslose Zahl x_3 dargestellt wird. Die Kostenfunktion laute auf Basis vorstehender Ausführungen wie folgt:

$$K[EUR] = 7\left[\frac{l}{100km}\right] \cdot x_1\left[\frac{GE}{l}\right] \cdot x_2[km] \cdot x_3$$

Die folgende Abbildung enthält die geplanten und die tatsächlichen Werte:

	x_1	x_2	x_3	K
Plan	0,9	700000	1,2	52920
Ist	1,05	720000	1,3	68796

Teilaufgaben

1. Erläutern Sie die verschiedenen Typen von Teilabweichungen!
2. Bestimmen Sie mit Hilfe des kumulativen Verfahrens und der *Plan*-Werte von Einflussgrößen als Ausgangspunkt die Teilabweichungen sowie die Gesamtabweichung der *Ist*-Kosten von den *Plan*- Kosten!
3. Bestimmen Sie mit Hilfe des alternativen Verfahrens und der *Ist*-Werte von Einflussgrößen als Ausgangspunkt sowohl die einfachen Teilabweichungen als auch die Teilabweichungen »höherer Ordnung«!
4. Ermitteln Sie ausgehend von den Ergebnissen aus Teilaufgabe 3 auf nachvollziehbare Weise die Gesamtabweichung der *Ist*- von den *Plan*-Kosten!

Lösung der Teilaufgaben

1. Man unterscheidet reine Teilabweichungen von Teilabweichungen »höherer Ordnung«. Weitere Erläuterungen können den Ausführungen im Buch entnommen werden.

2. Bei Berechnung der Preisabweichung vor der Kilometerabweichung und diese wiederum vor der Intensitätsabweichung, kumulatives Verfahren, Plan-Werte:
   Preisabweichung: $-8\,820\,GE$,
   Kilometerabweichung: $-1\,764\,GE$,
   Intensitätsabweichung: $-5\,292\,GE$,
   Gesamtabweichung: $-15\,876\,GE$.

3. Alternatives Verfahren, Ist-Werte:
   »reine« Teilabweichungen:
   Preisabweichung: $9\,828\,GE$,
   Kilometerabweichung: $1\,911\,GE$,
   Intensitätsabweichung: $5\,292\,GE$.

   Teilabweichungen »höherer Ordnung«:
   Preis-Kilometer-Abweichung: $273\,GE$,
   Preis-Intensitäts-Abweichung: $756\,GE$,
   Kilometer-Intensitäts-Abweichung: $147\,GE$,
   Preis-Kilometer-Intensitäts-Abweichung: $21\,GE$,

4. Ermittlung der Gesamtabweichung auf Basis von Teilaufgabe 3:
$$(9828\,GE + 1911\,GE + 5292\,GE)$$
$$- (273\,GE + 756\,GE + 147\,GE) + 21\,GE = 15876$$

Sachregister

A

Abgrenzungsprinzip
    Arten 26
    Grundsatz der sachlichen
        Abgrenzung 23, 26
    Grundsatz der zeitlichen
        Abgrenzung 24, 26
    Grundsatz der zeitraumbezogenen
        Abgrenzung 26
    Imparitätsprinzip 24, 26, 83
    Realisationsprinzip 23, 26
Abrechnungszeitraum 16
Abschreibung
    Berücksichtigung 83, 261
    kalkulatorische 262
    pagatorische 261
    Unternehmenserhaltung 263
Abweichung
    Aufspaltung in Teilabweichungen 369
    Aussagegehalt 354, 376
    Ermittlung 353, 368, 371
    Ermittlung bei alternativem Verfahren 373
    Ermittlung bei kumulativem Verfahren 374
    Ermittlung bei nicht-separierbaren
        Funktionen 372
    Ermittlung bei separierbaren
        Funktionen 371
    höhere Ordnung 373
    reine Teilabweichung 372
    Restabweichung 360, 376
    Sekundärabweichung 372
Abzugskapital 274
Activity based costing 140, 149
    Kostentreiber 150
Aktualität 56
Anbauverfahren 230
Anderserlös 71, 77
Anderskosten 73, 77
Anlastprinzip 95
Anschaffungswert 56, 263
Äquivalenzziffernrechnung 140, 167

Artenrechnung 253, 255
    Abschreibung 261
    Anforderungen 291
    Aufbau 253
    Eigenkapitalzins 270
    Erlösarten 255
    in der Praxis 254
    integrierte 291
    kalkulatorische Kostenarten 258
    Kostenarten 257
    Materialkosten 259
    Personalkosten 260
    Wagniskosten 270
    weitere Kosten 270
    Zweck 253
Aufwand 22, 29, 38, 52, 77
    betriebswirtschaftlicher 22
    handelsrechtlicher 22, 73
    nicht-sachzielbezogener
        handelsrechtlicher 73
    sachzielbezogener handelsrechtlicher 73
Ausgabe 29, 35, 52
Auszahlung 29, 32, 52

B

Beanspruchungsprinzip 93
Begriffsvielfalt im Rechnungswesen 69
Belastbarkeitsprinzip 95
Berücksichtigung von Risiko 83
Beschäftigung 85, 86
    Break-even Beschäftigung 321
    Einflussgröße von Erlösen und Kosten 85
Bestandsrechnung 20, 29
Betriebsabrechnungsbogen 223
Bewegungsgröße 29
Bewegungsrechnung 20, 29
Bilanz 19
    dynamische 53, 78
    statische 53
Blockverfahren 230

Break-even-Modell
    Annahmen 320
    Break-even-Beschäftigung 321
    Break-even-Punkt 321
    Break-even-Umsatz 321
    Gewinnschwellen-Beschäftigung 321
    Modifikationen 322
Break-even-Punkt 321
Break-even-Umsatz 321
Bruttobedarf 178

C

clean surplus Regel 51

D

Deckungsbeitrag 313, 322
    je Engpass-Einheit 314
Deckungsprinzip 95
Direktbedarf 178
Disaggregationsgrad 57
Divisionskalkulation 140
    addierende 143
    durchwälzende 144
    einfache 142
    einstufige 142
    mehrfache 143
    mehrstufige 143
    Prozesskostenrechnung 149
    zugehörige Einkommensrechnung 151
Divisionsorientierung 211, 212
Durchschnittsprinzip 94
Dynamische Bilanz 78

E

Eigenkapital 15
    Einlage 30, 54
    Entnahme 30, 54
    Erklärung der Veränderung 38
    kalkulatorischer Zins 80
    Transfer 30, 38, 54, 64
    Veränderung 52
    Veränderung durch Einkommen 38
    Veränderung durch Transfers 38

Veränderungsrechnung 19
    zeitliche Erfassung der Veränderung 25
Zins 270
Zins als Aufwand oder als Entnahme 79
Eigenkapitaltransfer 30, 54, 56
Einkommen 12, 13, 14, 17, 18, 19, 20, 22, 39
    Aussagegehalt 52
    betriebswirtschaftliches 19
    Einfluss des Zurechnungsprinzips 300
    Festlegungen zur Ermittlung 23
    handelsrechtliches 19
    Konsequenzen für 13
    Zweck der Ermittlung 14
Einkommensaspekt 13
Einkommensermittlung
    Konzept 21, 22
Einkommensrechnung 19, 22, 23, 54, 300
    aus Unternehmersicht 40
    bei Finalprinzip 301, 302
    bei Marginalprinzip 301, 303
    Gesamtkostenverfahren 107
    Schema 27
    Umsatzkostenverfahren 107
Einkommensvorwegnahme 24, 81, 82
    im internen Rechnungswesen 83
Einlage 30, 38, 52
Einnahme 29, 35, 52
    Defizit gemessen an Ausgabe 35
    Überschuss über Ausgabe 35
Einwirkungsprinzip 93
Einzahlung 29, 32, 52
    Defizit gemessen an Auszahlung 32
    Überschuss über Auszahlung 32
Endkostenstelle 223
Engpasssituation 314
    ein einziger Engpass 314
    inputbezogene Rechnung 318, 319
    mehrere Engpässe 314
    outputbezogene Rechnung 318, 319
Entnahme 30, 38, 52
Entscheidung 290
    bei Finalprinzip 300
    bei Marginalprinzip 300
    Break-even Modell 320
    Handlungsmöglichkeiten 306
    internes Rechnungswesen 313
    Konzept 288, 305

Erfahrungskurve 363
Erfolgsrechnung 19
Ergebnisrechnung 19
Erlös 17, 77
    Anderserlös 71
    Begriff 70
    beschäftigungsfixer 86
    beschäftigungsvariabler 86
    Bewertung 70
    direkter 87
    Einzelerlös 87, 97
    Gemeinerlös 87, 97
    Grenzerlös 99
    Grunderlös 71
    indirekter 87
    kalkulatorischer 71
    Messbarkeit 87
    nicht-pagatorische Bewertung 70
    pagatorische Bewertung 70
    sachzielbezogener 71
    Unterschiede zu handelrechtlichem
        Ertrag 71
    zeitliche Verteilung 89
    Zurechnung trotz fehlender Messbarkeit 87
    Zusatzerlös 71
Erlös- und Kostenrechnung
    Abgrenzung von Einkommen und
        Eigenkapitaltransfer 78
    Abnutzung von Gütern 83
    Abweichung von handelsrechtlichen
        Regeln 75
    Anforderungen 74
    inhaltliche Definition der Rechengrößen 77
    Veränderungen des Marktwertes von
        Gütern 81
Erlösarten 255
Erlösbündel 173
Erlösfunktion 353
    nicht-separierbare 372
    separierbare 371
Ermessen 55
    bei Ansatz und Bewertung 55
Ertrag 22, 29, 38, 52, 77
    betriebswirtschaftlicher 22
    Defizit 39
    handelsrechtlicher 22
    Überschuss 39

F

Finalprinzip 92, 96, 108
    Einkommensrechnung 301, 302
    Entscheidung 300
    Ermittlung von Abweichungen 357
    Herstellungskosten 103
    Kalkulation 290
    Kuppelproduktion 173
    Planung 354
    Planung der Erlöse eines
        Abrechnungszeitraums 355
    Planung der Kosten einer Einheit 355
    Planung der Kosten eines
        Abrechnungszeitraums 355
    Planung des Erlöses einer Einheit 354
Fixkostendeckungsrechnung 305
Formalziel 70, 72
Funktionalprinzip 95

G

Geldvermögen 35, 52
Geldvermögensrechnung 54
    aus Unternehmersicht 36
Gemeinerlös 87
Gemeinkosten 87
Gesamtbedarf 178
Gewinn 17, 22, 39
Gewinn- und Verlustrechnung 19
Gewinnschwellen-Beschäftigung 321
Gleichungssystem 230
Grunderlös 71
Grundkosten 73
Grundsätze ordnungsmäßiger Buchführung 25

H

Handelsrechtlicher Aufwand 73
    nicht-sachzielbezogener 73
    sachzielbezogener 73
    Unterschiede zu Kosten 73
Handelsrechtlicher Ertrag
    nicht-sachzielbezogener 71
    sachzielbezogener 71
    Unterschiede zu Erlös 71
Herstellungskonto 100

Herstellungskosten 86, 140
    nach Finalprinzip 103
    nach Marginalprinzip 103

I

Identitätsprinzip 95
Imparitätsprinzip 26, 83
Innerbetriebliche
    Leistungsverrechnung 226, 229
Investitionsrechnung 18
Ist-Rechnung 54, 351
    feste Verrechnungspreise 351
    normale Verrechnungspreise 351
    Probleme 351

J

Job order costing 139

K

Kalkulation
    Activity based costing 149
    artenbezogene 289
    auftragsbezogene 139, 292
    auftragsunabhängige 139
    bei Finalprinzip 290
    bei Lerneffekt 362
    bei Marginalprinzip 290
    kalkulatorische Bewertung 254
    pagatorische Bewertung 254
    Prozesskostenrechnung 149
    prozessorientierte 149, 150, 160
    stellenbezogene 289
    trägerbezogene 289
    zusammengesetzte Erzeugnisse 178
    zusammenhängende Betrachtung
        der Systeme 287
Kalkulationsobjekt 85
    artenbezogenes 110
    häufig verwendetes 106
    integriertes System 111
    kostenträgerbezogenes 109
    stellenbezogenes 110
Kalkulatorische Abschreibung 262
Kalkulatorischer Eigenkapitalzins 270

Kalkulatorischer Erlös 71
Kalkulatorischer Unternehmerlohn 261
Kalkulatorischer Zins 272
Kapital
    betriebsnotwendiges 273
    Eigenkapital 15
Kapitalbindung 272
Kapitalerhaltung
    Nominalkapitalerhaltung 263
    Substanzerhaltung 263
Kapitalflussrechnung 19
Kausalprinzip 91
Konsequenzen, finanzielle 13
Kontrollrechnung 16
Konzern 14
Kosten 17, 77
    als Bestands- und als Bewegungsgröße 77
    Anderskosten 73, 258
    Artenrechnung 257
    Begriff 72, 73
    beschäftigungsfixe 86, 105, 313
    beschäftigungsvariable 86, 105
    Bewertung 72
    eines Abrechnungszeitraums 138
    Einzelkosten 97
    Gemeinkosten 87, 97
    Grenzkosten 99
    Grundkosten 73
    kalkulatorische 73, 258
    kalkulatorische Anderskosten 258
    kalkulatorische Zusatzkosten 258
    Messbarkeit 87
    nicht-pagatorische Bewertung 72
    Opportunitätskosten 80
    pagatorische Bewertung 72
    primäre 224
    sachzielbezogene 73
    sekundäre 229
    Stellenrechnung 222
    Trägerrechnung 137
    Unterschiede zu handelsrechtlichem
        Aufwand 73
    Verrechnung auf Basis innerbetrieblicher
        Leistungsflüsse 226
    zeitliche Verteilung 89
    Zurechnung trotz fehlender Messbarkeit 87
    Zusatzkosten 73, 258

Kostenanteilsprinzip 94
Kostenartenrechnung 255, 257
Kostenbegründungsprinzip 93
Kostendeckungsprinzip 95
Kosteneinwirkungsprinzip 93, 96
Kostenerstattungsverträge 70
Kostenfunktion 353, 369
   nicht-separierbare 372
   separierbare 371
Kostenstelle 222
   allgemeine 223
   Endkostenstelle 223, 229
   Fertigungskostenstelle 223
   Vertriebskostenstelle 223
   Verwaltungskostenstelle 223
   Vorkostenstelle 223
Kostenstellenrechnung 222
   Anbauverfahren 230
   Blockverfahren 230
   innerbetriebliche
      Leistungsverrechnung 229
   Stufenleiterverfahren 230
   Stufenverfahren 230
   Treppenverfahren 230, 297
   wechselseitige Leistungsverflechtung 230
   Zurechnung primärer Kosten 224
   Zurechnung proportional zu
      Leistungsflüssen 230
   Zurechnung sekundärer Kosten 229
Kostenträger 138
   Begriff 135, 137, 138
Kostenträgerrechnung 137
   Äquivalenzziffernrechnung 140, 167
   bei Kuppelproduktion 140, 172
   bei Lerneffekt 362
   bei zusammengesetzten
      Erzeugnissen 140, 178
   Divisionskalkulation 140
   Marktwertrechnung 140
   Restwertrechnung 140
   Zuschlagskalkulation 140, 157
Kostentragfähigkeitsprinzip 95
Kostentreiber 150, 160
Kostenverursachungsprinzip i.w.S. 93

Kuppelproduktion 140, 172
   Aussagegehalt 172, 177
   bei Finalprinzip 173
   bei Marginalprinzip 173
   Kalkulation der Elemente eines
      Leistungsbündels 172
   Kosten für Kuppelprodukte 173
   Marktwertmethode 173
   Restwertmethode 173
   zugehörige Einkommensrechnung 173
   Zurechnung von Erlös oder Kosten 177

L

Leistung 69
Leistungsverflechtung
   einseitige 229
   wechselseitige 230
Lerneffekt 363
Lernkurve
   Durchschnittslernkurve 364
   Einheitslernkurve 363
Lernrate 362

M

Managersicht 29
Marginalprinzip 92, 95, 96, 108
   Einkommensrechnung 301, 303
   Entscheidung 300
   Ermittlung der Abweichungen 359
   Herstellungskosten 103
   Kalkulation 290
   Kuppelproduktion 173
   Planung 358
   Planung der Erlöse einer Einheit 358
   Planung der Erlöse eines
      Abrechnungszeitraums 359
   Planung der Kosten einer Einheit 358
   Planung der Kosten eines
      Abrechnungszeitraums 359
Marktleistungsabgabeeinkommen 78
   Konzept 23
Marktpreise
   Veränderung auf dem Absatzmarkt 81
   Veränderung auf dem
      Beschaffungsmarkt 81

Marktsituation und Rechnungswesen 69
Marktwertrechnung 173
Materialkosten 259
Matrixinversion (Exkurs) 184
Messbarkeit von Erlös und Kosten 85

N

Nettoerlös 173
Nicht-sachzielbezogener
    handelsrechtlicher Aufwand 73
Nicht-sachzielbezogener
    handelsrechtlicher Ertrag 71
Nominalkapitalerhaltung 263
Normal-Rechnung 351

O

Opportunitätskosten 80

P

Pagatorischer Zins 272
Partialbetrachtung 16, 30, 84, 86
    sachliche 84
    zeitliche 84
Periodisierungskonzept 24
Personalkosten 260
Plan-Rechnung 54, 352
    bei Finalprinzip 354
    bei Marginalprinzip 358
    zur Prognose 352
    zur Verhaltenssteuerung 352
Plan-Rechnung bei Finalprinzip
    Aussagegehalt 356
    Planung der Erlöse für einen
        Abrechnungszeitraum 355
    Planung der Kosten einer Einheit 355
    Planung der Kosten eines
        Abrechnungszeitraums 355
    Planung des Erlöses einer Einheit 354
Plan-Rechnung bei Marginalprinzip
    Aussagegehalt 359
    Planung der Erlöse eines
        Abrechnungszeitraums 359
    Planung des Erlöses einer Einheit 358

Planung
    bei Finalprinzip 354
    bei Marginalprinzip 358
    Erlös einer Einheit bei Finalprinzip 354
    Erlös einer Einheit bei
        Marginalprinzip 358
    Erlöse eines Abrechnungszeitraums
        bei Finalprinzip 355
    Kosten des Abrechnungszeitraums
        bei Finalprinzip 355
    Kosten einer Einheit bei Finalprinzip 355
    Kosten einer Einheit bei
        Marginalprinzip 358
    Kosten eines Abrechnungszeitraums
        bei Marginalprinzip 359
Planungszeitpunkt 352
Planungszeitraum 16
Preisveränderung
    auf dem Absatzmarkt 81
    auf dem Beschaffungsmarkt 81
Primärbedarf 178
Process costing 139
Prognosefähigkeit 56
Prognose-Rechnung 55
Proportionalisierung fixer Kosten 141
Proportionalitätsprinzip 93
Prospektrechnung 16
Prozesskostenrechnung 140, 149
    Kostentreiber 150

R

Realisationsprinzip 26
Rechengrößen
    Arten 32
    Zweck 30
Rechenwerk 16, 19
    Arten 15
    Eigenschaften 51
    ereignisbezogener Zusammenhang 47
    konzeptioneller Zusammenhang 46
    Zusammenhänge untereinander 46
    Zweck 16
Rechnungswesen
    betriebswirtschaftliches 15
    externes 15, 19
    intern orientiertes 15, 19
    Zweck 80

Referenzleistungseinheit 167
Relevanzprinzip 95
Residualanspruch 14
Residualanspruchsberechtigter 14
Restabweichung 360, 376
Restwertrechnung 173
Risiko, Berücksichtigung 83
Rückzahlungsbetrag 56

S

Sachziel 72
Sachzielbezogener Erlös 71
Sachzielbezogener handelsrechtlicher
    Aufwand 73
Sachzielbezogener handelsrechtlicher
    Ertrag 71
Sachzielbezogenheit 70, 72
Schätzfehler, Behandlung 264
Selbstkosten 86, 140
Sichtweise
    Manager 15
    Residualanspruchsberechtigter 14
    Unternehmer 14
Sorgfalt 53
Standardleistungseinheit 167
Standard-Rechnung 55
Statische Bilanz 53
Stelle 211
    Bildung 211, 222
Stellenrechnung
    Anbauverfahren 230
    Anwendung eines Gleichungssystems 230
    Betriebsabrechnungsbogen 223
    Blockverfahren 230
    einseitige Leistungsverflechtung 229
    Endkostenstelle 229
    Primärkostenrechnung 224
    Sekundärkostenrechnung 229
    Stufenleiterverfahren 230
    Stufenverfahren 230
    Treppenverfahren 230
    Vorkostenstellen 229
    wechselseitige Leistungsverflechtung 230
    zur divisionsorientierten
        Unternehmenssteuerung 212
    zur Unterstützung von
        Trägerrechnungen 221

Stromgröße 29
Stückdeckungsbeitrag 313
Stückliste 178
Stufenleiterverfahren 230
Stufenverfahren 230
Substanzerhaltung 263

T

Teilkostenrechnung 97
Totalbetrachtung 16, 30
Träger 137
Trägerrechnung 137, 289
    Äquivalenzziffernrechnung 140
    bei Lerneffekt 362
    bei zusammengesetzten Erzeugnissen 140
    Deckungsbeitrag je Stück 313
    Divisionskalkulation 140
    Kostenträger 137, 138
    Kuppelproduktion 140, 172
    Marktwertrechnung 140
    Stückliste 178
    Zuschlagskalkulation 157
Tragfähigkeitsprinzip 94
Transferpreis 211, 212
    Grenzkosten 213
    Grenzkosten-plus-Zuschlag 213
    Marktpreis 213, 214
Treppenverfahren 230, 297

U

Unternehmen 14
    betriebswirtschaftliche Definition 14
    juristische Definition 14
Unternehmenserhaltungskonzeption 263
    Nominalkapitalerhaltung 263
    Substanzerhaltung 263
Unternehmer 13, 14, 15
Unternehmerlohn 79
    als Aufwand oder als Entnahme 79
    als Problemfall 78
    kalkulatorischer 261
    rechtsformunterschiedliche Behandlung
        im externen Rechnungswesen 79
Unternehmersicht 14, 20

Unterschiede
  zwischen externem und intern
    orientiertem Rechnungswesen 76
  zwischen handelsrechtlichem Aufwand
    und Kosten 73
  zwischen handelsrechtlichem Ertrag
    und Erlös 71

V

Veränderung der Preise
  auf dem Absatzmarkt 81
  auf dem Beschaffungsmarkt 81
Veranlassungsprinzip 93
Verfügungsbetrag 56
Verlust 17, 22, 39
Vermögen
  betriebsnotwendiges 274
Verrechnungspreis 213
  Grenzkosten 213
  Grenzkosten-plus-Zuschlag 213
  Marktpreis 214
Verteilungsschlüssel 227
Verursachungsprinzip 91
Vollkostenrechnung 97
Vorkostenstelle 223

W

Wagniskosten 270
  kalkulatorische 271
Wiederbeschaffungswert 56, 263
Wirtschaftswissenschaft 13

Z

Zahlungsmittel 52
Zahlungsrechnung 53
  aus Unternehmersicht 32
Zeitbezug 54
Zins
  kalkulatorischer 272
  pagatorischer 272
Zurechenbarkeit
  bei fehlender Messbarkeit 87
  bei Messbarkeit 86
  von Erlös- und Kostenbestandteilen 86

Zurechnung
  Aussagebeeinträchtigung 90
  Grundlage der Prinzipien 89
  Hauptprobleme 84
  Lösung durch Prinzipien 90
  von Erlösen und Kosten 88
  von Erlösen und Kosten zu
    Kalkulationsobjekten 84
Zurechnungsprinzip 89
  Anlastprinzip 95
  Beanspruchungsprinzip 93
  Belastbarkeitsprinzip 95
  Deckungsprinzip 95
  Durchschnittsprinzip 94
  Einwirkungsprinzip 93
  Finalprinzip 92, 96
  Funktionalprinzip 95
  Identitätsprinzip 95
  Kausalprinzip 91
  Kostenanteilsprinzip 94
  Kostenbegründungsprinzip 93
  Kostendeckungsprinzip 95
  Kosteneinwirkungsprinzip 93, 96
  Kostentragfähigkeitsprinzip 95
  Kostenverursachungsprinzip i.w.S. 93
  Marginalprinzip 92, 95, 96
  Proportionalitätsprinzip 93
  Relevanzprinzip 95
  Tragfähigkeitsprinzip 94
  Veranlassungsprinzip 93
  Verursachung als Grundgedanke 91
  Verursachungsprinzip 91
  Wirkung auf Einkommensrechnung
    und Bilanz 97
Zusatzerlös 71, 72, 77
Zusatzkosten 73, 74, 77
Zuschlag 157
Zuschlagsbasis 157
Zuschlagskalkulation 140, 157
  elektive 158
  kumulative 158
  zugehörige
    Einkommensrechnung 158, 159
Zuschlagssatz 158

Mathematik für Wirtschaftswissen- schaftler - Basiswissen mit Praxisbezug

Mit diesem Lehrbuch erhalten Sie eine umfassende Einführung in die Analysis auf eine gut nachvollziehbare und verständliche Art und Weise. Von der elementaren Algebra bis hin zu komplexen formalen Problemstellungen wird der Fokus auf die wirtschaftswissenschaftlichen Aspekte der Mathematik gelegt. Die mathematische Strenge und Zuverlässigkeit (Reliability), zahlreiche Beispiele zum Nachrechnen und ein durchgängiger Praxisbezug auf wirtschaftliche Aspekte zeichnen dieses Buch besonders aus.

Mathematik für Wirtschaftswissenschaftler

Knut Sydsaeter
3-8273-7058-2
49.95 EUR [D]

Pearson-Studium-Produkte erhalten Sie im Buchhandel und Fachhandel
Pearson Education Deutschland GmbH
Martin-Kollar-Str. 10-12 • D-81829 München
Tel. (089) 46 00 3 - 222 • Fax (089) 46 00 3 -100 • www.pearson-studium.de

Betriebswirtschaftliches Rechnungswesen

Dieses Buch vermittelt Ihnen die Grundlagen von Buchführung und Finanzberichten auf verständliche Art und Weise. Ausgehend von den Zielen und Prinzipien des betriebswirtschaftlichen Rechnungswesens werden zunächst die in Deutschland gültigen Rechtsgrundlagen beschrieben. Daran schließt sich eine Beschreibung der Schritte an, die im Rahmen der Buchführung und Finanzberichterstellung bis hin zu Kapitalflussrechnungen zu unternehmen sind. Am Ende jedes Kapitels soll der Leser in der Lage sein, sich mit entsprechenden Fragen und Übungsaufgaben erfolgreich auseinandersetzen zu können.

Betriebswirtschaftliches Rechnungswesen
Hans Möller; Bernd Hüfner
3-8273-7141-4
24.95 EUR [D]

Pearson-Studium-Produkte erhalten Sie im Buchhandel und Fachhandel
Pearson Education Deutschland GmbH
Martin-Kollar-Str. 10-12 • D-81829 München
Tel. (089) 46 00 3 - 222 • Fax (089) 46 00 3 -100 • www.pearson-studium.de

Marketing
Die Einführung mit Übungen

Prof. Dr. Hermann Freter stellt in seinem Buch die wesentlichen Konzepte des Marketing vor: Ausgehend von den Grundlagen des Marketing werden sukzessive die Instrumente des Marketing und schließlich deren Koordination vorgestellt. Am Ende jedes Kapitels soll der Leser in der Lage sein, sich mit entsprechenden Marketing-Entscheidungen auseinandersetzen zu können.

Marketing
Hermann Freter
3-8273-7127-9
24.95 EUR [D]

Pearson-Studium-Produkte erhalten Sie im Buchhandel und Fachhandel
Pearson Education Deutschland GmbH
Martin-Kollar-Str. 10-12 • D-81829 München
Tel. (089) 46 00 3 - 222 • Fax (089) 46 00 3 -100 • www.pearson-studium.de

Grundzüge der Volkswirtschaft

Diese Einführung in die Volkswirtschaftslehre bietet einen praktischen Einstieg. Das Buch richtet sich primär an die Studenten der Betriebswirtschaft, die zu formale Einführungen in die VWL oftmals als weltfremd und daher wenig hilfreich empfinden. Durch Modellsimulationen zur Mikro- und Makroökonomie erhält der Leser eine „VWL zum Anfassen". Auf der beiliegenden CD-ROM können die Beispiele des Buchs simuliert und variiert werden. Autor Peter Bofinger ist Mitglied im Sachverständigenrat und lehrt an der Universität Würzburg.

Grundzüge der Volkswirtschaftslehre
Peter Bofinger
3-8273-7076-0
36.95 EUR [D]

Pearson-Studium-Produkte erhalten Sie im Buchhandel und Fachhandel
Pearson Education Deutschland GmbH
Martin-Kollar-Str. 10-12 • D-81829 München
Tel. (089) 46 00 3 - 222 • Fax (089) 46 00 3 -100 • www.pearson-studium.de